本书受陕西师范大学历史文化学院出版基金资助

海东 译丛

拜根兴 主编

拜根兴 冯立君 等 编译

古代东亚交流史译文集

第一辑

A Collection of Translated Essays in Medieval
East Asian Exchange History（Vol.1）

中国社会科学出版社

图书在版编目（CIP）数据

古代东亚交流史译文集. 第一辑/拜根兴等编译 . —北京：
中国社会科学出版社，2018.9
ISBN 978 - 7 - 5203 - 2671 - 1

Ⅰ.①古…　Ⅱ.①拜…　Ⅲ.①文化交流—文化史—中国、
东亚—古代—文集　Ⅳ.①K203 - 53②K310.02 - 53

中国版本图书馆 CIP 数据核字（2018）第 124920 号

出 版 人	赵剑英
责任编辑	宋燕鹏
责任校对	冯英爽
责任印制	李寡寡

出　　　版	中国社会科学出版社
社　　　址	北京鼓楼西大街甲 158 号
邮　　　编	100720
网　　　址	http://www.csspw.cn
发 行 部	010 - 84083685
门 市 部	010 - 84029450
经　　　销	新华书店及其他书店

印　　　刷	北京明恒达印务有限公司
装　　　订	廊坊市广阳区广增装订厂
版　　　次	2018 年 9 月第 1 版
印　　　次	2018 年 9 月第 1 次印刷

开　　　本	710×1000　1/16
印　　　张	21.75
插　　　页	2
字　　　数	350 千字
定　　　价	89.00 元

新罗武烈王陵碑螭首龟趺

新罗圣德王神钟

圣住寺朗慧和尚白月葆光塔碑

《海东金石苑》书影

《海东碑考》封面

新罗文武王陵碑

唐乾陵

新罗圣德王陵石人像（1）　　新罗圣德王陵石人像（2）

新罗圣德王陵武人像　　新罗兴德王陵前石人像

新罗元圣王陵外景

新罗元圣王陵前石人像（1）

新罗元圣王陵前石人像（2）

新罗兴德王陵前石人像

庆州龙江洞古坟外景

庆州龙江洞出土石刻

庆州龙江洞古坟土俑（1）

庆州龙江洞古坟土俑（2）

庆州龙江洞古坟土俑（3）

目　录

Contents

前　　言

　　众所周知，作为东亚文化圈的主轴，中国历代与周边国家地区民族交流频繁，其间双方及多方高品质的交流影响深远。20 世纪初以来，日本学界对涉及古代东亚的诸多问题展开了颇为缜密的研究，出现了一些负有盛名的专家学者，其中西嶋定生教授提出东亚世界概念，不仅在日本学界引起探讨和争论，如堀敏一、旗田巍、鬼头精明、布目潮沨、石母田正、菊池英夫等人均有论著发表。而且韩国学者全海宗教授、旅美华人学者杨联陞教授，以及任职台湾大学的高明士教授、复旦大学韩昇教授等发表评论，并提出自己的看法。学者们发表见解，研究东亚国家交流诸多问题蔚成风气。这种研究风潮一直延续至今，日、韩学界与此相关的论著层出不穷，而了解日、韩学界研究的过去和现状，无疑对进一步探讨古代东亚国家交流提供宽阔的视角和资料。

　　需要指出的是，本书的译者要么曾留学韩国、日本，对古代中韩日文化交流颇多留意，要么长期关注 7 世纪至 10 世纪唐与朝鲜半岛关系的发展，对古代东亚文献史料石刻墓志涉及的人员流动、陵墓制度、经济文化交流等亦倾注心力，故而选译的内容亦与此密切关联。

　　本译文集所译韩、日学者的论著包括以下几项：

　　其一，东亚世界学说的论证和批判

　　其二，韩国史的叙述及古代中韩交流研究

　　其三，公元七八世纪东亚唐、新罗、日本间的交流

　　其四，中韩古代石刻碑志及陵墓、服饰文化

　　同时，由于译者大多并非专门从事日、韩语言的专业翻译人员，其中的译文可能还有不够准确或者值得商榷的地方，而对原论文的理解诠释，

或许也有失误及不能自圆其说之处，敬请读者及原论文作者不吝指正和批评！我们将继续努力，争取在以后进一步翻译过程中不断锤炼，再接再厉，取得更大的成绩。

拜根兴

2017 年 11 月 8 日

东亚世界史与东部欧亚世界史

——以梁的国际关系、国际秩序、国际意识为中心

[日] 国学院大学　铃木靖民[*]

引言：张庚《诸番职贡图卷》的出现

2011 年春，赵灿鹏先生在其《南朝梁元帝〈职贡图〉题记佚文的新发现》[①] 一文中介绍了清代张庚摹本《诸番职贡图卷》。此乃 6 世纪南朝梁元帝（萧绎）所撰《职贡图》新的题记佚文。

职贡图乃描绘外国朝贡使臣形象的画卷，并疏注说明性文字的题记。现类似《梁职贡图》的还有台北故宫博物院藏唐阎立德（阎立本）摹本（《王会图》）、五代南唐顾德谦的摹本（《蕃客入朝图》）、北京中国国家博物馆藏（南京博物院旧藏）北宋摹本（《职贡图》）传世。其中阎立德本、顾德谦本与北宋本迥异，无记叙国名、民族名的题记。北宋本为熙宁十年（1077）傅张次的写本，据考乃梁绎 [508—554，梁武帝第 7 子，后即位称梁元帝（552—554）] 亲笔所绘诸外国使臣画像为原本的摹本。不过事实上，依《梁书》载诸国朝贡年份看，萧绎时任荆州刺史，不可

---

* 铃木靖民先生，1941 年生，日本东亚史、日本史研究的著名学者。现为日本国学院大学名誉教授，横滨市历史博物馆馆长。发表学术论文百余篇，专著多部，主编、合著十数本。代表作有《古代对外关系史研究》，吉川弘文馆 1985 年版；《倭国史的发展与东亚》，岩波书店 2012 年版，等等。

① 赵灿鹏：《南朝梁元帝〈职贡图〉题记佚文的新发现》，《文史》2011 年第 1 辑。

能会见九国使臣，故诸国使臣形象并非其亲眼所见①。

《职贡图》宋代已有各色摹本②。唐时起摹写盛行，故宋人亦曾摹绘《梁职贡图》，及至清代有诸多摹本传世。张庚《诸番职贡图卷》即为其一，成为第四幅已发现摹本（以下略称张庚本）。

有学者推定《梁职贡图》所绘人物像达 35 国，接近《梁书·诸夷传》所载 32 国，带题记③。清《石渠宝笈》中称唐阎立德职贡图，载 25 国。1920 年出版的《大观录》中作阎立德《王会图》，附解说和跋，解说部分称载 26 国。

北宋本《职贡图》有人物图像及题记。从右向左，依次分别为滑国、波斯国、百济、龟兹、倭国、欠名（宕昌国）、狼牙修国、邓至国、周古柯国、呵跋檀国、胡蜜丹国、白题国、末国的题记，倭国记载的后半部分以及高句丽、于阗、新罗的全部和宕昌的前半部分散佚，末国记载的一半也已散佚。因宕昌国开始部分的人物图像缺失，故只描绘有 12 国使臣的人物图，且其中的中天竺、狮子、北天竺、曷盘陀、武兴番、高昌、天门蛮、建平蜒、临江蛮相关记载全部已散佚。

清张庚本有渴槃陀、武兴番、高昌国、天门蛮、滑、波斯国、百济国、龟兹国、倭国、高句丽、于阗、斯罗国、周古柯国、呵跋檀国、胡蜜檀国、宕昌国、邓至国、白题国 18 国题记。该摹本虽未绘人物图像，却有幸成为第二份题记完整的传世《职贡图》摹本。

有关《职贡图》的先期主要研究自 20 世纪 60 年代中国的金维诺以来④，岑仲勉、陈连庆、余太山、王素、连冕，日本的榎一雄、西嶋定生、上田正昭、坂元义种、李成市、深津行德、金子修一，韩国的李弘植、洪思俊、李镕贤等均有相关论文发表，研究呈现出国际化特点。这些研究多是将《梁职贡图》与《梁书·诸夷传》关联起来，又因绘有倭人

① 余太山：《〈梁书·西戎传〉与〈梁职贡图〉》，《两汉南北朝正史西域传研究》，中华书局 2003 年版。

② ［日］榎一雄：《有关梁职贡图》，《榎一雄著作集》第 7 卷，汲古书院 1994 年版；深津行德《台湾故宫博物院藏〈梁职贡图〉摹本》，《学习院大学东洋文化研究所研究报告》第 44 号，1999 年。

③ ［日］榎一雄：《有关梁职贡图》，《榎一雄著作集》第 7 卷，汲古书院 1994 年版；余太山：《〈梁书·西戎传〉与〈梁职贡图〉》，《两汉南北朝正史西域传研究》，中华书局 2003 年版。

④ 金维诺：《"职贡图"的时代与作者》，《文物》1960 年第 7 期。

图，故在日本至今多围绕与《魏志·倭人传》的联系而展开。

由跋文可知，赵灿鹏先生公布的《职贡图》题记乃清代浙江人张庚（1685—1760）以山西潞城县知县李橐所藏本为底本，于乾隆四年（1739）耗时五日白描题记部分而成，有 18 国题记的该本以《诸番职贡图卷》之名收录于清末民国初葛嗣浵（1867—1935）所编《爱日吟庐书画续录》第 5 卷（《中国历代书画艺术丛编》27）。《爱日吟庐书画续录》第 5 卷又收录于《续修四库全书》子部艺术类第 1088 册，《历代书画录辑刊》12 在 2007 年亦收录，二者均同为民国三年（1914）上海刊行版的复刻。张庚抄写的底本乃纸本，图卷的形状、尺寸标注详细，较绢本的北宋本稍小，但明确注明人物图像按国家各绘一幅。

赵灿鹏氏认为清张庚本与中国国家博物馆藏《梁职贡图》北宋本关系相近。台北故宫博物院藏二本无题记，图像亦有异，被视为不同母本的摹本。而张庚本 18 国题记的发现，可补不见于北宋摹本的高句丽、斯罗等国题记之缺，亦可补北宋本倭国条及其后宕昌之损，倭国条漫漶严重，字迹难以辨认之处亦可据此明确。此外，即使相同国家记述，与北宋本《梁职贡图》题记语句、字数出入者亦不在少数，有更为简略之处，但亦有可纠北宋本谬记之处。

不过无论现传世诸本抑或过去曾流传的摹本均属广义上的《梁职贡图》，因从国家记述的顺序等来看皆当是梁元帝所绘《职贡图》的衍生品①。

《梁职贡图》乃 6 世纪中叶前，萧绎（梁元帝，552 年即位）初任荆州刺史时为其父梁武帝所绘，转任江州刺史时完成图序，时间在普通七年（526）至大同七年（541）之间。

《梁职贡图》题记与《梁书·诸夷传》的关系，以往研究认为成书于唐贞观三年（629）的《梁书·诸夷传》其记载依据是《职贡图》，甚至因《梁书·诸夷传》与《职贡图》表述相同之处甚多，认为两方撰者均阅览过梁裴子野的《方国使图》，很可能在创作时参考了《方国使图》。总之，《梁职贡图》乃增删《方国使图》而成，而《梁书·诸夷传》依

① ［日］深津行德：《台湾故宫博物院藏〈梁职贡图〉摹本》，《学习院大学东洋文化研究所研究报告》第 44 号，1999 年。

据的是《职贡图》，与此同时，与萧绎同时代且私交深厚、当世首屈一指博古通今的裴子野（471—532）奉梁武帝之命于普通元年（520）撰述《方国使图》（《梁书》《南史》裴子野传），故而《梁书·诸夷传》同时亦以裴子野的《方国使图》为史料依据①。裴子野曾任著作郎一职，掌国史、起居注。《梁书·裴子野传》记载了这样一则逸闻趣事，说西域的白题及滑国使者从岷山道即吐谷浑路入朝进贡，时人不知二国来历，裴子野对此作了解释，其博学多识令世人大为叹服。

中国国家博物馆藏北宋本的记叙排序及国家数目仅就东亚国家来看依次为百济、龟兹、倭国，随后是部分宕昌记述，无高句丽、斯罗记述，不过据张庚本题记可知依次为百济、龟兹、倭国、高句丽，排序同台北故宫博物院藏唐阎立德本。不过，原本的《职贡图》全貌尚未掌握，不同国家使者画像、题记叙写顺序及其理由、卷子的形状等还有待进一步深入研究。

《梁职贡图》人物画像及题记是研究南朝、梁时期亚洲乃至东部欧亚世界各国、各民族的基本史料之一，它与《梁书·诸夷传》互为补充，其重要性无须赘言。《梁职贡图》的创作意图在于通过描绘各国、各民族身着朝仪服装，纷纷慕而来朝时的场景，达到为梁皇帝歌功颂德之目的。因而，各国人物像的绘制是基于包括梁外交、军事意义在内的番夷观、中华思想抑或天下观完成的，它如实地体现了以绘者萧绎为代表的梁统治阶层的国际意识。

中华思想与战国时期形成的天下观不无关系，它的影响大大超出了梁的实际统治范围，成为超越地区与族群，对象包括番夷在内的一种政治性世界观念。

如百济条对盛装来朝的百济使描绘十分细致，一定程度上反映了梁外交政策中对百济的定位，而倭国条倭人皆跣足，站立不稳，与其形成鲜明对照。无论倭人实际是否朝贡过梁，这样的形象及题记都为我们了解梁的倭国观、倭人观以及在梁为中心国际关系中倭国的地位提供了线索。

以往认为北宋本倭国使者的画像是基于《魏志·倭人传》想象绘制而成的画作。那么比照各个本子的题记与人物画像，可进一步明确倭人像

① ［日］榎一雄：《梁〈职贡图〉补记》，《榎一雄著作集》第7卷，汲古书院1994年版。

的特点。头饰、颈部、脚部等特点鲜明，可知参照了正史等多种文献资料。比较有图的三种本子，发现较北宋本年代更早的唐、南唐二本图像中人物的容貌、手势动作、着装，尤其是下半身的着装、戴饰描绘得十分细致。结合张庚本倭国条题记可知：一、下身正面以带缚裙（下身围以横幅）这一服饰特点类似阎立德本东南地区的中天竺、狼牙脩众国，亦类似顾德谦本中天竺、临邑国、狼牙脩、于陀、扶南各国。《职贡图》倭国条、《魏志·倭人传》记载倭在会稽东，气候温暖，而相同风土记载亦见南亚、东南亚各国（《南齐书·扶南国传》《梁书·扶南国传》），推测《职贡图》倭国使者像可能是参考这些国家的真实朝贡使者形象绘制的。二、跣足、踉跄之形象类似东南诸国，亦吻合史料关于倭人的记载。三、《梁职贡图》中对不同国家、民族合掌时其双手交握的方式、站姿区分描绘，这其中倭国使者的形象可谓独特。

假如倭国使者是特殊的，那么究竟是因萧绎并非亲眼所见所致还是依据百济使者所提供的信息呢？其三将手重叠的样子是否如前文所述，是根据《魏志·倭人传》中"见大人所敬，但搏手以示跪拜"进行的一种表现呢？

本文拟在《梁职贡图》及《梁书·诸夷传》诸多先期研究的基础上，主要就梁的国际关系、国际秩序、国际意识进行考察，以期唤起学界对古代东亚世界以及东部欧亚世界研究架构的讨论。

一 《职贡图》胡蜜檀国条表文

《梁职贡图》中有关以南梁为中心国际关系、国际秩序、国际意识的记载十分重要。因与日本史相关而备受关注的是胡蜜檀国条载胡蜜檀国"旁小国也"，普通元年随西方的滑国（吠哒、悒怛、Ephtalite）一同来朝，上呈梁武帝的表文中言"扬州天子，日出处大国圣主"，同为"旁小国也"的呵跋檀、周古柯亦随滑国使者来朝。此前，榎一雄氏、余太山氏推测北宋本胡蜜檀国条题记有漏字，"州"字前应为"扬"，"出"字前应为"日"，该推测因这一新出张庚本的记载得到证实。胡蜜檀国条的表文如有文字，则应为胡语，即以当地语言及文字写就，之后翻译成汉语呈给梁，抑或由梁方进行了翻译。参照后文将述及的《梁书》滑国条，可知该国与滑国等虽位于中亚内陆，但如过内陆走岷山道再东行，便可在河南（吐谷浑）、高昌等国进行翻译；或从北向西南方向下印度，抵达加尔各答后越南海，再经由马六甲海峡，即可在东南亚某个中转国，比如7世纪中叶之前存在于古代中南半岛的扶南国①进行翻译。

二 "日出处""天子""日本"

表文中的"天子""日出处（天子）""圣主""大国"等表述在7世纪初倭国（日本）遣隋使通交隋王朝时引起隋的不快，并通过《隋书·倭国传》而广为人知。

"日出处"原本是西域国家视野中的扬州，即对建都建康的梁的称呼，它的的确确是基于西域国家地处梁国西方的这种方位观而产生的，这一点榎一雄氏很早前就已指出。他研究发现记载北魏官吏宋云西去印度取经的《行记》（周祖谟《洛阳伽蓝记校释》、杨勇《洛阳伽蓝记校信笺》）有这样一段记载，言宋云与惠生北魏神龟二年（519）12月，途经乌昌国时，其王通过解北魏语的翻译问宋云曰"卿是日出人也"，宋云答"我国东界有大海水，日出其中，实如来旨"②。范祥雍《洛阳伽蓝记校注》称照旷阁学津讨源本《洛阳伽蓝记》此处作"日出处人"，则"日出处人"应为其原本表述（该本为清嘉庆年间张海鹏刊行）。乌场国北接葱岭（帕米尔高原），南连天竺或北天竺，之后又与大食（萨拉森帝国）相邻，恰如《行记》所云乃佛教信仰国。众所周知，玄奘的《大唐西域记》中作乌杖那，慧超的《往五天竺国传》作乌长国，《新唐书》卷221上载乌苌国传。可知乌场国在6世纪初，王以下的人们将中国之地视为"日出处"。据此推知"日出处"乃天竺（即印度）对中国的称呼（《楼炭经》云"葱河以东，名为震旦，以日初出，燿于东隅故得名也"。中国的别称震旦即得名于日之初出，照耀东方）。此处的"日出处"与后文将述及的

---

① ［日］山本达郎：《古代的南海交通与扶南文化》，《古代史讲座》第13辑，学生社1966年版；［日］山行真理子：《越南考古学调查与南海世界》，《开拓丝绸之路 汉与欧亚世界》，丝绸之路学研究中心，2008年。

② ［日］榎一雄：《梁〈职贡图〉有关滑国的记载》，《榎一雄著作集》第7卷，汲古书院1994年版。

佛教经典《大智度论》中的"日出处"（"日没处"）寓意相通。

胡蜜檀国表文载其国王向梁皇帝"遥长跪合掌，行礼千万"，还有"天子""圣主"等表述，佛教气息浓厚，既明确表露出胡蜜檀国国王对梁皇帝的仰视之情，又饱含意欲与梁密切关系之心。朝贡梁的其余诸国亦是相同心理吧。

如前所述，约 1 个世纪后的倭国遣隋使所呈国书中称隋炀帝"日没处天子"，而倭王自称"日出处天子"，招致炀帝不快。《隋书·倭国传》的这段记载颇为有名，梁以后，经北周、陈直至统一南北朝的隋文帝及其继承者隋炀帝，应继承了前代以来的这种观念，以"日出处天子"自居，故当然会感到不快。因国际上"日出处"的"天子"是对中国皇帝的一种敬称。《宋书·天竺迦昆黎国传、呵罗单国传》载两国国王呈宋皇帝的表文中均将皇帝称作"如日初出"，可以看出"日出"一词包含赞美高贵之人的佛教意义。《后汉书·西南夷传》西南民族（作都夷）的"远夷慕德歌诗"云："蛮夷所处，日入之部，慕义向化，归日出主"，可见在西南诸国，蛮夷之处为"日入"，而"日出"指代中国。再者，后汉《说文解字》把《山海经》海外东经中的"扶桑"一词释作"榑桑，神木，所日出也"，可见中国本身自后汉时起，将东方视作"日出"之处这种思想观念是普遍存在的。

倭国遣隋使所携国书，或者使者的言行在隋皇帝的立场、观念看来不能容忍是完全有可能的，因构成中国最高君长——皇帝这一位置的必要条件，不仅有其自身的中国中心外交态度，同时还必须是由与他国的国际交流、国际关系的实质以及理念、意识所构成和继承。

关于此，有学者认为，并非因倭王在国书中使用了"日出处""日没处"，而在于倭国（日本）王自称天子，而天子作为天之子只可能为一人①。但原因仅此而已吗？虑及国书格式，我们必须将"日出处"和"天子"视作用来敬称中国皇帝的一个整体，即便其乃受来倭的高句丽僧人惠慈教唆为显示倭国王权而使用的②，该国书也显示了恢复与中国外交的

① ［日］东野治之：《日出处·日本》，《遣唐使与正仓院》，岩波书店 1992 年版；［日］大津透：《天皇的历史·从神话到历史》01，讲谈社 2010 年版。

② ［日］李成市：《日隋国交与高句丽》，《古代东亚的民族与国家》，岩波书店 1998 年版。

遣隋使、派出这些遣隋使的统治阶层，对广泛存在于中国王朝乃至以中国为中心的东部亚欧地区国际社会这种共同意识认知上的欠缺。当然也不排除倭王明知这一国际常识，仍大胆以"日出处天子"自称，称隋炀帝"日没处天子"这种可能性。甚至可以认为从长期来看，由此萌生的"日出之处"这种意识成为日后以"日本"为国号的源头，但笔者以为 7 世纪的遣隋使、遣唐使通报国号为倭、倭国，故应将"日出处"的思想与"日本"国号的成立历史地区别看待，而且也没有确切证据显示王权统治层的思想在漫长的岁月中得以继承。

《旧唐书·倭国日本传》载"日本国者，倭国之别种也。以其国在日边，故以日本为名"；《新唐书·日本传》载"咸亨元年（670），遣使贺平高丽。后稍习夏音，恶倭名，更号日本。使者自言，国近日所出，以为名"。据使者所言，国号由倭国更名日本，是得知汉语中倭之名不雅，而国家又近日所出之处的缘故。倭国号更名一事，《三国史记》新罗本纪文武王十年（670）十二月条载"倭国更号日本。自言，近日所出，以为名"，内容上和国号更改的年份上都仿效了新、旧《唐书》。天智八年（669）遣唐使河内鲸等一行，为贺平高句丽遣派唐朝时是否抵达唐都长安尚存疑问，虽可推测此乃首次通报日本国号，如其所言近日所出之故，但如注意到"后"字，或应解释为咸亨元年以后意识到应更改倭国之名似更为合理。河内鲸之后，倭国与唐朝来往中断，故也可能首先在与新罗的外交过程中更改了国号。

2011 年 7 月，西安出土的仪凤三年（678）百济人祢军墓志研究公布，志文中刻有"去显庆五年（中略）于时日本余噍，拠扶桑以逋诛，风谷遗甿，负盘桃而阻固"①。日本二字在中国意指东方②，东野治之氏认为"日本餘噍"有可能指的是为唐军所败的百济移民③，而非国号日本之意。如上所述，"扶桑"表示东方，在志文中指百济人逃往的倭国，其后出现的"海左""瀛东"等也是指倭国④。那么与这方墓志大致同时期，

① 王连龙：《百济人"祢军墓志"考论》，《社会科学战线》2011 年第 7 期，第 123—131 页。

② ［日］小川昭一：《关于唐代的"日本"称号》，《中哲文学会报》第 1 号，1974 年。

③ ［日］东野治之：《百济人祢军墓志的"日本"》，《图书》2012—2，2012 年。

④ 同上。

倭国统治层难道不曾试图采用这一国际性称呼——"日本"国号吗？其实，这一猜测与《新唐书》载"更号日本"并不矛盾。

虽然尚未找到直接证据，但笔者以为倭国采用"日本"作为国号的动机可能与东亚政治局势密切相关。660年百济灭亡，663年白村江之战（即白江口之战）倭与百济遗民联军惨败，664年、665年唐军百济镇将派使臣抵倭交涉（大唐武将郭务悰和百济武将祢军率领），668年高句丽灭亡，之后高句丽遗民又发起反攻，新罗向唐开战等，国际局势风云诡变，倭天武政权应在政治、政策上采取了一系列新的动作予以应对。倭国会不会在与新罗互派使节的过程中，切实感受到更改国号的必要性，并通过互换国书、接受国王接见、问答时的体验，然后有了制定外交中具有国际性感觉的国号及王号的意图呢？是否在外来压力之下，倭王权国家意识觉醒，决心摒弃外国赋予的固有倭国称号，在外交中采用日本这一具有日之本、日之边之意公认的国际性佳号呢？

关于此，还会让人联想到飞鸟池遗迹出土的卷首写有"天皇"二字的木简。飞鸟池木简推测年代是在天武、持统朝时期，而天皇号的使用与改国号可能是同时推进的，正如有学者研究认为是在得知唐高宗（650—683在位）上元元年（674）改皇帝号为尊号"天皇"后，加以模仿采用的①。这一推论笔者以为是合理的。高宗即位后，推行强硬的半岛政策，在新罗遭受高句丽、百济进攻时，给倭王（孝德?）降玺书命救援百济（《新唐书·日本传》），所以倭统治层当通过新罗或其他途径一直在关注唐高宗的政治动向。也可能倭更早就已知晓天皇称号，但用于外交当中应是始自天智朝末期、天武时期吧。而未模仿唐改皇后为天后可能是以诞下嫡子的嫡妻为正妻的嫔妃制在倭还未固定下来之故吧。要言之，可以认为7世纪70年代，"日本""天皇"这些称号开始用于外交文书，而这与建于678年的祢军墓志在时间上也是吻合的。

目前还不清楚净御原令中是否将其明文规定了下来，但毫无疑问在编撰《大宝律令》时明文规定了国号与天皇称谓（公式令）。法令上明文化后正式在国书中使用"日本国""天皇"始自大宝元年任命的遣唐使。

---

① ［日］金子修一：《中国的帝与宗》，《图书》2011—11，2011年。

《续日本纪》神龟五年(728)正月甲寅条,所引渤海首次遣日使所携渤海郡王大武艺的启(国书)云:"大王,天朝受命,日本开基,奕叶重光,本枝百世。"这里的"日本"既是国号,也是日之本,即日出之处,广义言之即东方之意的修饰。关于"日本"一词,另有渤海王呈给日本天皇的国书,如宫内厅书陵部藏壬生家文书抄写本、《续日本后纪》承和九年(842)三月辛丑条,引渤海国中台省给日本国太政官的碟亦称"日域东遥,辽阳西阻",这里的"日域"也可视为类似的表达。之后"日域"一词频繁见于国书,《汉书》卷八七下《扬雄传》"日域"一词,颜师古注曰"日域,日初出之处也",可知日域原本并非日本的别称①。《怀风藻》所收大宝年间入唐僧辨正留唐时的诗吟道"日边,远眺日本";使节山上忆良也思念家乡,在他的和歌中吟唱"孩子啊,早日回到日本"(《万叶集》1—63),这些诗歌中的日本已明显体现出诗人的国号意识。

唐张文成撰《朝野金载》卷四(《四库全书》子部)载8世纪开元二年(714)、三年魏光乘戏称舍人吕延祚(此人因为《文选》做注而闻名)为"长大发少"的"日本国使人",戏称舍人郑勉为"醉高丽",判断这里的日本毫无疑问是国号②,同时他们亦指出中国并未从具体的某一时间起将日本与日本国画上了等号。即日本意指东方,一开始并非特定的地名、国名,它在7世纪末与唐、新罗开展外交之际,才作为正式的国号确定了下来。

总之,7世纪初倭国派遣遣隋使时,"日出处"意指中国,包括干政的僧侣在内,他们明知"天子"专指中国皇帝,仍硬性将倭王表述成"日出处天子"。这是一种无视国际规则的主张,由此可以窥知倭国外交上开始寻求对等性与自主性。不过,此后未再见"日出处""日没处",故可以认为以后没有在对隋外交中使用。

5世纪以来,西域、印度诸国以"日出处""如日出处"赞誉中国及

---

① [日]小川昭一:《关于唐代的"日本"称号》,《中哲文学会报》第1辑,1974年;[日]小林敏男:《日本国号的历史》,吉川弘文馆2010年版。

② 谢海平:《唐代诗人与在华外国人之文字交》,文史哲出版社1981年版;[日]加藤顺一:《〈朝野金载〉所见日本使臣》,《艺林》38—3,1989年;[日]池田温:《日本使臣与被起外号的吕延祚》,《东亚交流史》,吉川弘文馆2001年版。

中国皇帝，东方为佳的这种思想也为倭国所接受①。此后，至 7 世纪后半、7 世纪 60 年代，在与唐、新罗的外交中，改倭称"日本"，并在日本令中确定下来，701 年时隔 30 余年再度派遣遣唐使时，明确将国号"日本"通报唐王朝 [先天二年（713）《杜嗣先墓志》等]。通过隋炀帝一事，倭统治层可能意识到"日出处""日没处"这样的表述在对外关系中难以通行，因此，与其说"日本"一称是"日出处"的发展延伸，不如说是在引发中国、朝鲜半岛诸国等东亚新变革这一国际形势的冲击下，为彰显、确保倭国地位而在国号表述上所进行的重大变革，这一行动完全可以视为一种宣言。

之后，13 世纪宋罗濬撰《宝庆四明志》卷六（《四库全书》史部）中称"日本即倭国，地极东，近日所出"，书中列举了从日本输往明州（宁波）的沙金、水银、硫黄、螺头、板材等特产。日本地处极东，"近日所出"这一表述可能是继承了两唐书、特别是《新唐书》的记载。14世纪《宋史·日本传》的卷首也记载其"国近日所出，故以日本为名"。

三 "圣主"和佛教思想

7 世纪初遣隋使所使用之"日出处""日没处"，东野治之氏等指出汉译佛教经典《大智度论》卷九、十万菩萨来释论等显示当时有"日出处"代表东方，"日没处"代表西方这样的方位观念，认为国书上的表述引自佛典②，一直以来这一观点占据学术界主流地位。此外，学者们还普遍认为其使用与佛教思想密切相关，如周古柯国等将梁皇帝称为"扬州阎浮提"，胡蜜檀国强烈意识到梁乃佛教国家，在对梁外交中，大量使用了佛教用语。可以想象当时包括西部国家在内，在梁、北魏等东部亚欧地区，那些深谙佛家经典，与各地王权密切相关的从事外交、贸易事务的人们以及僧侣们十分活跃。近年来，河上麻由子氏以朝贡为切入点，强调南

---

① ［日］吉田孝：《日本的诞生》，岩波书店 1997 年版；［日］纲野善彦：《日本历史·"日本"是什么》，讲谈社 2000 年版。

② ［日］东野治之：《日出处·日本》，《遣唐使与正仓院》，岩波书店 1992 年版；［日］清武雄二：《大和政权的佛教受容与外交政策》，《国学院大学大学院纪要》，文学研究科 27 号，1996 年。

部、西部国家向南朝宋、梁及至隋开展佛教外交之意义①。

无须赘言，"天子"一词频繁出现在《宋书·蛮夷传》《梁书·蛮夷传》中，用来指代对方皇帝。张庚本《职贡图》中的周古柯国条、呵跋檀国条的表中亦见。《梁职贡图》周古柯国条载普通元年（520）遣使，表文中称梁武帝为"扬州阎浮提"，《梁书·盘盘国传》载大通元年（527）遣使，称梁武帝为"扬州阎浮提震旦天子"。"阎浮提"表示佛教世界，"震旦"则是与印度、西域国家指称中国的"日出处"同义，均表示该国天子之意。

"圣主"（圣王）也是佛教信仰国家对王的指称，体现其崇佛礼佛思想。《宋书·诃罗陀传》载元嘉七年（430）在给宋的表文中称皇帝为"圣主""圣王"，称赞宋是尊崇佛教的理想之国。《南齐书·扶南国传》引永明二年（484）王以天竺僧为使节前往南齐呈上表文，表文中称南齐武帝为"圣主"。《梁书·干陁利国传》载天监元年（502）其王梦中云"中国今有圣主，十年之后，佛法大兴"。《梁书·婆利传》引天监十六年（517）遣使所呈表文称"大梁扬都圣主"。胡蜜檀国相同表文中"圣国"一词出现了两次。5世纪、6世纪东南各国与南朝交往相关记载所见这些敬称、赞美之词显示梁才是神圣的佛教国家、圣主统治的国家，皇帝是佛教世界中高高在上的宗教首领即圣主这一点获得国际认可。梁及梁皇帝肯定也以此自称，梁甚至以佛教信仰中心国家自居。后文也将述及，佛教成为凝聚各国、各民族间交往的梁国际关系、国际秩序思想或信仰上的媒介。

四 "大国""小国""旁国"

《职贡图》中的"大国""小国""旁国"这些表述或者概念在国际关系中的意义也值得考察。"大国"一词在各国的记述中被置于"小国"的相对位置。《梁书·百济传》马韩各国的介绍中有以"家""户"数量为基准区分"大国""小国"的例子。结论即"大国""小国"所言大

---

① ［日］河上麻由子：《南北朝至隋代的佛教与对中交往》《佛教在中国南朝对外关系中所发挥的作用》，《古代东亚世界的对外交往与佛教》，山川出版社2001年版。

小，不否认有表示一个国家政治、经济、军事力量强弱的一面，但究其本质，大国即如代表"中国"的梁那样思想上佛教流传、社会稳定，政治上秩序井然的国家。《梁书·师子传》云师子国乃"天竺之旁国也"，出产珍宝，商人们以此为商，积累了财富，国人们听闻有此乐土，竞相来居，终成"大国"。看来，居住者众多，生活富裕，因而被誉为"大国"。

《隋书·倭国传》云新罗、百济"以倭国为大国多珍物，并敬仰之，恒通使，往来"，隋使裴世清面见倭王时，倭王对隋使裴世清言道："冀闻大国惟新之化。"前者大国指倭国，而后者则指隋。通览《梁书·诸夷传》等以及《隋书·赤土国传》等，他们以代表"中国"的梁和隋等为理想之国，梁有儒教之风，国民举止有礼，或者是佛教思想普及，统治有序①。这些"大国"或多或少带有宗教色彩，之后的《三国史记》新罗本纪善德王十一年（642）条记载新罗金春秋赴高句丽交涉，称赞高句丽为"大国"；《全唐诗》等收录唐人写给日本人的送别诗中，王维赠阿倍仲麻吕《送秘书晁监还日本国》序中称日本为"海东大国"，"服圣人之训，有君子之风，正朔本乎夏时，衣裳同乎汉制"，可知王维以大唐，即中国为标准，观其风俗习惯等，评定日本为"大国"。一般情况下，以中国的文化性指标来判断是否为大国（平势隆郎氏将大国、小国观念与汉字普及程度结合起来进行理解）②。

"小国"一词，古例可见西晋时西去印度的支僧载《外国事》（《太平御览》卷七九七）记录"罽宾，小国耳"。北宋本《梁职贡图》百济条"旁小国"罗列有东南的加耶诸国，李弘植、李镕贤二人对此有研究。《梁书·诸夷传》中亦见"小国"，《南齐书·高丽传》载北魏外交齐使最受礼遇，高丽次之，北魏的使者称"我圣朝处魏使，未尝与小国列，卿亦应知"。《南齐书·扶南传》所载扶南给南齐的上书中亦自称"小国"。

"小国""大国"均代表国家位次，是一种国际评价。梁为"大国"（《职贡图》周古柯国条），"旁小国"是中心国周围的附属小国，表明了

---

① ［日］黑田裕一：《推古朝的"大国"意识》，《国学史》第165辑。

② ［日］平势隆郎：《大国·小国的关系与汉字传播》，《古代中国：社会转型与多样文化》，上海人民出版社2007年版。

宗主—附庸制政治关系，当然这也是朝贡国对梁外交中的自称，常常带有夸张成分。

李镕贤氏认为"旁小国"显示了相伴入朝这种实际情况①。张庚本《职贡图》渴槃陀国条称其为"于阗西小国也"，斯罗国条称其为"本东夷辰韩小国也"，周古柯国条作"滑旁小国也"，呵跋檀条为"滑旁小国也"，胡蜜檀国条为"滑旁小国也"。同样，北宋本《职贡图》百济条称加耶诸国、斯罗为"旁小国"。

《梁书·诸夷传》滑国条称滑国魏晋以来未与中国通交，但天监十五年（516）、普通元年（520）、普通七年（526）分别"奉表贡献"，北魏时滑国仍为"小国"，附属芮芮（柔然），后逐渐强大，征服了波斯、盘盘、罽宾、焉耆、龟兹、疏勒、姑墨、于阗、句盘等众多东西或南方国家。没有文字，"与旁国通则使旁国胡为胡书"，"其言语待河南人译然后通"，语言沟通方面须借助河南（吐谷浑）人居中翻译。"胡书"意指佛书、佛典，但此处当指广义上的令胡人译作胡人文字之意。"旁国"顾名思义即距离上的旁边，如波斯，使用文字的"旁国"担负起了外交上的职责。故仅"旁国"一词并不包含从属、附属之义，和"小国"并用，方才具备了其特有的含义。

《梁书》载周古柯国、呵跋檀、胡蜜檀国等为"滑旁小国也"，《呵跋檀国传》更载滑国旁的国家人们着装、相貌均同滑国，载揭盘陀国"于阗西小国"，与《职贡图》题记记述几无出入，不由得令人猜想两者可能出典相同。

同时期的《行记》载正光元年（520）四月宋云入乾陀罗国境，向其王递交诏书时的问答中，王答曰："不能小国降服小国，愧卿此问。"

关于日本（倭国），《旧唐书·倭国日本传》载"或云，日本旧小国，并倭国之地"，《新唐书·日本传》载："或云日本乃小国，为倭所并。"史书记载了倭国更名日本缘于国家近日所出或"小国"日本为倭所并两种说法。早前的《魏志·倭人传》中有一段有关行程的记载广为人知，对马国、邪马台国记载之后，"自女王国以北，其户数道里，可得略载，

---

①　［韩］李镕贤：《〈梁职贡图〉百济国使条的"旁小国"》，《朝鲜史研究会论文集》第37辑，1999年。

其余旁国远绝，不可得详。次有斯马国"等，还列举了 21 国。"小国"
与"旁国"虽是不同说法，但在此乃是"女王国"的"旁国"，姑且列
为参考。

五 东部欧亚世界结构

以下试通过《职贡图》中中心国与小国关系的记载对 6 世纪东部欧
亚的国际秩序乃至整个欧亚世界构造做一分析。

《职贡图》题记中的胡蜜檀国是滑国的"旁小国"，周古柯国、呵跋
檀也都是滑国的"旁小国"，滑国携邻近的众多"小国"同往梁国朝贡，
他们之间不仅是地理位置上的"旁"国关系。滑国在外交或政治上当居
中心地位，上呈梁的表文中使用了"旁小国"一词或外交辞令中令同往
小国如此自称吧。而且，众所周知，滑国横跨巴基斯坦至伊朗东部，是一
个实力强大的游牧国家（《梁书》滑国条载其"土地温暖……有五谷"，
是农牧业接壤地带），甚至一度攻灭了波斯、盘盘、罽宾、焉耆、龟兹、
疏勒、于阗等西部国家，尽管距离梁国遥远，但作为西域有实力的"大
国"，其国际地位在东部欧亚地区获得认可。毫无疑问，这里形成了一定
的独立关系，存在过某种秩序。

以上述历史关系为基础，似可描画出梁（大国＝各国的中心）—滑
国（大国＝各国的中心）—胡蜜檀国等（旁小国＝周边国）这样一个国
际秩序图，当然这一秩序图是梁本位思想下的结构图。梁与滑国互为两个
中心（大国），滑国自魏晋以来未与中国交通，但梁天监十五年（516）
"奉表贡献"，普通元年（520）献黄狮子、白貂裘以及可能是战利品的波
斯狮子锦，被梁视为"诸番"中的一员。文献未见波斯曾拥有"小国"
的相关记载，但在梁的记载其地位同滑国。上文引述过的师子国乃天竺的
"旁国"，天竺具体涵盖地区、王朝不明（古普达朝?），但天竺亦当属
"大国"。

梁与滑、梁与波斯是大国间、中心国间的关系，作为中心国对"旁
国"，即相邻周边、外缘"小国"群也各自发挥着影响力。"大国"携
"旁小国"朝贡梁王朝，可以推断在当时不同地区各自构筑了某种包括外
交关系在内的国际秩序。无论"大国""小国"，《梁书》及《职贡图》

均称其献方物,即梁与诸国间是一种朝贡关系,汉代以来中国王朝还曾将这些周边诸国君长册封为××侯、××王或××将军,不过总体看来,朝贡关系是基础,而开展国际土特产贸易乃实质。

梁位居《职贡图》所载远近35国的中心,构筑了以梁为首的国际秩序、国际关系,换言之,构筑了以梁为首的中华世界、东部欧亚世界,抑或说以中国、以梁为中心的国际概念在东部欧亚规模内得以形成。同时滑、天竺等也在其周围拥有若干个国家或民族,分别位居各自世界的中心位置。这些地域(世界)圈拥有不同的产业、社会、思想秩序、关系,而这些不同世界(地域)圈的人们之间又相互交流往来。6世纪,滑与波斯之间战争频发,处于敌对关系①。毋庸赘言,开展交往一方面是出于国际间军事策略即维持政治外交上稳定的需要,另一方面是希望通过人与物的交流往来,获取国际性商业利益。已经有学者注意到滑即嚈哒人以粟特为基地,往来东西方之间进行国际贸易②。滑经由高昌国与北魏之间也曾有过往来,与中国南北朝的交往在5世纪中叶、6世纪上半叶进入最为频繁的时期,以此对抗波斯。这种滑与波斯间的对立关系究竟在其对梁外交中产生了何种影响?对滑和"旁小国"之间的外交与贸易是否亦产生了影响呢?要理解这种国际关系还须将6世纪五六十年代波斯联合北方突厥征服滑国纳入考量范围之内。

《职贡图》使臣画像栩栩如生,题记中风俗部分记叙了各国各民族的特产物品,据此可推知当时外交、贸易的大致情况。此外,《职贡图》题记,特别是其中各国上呈梁的表文显示,借助佛典中的表述、文章达到了思想上的共同认识,各国、各君长、各民族之间结成了一种等同于同盟的关系,进而形成了佛教与外交、贸易交相错致的密切关系和秩序。梁与西部、东南各国之间借助佛教这一共同思想构筑国际关系这一特点十分明显。晋唐之间描写中国与印度、西域国家的诸多行纪亦表明,僧侣们修习佛法、求取佛经这种纯粹的佛教活动成为促进、扩大交流的一大要因。当然,这不可一概而论,滑国与波斯国等在魏晋南北朝时期宗教信仰各不相

---

① 余太山:《嚈哒史研究》,齐鲁书社1986年版。

② 同上。

同①，并非全佛教信仰国家，而遥远的帕米尔以西的诸多国家与中国之间的关系亦经过多次反复，发展到唐代，才一度被置于唐都护府下的羁縻府州体制之内②。

综上所述，从广阔的东部欧亚世界视角看梁与周边国家、边缘（边境）国家间的关系，发现它是中心—周边（中心）—边缘（边境）这样一个三层构造关系。这既是现实的关系，也是空间存在模式。以中原王朝为中心的周边国家在其所在地区又形成一个中心，它的周边国家即是"旁小国"。"旁小国"在中原王朝看来，是未直接接壤的边缘国家。如同胡蜜檀国那样，作为"旁小国"跟随大国滑国使者建立发展对梁外交（朝贡）关系，故"旁小国"一般情况下首先表现为大国携小国同时入朝的国际关系模式，不过有时亦可视为直接与梁结成国际关系。

六　东亚世界（地区圈）的变迁

以上关系模式不仅存在于西部地区，亦存在于朝鲜半岛、日本列岛等东亚世界（地区圈）。5世纪至8世纪，东亚地区存在过若干个"大国"或者中心。4世纪末、5世纪高句丽与北朝结交，形成了以其为中心、他国作为"属民"跟随朝贡这样一种国际秩序，这一点通过高句丽广开土王碑即可得知。从中国华北地区迁入的移民将中华思想带至高句丽，在中华思想的影响下，高句丽亦形成了其政治思想上的天下观③。中原高句丽碑记载，5世纪上半叶，高句丽称新罗王为"寐锦"，授其服，置其于治下，在新罗领内招募新罗兵组成军队，隶属高句丽军事司令官（幢主）管辖。还有，大约同时期，倭王追随百济外交政策，一同朝宋，之后开始向宋派遣使者接受册封④。倭国一度跟随百济，而在此基础上又被编入以宋为中心的国际秩序，即所谓的"册封体制"当中。6世纪，《职贡图》百济国条题记列举东夷辰韩或百济治下有"旁小国"加耶诸国和斯罗等

---

① 李进新：《丝绸之路宗教研究》，新疆人民出版社2008年版。

② ［日］森安孝夫：《兴亡的世界史·丝绸之路与唐帝国》05，讲谈社2007年版。

③ ［日］川本芳昭：《四至五世纪东亚的天下思想》，《古代东亚国家论》，睡莲舍2006年版。

④ ［日］铃木靖民：《倭国与东亚》，《倭国与东亚》，吉川弘文馆2002年版。

（北宋本），可以说通过与"大国"百济一同入朝，形成了以百济为中心的地区关系。斯罗国条之所以载"本东夷辰韩之小国也""或属韩，或属倭国，王不能自通使聘，普通二年（521）其王姓募名泰，始使随百济奉表献方物"，是因为斯罗（新罗）原为"小国"，结合百济国条"旧东夷马韩之属也"这一记载，可知其与韩或倭国归为同属，梁时跟随百济向梁遣使朝贡。

7世纪中叶至下半叶，新罗在百济灭亡后，将百济、高句丽移民势力（报德国、小高句丽国等）纳入治下，选派号称百济、高句丽之使臣，令其跟随新罗国使共赴倭国（日本），在外交中加以利用。有学者将这样的新罗视为"大国""帝国"①，甚至有学者表述为"近中华"②。这无疑意味着新罗取代百济跃居朝鲜半岛国际中心的意识与相应的外交实践，可以认为统一时期的新罗处于中心国地位，实现了大国化等于中华化。

倭国在7世纪后半叶，也将百济移民纳入统治，赐予百济王族百济王姓，仿效中华帝国推行"小帝国"化。这一现象可视作国际范围内中国周边国家、边缘国家的中心化或中国化现象的一种表现。

如此看来，6世纪前后波斯国、滑国，即西起今天的伊朗、阿富汗·克什米尔，东至中国、朝鲜半岛的东部欧亚范围内，若干个国家和民族（族群）社会与生活等发生接触，交流往来，或展开对抗，这一区域内形成了多样的国际秩序或者说是复线结合地区，甚而可以假设存在过一个东部欧亚世界，该世界范围内具有某种社会共性或普遍性。很可能该历史空间结构作为一种空间模式、地域圈模式（东部欧亚世界模式）是存在过的。

综上所述，呈现三层（三部）构造的东部欧亚世界是由中心、周边、边缘这三层关系构成的系统组织，主要要素有国际政治（外交）、贸易（经济）、佛教（宗教），仅就中国史料而言，是以中原王朝为主轴（中心），不过波斯、印度等其他具有各自中心的世界也是另行存在的。此

---

① ［日］笕敏生：《百济王姓的确立与日本古代帝国》，《日本史研究》第317辑，1989年；［日］中林隆之：《古代君主制的特质与东亚》，《历史科学》第205辑，2011年。

② ［日］滨田耕策：《朝鲜古代（新罗）的"近中华"意识的形成》，《东亚世界的交流与变化》，九州大学出版会2011年版。

外，东亚、东南亚等内陆亚洲地区也有围绕各自中心运行发展的地域圈。

关于东部欧亚模式的交通情况，原本梁《职贡图》所描绘的西部国家最远达波斯，此外还有北天竺、中天竺，师子国，不过滑国、呵跋檀国、周古柯国、胡蜜檀国等，其东面的于阗、高昌等，西域大部分国家与梁之间通过陆路进行往来，形成了包括往来通道在内的国际关系。与这一内陆地区相对，猜测梁与师子国，狼牙脩等，图像缺损的扶南国、天门蛮、建平蜒等南亚、东南亚国家及未归属的诸族群之间存在海路交通，即利用南海海域和腹地的水路开展外交，进行贸易（朝贡贸易），传播佛教。总之，东部欧亚广大地区的的确确存在海陆数条交流通道。要将东部欧亚各国连接起来，除人与物有目的性地移动交流外，自然还必须具备一定的交通道路、交通设施、交通技术等种种交通条件。

6 世纪的梁承继上一代南朝国家视自身为"中国"，不仅与相邻周边国家、民族开展国际交流，在此基础上，还与地处外延的边缘国家、民族结成多层相互的、复线的关系，这种关系借助使节的朝贡外交或者统治理念得以成立，一个广阔范围内的世界体系构筑起来并延续了下去。有时邻近中心国的周边国家、其外延的边缘国家可能又自成中心，拥有更外一层外延国家以及境外国家、地区、民族（族群），并在内部形势和国际贸易、宗教（文化）、外交、战争等因素的冲击下，生成国家间、地区间新的中心化。包括朝鲜半岛、日本列岛在内的东亚地区圈随时代变迁，中心国的大国、小国、旁国组合虽然亦发生变化，但东亚地区间相互交流，紧密相连，不断发展，后进一步扩展整合成一个以历代中原王朝为中心的具有某种共性、普遍性的东部欧亚规模的世界，这个世界具有多重性与多样性。总之，东部欧亚世界包括若干个更小规模的多层世界（地区圈），它是一种流动性的关系，而非一成不变。

这其中，梁代是以中国为中心包括多样因素在内的世界，即梁与周边各国等开展人员、物质、思想、信息等形式多样的交流，相互依存。

关于"大国""小国"的形成，前文也稍有涉及，横向来看，笔者以为应把以 5 世纪宋、6 世纪初南齐为中心形成的亚洲国际关系①，作为梁代国际关系的前期准备阶段加以认识，而朝贡一册封正是这种关系确立的

---

① ［日］坂元义种：《五王的世纪》，《日本史》第 1 册，有斐阁 1977 年版。

一大要素。

梁之后 6 世纪后半叶的南朝陈、北朝北周、北齐如何继承了这种外交及国际秩序？与南朝的国际秩序又有着怎样的关系？这些问题尚需进一步探讨。佛教经南方梁与北朝两条通道向东传播，在中国东端的山东合流后首先传入百济，这一点从往来僧侣以及佛像、寺院建筑等发展轨迹中能找到踪迹①。此外，佛教东传与国家主导的东部欧亚世界交流圈发生着怎样的联系？应如何从东部欧亚世界大视野看待国家、王权和宗教、信仰间的关联抑或统治思想？这些仍需进一步深入研究。

七 东部欧亚世界的发展

七八世纪隋及中华帝国鼎盛时期的唐，广阔的东部欧亚世界的关系与交流得到进一步发展，以唐为中心形成了周边、边缘国家和地区多重向心性构造②。

以与隋礼制密切相关的乐制为例，7 世纪初开皇年间所设七部乐中有高丽伎、天竺伎、龟兹伎，杂伎中有疏勒、扶南、康国、百济、突厥、新罗、倭国，大业年间的九部乐新增了安国（《隋书·音乐志下》）。这些整合了北魏、周以来朝贡中获取的诸国乐，具有通过礼乐构筑国际主从关系的功能③。

唐代麟德二年（665）十月高宗泰山封禅，东起高句丽、倭人，西至遥远的波斯、乌苌等多国使者参加（《资治通鉴》唐纪·高宗中之上）。天宝十二载（753），蓬莱宫含元殿百官诸番朝贺之际，日本遣唐使位列西畔第二吐蕃之下，新罗居东畔第一大食之上。对此，大伴古麻吕提出抗议，最后负责的将军将日本与新罗的位次进行调换，史称争长事件（《续

---

① 〔日〕铃木靖民：《从王兴寺到飞鸟寺》，《古代东亚的佛教与王权》，勉诚出版社 2010 年版。

② 〔日〕铃木靖民：《从王兴寺到飞鸟寺》，《古代东亚的佛教与王权》，勉诚出版社 2010 年版；同氏《遣唐使研究东亚史论》，《专修大学东亚世界史研究中心年报》第 4 号，2010 年；同氏《遣唐使与东亚》，《遣唐使船时代》，角川学艺出版 2010 年版；同氏《遣唐使与东亚史论》，《日本古代国家的形成与东亚》，吉川弘文馆 2011 年版。

③ 〔日〕渡边信一郎：《北朝乐制史研究》（科学研究费补助金报告书），2008 年。

日本纪》天平胜宝六年正月丙寅条）。此时正值大食阿拔斯王朝建国伊始，大食使者也参加了此次有唐朝皇帝亲临的新年贺正大典。《唐六典·尚书礼部》载四藩三百余国朝贡，而此次的新年贺正有七十余藩参加，朝贡国名一一记录在册。东有日本、新罗、渤海靺鞨等；西方内陆有龟兹国、疏勒国、于阗国、焉耆国、康国、安国、石国、米国、史国等；印度以西有大食、波斯、天竺诸国、乌苌国、吐火罗、狮子国；东南方向有真腊国、临邑国等。此当是根据负责外交事务的鸿胪寺记录记载的，与唐高祖朝至玄宗朝即 7 世纪 20 年代至 753 年间获唐册封国家的名称大体一致①。其中日本、大食、天竺诸国等是独立于唐朝的国家②。总体而言，这显示唐居于世界中心位置的国际秩序以朝贡—册封关系为根本运行模式是存在于唐王朝的意识之中的。如将其与唐的天下观关联起来看，有唐一代，除太宗时期，唐皇帝将通过州郡县制进行实际管辖的区域视为天下的实际内容③，唐允许番夷各自建立自己的秩序恰好说明了这一点。此外，不仅政治外交，唐前期帕米尔高原以西等西域国家的遣唐使和朝贡活动中还伴随有明显的佛教色彩④。

作为唐周边国家的新罗，7 世纪末至 8 世纪接受唐朝册封，对日外交中主张中华化，两国屡次因此发生冲突，8 世纪后半叶新罗中断对日交流的同时对峙渤海，正像崔致远撰文的凤严寺智证大师寂照塔碑等称"大唐新罗国"一样，儒门、僧侣身上鲜明地表现出新罗以中心国唐的周边藩属国自居这种心态。

日本（倭国）向南朝宋、隋、唐直接遣使这些直接交流时期是周边国家，其余时期是以朝鲜半岛各国为中间国的边缘国家。这期间尽管未进入唐王朝的册封体制，保持着独立性，但由于不定期派遣遣唐使朝贡，类

---

① ［日］金子修一：《中国皇帝与周边各国秩序》，《隋唐的国际秩序与东亚》，名著刊行会 2001 年版；［日］广濑宪雄：《唐宋时期周边势力的外交仪礼》，《东亚国际秩序与古代日本》，吉川弘文馆 2011 年版；［日］赤羽目匡由：《从出土遗物看唐后期对渤海认识》，《渤海王国的政治与社会》，吉川弘文馆 2011 年版。

② 李方：《试论唐朝的"中国"与"天下"》，《中国边疆史地研究》2007 年第 2 期。

③ ［日］渡边信一郎：《"天下"的意识形态构造》，《日本史研究》第 440 号，1999 年。

④ ［日］森安孝夫：《唐代胡与佛教历史地理》，《东洋史研究》66—3，2007 年；［日］河上由麻子：《唐代佛教与对中交往》，《古代东亚世界的对外交往与佛教》，山川出版社 2011 年版。

似于周边国家。另外，对于日本列岛的东北、北海道国家、未归附民族采取了旨在实现其周边化的行动。如 7 世纪后半叶，将虾夷视作"小国""旁国"，遣唐使携其人入朝谒见唐高宗［《日本书纪》齐明五年（659）七月戊寅条］；8 世纪后半叶发起"征讨"军事行动，用强硬手段迫使其周边化，以实现自身的中心化。8 世纪初在对待奄美等"南岛"人的朝贡中亦如出一辙。毋庸置疑，对虾夷统治是日本国家内政中的重要问题之一。

上述事实显示，自五六世纪南朝起至 8 世纪中叶的唐，在以中国为主体的关系下，各国间政治、外交联系进一步扩大发展，它和不同时期中国的国际意识以及对其进行模仿的自他意识是统一的。不过就单从历史空间来看，日本（倭国）等国的这种动向存在于东亚地区圈，同时很显然它也是以中国为中心的广大东部欧亚世界的一部分。

结　语

至今，我们或轻易地使用东部欧亚这一词，或将其等同于东亚一词，而作为历史上存在的世界、地域概念，未必进行过严密的研究。

如本论部分论述的东部欧亚模式在某一时段成立，我们就应站在一个长期性的视角对其进行分期，至少毫无疑问可以看到 5 世纪到八九世纪东亚乃至东部欧亚世界形成及变迁的历史。

近来相关的代表性论著有日本广濑宪雄氏基于各国间往来的外交文书、外交礼仪、国际意识的东部欧亚论[1]，中国方面有王小甫氏对陈寅恪先生"外族盛衰连环性"进一步继承发展，提出隋唐五代时期东亚政治关系论[2]，以及其在"中国古代帝国的政治体系"论[3]中提出的唐代前后

---

① ［日］广濑宪雄：《倭国·日本史与东部欧亚》，《历史学研究》第 872 号，2010 年。同氏《唐宋时期周边势力的外交仪礼》，《东亚国际秩序与古代日本》，吉川弘文馆 2011 年版。同氏《东亚世界论的现状与展望》，《历史评论》第 752 号，2012 年。

② 王小甫：《隋唐五代东北亚政治关系大势》，《盛唐时代与东北亚政局》，上海辞书出版社 2003 年版。

③ 王小甫：《唐五代北边的内外之际与国家认可》，《唐研究》第 16 卷，北京大学出版社 2010 年版。

中国历代国家与周边民族（族群）间的相互认知问题等，针对内容、实际情况、功能、性质等虽然还有必要进行综合性分析，但笔者以为首先可对《梁职贡图》和《梁书·诸夷传》开展研究。即从这些史料中的各国的表文等切入，以广阔的视角进行细致周密的分析，则有望在历代中国（中原）王朝与各国各民族关系与秩序等的成立过程、国际结构、交流问题方面，甚而各国各民族内部社会生活等的存在形态的研究上取得突破，因为国际关系作用于内部社会并发生转化。

本文从国家、国王的表述、用词、实际情况对 6 世纪《梁职贡图》和《梁书》所见国家及国际关系进行了考察。笔者将 6 世纪的国际秩序视作之后 7 世纪至 10 世纪隋唐时期中国王朝国际中心地位确立的准备阶段，并尝试大致勾画出东部欧亚世界各地区、各国、各民族的发展方向。在此所假想的这个世界尚不能断定其涵盖整个欧亚大陆，必须考虑到不同历史社会发展水平组成的系统内可能存在我们认识还不十分清晰、发展阶段参差不齐的地区。此外，须认识到资源总是向中心地区聚集、蓄积这一特点，并据此视角展开分析。除中国中心的国际贸易、思想（宗教）影响之外，需进一步从国际政治，国际（华夷）秩序及认识思想的形成、传播、发展、吸收等方面深入探讨的课题还很多，譬如本文未能论及的与北朝关系、北朝各国的兴亡、北朝外交①、受此影响下的华北到东北亚地区各国各民族关系或世界构造的形成、变化等。

本文旨在抛砖引玉，希望借此促使学界对东部欧亚、东亚历史世界展开具体探讨，推动该领域研究进一步深化，从而建立新的世界史构想。

参考文献

石崎高臣：《国号"日本"的确立与意义》，《国学院大学大学院纪要》，文学研究科第 26 号，1995 年。

市川浩史：《日本中世的意义——三国·求法·日本》，法藏馆 2005 年版。

荊木美行：《祢军墓志的发现及其意义》，《皇学馆论丛》45—1，2012 年。

① ［日］金子修一：《北朝的国书》，收入铃木靖民·金子修一编《梁职贡图与东部欧亚世界》，勉诚出版社 2014 年版，第 502—530 页。

王小甫：《隋唐五代东北亚政治关系大势》，《盛唐时代与东北亚政局》，上海辞书出版社 2003 年版。《唐五代北边的内外之际与国家认可》，《唐研究》第 16 辑，2010 年。

王素：《梁元帝〈职贡图〉初探》，《汉唐历史与出土文献》，故宫出版社 2011 年版。

葛继勇：《〈祢军墓志〉纪要》，《专修大学东亚世界史研究中心年报》第 6 号，2012 年。《国号"日本"及其周边——关于〈祢军墓志〉中的"日本"》，《国史学》第 209 号，2013 年。《"风谷""盘桃""海左""瀛东"》，《东洋学报》95—2，2013 年。

金子修一：《中国皇帝与周边各国秩序》，《隋唐的国际秩序与东亚》，名著刊行会 2001 年版。

河上由麻子：《唐代佛教与对中交往》，《古代东亚世界的对外交往与佛教》，山川出版社 2001 年版。

川本芳昭：《四—五世纪东亚的天下思想》，《古代东亚国家论》，睡莲舍 2006 年版。《倭五王的自称与东亚国际局势》，《史渊》第 149 号，2012 年。

清武雄二：《大和政权的佛教受容与外交政策》，《国学院大学大学院纪要》文学研究科第 27 号，1996 年。

黑田裕一：《推古朝的"大国"意识》，《国史学》第 165 号，1998 年。

栗原朋信：《日本给隋的国书》，《上代日本对外关系研究》，吉川弘文馆 1978 年版。《秦汉史研究》，吉川弘文馆 1960 年版。

古代史讨论小组：《祢军墓志译注》，《史滴》第 34 号，2012 年。

小林敏男：《日本国号的历史》，吉川弘文馆 2010 年版。

坂元义种：《五王的世纪》，《日本史》第 1 号，有斐阁 1977 年版。

樱井由躬雄：《南海贸易圈的形成》，《岩波讲座东南亚史》一，岩波书店 2001 年版。

尚永琪：《胡僧东来》，兰州大学出版社 2012 年版。

铃木靖民：《倭国与东亚》，《倭国与东亚》，吉川弘文馆 2002 年版。《从王兴寺到飞鸟寺》，《古代东亚的佛教与王权》，勉诚出版 2010 年版。《遣唐使研究与东亚史论》，《专修大学东亚世界史研究中心年报》第 4 号，2010 年。《遣唐使与东亚》，《遣唐使船时代》，角川学艺出版 2010

年版。《遣唐使与东亚史论》，《日本古代国家的形成与东亚》，吉川弘文馆 2011 年版。

田中史生：《日本古代国家的民族支配与渡来人》，校仓书房 1997 年版。《国际贸易与古代日本》，吉川弘文馆 2012 年版。

张寅：《倭外交中的虾夷与渡来人》，《百济与倭国》，高志书院 2007 年版。

张全民：《新出百济移民祢氏家族墓志考略》，《唐史论丛》第 14 辑，2012 年。

张田正：《"中原"边缘——唐代昭义军研究》，台北稻香出版社 2007 年版。

千岛崇裕：《入宋僧与三国世界观——语言行为中的天竺与五台山》，《历史理论与教育》129、130 合刊，2008 年。

董健：《崔致远对三韩、新罗及渤海的历史认识》，《东北史地》2013—2，2013 年。

东野治之：《日出处·日本》，《遣唐使与正仓院》，岩波书店 1992 年版。《日本国号的研究动向与课题》，《东方学》第 125 号，2013 年。

中林隆之：《古代君主制的特质与东亚》，《历史科学》第 205 号，2011 年。

西本昌弘：《祢军墓志的"日本"与"风谷"》，《日本历史》第 779 号，2013 年。

拜根兴：《唐代高丽百济遗民研究：以西安洛阳出土墓志为中心》，中国社会科学出版社 2012 年版。

广濑宪雄：《倭国·日本史与东部欧亚》，《历史学研究》第 872 号，2010 年。《唐宋时期周边势力的外交仪礼》，《东亚国际秩序与古代日本》，吉川弘文馆 2011 年版。《东亚世界论的现状与展望》，《历史评论》第 752 号，2012 年。

松田寿男：《吐谷浑遣使考》，《松田寿男著作集》4，六兴出版 1987 年版。

村上四男：《朝鲜古代史研究》，开明书院 1978 年版。

森安孝夫：《兴亡的世界史》05 丝绸之路与唐帝国，讲谈社 2007 年版。《唐代胡与佛教历史地理》，《东洋史研究》66—3，2007 年。

山田信行:《世界体制这种思维 批判性入门》,世界思想社 2012 年版。

余太山:《两汉魏晋南北朝与西域关系史研究》,中华书局 1999 年版。
《〈梁书·西戎传〉与〈梁职贡图〉》,《两汉南北朝正史西域传研究》,
中华书局 2003 年版。《柔然与西域关系述考》,《古代地中海和中国关
系史研究》,商务印书馆 2012 年版。

横田裕人:《日本中世的佛教与东亚》,墙书房 2008 年版。

吉田孝:《日本的诞生》,岩波书店 1997 年版。《北朝乐制史研究》(科学
研究费补助金报告书),2008 年。《中国古代的乐制与国家》,文理阁
2013 年版。

[日] 专修大学东亚世界史研究中心年报第 6 号,2012 年
译者 张鸿 (西安外国语大学日本文化经济学院)

日本历史学界东亚世界论的再探讨

——兼与韩国学界的对话

［日］早稻田大学　李成市[*]

前　言

"东亚世界论"最早出现于20世纪60年代，但作为系统性理解世界史框架（世界史中的日本）的学说，是由西嶋定生先生于1970年提出的。对于战后的日本史学界而言，可以说其发挥着通用性理论的作用。

在日本史学界所使用的"东亚"的概念，有意识或无意识地都在东亚世界论的影响之下。例如，东亚世界论的理论基轴，是中国帝王与周边各民族酋长间形成的政治关系，即册封体制。在探讨前近代以中国为中心的国际关系时，大多依据该理论，或是从其基础框架中派生出来的观点。[①]

本文的目的，并非在于对所谓"战后日本史学界通用理论"的"东亚世界论"的宣扬。可是，尽管"东亚世界论"的提出已过去近半个世

---

　* 李成市，1952年生于日本名古屋市，早稻田大学文学博士。曾任职横滨国立大学，现为早稻田大学理事、文学学术院教授。代表作有《古代东亚的民族和国家》，岩波书店1998年版；《东亚文化圈的形成》，山川出版社2000年版。

　① 李成市：《东亚文化圈的形成》，山川出版社2000年版；同氏《被创造的古代》，首尔三仁出版社2001年版。另外，以下关于西嶋的东亚世界论，此前拙稿亦有论述，参见李成市《关于近代国家的形成与日本史的备忘录》，《现代思想》28—29，1996年8月。

纪，而且也受到了来自日本国内外的各种批判，但该理论仍然确定了日本世界史教科书的历史性叙述，以及现今国际学术界相关学术论文的框架。① 可以说，迄今为止学界依然没有提出可以替代"东亚世界论"的理论。

诚如科学史的范式论告诉我们的，只要新的理论没有超越，其批判性就不会获得力量。然而，个别性的批判，也会使通用性理论放弃所包含的总括性原理，也就是对其理论所定义的各种事实的背弃。这就要求我们应积极地，对于失去定义的诸多史实，再次赋予新的阐释。这也是迫切需要一种新的，可以替代"东亚世界论"，并能够概括性地阐述区域历史理论的原因所在。

因此，本文之所以积极地探究"东亚世界论"，并非是为了拥护"东亚世界论"，而是要启发学界能够提出替代该理论，而且是具有说服力、建设性、批判性的历史构造论。因为脱离本质的模糊性批判，只会让超越原有理论变得越发困难。

实际上，诚如本文所论，大多数论者运用个别的、具体的历史现象来批驳东亚世界论是难以成立的。当然，若无法解释个案的理论，作为其理论本身也就无法成立。但是，按照前述的科学范式论，只要没有出现取而代之的新理论，以前的理论就不能弃之不顾。

历史是当下活着的我们对于过往的追问，既是理解当前的现状，也是确定今后发展趋势的方法，因此，历史对于我们而言是必要的。而对于过去的追问也应随时代而变化。"东亚世界论"及其构筑和描绘的历史像，正是要求产生理论的时代产物。历经半个多世纪后的今天，如果其理论仍然维持着的话，日本历史学界对于现实与过去的追问，就有发生龃龉的可能。

---

① 关于西嶋的东亚世界论，以及作为其基础的上原专禄的世界史构想，直至今日，仍然是构成日本世界史教科书的基本框架。羽田正在其《通往新世界：为了地球居民的构想》（岩波书店 2011 年版）中曾有详细的分析。另外，白石隆、Hau Caroline 共著的《中国如何改变东亚：二十一世纪的新区域体制》（中央公论社 2012 年版）对于册封体制论所派生出的朝贡体制有如下表述：从朝贡体制的观点来论述随着中国崛起而变化的东亚的学者，在中国以及中国之外都不少，在世界体制论的研究者中，也有人试图概念性地扩大朝贡体制，既而构想东亚秩序的。（123 页）另外，关于滨下武志所提倡的朝贡体制论与东亚世界论的关系及其问题点，在李成市《东亚文化圈的形成》（见前注）中有所论述。

在这种认识的前提下，以东亚世界论为线索，探讨日本史学界的问题意识，期待成为讨论韩国史学界东亚论的素材。

一 东亚世界论的内容与构造

在现今的日本，东亚的地域名称究竟涵盖哪些区域并未确定。在新闻界及社科学界，一般指的是 ASEAN + 3（东盟 + 中国、韩国、日本）。但是，在历史学界，"东亚"一般指的是"东亚世界"这一历史性的文化区域空间。即以中国大陆为中心，包括了朝鲜半岛、日本列岛、中南半岛等一定区域的整体性概念。这种说法来自西嶋理论化了的东亚世界论。将前近代的东亚看作由一种构造形成的区域性世界，而发现这一世界结构性机制的是西嶋，其理论体系被称为东亚世界论。

西嶋在东亚区域的设定方面，首先是着眼于东亚固有的文化圈。① 该文化圈是以中国文化为中心形成的，具体而言，即以汉字为媒介，接受了儒家思想、佛教、律令制等源于中国文化的区域。这个文化圈大致相当于现在的中国、韩国（韩国、朝鲜）、日本、越南等区域。

倘若"东亚"就是中国文化圈、汉字文化圈的话，那么，作为形成该文化圈的前提——以中国为中心形成的，与周边各国、各民族间的关系就存在着问题。汉代以降，中国帝王通过加封周边各国、各民族首领中国爵位而结成君臣关系。因为这种中国帝王与周边各国、各民族首领间，通过官爵授予而缔结的关系是以册封的形式任命的，故称为"册封体制"。②

应该注意的是，即使包括了现今中国、韩国、越南、日本在内的"东亚"区域构成了一个文化圈，这个文化圈也并非只是文化的扩展，其背景是册封体制这一独特的政治构造的存在，中国文化是以这种构造为媒介传播开来的。这种文化圈与政治圈合体形成的自我完整的世界，西嶋称为"东亚世界"。

如前所述，西嶋提出的东亚世界论的基本构想，最初发表于《六至

① 西嶋定生：《序说：东亚世界的形成》，岩波讲座《世界历史》（4），1970 年。
② 西嶋定生：《六至八世纪的东亚》，岩波讲座《日本历史》（2），1962 年。

八世纪的东亚》（岩波讲座《日本历史》2，1962 年），而在《序说：东亚世界的形成》（岩波讲座《世界历史》，1970 年）一文中比较全面地阐述了东亚世界论的理论框架，① 二者之间是互补的关系。其中，后者可以看作是西嶋所构想的 "东亚世界论" 的宣言。根据这种构想，"东亚世界" 作为一个历史性的世界，是一个具有自我完整性的文化圈，并且是一个由独特的政治构造形成的有机关联的区域，是自古以来，贯穿于整个前近代时期且具有历史依据的区域性世界。前一篇论文，是对东亚世界作为具有自我完善性政治构造基理的册封体制的阐述。论证了 6 世纪至 8 世纪，中国王朝通过与东方各国（高句丽、百济、新罗、日本、渤海）缔结关系，将中国王朝为中心的政治机制发展为东亚国家互动的基础，明确地规范了东亚各国间关系的政治秩序（册封体制）。

此处提出的所谓 "册封体制"，就是以中国王朝为中心的，推动东亚国际秩序和局势发展的一种形式，东亚的国际关系是以该体制为媒介实现的。这种体制一经实现，就开始了基于其理论的自我运动，同时伴随着文物制度（文化）的传播。册封体制理论一经发表即引发很大反响，同时也受到来自各方面的批评。其中具有代表性的批评是：册封体制忽视了限制国际关系发展的各国间的实力关系，是对国际关系主体及周边各国、各民族主体性外交和发展的轻视。② 另外一点是，所谓 "册封关系" 只不过是中国帝王与周边各民族关系中极其有限的一种关系，它只不过确定了与周边各民族关系的一部分。③ 尤其是后一点，是册封体制论的本质性问题所在。但是，这些批判在当时而言，是没有多大意义的。就如库恩的范式

① 西嶋定生、李成市编：《古代东亚世界与日本》，岩波书店 2000 年版。
② 鬼头清明：《日本古代国家的形成与东亚》，校仓书房 1976 年版。
③ 堀敏一：《律令制与东亚世界》，汲古书院 1994 年版。另外，尽管是基于西嶋的册封体制理论，但也有主张不仅是册封体制，也包括了朝贡关系，应该说一种从古代直到清代的 "中华世界秩序" 的秩序结构。其实这是因为仅以册封无法把握以清朝为中心的国际秩序结构而提出的见解。譬如，滨下武志所提倡的 "朝贡体制论"，他将清代的国际关系图片化。尽管 "朝贡" 和 "册封" 在本质上是完全不同的政治关系，但是将 "朝贡" 关系作为一种政治秩序实体化，进而看作追溯过去千百年来发生作用的秩序，这是其理论的特征。（《朝贡体制与近代亚洲》，岩波书店 1997 年版）这种朝贡体制论在 "东亚" 区域是不会成为问题的，因为所有来到中国王朝的，都是 "朝贡" 的。

论①所指出的那样，册封体制论一直作为史学界的统治性理论为大多数学者所接受，作为反证的个别案例是很难有较强的批判性的。无论如何，现在看来，册封体制论是通过对某一限定的时代和区域的分析而抽象出来的政治构造论，但并不是没有重新探讨的必要。② 尤其重要的是，册封体制这一政治构造是以中国文化向东方各国传播的事实为前提的。在随后的时段内，不加论证地扩大和延长其地域和时代，而只讨论以册封为媒介形成的文化圈。西嶋所尝试论证的归根结底只不过是 6 世纪至 8 世纪的中国王朝与东方各国（高句丽、百济、新罗、倭、渤海）的关系，以爵位为媒介将中国文化扩展至除倭国以外的其他四国。如果仔细考察唐代的国际关系就会明白，其实唐代国际关系的重心在于与中亚及西部各民族的关系，之后中国王朝的国际关系才波及更大范围。③ 近来，主张将东亚世界的概念，从这种国际关系的存在方式向欧亚大陆东部区域扩大的见解在日本史学界占据上风。④

不仅是国际关系展开区域的问题，更不可忽略的是，所谓东亚各国对于儒家思想、佛教、律令等的接纳，发现与中国各王朝形成的册封关系之间，直接性的关联事例并不多见。譬如，近年来在朝鲜半岛发现的石碑及木简等，表明汉字文化与"册封体制"之间并无关系，而是在朝鲜半岛内，或在朝鲜半岛与日本列岛之间的区域内得以传播和接纳。佛教、儒教、律令也同样如此，未必是以与中国帝王的政治关系为媒介在上述区域间传播的⑤。就是说，虽然册封关系在东亚是产生政治变化的原动力，但却不能认定，文化圈的形成仅与中国帝王间册封式的政治关系有联系。况

---

① Thomas S. Kuhn, The Structure of Scientific Revolutions, The University of Chicago, 1962.

② 参见李成市《东亚文化圈的形成》，第 44—48 页。

③ ［日］石见清裕：《唐代的国际关系》，山川出版社 2009 年版。

④ 在 2010 年和 2011 年日本历史学研究会年会上，提出了替代东亚世界论的"欧亚东部论"。在 2011 年，历史科学协会"世界史认识与东亚"的学术研讨会上，山内晋次对于东亚世界论提出了批判，并提出了"东亚欧亚大陆"的视野。主要相关论文如下：广濑宪雄《倭国·日本史与东部欧亚大陆：六至十三世纪的政治关联再考察》，《历史学研究》872，2010 年；山内晋次：《"东亚史"再考》，《历史评论》733，2011 年。

⑤ 李成市：《高句丽文明在东亚的位相》，《石门李基东教授停年退任纪念论丛·韩国古代史研究》，首尔周留城出版社 2009 年版。工藤元男、李成市编《东亚古代出工文字资料研究》，雄山阁 2009 年版。

且，中国文化的传播绝不是通过册封来实现的。东亚世界文化圈的形成机制，尽管包含了册封关系，但是仍有必要根据具体情况，按照相邻各国间的传播和接受的方式进行总括性的探讨。

二 东亚世界论及其形成的背景

西嶋是在考察了前近代东亚区域近两千年的政治、经济、社会、文化等之后，以此为框架倡导了"东亚世界论"。实质重在强调从古代到20世纪，在日本历史展开过程中留下印记的可能性。① 实际上，与其说东亚世界论是以东亚为对象，不如说西嶋更加倾向于思考与日本历史深刻相关的问题。② 从根本上讲，"东亚世界论"的构想，就是为了克服战前体制下，主观异端化了的日本史观（皇国史观），是一种要重新在世界史的语境中理解日本史的尝试。究竟如何理解东亚世界中的日本史、日本文化，成为西嶋经常关心的重要问题。③

因此，对于西嶋而言，很有必要再次叩问，究竟什么是促使"东亚世界"形成的历史性因素。也就是说，探寻"东亚世界论"的由来，就必须追溯到20世纪50年代，回归到与当时环境密切相关的现实中去。其晚年的随笔《关于世界史像》一文明确地道出了这一理论形成的经纬。④ 该文刊登于20世纪90年代新刊行的岩波讲座《世界历史》上，有感于曾作为岩波讲座《世界历史》（1970—1974年刊行）编修委员，是如何投身其间时谈到的。据此文所述，在制定前一次《世界历史》的编撰方针时，西嶋作为执笔者之一，曾参与策划《日本国民的世界史》（岩波书店，1960年），随后将当时形成的构想进一步发展，构筑成新的世界史图像。这里值得注意的一点是，通过该文可以看到，西嶋的"东亚世界论"

---

① 西嶋定生：《东亚世界与日本》，《历史公论》1~2—11，1975年12月—1976年11月，收入《古代东亚世界与日本》，岩波书店2001年版；同氏著《所谓中国历史研究》，吉川弘文馆1995年版。

② 李成市：《关于近代国家的形成与日本史的备忘录》，《现代思想》28-29，1996年8月。

③ 西嶋定生：《缘何将日本史作为世界史理解是必要的》，载前注《所谓中国历史研究》。

④ 西嶋定生：《关于世界史像》，岩波讲座《世界历史》第25卷月报，1997年，收入《古代东亚世界与日本》。

是作为世界史图像体系中的一部分的。涉及"世界史图像"时，西嶋指出：地球上的各个区域是在 19 世纪以后才发展成为单一性世界的，而之前地球上是存在着若干个复数的世界。其中，16 世纪以后是欧洲涵摄各世界，进入 19 世纪后，近代世界发展成为泛全球性规模的单一世界。

实际上，上述认识是来自曾任《日本国民的世界史》编者的上原专禄先生关于世界史的构想。① 上原作为历史学家，一生致力于探究"世界史图像"的自主性形成，并以其作为国民性课题的研究而著名。从 20 世纪 50 年代至 60 年代，上原时常痛陈日本人对于"世界史中的现代亚洲"问题意识的淡薄，并深刻地认识到，日本作为美国的政治随从，无法真正直接面对战后亚非各国，也无法真正地发挥世界史的作用。第一次世界大战后的世界秩序，是以欧洲人为统治对象而建立的欧洲人的秩序（单一世界）。将这种欧洲人的秩序与亚非各国结合，否定其统治性和附属性构造，实现结构性的转变，是现代社会迫切应对的课题。② 据上原所言，倘若欧洲人的世界史观是欧洲人为了解决欧洲固有的历史问题，而从其历史发展的深层思考解决之道的话，那么，日本就应该与亚非各国联合起来，解决自己的历史性课题，必须重新构筑属于自己的世界史观，即提出了一种"哥白尼式转变"的构想。③ 根据上原的观点，真正意义上的单一世界是在进入近代以后才形成的。他认为近代以前，并存着若干个独立的世界。也就是说，在这些并存的世界中不存在一体化的世界，而是并存着拥有各自固有文化和区域性整合的、具有相互独立性的若干个世界（东亚世界、东南亚世界、印度世界、伊斯兰世界、撒哈拉以南非洲、拉丁美洲、东欧、西欧、北欧、苏维埃、美国、加拿大和大洋洲）。到了近代，这种多样化世界并存的状态才由于世界资本主义的发展，导致被迫地转变为单一性的世界构造。④ 对于上原而言，这种逐渐被一体化的过程才是世

① 西嶋定生：《八年间的讨论会》，《图书》，1960 年 10 月，岩波书店。
② 参照上原专禄所著《民族的历史性自觉》，创文社 1953 年版；《亚洲人的心理》，理论社 1955 年版；《世界史图像的形成》，创文社 1955 年版；《世界史中的现代亚洲》，未来社 1956 年版；上原编《日本国民的世界史》，岩波书店 1960 年版。
③ 上原关于"世界史战略"的理解，大多得益于小岛杰的教导。
④ 上原专禄：《世界史像的新形成》，载《世界史讲座》月报 1，东洋经济新报社 1954 年；收入《世界史像的新形成》，创文社 1955 年版。

界史中唯一的。这种一体化的世界是如何形成的，又是如何展开的，那些诸如"东亚世界""印度世界""伊斯兰世界""西欧世界"等现在又是以怎样的方式存在着，这些都需要通过重新地探讨来明确其历史性特征及问题。以此种视角看待世界时，发现20世纪50年代至60年代，东亚的实际是中国、朝鲜、日本、越南四国在世界政治的问题结构中有着密切的相关性。即上述四国任何一个都面临着民族独立的问题，都处于以美国的"越战"为媒介的，由国家间矛盾、民族间矛盾对立的共同背景而形成的区域世界。① 具体而言，即朝鲜半岛的大韩民国与朝鲜民主主义共和国，中国大陆的中华人民共和国和台湾地区，中南半岛被南越和北越分割，在日本则是冲绳问题等。存在着诸如此类种种矛盾的东亚，意识到对于美帝国主义的控制不得不予以斗争。在这一点上东亚是有着共通性和一致性的。正因为理解了这种共通性，越南才是东亚不可或缺的部分。不仅将这些区域当作拥有现代矛盾的政治圈，追溯近代以前的历史，作为解决矛盾共通基础的文化圈就自然浮现出来。

从其回忆中可以看出，西嶋继承了上原的这种具有现实性和实践性课题的问题意识，至少提出"东亚世界论"的契机，是以上原的世界史像的构想为前提的。② 以上原所理解的东亚区域的实际为前提，拥有这种一致性及有机关联性的东亚自古以来就形成了历史性的、有依据的世界。在具体的历史进程中探寻这种关联性，并使之形成系统化的理论就是东亚世界论。总之，东亚世界论的构想源自于战后日本人所面临的危机，在东亚世界论酝酿诞生的当时，是与日本和亚洲的现实性课题密切相关的。

三 东亚世界论与近代日本的东亚秩序

从战后日本人对于现实的危机意识开始，要求一种能理解当时东亚世界的理论，而回应这种要求的正是东亚世界论。但是，在日本史学界尚未论及第二次世界大战前形成的、与东亚世界论截然不同的，所谓政治思想

① 上原专禄：《历史研究的思想和实践》，载《历史地理教育》1964 年第 102 期。

② 西嶋自己就"东亚世界论"与上原的"世界史像的思想"之间的关系，仅在西嶋以随笔形式发表的《关于世界史像》（见前注）中有所陈述，除此以外均未曾言及。

体系区域论"大东亚共荣圈"与东亚世界论之间的关系。尽管东亚世界论是从现实性的课题发展而来的优秀构想，但即使是表象地讨论二者关系的都不曾有过。事实上，在韩国"东亚论"登场的 20 世纪 90 年代，日本所讨论的"东亚世界论"与"大东亚共荣圈"的关系也曾受到怀疑。相比较而言，① 这种未被讨论的事实中往往包含着不可轻视的问题。

如前所述，东亚世界论的构想是发端于战后日本人直面危机的意识。而西嶋东亚世界论形成的重要契机，就是与上原所共著的《日本国民的世界史》一书。该书最后一章阐述了"当今的世界史性课题"，即在论述了 20 世纪 50 年代的苏联、中国、美国、亚非国家的任何一个民族正在致力于解决迫切性的课题"现阶段的世界史"之后，在最后一章做了如下的总结：

> 我们日本国民在当今世界是被置于重要的国际地位上的。在"二战"战败后，国内体制的民主化成为重要的问题，进而随着国际局势的紧张，我们沿着从属于以美国为中心的国际化军事体制的方向发展，和平与真正的独立成为重要的议题。这种动向在朝鲜战争中，通过《旧金山和约》与美国缔结了《日美安全保障条约》而得以强化。这种关系与近来的首脑会谈及其他局势缓和的预计相反，反而得到了进一步加强。这种关系被看作是对世界和平的威胁，尤其是对于苏联和中国而言，更被认为是直接性的威胁。对于这种新形势如何应对不仅是日本人自身的问题，也应该为不断发生着转变的世界所注目。要求我们日本国民形成针对该课题的"世界史性认识"，尤其是要求养成积极应对这种课题的主观性意识。②

在此，是以 20 世纪 50 年代的"世界的现阶段"为着眼点阐述日本课题的，但此课题的由来，却是把 1945 年之后的日本作为决定性的转折点来对待的。而且并非止于此，该文中上原、西嶋两位对于"东亚"过去的追问包含着重要的意义。就是说，在文中，作者有力地阐述了 1945年实际上是一个转折点的同时，又并非是一个单纯的历史节点，对于大多

---

① 李成市：《东亚文化圈的形成》，《被创造的古代》，参见前注。
② ［日］上原专禄编：《日本国民的世界史》，第 372 页，参见前注。

数日本人而言，既是现代日本的出发点，又是在与"后 1945 年时代"的对话中，形成自己的历史观的。①

譬如，若要问中国人理解现在的中国、现在的世界时，是在与哪个历史时期对话的话，就会回答"最多的对话对象是 1911 年的辛亥革命时期，或者追溯到 19 世纪 40 年代"。以此为例，若要问韩国人对于现在的韩国、现在的东亚、现在的世界的看法时，是在与哪个时代对话，回答应该是 1894 年的"甲午战争"（日清战争），进而追溯至 19 世纪 60 年代的大院君时期，至少也会想到高宗时代。实际上，作为东亚三国的文明论及联合论的东洋主义，是在 19 世纪末以后逐渐成为思想界的主流的，② 乃至于包括安重根的"东洋和平论"，都是在围绕着朝鲜半岛的东亚国际环境发生激变的时代，近代国家形成过程中的挫折以及被殖民地化过程中，朝鲜独立和东亚联合的思想才得以兴起的。③

以上笔者比较了"日本东亚世界论"和"韩国东亚论"，分析了 20 世纪 90 年代在韩国出现东亚论的历史背景，以唤起对于日本与韩国两种理论间存在着较大差异的关注。日本的东亚世界论有着日本固有的语境，所以有必要强调其相对性，忽视这一点而将其作为国际化议题等而视之是不可行的。④

反之，在关注这种语境的差异时，就东亚世界论而言，如上述的中国及韩国在思考东亚现状时是在与何时的历史进行对话的问题，我们无不深刻感受到，明确语境之差异是一个必需的视点。之所以注意这一点，是因为西嶋的东亚世界论指出，在前近代已经完成自我形成的世界，到了近代，由于日本脱离东亚世界而加入近代世界，不仅促使东亚世界的解体，而且由于将韩国和中国作为侵食的对象，从而进一步加剧了解体的进程，⑤ 强调了东亚世界的解体是由于近代日本造成的。

① 刘杰：《亚洲现代化的问题：区域内外的和解与历史认识》，收入有马学、松本健一等著《现在如何讲述亚洲》，福冈弦书房 2011 年版，第 83 页。

② 都免会：《自主的近代与殖民地的近代》，收入宫嶋博史等编《殖民地近代的视点》，岩波书店 2004 年版。

③ 白永瑞：《联动的东亚、作为问题的朝鲜半岛：言论与联合运动的 20 年》，《创作与批评》，2010 年春季号，东京。

④ 李成市：《为何如今是"东亚史"》，收入有马学、松本健一等《现在如何讲述亚洲》，福冈弦书房 2011 年版。

⑤ 西嶋定生：《东亚世界与日本史》，参见前注，第 240—241 页。

但是，尽管西嶋对于近代日本在东亚世界中，迅速地转化为资本主义国家，推进了作为自己母体的东亚世界的解体，及其解体过程中与日本产生了怎样的关系等都给予很大关注，但是，对于脱离了已解体的旧秩序后，跻身于近代世界的日本，在这个区域意图建立怎样的秩序却未涉及只言片语。只是，西嶋如下的发言引人注目。即谈到近代日本是"直接导致这个世界解体的拙劣者"，"犯下了错觉性地认为自己也已化身为近代世界的悲剧性错误"。这种简单地对于近代世界的自我认同，在从东亚世界脱离之时，虽然蜕掉了东亚世界的皮，但东亚世界的特性，却无处不在地残留在了身体里，尽管如此却仍不自知地上演着一场"喜剧"。在东亚世界政治性的解体之后，我们的内在仍然承载着坚强，且已固化为身体一部分的东亚世界特性的残留，我们对此应该有所醒悟，并从此开始探索今后前进的道路。①

在此，作者虽未直言，但却隐约地暗示了促使旧秩序解体的日本，在东亚区域与他国的关系；或者在旧秩序解体后，对于以自我为中心而创造的新秩序中的评价。这岂不就是"大东亚共荣圈"的思想，以及据之而来的亚洲政策？倘若真如西嶋所述的"蜕皮了的东亚世界的残留，仍存在于身体各处，却对之毫无自觉地扮演着喜剧""在东亚世界政治性地解体后，我们内在仍然残留着坚强且已固化成身体一部分的东亚世界特性"的话，就必须探讨19世纪末至20世纪中叶的半个世纪，近代日本企图取代东亚旧秩序，鼓吹亚洲盟主并实现之的东亚秩序构造的变化（日本东亚新秩序的构想与现实）。②

---

① 西嶋定生：《东亚世界与日本史》，参见前注，第252页。

② 可以推断，上原已经明确地意识到了战后在东亚由美国介入而形成的秩序，与1945年前由日本形成的秩序之间关系的问题。譬如，上原在《世界性考察的新课题》（《统制经济》4—3，1942年3月，东京）中，就论述了作为考察"大东亚战争"出发点的世界史的把握方法，在此论述了"大东亚共荣圈内各民族生活的形成与性格"。在作者之外，编辑部给该文加上了"大东亚战争的世界史意义"的标题，因而引发诸多的误解，但也是在战时试图探讨世界史结构的论述。因此，从前近代到近代，既而对于1945年后的世界史与东亚秩序结构，上原是有着一贯的构想的，然而，战后的上原对此却从未涉及。前引论文与战后上原的论文间的关系，今后是有必要慎重讨论的。

如前所述，上原曾在 20 世纪 50 年代至 60 年代倾力于东亚的现实性、实践性课题的研究，西嶋无疑继承了上原的问题意识。关于这一点在两篇随笔中都有明确记述。

至此，围绕着东亚世界论，讨论了韩国曾被当作与大东亚共荣圈有关系而被质疑，但这点在日本学界却被置之不顾。但是，这种问题意识的差异，与其想当然地看作韩国学者对于东亚世界论的误解或曲解，不如理解为前述思考亚洲现状时，是在与哪个时代对话的问题有关。即日本在讨论东亚世界论时，是以 1945 年作为重要的转折点的，是在与 1945 年以后的时代对话中，逐渐形成自己的历史观的。

例如，相较而言，韩国的东亚论往往是以克服现实中南北分裂状态为焦点的，[①] 而日本可以说完全没有这样的视角。对于韩国人而言，所谓东亚论就是面向克服南北分裂状态，希冀于通过东亚论来摸索解决之道。其理论结构就是，要求东亚世界论在近百年来的历史中，以面对历史的姿态探究这一难解命题的由来。如此看来，对于韩国和中国而言的 1945 年就是历史的行进点，可以说是在与上溯至 19 世纪末 20 世纪初的时代对话中，才能理解现在的韩国、现在的东亚、现在的世界的。

以上通过探讨追溯到何时的"东亚"来看待当今世界的问题，发现"东亚"的把握方法有所不同。并非是将东亚世界的历史，停留在近代日本结束了东亚世界传统秩序的 20 世纪初的时间点，而是要明确取代旧秩序，企图成就以日本为中心的"大东亚共荣圈"为止的历史过程。只有这样才能认识到，这种秩序在 1945 年迎来了破局，而介入东亚区域并进行新的战略性区域秩序改造的是美国。而且在 20 世纪五六十年代作为有着共通矛盾的东亚区域，才会对这种共通性及一体性产生共鸣。

总之，若不将"大东亚共荣圈"作为引发前近代向近代东亚世界秩序结构转变的因素加以批判，是很难使战后东亚区域各种矛盾显现化的。对于如今而言，真正紧迫的课题是以"南北统一"为代表的"冲绳问题""韩日领土争端""中日领土争端"等问题。由于美国的介入而导致的东

---

① 白乐晴：《"东亚共同体"与朝鲜半岛及日韩联合：在日本吞并韩国 100 年之际》，《世界》2010 年 5 月号，东京；白永瑞《联动的东亚、作为问题的朝鲜半岛——言论与联合运动的 20 年》，参见前注。

亚结构性的矛盾，与近代日本东亚世界秩序的解体，以及"东亚新秩序"的形成、消亡都密切相关。若意识到这一点，"东亚世界论"的影响并非在 20 世纪初期就已结束，而是可能波及 21 世纪的。[①]

四　作为文化圈的东亚

韩国高中自 2012 年开始实施东亚史教育，在其教科书中，将东亚确定为文化圈，这是与东亚世界论相似的观点。东亚的文化要素包括了汉字、儒教、佛教、律令等，在地理范围上将东亚世界设定为韩国、中国、日本、越南，再加上蒙古等区域。其中，显然是以西嶋的东亚世界论所设定的文化圈来理解东亚的。[②]

在韩日间能够看到，东亚文化圈存在着共同的成分，但是，近数十年来，日本史学界对于作为文化圈的东亚区域，既有否定其共同性的，也有强调其差异性及多样性的，一时争论颇多。其中，也包括认为东亚世界论没有直面广大东亚区域的复杂性和多样性的批评。但是，探究共通性并非是要否定或掩饰矛盾及问题点，或许东亚世界论所要尝试的，就是要使共通性中存在的差异（比如江户时代的儒学）[③]及问题点显现出来。

一般认为，日本是东亚中近代化最快速的国家，所以也就与各种传统制度间存在着诸多矛盾。而且，在 20 世纪 40 年代末，韩国、中国等新政权建立之后的经济高速发展中，日本曾经在长期的近代化过程中所经历的种种问题，韩国和中国在短时期内也都经历了。不得不承认，与经历了主体性近代化过程的西欧各国相比，近代社会所应具备的价值观，在东亚各国存在着难以充分内化的情况。比如，"自由""人权""民主主义""公共性"等，经过长期社会实践才会获得的近代社会的产物，就很难说已经掌握。这些与其说是各国固有的问题，不如说是起因于东亚自前近代向近代发展中共通的经验。也就是说，东亚各国间的差异的确不小，但是在

---

① 有关"日本的立场、领土问题并非是两国间的问题，而是包括了美国的三国间的问题"相关言论，参见内田树《领土问题的紧迫化》，《朝日新闻》2012 年 9 月 11 日，东京。

② 孙承喆等：《高等学校东亚史》，首尔教学社 2012 年版；安秉佑等：《高等学校东亚史》，首尔天才教育 2012 年版。

③ 西嶋定生：《东亚世界与日本史》，参见前注，第 223—232 页。

探明这些问题的共通性上,"东亚"这一视角岂不是很有意义?

我们东亚各国的人,若不以英语等第三种语言为媒介直接对话,可以通过互译各国语言,达到意思相通的效果。只是通过翻译所传递的各种有关近代社会的基本词汇,大多数是共有的。这种共有是源于历经18世纪末所谓的"西洋的冲击"之后,日本、中国的知识分子通过翻译欧洲各国语言,解读欧洲文明过程中的苦恼及经验。① 另外,不可忽视的是,这些翻译用语是自如地运用了在前近代业已共有了的儒教、佛教、律令等语汇的事实。这种言语状况在考虑欧洲文明的共通性时可作参考。很多论者都强调,欧洲各国今日所共有的文明共通性,实际上在东亚并不存在,另外,孕育欧洲文明共通性的基础是基督教、希腊罗马的古典、罗马法,以及俗语表达形成过程中,由知识分子们串接起来的拉丁语等被指为其源泉所在。但若要追根溯源,无须证明的是,显然这些并非自古就已是共有的。众所周知,由于11世纪至13世纪收复失地运动而导致了欧洲人开始学习远比自己先进的伊斯兰文明。若无类似这样的他者的存在,就不会有成为欧洲文明要素的基督教、罗马法、拉丁语等的融合,也不会自觉这些是构成其文明的基础成分。这是因为来自伊斯兰文明的古希腊哲学及科学,是在阿巴斯王朝得以推进的。阿巴斯王朝基于伊斯兰教义而强调普世性的统治、宗教和法律(伊斯兰法)以及作为普世性语言的阿拉伯语。这些构成阿巴斯王朝的基础要件,是先行于基督教和罗马法、拉丁语等三位一体的。② 而且,不可忽略的一点是,欧洲人向希腊、罗马探寻自己文化祖先的行为,已是在文艺复兴时期了。希腊、罗马是以伊斯兰世界为媒介发现于文艺复兴时期的,由此而来的欧洲一体性,若没有与伊斯兰文明的激烈碰撞是不会产生的。有着这种历史背景的、不证自明的"欧洲一体性"拿来与东亚相比较,主张东亚一体性的缺失,既而否定东亚的一体性,这又有多大的意义呢?欧洲一体性的形成也是缘于与伊斯兰世界的接触,且滞后于时代而"发现"的,这一点应该铭记。

---

① 山室信一:《作为思想课题的亚洲》,岩波书店2001年版。与此相关的还有:白石隆、Hau Caroline共著的《中国如何改变东亚:21世纪的新区域体制》(见前注)第186页中,引人注意的观点:"他们(在日留学的中国人)把译自日语的词汇,以及来自日语的借用语带入汉语中……"

② 吉见俊哉:《何谓大学》,岩波书店2011年版,第41—43页。

西嶋就东亚文明圈的构成要素，提出了汉字、儒教、佛教、律令等，在某种意义上来说，以欧洲的"一体性"为前提，似乎也有可类比之处。然而，"东亚"这一区域世界的设定，是缘于战后东亚地区有着相似的政治境况和矛盾。在韩国东亚史教科书中，对于东亚区域的内涵设定为，由于区域内贸易与技术交流及经济相互依存度的深化，而带来的就职、通婚、旅行等具有文化内涵的人员间交流的繁荣，区域内彼此相互依存，追求可持续发展。这就再次表明，形成这种关系的文化要素包括了汉字、儒教、佛教、律令等内容。[①] 东亚文化圈也是后来被提出的，可以看作因与欧洲文明圈激烈碰撞而产生的自觉行为，或者是事后为进一步紧密区域内的联系而产生的自觉行为，即便如此也不能作为否定东亚一体性和共通性的理由。

结　语

历史研究是与现实密切联系的，研究主体往往受到政治、社会、文化等条件的限制。事实上，重要的是研究者的问题意识及课题是具有可变性的，会被迫地随着条件的变化不断地调整。所谓问题意识及课题，就如西嶋一直所倡导的，"历史研究就是向往未来的我们，将目光投向过去的实践性行为"，倘若如此，我们就非常有必要依据当前的课题，再次讨论"东亚世界论"的构想。

西嶋提倡的"东亚世界论"，尽管与研究主体的现实性、实际状态有着密切的关系，但是由于当时日本学界对于植根于国际社会的"东亚"的概念缺乏本质性的理解，在随后只被继承了"东亚世界论"的表层，这不得不说是对其本质精神的一种忽略。在笔者看来，在如今的日本历史学界，"东亚"似乎只不过发挥着护身符或祈福符的作用。若要想从深刻意义上继承西嶋的思想，就有必要从现实出发，从西嶋视野所未及的21世纪的现实出发，再次探讨"东亚世界论"。

如果战后日本史学界有意继承一直共有的、真正的"东亚"概念意义的话，就必须在准确把握该区域后来剧变的基础上，从认识主体的实际

---

① 孙承喆等：《高等学校东亚史》，首尔教学社2012年版，第15页。

疑问开始,面向该区域而探讨。

上原所构想的世界史,以及西嶋所倡导的"东亚世界论",都是以日本作为第一人称而构建的世界史观和历史结构。但是,"东亚"并非仅仅是第一人称的问题。就像"是所有生活在东亚的人们面对的课题"所言,能够以第二人称讲述的真切的课题,才是对于历史过往的探寻,才会重新构建起新的、具有更加丰富内涵的东亚世界论。

在"东亚世界论"中,将近代的"国民国家""民族"看作不证自明的东西,并将其投射到遥远的古代,认为从古代到近代,乃至现代都有着某种连贯性。其中,"日本""朝鲜""中国""越南",作为非历史性的概念,都是难以自我证明的实际存在。中国、日本、朝鲜、越南,似乎都被看作静态的、单一的国家单位。但是,例如"中国人"(Chinese)就不仅限于中华人民共和国的人们,还可以称呼在东南亚各国广大地域上活动的华人,这一点也不可忽略。[1]

在文化方面,今天在东亚地区流通的所有文物,都无法将其由来归结到某一个特定的国家或文化。那是因为近代以后不断交流相互混合的结果。比如,在"中国"和Chinese的形成方面,日语、英语及中文的相互作用,就有着决定性的重要意义。若忽视了中国、盎格鲁-撒克逊、日本之间的相互作用,是无法探讨东亚地区的文化状况的。如前述"是所有生活在东亚的人们面对的课题"一样,以第二人称讲述的真切的课题,才是对于历史过往的探寻,才会重新构建起新的具有更加丰富内涵的东亚世界论。对于东亚世界论提出时代的日本国民而言,确立解决日本史及世界史诸问题的方法,只能是对现实的越发乖离。

如本文开头所述,我们应该体系化地把握该区域的历史,构建能够替代东亚世界论的新的框架。此前作为一种理论的东亚世界论,对其影响力及界限的探讨也绝非充分,该理论内在性的问题,脱离了与东亚区域内他者的对话是无法解决的。

坦率地讲,就个人体会而言,笔者也是通过与把东亚世界论看作绝非不言自明的他者(韩国史学界)间的对话,才第一次获得了多方位把握

---

[1]　白石隆、Hau Caroline:《中国如何改变东亚:21世纪的新区域体制》,中央公论社2012年版,第167—212页。

东亚世界论的契机。若没有那些对话，就不会放眼东亚世界论的界限，更不会产生超越该理论的构想。至少可以断言：所谓超越和克服了"东亚世界论"的新的历史构造，不仅要着眼于东亚各国的未来，而且也应该通过东亚各国民间的对话，达成对于过去的共识。

译者　王坤（西安电子科技大学日语系）

历史上的东亚国际秩序与中国

——聚焦西嶋定生

[日] 国学院大学　金子修一[*]

一

中国宋代思想史研究家、宋代以后东亚交流史领域研究亦做出杰出贡献的东京大学小岛毅教授日前在朝日新闻（《历史认识的根源　中国的领土意识》东京版 2014 年 2 月 17 日晚刊）陈述如下：

> 19 世纪后半叶相对西方列强以及日本的军事劣势促使中国的国界意识觉醒，在接受近代西方主权国家思想的过程中，逐渐开始主张保全领土。然而，其原本的传统思想中，并未有直接管理大海以及海中之岛这样的意识。中华文化之摇篮乃黄河中游地区，汉字、儒教均发源于此，而大海仅存在于观念中，缺乏直接进行管辖这种观念。汉字的"山""川"均为象形字，而"海"却是复合的形声字，显示其乃一新概念。虽然经常称曰"固有领土"，但从历史上看，全世界没有任何一地存在什么"固有领土"。以东亚为例，日本、韩国、中

---

* 金子修一，日本东洋史著名学者。1949 年生，毕业于东京大学东洋史学系，曾任教于高知大学、山梨大学，现为日本国学院大学教授。发表论文数十篇，主编、合著著作多部，代表作为《古代中国与皇帝祭祀》，汲古书院 2001 年版；《隋唐的国际秩序与东亚》，名著刊行会 2001 年版。

国这三国，千百年来延续至今，似乎是个例外，但视之为历史的偶然而非固有的东西似也无不可。每个国家只从对自己有利的角度出发，事态便无从解决，因而，是否我们应还原历史，依照当时人们的想法去重新看待并对今日这种状况进行反思呢？

以上报道未必完全介绍了小岛氏的主张，但以当时思维重新审视历史反思今日现状这一观点笔者完全赞同。2010 年，中国渔船在钓鱼岛附近海域与日本巡航船相撞事件爆发时，笔者恰好在中国西安的陕西师范大学做研究访问，当时亦不无紧随小岛氏其后发表些许个人看法这种心情。故在此，拟就还原历史原貌这一见解做一阐述。

二

过去，通行的看法是日本乃岛国，因而认为日本历史基本脱离东亚国际局势独自运行。是 1968 年上的大学，直至当时学界普遍认为世界史是人类社会在外界刺激下由古代发展进入中世期，但日本存在其独特性，即日本由古代进入中世是在无外界刺激下发生的。然而以 20 世纪 70 年代为分界线，重视古代以来日本与中国、朝鲜关系这一观点日渐为学界接受。

1996 年岩波"讲座世界历史"开始出版发行，其第四卷《东亚世界的形成》（1970 年）总论中，西嶋定生氏提出要从"东亚世界"这一视角理解日本历史发展的必要性。"东亚世界"一词日本历史学界 1960 年前后一直在用，当时西嶋氏在考察汉代皇帝统治特点中，发现爵位制度发挥着重要作用，他于 1962 年发表题为《六至八世纪的东亚》一文，指出爵位制度不仅适用于唐代以前的中国国内，亦通行于中国王朝与日本、朝鲜诸国以及渤海之间，并将这种适用于中国王朝与外国间的爵位秩序命名为册封体制，指出册封体制即是规定古代东亚国际关系的国际秩序。包括对其的批判性观点在内，时至今日，册封体制依然是深受重视的一个历史概念，以下拟就此稍加详述。

如新罗每逢新王登基，唐王朝必派使册封，既为新罗的王，那么以新罗王称之似乎是顺理成章的事情，不过西嶋氏注意到新罗王的"王"乃爵位。封爵乃始自中国周代的一种制度，周王将土地分封给诸侯，同时授予冠以封地名称的爵位。如秦公、晋公等，秦、晋等分别乃地名。进入春秋战国时代，诸侯也开始纷纷以王自称，如秦王、楚王等。秦始皇统一六国，始用皇帝称号后，王便成为高于公的一种爵位。新罗王的"王"号即为爵位，而"新罗"是其固有的国名，一旦获中国王朝册封，便成为领有中国王朝封地王爵的臣子，唐代新罗王成为唐朝皇帝名义上的臣子，爵位的授予通过册书（策书）来完成。册书一词源自纸张未普及时代的木简以及竹简等短册状简木，今天韩国的博物馆依然保存有短册状竹简的册书。

成为中国王朝的臣子，则要受到身为臣子的某种程度的制约。同时在遭受他国入侵时，亦可得到中国王朝的援助。《魏志·倭人传》载，公元247年卑弥呼向魏带方郡诉说南部狗奴国与其相攻情况，于是带方郡派遣使者前去调停。239年卑弥呼遣使朝魏，被魏皇帝授予"亲魏倭王"的称号，即上述册封，魏从中调停可视为倭王成为魏臣子后从魏得到的帮助。唐代7世纪40年代东亚动乱时期，唐、新罗与高句丽、百济、倭逐渐形成两大对立联盟。新罗向唐王朝举讼高句丽入侵，于是唐派援军与新罗一同于660年灭亡百济，后百济复兴军向倭国求援，倭国援军663年白村江之战大败于唐军，百济最终灭国。之后，新罗与高句丽对立进一步升级，唐与新罗联军668年再灭高句丽。

可以认为唐对新罗的援助是以对新罗建立册封关系为前提的，新罗与百济、高句丽对抗升级时，唐王朝曾表示因其国主为女王，故屡屡受邻国侵凌，建议以唐一宗支暂代为新罗国主。这在今日，无疑是干涉他国内政的行为，但在当时却可视为唐王朝为修正臣国秩序的一种考虑。此外，新罗此前一直使用自己的年号（私年号），后在唐王朝的要求下废止。在中国王朝看来，君临天下的皇帝乃天之子，是唯一受上天之命统治人间的人，因此观测天体运行、制定历法，甚至施行年号乃是天子的特权，故新罗在唐的要求下不得已停止了私年号的使用。

爵位是一种身份制度，服饰的装饰纹样及颜色等均依爵位高低相应有别。包括其他诉诸视觉区别的身份秩序皆可归结为礼制一词。同今日人人平等观念不同，在古代，明确保持身份之别十分重要，因此要求人们要遵守礼制。人们承认直至今日日本及朝鲜的诸多习惯是受中国影响，据西嶋氏研究，这些习惯是在遵守礼制中传入的。

综上所述，历史上中国王朝与古代东亚国家间多存在册封体制下的君臣关系，政治上受到直接影响，中国的种种文化以及制度也是在册封体制存在的前提条件下得以传入的。文化绝非如流水般由高向低自然传播，文化的传播存在其相应的历史条件。古代东亚各国文化传播的历史条件乃册封体制，即西嶋定生氏所提出的册封体制论。他还认为，册封体制大致自汉代起就已存在。

三

西嶋氏 1970 年再倡导东亚世界理论，进一步发展了上述册封体制理论。根据该理论，资本主义发展带来世界一体化的 19 世纪上半叶以前，地球上存在若干个小世界，与地中海世界等相同，东亚世界亦属其一。东亚世界包括中国、日本、朝鲜、越南北部以及连接中国与西域的河西走廊地区，当然历史上它也是不断发展变化的。之所以将越南北部划入其中，可能是由于该地区汉代起直至唐代乃中国领土之故吧，不过西嶋氏的论著中对西面范围的划分稍显模糊。

西嶋氏列举出东亚世界的共同指标有汉字、律令、儒教和佛教，存在于东亚世界的佛教指汉译佛教。律令制及其后三项指标，均以汉字为媒介进行传播。汉字本身并非单纯作为文字表达的手段向无文字地区传播，日本便是一个明证。日语和汉语语法、音韵体系不同，日语中的汉字有的以训读法来读，而最初的万叶假名是作为表音文字来表记日语的，后来一部分草书汉字演变为平假名，此外又借用汉字的偏旁部首创造了片假名。汉字并非因便于表记日语而开始传播或传入的。

西嶋氏认为汉字传入与东亚政治世界的存在密切相关。日本最早传入汉字的实物证据乃公元 57 年后汉光武帝赐予倭委奴国的"汉委奴国王"金印。到了唐代，册书取代印章赐做王的身份证明。汉时纸张尚未普及，印章也发挥了证明身份的功能，"汉委奴国王"金印当也用于以后的外交中。邪马台国派往魏的使臣中有一位两度入洛阳的人物叫掖邪狗，首度时被授予"率善中郎将"银印，第二度时《魏志·倭人传》载其为"倭大夫率善中郎将"，大夫是倭使臣的自称，"率善中郎将"是魏所赐官职。掖邪狗第二次派遣时是以率善中郎将这一官职并携带所赐银印入魏的，可以想见有了这些进入洛阳时当是十分顺利的。

西嶋认为汉字是周边国家与中国外交时必须使用的文字,随着对汉字的日渐掌握,以汉字记载的律令制、儒教、佛教逐渐为东亚国家吸收,并对这些国家产生了巨大历史影响。

随后,西嶋氏从东亚世界这一观点对日本历史的发展不断加以描述,这里虽不能一一介绍,但笔者还是希望就需注意的几点展开论述。首先,秦始皇统一中国施行郡县制,主要地方官员由中央派出,这种郡县制缺乏使中国王朝向外发展的内在机制,而西汉时推行的郡国制兼有郡县制和封建制,包含将外国纳入中国王朝的内在要素,它使得国内由中央直接实施管辖的郡县制与由爵位高低决定的分封制得以并存。册封体制是国内施行的爵位制度对外国的适用。

汉代将外国纳入中国国内统治秩序理论逐渐形成,栗原朋信通过深入研究汉代印章制度,发现汉代有国内的"内臣"与外国的"外臣"之分,他指出外臣印章的规格要比内臣低一个等级。西嶋氏援用栗原氏这一内臣、外臣理论,推定册封体制始自汉代。魏晋南北朝至唐间,中国王朝赐予其他民族首长王、君王等封号的实例十分多见。关于此,在其《六至八世纪的东亚》一著中有详细论述,他主张汉代至唐代间的东亚国际秩序是由册封体制加以规定的。

然而 10 世纪初,唐王朝灭亡,东亚地区的新罗等国也相继灭亡,朝鲜半岛上高丽王朝建立,东北亚地区契丹势力抬头,据有渤海,甚至自称皇帝,定国号为辽。而在此之前,皇帝一直是中国王朝君主的专有称号,这一专有称号至此被周边国家开始堂而皇之地使用。

辽据有包括现在北京在内的长城以南地区,继唐代重新统一中国的宋代(北宋)力图重新夺回北到长城的地区却终未能如愿,之后试图与辽北部地区兴起的金结盟共同灭辽,未料金灭辽后很快自己也遭到进攻,不得已退据长江以南,史称南宋。南宋时期无奈之下甚至给予金高于对等国的待遇。

那么东亚世界至宋代是否就此终结了呢?西嶋氏认为虽然政治上以中国为中心的册封体制在东亚地区终结,但东亚世界以其他形式继续存在。北宋以后,中国商业发展迅速。唐中期,西亚伊斯兰帝国兴起,唐后半期时伊斯兰商人航海来到中国南部沿海地区,南海贸易不断发展,相当于今日海关的市舶司仅在广州一地设置，到了宋代，从广州到长江的沿海一带设置有市舶司的又增加了福州、明州等地。虽然从长安出发经由西域的陆上丝绸之路商队依然继续往来不断，但从中国运往外国的主要商品不再是又轻又薄的丝织物而是沉重体积又大的陶瓷。这是因为，一则毫无疑问海上贸易更有利于陶瓷运输，二则宋代以后轻巧结实的瓷器开始在江南地区大量生产。除此以外，到了宋代，随着铜的冶炼技术提高，品质优良的铜钱始流通于市，大量铸造的铜钱进一步激活了商品流通。这样随着商品经济的日益发展，以中国为中心的大贸易圈形成，即使以中国为政治中心的册封体制体系不断弱化，但以经济联系为主的东亚世界依然继续存在。

西嶋氏还指出，中国之后出现的元、明、清三朝版图与唐帝国或相当或超越，形式虽不相同，但一个政治上紧密联系的东亚世界再次复活。具体表述恕不赘言，在此仅从西嶋氏的论点出发，就相关国号问题指出一点。秦汉以后中国王朝的国号均取自其王朝开创者或者祖先受封于前朝的封号，如唐这一国号取自高祖李渊祖父李虎死后北周追封的唐国公，汉是因为项羽曾封高祖刘邦为汉王。然而，宋代以后无一国号是取自前朝的封号，这一点虽与册封体制的讨论并不直接相关，但笔者以为这可能与宋代以后爵位的社会性权威下降有关。

四

以上西嶋定生氏以册封体制为枢轴的东亚世界论对东亚地区研究者们影响巨大，为古代日本史研究者考察日本历史发展中，即没有像遣隋使以及遣唐使那样与中国直接开展国交时期的日本与中国、朝鲜半岛关系提供了理论依据。例如，公元645年的大化革新虽发生在遣唐使未派出时期，但当年年初唐太宗亲征高句丽，可以认为这一东亚地区大变动对当时的倭国政权一定产生了影响。另外，朝鲜历史深受中国影响，在朝鲜史研究中间，很多人认为国际关系方面重视与中国王朝间形式上君臣关系的这一册封体制理论，忽视了中国周边国家政治外交上的主观努力。不过随着研究人员对历史上册封存在模式多维度研究的积累，可以说越来越多的研究者认同册封关系的历史性意义。

有人评价西嶋定生氏的东亚世界论和册封体制理论以中国王朝为中

心，我想这并非他的本意。《日本历史的国际环境》一书试图立足东亚世界讲述直至近代的日本历史的发展过程。战后日本政坛对明治以后的近代日本带给中国、朝鲜的巨大灾难毫无反省，对此西嶋定生氏在该书最后一章提出深刻警示。本稿一开始已有述及，西嶋氏首倡册封体制以及东亚世界论的 20 世纪六七十年代，当时学界通行的观点是日本历史独立发展，基本上与中国、朝鲜等近邻国家的历史没有关系。针对这一看法，西嶋氏提出第二次世界大战战败以前的整个日本历史，其从一开始就与中国、朝鲜密切相关，他从理论上指出，今日日本必须正确看待与过去的中国、朝鲜间的关系，当然也包括其中不光彩的一面。

不过算来西嶋氏的这一主张也已过去了四五十年，事实上现在也有部分学者从学术角度对此提出了种种批判，这里很难一一罗列，大致说来可分为对册封体制理解的批判与东亚世界范围界定的批判。册封一词唐代以前的正史中几乎未见（有封册一词），因而其意思很难从史料中归纳总结。西嶋氏在解释唐代以前的册封体制时，强调中国周边国家获赐的王号为爵号，但是，汉王朝曾赐匈奴单于玺绶，唐封突厥、回纥（回鹘）可汗称号，封吐蕃赞普称号。这些单于、可汗、赞普均是匈奴、突厥、吐蕃等传统君主称号的音译，它们的授予可否亦视为册封，研究者们各持己见，莫衷一是。

然而西嶋氏对这一问题并未作答，可能在他看来，20 世纪六七十年代，从理论角度彰显站在东亚世界理解日本历史的重要性才是当下最紧要的，而实证性研究探明中国与北亚、中亚各国关系对于勾画东亚世界框架并不重要。笔者以为西嶋氏个人对于通过爵位秩序来说明国际关系十分关注，20 世纪 60 年代其代表论著《中国古代帝国的形成与构造》（1961）一书试图从同样赐予普通庶民的爵位功能去探究汉代皇帝的统治特点，随后他又发表若干论文，从爵位秩序探究日本古坟与东亚各国坟丘墓制，发人深思。不过，笔者以为如从爵位秩序解释册封体制以及东亚世界，不可否认的是他确实忽略了对匈奴、突厥、回纥等北亚、中亚各国与中国王朝关系的研究。

部分研究者对其东亚世界范围界定进行批判与此不无关系。西嶋氏将东亚世界的范围大致划定在中国、朝鲜半岛、日本以及越南北部，对于中国西面所达范围却没有明确指出。但近年来对北亚、中亚游牧民族研究取得长足进步，中国王朝中出身游牧民族者的存在情况以及他们在中国国内政治中的重要性逐步凸显。如上文所述，西嶋氏的东亚世界论重点在于阐明历史上日本与中国、朝鲜半岛的关系，但是中国王朝与周边国家的关系并非仅限于与东亚各国关系，故考察以中国为中心的国际关系时，仅凭西嶋氏的册封体制及东亚世界论很多问题都得不到充分解释。因此，近来学界开始使用东欧亚或者东部欧亚世界一词，研究者从更为广阔的区域去探讨日本与其他地区的关系，不断对西嶋氏的理论做出各种形式的批判或补充。

在此，笔者想以古代朝鲜史研究专家李成市的理论为例。其《东亚文化圈的形成》一书准确介绍西嶋氏东亚世界论的同时，亦指出其中今日看来所存在的不足，虽只是一本小册子，但其学术价值不容小觑。该书对西嶋氏的东亚世界论提出几点批评意见，其中最主要的是在册封体制有效性方面缺乏实证研究。西嶋氏的东亚世界论没有探讨与"东边各国"以外地区国家的具体关系如何，中国文化如何在越南进行传播、扩展也毫无涉及。事实上，越南中国化不断加深、与中国王朝政治联系更加深入是进入 10 世纪以后的事情。日本到 5 世纪倭五王时代以前虽受中国王朝册封，但真正吸收儒教、佛教、律令却是进入 6 世纪以后。关于册封体制的存在形态，西嶋氏只在《六至八世纪的东亚》一书中做出论证，以后各时期均以册封体制存在为前提，不断进行扩展。对此，李氏在书中流露出极大的不满。

李氏史实分析中值得关注的还有他有关汉字由高句丽向新罗的传播研究。高句丽与新罗边境地区遗存几方石刻碑文，新罗境内的碑文中也有被认为是高句丽语言的汉字表记。李氏认为此乃汉字由高句丽传入新罗的证据。古代日本门锁写作"镒"，但中国的"镒"字是表示黄金重量的单位，并非门锁的意思。然而近年来朝鲜半岛出土的新罗等国家的木简中发现，其中的"镒"字也有用来表示门锁的例子。西嶋氏的东亚世界论将汉字的传入放在中国王朝与周边国家间进行考察，但事实上，汉字连同变化发展了的用法从汉字先传入国再传入其他国家这种例子也是存在的，汉字将高句丽、新罗、日本三国联系起来这种实例反而可能进一步丰富东亚世界论中汉字存在方式的讨论。

此外，年轻的日本古代史研究者广濑宪雄氏从中国书仪入手，就中国王朝与周边国家交往中往来的外交文书中的国书展开深入分析，针对与中国王朝间存在国书往来的国家间关系接连发表新解。书仪的实例不论公私，广泛存在，因此广濑氏的考察范围已然超越了西嶋氏的东亚世界。

五

如上所述，西嶋氏倡导的册封体制论和东亚世界论对学界产生了巨大影响，但随着研究的不断深入，近来各种批判的声音不绝于耳。关于西嶋氏几乎未将游牧民族的存在纳入考察范围这一点，我认为有必要考虑到20世纪六七十年代研究的积累状况。不过高句丽未通过中国王朝，与突厥等独立进行交往，故毋庸置疑，尽管是在讲述东亚世界，但对东亚以外地区漠不关心似乎也不好。

近来学界放眼更为广阔的东部欧亚世界，将日本历史的发展与东亚各国的历史发展时常关联起来进行解读，而西嶋氏的问题意识几乎不再被研究者们提及，这一点令我感到担忧。并非说只要问题意识是正确的，其论证程序恰当与否便无关紧要，但良好的问题意识会使我们发掘出新的历史事实这一点也是无可辩驳的事实。今日日中关系的恶化以20世纪70年代无法想象的一种形态表现出来，正如本稿伊始小岛毅氏所指出的那样，中国方面意识发生改变可追溯到19世纪中叶，同样西嶋氏瞄准19世纪中叶明治国家的起点，构想了东亚世界论。今天的我们是不是对该实证性批判的地方认真进行批判的同时也不忘向前辈致敬呢？

［日］《ワセダアジアレビュー》(16)，2014年

译者　张鸿（西安外国语大学日本文化经济学院）

参考文献

栗原朋信：《文献所现秦汉玺印研究》（收入《秦汉史研究》），吉川弘文馆1960年版。

西嶋定生：《日本历史的国际环境》，东京大学出版会1985年版。

西嶋定生著、李成市编：《古代东亚世界与日本》，岩波现代文库（收录时《六至八世纪的东亚》更名为《东亚世界与册封体制》，"总说"更

名为"序说") 2000 年。

李成市：《东亚文化圈的形成》山川出版社·世界史剧本 7，2000 年。

金子修一：《东亚世界论》（收入荒野泰典他编《日本的对外关系 1　东亚世界的成立》），吉川弘文馆 2010 年版。

广濑宪雄：《古代日本外交史》，讲谈社 2014 年版。

韩国史撰述方法论的反省和展望

[韩] 庆北大学　权延雄*

前　言

引进近代史学方法论以来，对于韩国史的撰述方法论展开了多方面的讨论。然而，讨论的出发点几乎全是对传统韩国史撰述方法的否定，即认为和《高丽史》《东史纲目》相同类型的儒教历史编纂，统统都是局限于统治阶级为中心的政治史，并不是真正意义上的韩国史。那么，取代传统方法而撰述的韩国史应该是什么样子？如果崭新的韩国史撰述的方法论多样化，那么，依据多样化方法论编纂的韩国史形式，也将呈现出了纷繁多样的特点。

可以看出，新的韩国史的撰述方法论有三个大的方面：其一，民族主义史学；其二，唯事实主义史学；其三，社会经济史学。这些方法论揭示的韩国史面目大相径庭。按照申采浩（1880—1936）等民族主义史学家的观点，韩国史必须是韩民族盛衰史的记录。但是，在李丙焘（1896—1989）为首的唯事实主义史学家看来，韩国史应该是历史上发生的事件史实的综合体；而站在白南云（1895—1974）为首的社会经济史家的立场，韩国史的基调不过是阶级斗争和社会发展的变化而已。

* 权延雄，1941 年出生。韩国国立汉城大学法律系肄业，西江大学史学系毕业。1979 年在美国夏威夷大学获文学博士学位，曾任职于韩国国立庆北大学人文学院史学科，兼任庆北大学大学院院长，图书馆馆长，专攻韩国中世史，史学理论。现为韩国国立庆北大学名誉教授。

为什么韩国史的面目是如此多样？应该说是因审视韩国史的立场和出发点不同，直接促使这种局面的出现。原来我们看待过去的观点，是我们珍视的现在观点的延长，同时，对现在的看法，大体是随着自身的立场和地位不同而变化的。所谓立场，其表现为满足并力图维持现体制的保守主义，否定现体制并想从根本上将其推翻的激进主义，以及维持现体制的框架，纠正部分缺陷的进步主义（自由主义）。

考察过去的历史，上述观点也依然适用。保守主义者强调历史中的调和与统一，激进主义者把焦点放在矛盾和斗争上，进步主义者力图付诸两面尝试的努力。以现在的视点可以归结为：民族主义史学是保守主义，社会经济史学就是激进主义，唯事实主义史学属于进步主义。这些学术流派对现体制认识的不同，决定了它们对过去的认识也存在差异。

但是，也应该注意我们的历史观和体制之间的关系是相对的。这是因为，如果改变体制，"思想"的意思也相应地改变。即使是同样的"社会主义"，在现在的韩国成为激进思想，而在朝鲜被认为是保守主义思想，在东欧圈内则成为反动思想。与此相同，民族主义史学也随着体制的变化，从保守向激进的性质变化。我们只有认识这种相对性，才能把握历史地考察韩国史撰述方法论的标准。

下面就按民族主义史学、社会经济史学、唯事实主义史学顺序，考察韩国史撰述方法论。具体来说，概观各种撰述方法论是如何展开，在体制变化中有哪些主张，带有什么鲜明的意义。在反省韩国史撰述方法论的过去和现在之后，对其未来的发展也作若干展望。

一　民族主义的史学

所谓民族主义史学，就是以民族作为历史的主体，民族的盛衰兴亡构成历史核心的史学。属于此阵营的史学家们，以多样化方式说明民族成长及其兴亡。但从极端的国粹主义至民族间的和平共存，带着复杂多样的感情色彩。同时，对他们来说，没有了民族也就没有所谓的历史。作为三种方法论中首先出现的民族主义史学，迄今为止仍对韩国史的撰述具有相当大的影响。

民族主义史学产生于 20 世纪初。19 世纪末以来，韩国遭受帝国主义的侵夺蹂躏，1905 年，由于缔结了《乙巳保护条约》，处于半殖民地向殖民地沦落的危难境地。激烈的民族生存危机，即韩民族是继续生存成长，还是走向灭亡？特别是陷入殖民地泥潭之后，这种危机意识更加严峻地摆在人们面前，民族主义史学就是在这种历史状态下出现的。申采浩是民族主义史学先驱中的代表人物。申氏在史学撰述目的上，强化民族的主体意识，认为历史就是民族的发生和消亡，并注重探讨民族的兴亡过程，特别是阐述和异民族斗争的历史。同时，如果要确立民族的主体性，经受殖民地统治的考验，那么，明确韩民族的悠久性和伟大性，就成为当时爱国史学家的当务之急。与申采浩一样，朴殷植（1859—1925）和郑寅普（1892—1950）也极力地强调民族精神。他们的史学既是独立运动的组成部分，又是作为反帝反封建的手段。

申采浩

另外，崔南善（1890—1957）、李能和（1869—1943）、安廓（1886—1946）等人的学说也是以民族主义作为基础，但和在海外投身独立运动的申采浩、朴殷植的学说存在差异，即不是激进的，而是具有改良主义性质。这些人与日本殖民地统治机构保持一定的关系，并从事史学研究，所以，他们的民族意识比较稳健；其历史撰述中没有摆脱资料整理以及对民众启蒙的范畴。尤其是这些人主张的"朝鲜精神"，在殖民地统治末期宣告破产并受到批判。解放以后，所谓的解放空间状况下的民族主义史学，当然也有不同的内容，"新民族主义"史学出现了。在对立和冷战体制烘托下，史学家必须面对扬弃国内左、右路线的对立，同时还要克服国际上的国际主义和排他主义问题。安在鸿（1891—1965）、孙晋泰（1900—1960）等新民族主义者，不是强调民族内或民族间的斗争，而是向往团结，在撰述韩国史过程中，也渗透了这种观点。这些学者的探索，对于阶级矛盾和民族矛盾共存的今天，也具有很大的启示作用。

1948 年的南北韩政权的建立和 1950 年后的同族相残，导致韩民族内部持续对立。对立和异质化的四五十年间，民族主义史学在南北韩呈现多样的形态。在韩国，保守、进步、激进的史学都标榜民族的旗帜，其形态相当复杂。反过来说，朝鲜的史学则是千篇一律接受党的领导，将民族主义史学和社会经济史学相结合。在此，首先概述韩国的民族主义史学流派，然后简单地谈及朝鲜史学的民族主义要素。

韩国的民族主义史学可以分为两大流派。其一为所谓的在野史学者的国粹主义史学，其二为所谓的讲坛史学者的进步民族主义史学。前者被称为在野史学者的原因是，这些学者没有经过大学历史系正规教育，也没有在大学担当过韩国史课程。与在野史学者相比，讲坛史学者当然是经过大学的史学研习后，走上讲坛担当史学课程的专家集团。所以，两者看问题的角度和方法完全不同。以安浩相为代表的在野史学者们，和日本殖民地时代的民族主义史学家们一脉相承。这些人致力于古代史研究，努力找寻韩民族的悠久性和伟大性，主张中国史的相当部分是韩民族所创造的，即他们的主张趋向于极度的排他性和国粹主义。但是，仔细探寻他们的主张，其与申采浩等民族主义史学展开当时的历史状况截然相反，就是说，与申采浩等人和殖民地统治坚决抗争相比，解放后的在野史学者却受到独裁政权的庇护。同时，不仅在政治路线，而且在研究方法上，两者也有根本的差异。如果说申采浩等通过彻底的史料批判研究历史，堪称韩国近代史学的先驱，那么，在野史学者们则是以捏造的史料为依据，如同制造神话的作家们，其做法和殖民地御用学者们制造的"万岁一系""同族同根"神话没有什么两样。所以，在野史学者们神话历史撰述，为历史专攻者们所不齿。但是，这些人在军队内有相当多的追随者，现在军队的精神教育就是完全反映了这些人的主张。然而，检讨讲坛史学者们的现状，其民族主义色彩并不明晰。这些人讲述韩国史（概述及时代史），在针对个别主题撰写研究论文的时候，大概适用于民族成长这一整体框架。但是，他们对于民族主义史学乃至它的方法论并不热心，很少进行真正意义上的剖析。所以，笔者怀疑讲坛史学者的论文和著作中是否包含纯粹民族史学的东西，而且，讲坛史学者立足唯事实主义史学或者社会经济史学，似乎接受了韩国史必须是韩民族成长的历史宗旨。

朝鲜的韩国史撰述，体现了彻底民族主义的一贯性。特别是强调韩民族的悠久性和伟大性，并极力地塑造和其他民族的斗争史。假若对韩民族的形成，即强调旧石器时代以来的悠久性和连续性，这样，对于"壬辰倭乱"①的民族仇敌日寇，就应该塑造英勇人民的伟大胜利，对明朝派遣军队的援朝行动干脆就没有提及。关于文化交流，对中国文化的输入，也是言之不详，而对韩国文化传入日本，则是花很大篇幅介绍处理。这样排他的民族主义倾向，就是受所谓的主体思想的影响，而这种思想可以说是支撑朝鲜现体制的精神支柱。但是，因为有政治目的，故而歪曲历史，结果不可能正当化，这与强调阶级斗争的相同角度的差异，完全是不同程度的问题。这种形式的历史撰述，使得朝鲜的历史研究在世界史的脉络中不可能占有相应的位置，也是朝鲜历史撰述中不可根除的巨大弱点。

二　社会经济史学

社会经济史学，也就是马克思主义史学。换句话说即是唯物史观，物质基础决定上层建筑，认为历史的本质就是阶级斗争，历史撰述配合社会发展的框架。社会经济史学自 20 世纪 30 年代以来，对韩国史的撰述产生了极大的影响。南北分裂以后，社会经济史学在朝鲜享有绝对的地位，也对韩国的经济史研究者施加了相当的影响。最近，在少壮阶层研究者中就风行所谓"科学""实践"的史学。下面就对过去五六十年间，社会经济史学的学问贡献和政治权利的关系作一考察。

社会经济史学的先驱当属白南云氏。此人在日本专攻经济学，并研习马克思主义史学。他将马克思主义理论运用于韩国史撰述，并在他的大著《朝鲜社会经济史》（1933）、《朝鲜封建社会经济史》（1937）中得到体现。用日语撰写，在日本刊行的这两部书，以一种全新的格局阐述韩国历史，可以看作韩国近代历史的里程碑。著者以原始共产社会—古代奴隶制社会—中世封建社会—近代资本主义的社会构成体发展体系，概括韩国史的发展过程。用阶级斗争把握韩国史的本质，排斥强调韩国史的特殊性、韩国文化的悠久性的民族主义史学，证明历史发展法则的普遍性。

此后，社会经济史家们撰述韩国史，朝着强调普遍性和客观性，而非特殊性和主观性的方向努力。当然，这些人的努力并没有局限于对过去的

---

① 即 1592—1599 年发生的日本发动的侵略朝鲜战争。

白南云著作书影

理解；而对未来的展望，即着眼于对日本殖民地统治的克服和对未来国家
的憧憬。也就是说，他们要以此指出民族主义史学的虚构性，解决韩民族
反封建、反帝国主义面临的课题，并追求科学和实践的史学撰述。然而，
这些努力在解放当时的环境下，也因南北对立的混沌不可避免地被扭曲，
即随着南北韩完全不同的体制的确立，社会经济史学扮演了完全不同的
角色。

在朝鲜，马克思主义史学的展开过程比较简单。朝鲜政权建立后，韩
国史的撰述是在党主导下，推动史学家组织起来。首先，举行频繁的讨
论，确立史学时代区分等撰述的框架和原则。依据此原则，编纂了《朝
鲜通史》，不久将其内容扩充，撰写出大部头的《朝鲜全史》。在此过程
中出现的重要变化是，20世纪60年代中期，所谓的主体思想抬头，并对

历史编纂施加了重大的影响。这种做法产生的结果，使得历史研究的民族主义色彩浓厚，金日成偶像化更加露骨，真正意义上的历史研究几乎没有。朝鲜的韩国史编纂有以下四个特征。其一，运用马克思的社会发展学说，将韩国史的时代区分为：古朝鲜—扶余—振国（三韩）阶段，属于奴隶社会；从三国初期开始到 19 世纪中叶，属于中世纪封建社会；开港以后属于资本主义社会。其二，韩国史的根本特征就是阶级斗争，强调历代的农民起义，站在被统治阶级立场骂统治阶级为仇敌。其三，致力于系统研究经济发展的作用，以片面的事实为基础，研究中带有常见的夸张色彩。其四，以历史编纂为手段，服务于对人民的教化以及社会主义革命与建设。朝鲜的历史撰述的优缺点同在。优点方面，宏观的叙述体系井然，众多的研究者共同作业，成果可观，特别是在经济史和哲学史相类似的领域，其成果值得刮目相看。然而，这种历史撰述的缺点也是相当明显的。首先，准备阶段讨论中出现了各种各样的观点，但在此后的成文著作中却只是通用一种见解。因为这种划一性和僵化模式，新的解释出现理解的空间就相当狭窄。其次，因为把历史作为政治教育的手段，敌视异民族和统治阶级，表现为过分的排他性和简单化的黑白逻辑。由于对金日成的偶像化与社会经济史学的本质无关，故在此就不再赘述。

　　在韩国，社会经济史学的发展路径完全不同。活动于解放初期的马克思主义史学信徒们，随着南北对立的混沌化而北上，韩国的反共意识形态，不容许社会经济史学的存在。所以，社会经济史学转入地下潜伏起来，或者好不容易以隐讳的形态似明似暗地维持下来。如果在日本殖民地时代受过教育的经济史研究者们，部分地接受了马克思主义史学，在 20 世纪六七十年代，当时日本进行的社会经济史研究成果中，他们能够受到新的启发。但是，处在原本僵化的政治体制持续高压之下，社会经济史学成长是不可能的。到 80 年代后半期，在全社会民主化风潮中，学问研究的土壤有了明显的改变。顽固反共的意识形态束缚有了某种程度的松动，在经济学、社会学、政治学等领域，系统地批判反思的见解不断涌现。这些见解的共同点就是相当部分地接受马克思主义。史学也不例外。标榜"民众史学"，以及"科学的""实践的"史学的少壮派学者们组织集会，探讨撰写新角度的韩国史，也结集出版他们的研究成果。其中代表性的成果就是《韩国民众史》《韩国史讲义》《直面韩国史》等。显然，这是对新的韩国史撰述方法论的提倡。批判既往的以统治阶级立场撰写历史，提倡以民众的立场撰述研究历史。因此，他们在撰述韩国中世纪史的时候，特别强调农民的抗争，反映了以阶级斗争角度研究历史的现实。这些人主张"科学的"撰述，意味着证明社会发展阶段过渡的必然性，和经济基础对上层建筑的规定性及法则性。同时，他们强调的所谓"实践的"撰述历史，克服现在韩国社会的矛盾结构体，促进韩国社会过渡到下一个社会阶段，并积极地参与这种变革运动。

总之，"科学的""实践的"民众史学，就是马克思主义史学。从这个意义上看，这种史学带有反体制的性格。不过，他们对体制的批判并不带有必然的共产主义革命的理念，似乎只是表明对现体制内存在的民族矛盾、阶级矛盾的克服而已。他们变革的方法和目的，大概和进步的在野团体一样，呈现多样化。即使和"九老历史研究会"①激进的民众运动的现状接近的话，那么，韩国历史研究会与在大学的研究室可能更接近。这些政治路线相反的人们，在促进民主化，扩大学问研究的自由化方面的贡献，大体上已经得到各方面的认可。

那么，韩国的社会经济史研究者的韩国史撰述状况如何呢？很显然，他们和朝鲜的韩国史撰述具有相似性。这个相似性归结为两者使用基本相似的框架，其结果也是必然的。如此说来，这些人的历史撰述可否看作朝鲜史学的分支流派？在未对这个问题做彻底的检验之前，鲁莽地得出结论是不合时宜的。这些人的研究活动才刚刚开始，他们学问的最终成熟，以及对其的评价还有待时日。但无论如何，这些人的韩国史的撰述乃至认识方面的非凡贡献，应该予以中肯的评价。

三　唯事实主义史学

唯事实主义史学是韩国史学界的主流学派。最近，在二三十岁的史学

① 九老历史研究所，也称为"九老历史研究会"。是20世纪80年代，由毕业于汉城（首尔，Seoul）大学校研究生院国史学科研究生们发起创建的。因为创建于汉城九老洞，所以就以此命名。这些人实践激进的意识形态，认为做学问并不重要，重要的是社会革命。他们给劳动者传授阶级斗争意念，以至于造成汉城九老洞集结了大量的工厂和工人，接受这些人进行所谓的阶级斗争思想教育。另外，这些人为了教育劳动者，还编有《直面韩国史》等教科书。

爱好者中，社会经济史学发挥了相当的影响力，40 岁以上的研究者大体上墨守唯事实主义史学传统。只是这些人大概对方法论的反省漠不关心，对民族主义或者马克思主义史学也只是多少有所涉猎。所以，是否有纯粹的唯事实主义史学并不明确，也缺少具有号召力的代言人。这样，搞清楚唯事实主义史学的特性并不是一件容易的事情。

李丙焘

唯事实主义史学大体由两方面的学风综合而成。其一，可归结为 19 世纪德国历史学派的传统。以兰克为代表的这个学派主张对史料作彻底的检定，通过理解直观的历史史实（事件、人物、集团、制度等），站在"过去"的角度，把历史的再构成作为史学的任务。这个学派特别强调历史的个别性和特殊性，以追求普遍性或者一般化为禁忌。所以，为了过去而研究过去，并受到所谓"媚古"的非难。其二，就是唯事实主义史学方法论。原来唯事实主义者从事社会科学研究，采用自然科学的研究方法，即运用观察—证明（实验）——一般化归纳方法，经过研究的累积，最终可以获得值得信从的客观真理。实际上，他们选择微观的研究主题，进行细密的资料计量分析，千方百计探讨各个问题间的关系。但是，唯事实主义者只是停留在具体的事实上，强调个别性，有排挤宏观理论和一般普遍化的趋向，这当然是把自然科学（现代物理学以前的古典物理学）作为典范探讨具体问题的结果。经历两次世界大战之后，人们对社会科学的关心出现很大的转机，故而采用大胆的假设，和一般化采用对结构和结构变化的宏观考察。

具体到韩国，唯事实主义史学的成长，则主要是通过日本移植过来的。19 世纪末，日本建立了西洋式的大学，吸取西洋式的学问。历史学的境遇，从德国输入的兰克学风一时风行各大学的史学科。李丙焘、李相佰（1904—1966）、李弘植等韩国唯事实主义史学的先驱，此时正在日本大学史学科或者社会学科学习，他们很自然地接受了这种学风。这些人用唯事实主义方法研究韩国史，继承发展了在此之前开始研究韩国史的日本人的研究成果。随后的殖民地时期，他们发表选题微小的研究论文，而对资料彻底的收集和探讨成为其共同的特征。正因如此，他们对历史客观事实的探讨获得了一定的成果；综合这些成果，坚信可以客观地再构成过去的历史。另外，这些人则极力、彻底地排挤宏观的理论或者普遍化的认知。看来，他们是完全继承了兰克的学问传统。

对于日本的殖民地统治，唯事实主义史学家持什么样的立场呢？是批判还是拥护？和政治路线分明的民族主义者或者马克思主义者不同，这些人以学问的客观性作为方向，他们的研究活动在殖民地统治机构中进行。在当时的体制下，如果将这些人的沉默和中立以亲日派判罪的话，这是公正的评价吗？对此，学界无论何时、何地的论争，都成为一个敏感的问题，我们在此姑且不作结论。随着解放后南北对立，史学家也分为两个派别。马克思主义的史学者都前往朝鲜，唯事实主义史学者则主导了韩国的史学界。这样，韩国、朝鲜的史学界分别具备同质性乃至划一性。在韩国，由于唯事实主义史学家及其弟子们，在大学内从事研究和担当课程，唯事实主义成为韩国史学的基础。通过这样的传承，使得唯事实主义持续发展；但在最近，这种撰述方法论受到来自社会经济史学的挑战，关于两者优劣还有待审慎考察。

一方面，解放后人们对史学的关心扩大，在既往以政治为中心体系中，衍生出包括经济、社会、文化等包罗万象的领域，因此，韩国史的撰述内容也越发丰富多彩。当然，这也就意味着韩国史研究的成长的可喜变化。但是，这种变化面临系统的撰述这一相当困难的问题。其一，叙述一个时代的政治、经济、社会、文化等领域的时候，存在相互间如何衔接的问题。因为将其单纯的并列，不作有机的关联理解，就不容易作系统的撰述。而研究各个时代历史，间或确认相互间的关联性的努力，还处于相当薄弱的状态。可以看出，社会经济史学中的经济基础和上层建筑概念也被试图采用。其二，怎样判定时代区分问题。历史发展长河中，不可能笼统地什么阶段也不区分地撰述，因而必须将整个历史发展过程分成若干段（时代）进行撰述。但是，用什么标准？如何区分呢？旧时代以政治史为中心的撰述，其把王朝作为时代区分的单位，社会经济史学有社会发展阶段论，唯事实主义史学者寻觅韩国史撰述时代区分的合适系统，只是至今还没有鲜明的成果。所以，到 20 世纪 70

年代为止，以王朝为单位的时代区分，附着有新式的名称，即古代（古朝鲜—统一新罗），中世纪（高丽），近世（朝鲜），但并没有说明各个时代本质的差异。最近受朝鲜学界时代区分的影响，出现了一系列的修订版本。

唯事实主义史学缺少大的体系和理论的反面，其优点在于研究细密扎实，研究成果也相当的丰富。事实上，迄今为止发表的韩国史研究论文中，大多数是唯事实主义研究方法的结晶。当然，其中枯燥无味堆砌事实的考证论文也不少，这些论文吸收社会科学的理论和概念，探讨某一时代或某一主题，其付出的努力是有目共睹的。换句话说，唯事实主义史学不是说明整个的、庞大的韩国史体系，或者世界史的普遍的法则，而是受到一个时代或者几个时代限制，努力系统地说明范围的复合现象。也就是说，这种方法论还没有摆脱相当初步的阶段。因为这种局限性，唯事实主义史学在一般读者看来，它的枯燥、烦琐是显而易见的。不仅专题研究，为一般读者写的概说书也是如此。鼓吹民族正气的民族主义史学，或者主张阶级斗争、社会变革的社会经济史学的概说书，更是以趣味性作为号召力。这种弱点，无疑是唯事实主义史学以后应该解决的课题。即使《韩国史市民讲座》① 这样向一般民众普及的历史读物，无疑可以在研究者和读者之间架起一座桥梁，但不可避免地带有一定的局限性。看来，这种有效的尝试和沟通，在不久的将来还应该更加活泼和多样化。

唯事实主义史学家们没有揭示出鲜明韩国史的总体面貌，事实上，这和唯事实主义者对现体制进步的立场密切相关。大概作为自由民主主义者，他们带有对现体制采取渐进改革的进步志向。也就是说，这些人既不是拥护现体制的保守派，更不是要求推翻现体制的激进派。他们渐进的改革方案多样化，对完善的体制持怀疑态度。所谓完善的体制，就是意味着一元化世界观的封闭社会。恰恰如此，和唯事实主义者多元的理想中的开放社会形成矛盾。

---

① 《韩国市民讲座》，创刊于 1987 年，现在已经出版发行 40 余期。该杂志集学术性、知识性、趣味性于一体，文章作者为韩国各大学历史学科、研究所的著名教授，阅读对象为一般民众读者。可见，唯事实主义史学没有放弃这方面的努力。

结　语

综上所述，本稿对民族主义、马克思主义、唯事实主义三种史学流派的韩国史撰述方法，以及展示的韩国史面貌的差异作了探讨。无疑，受到这些思潮相互影响的韩国史撰述成果丰硕，其相互的影响力和贡献在未来将会继续，并随着学问的成熟及政治状况的变化，其作用大概亦不相同。所谓学问的成熟，就是要开发韩国史撰述的更好的方法论，在方法论的指导下花大力气研究；所谓政治状况，意味着民族矛盾和阶级矛盾是如何的不同。笔者有如此的想法，因此对上述三种史学流派，以及它们在今后韩国史撰述中扮演的角色作一展望。

首先，顾及学问的成长，即探讨上述三种史学流派各自面临的不同课题，以及如何解决这些问题。其一，为了系统地撰述民族史，民族主义史学单纯的角度乃至情绪，不能够独自开发其方法。日本殖民地时期，论述民族精神的盛衰意义重大，但现在像当时那样单纯的历史认识，只能以逃避现实而终结，并造成相当大的忧虑。民族主义史学必须吸收多方面的撰写方法（包括社会史和经济史），系统的撰述民族史才能够成为可能。不然，只会停留在史学的外围鼓吹民族主义精神的作用。其二，社会经济史学有总体的、结构的、发展的审视历史的优点，强调普遍性和法则性，但也有僵硬的教条主义缺陷。所以，吸取社会经济史学的这种优点，似乎应该对其"科学性"和"实践性"有一定的扬弃。接受这种学说的少壮学者们，也似乎正在经历政治（变革运动）和学问（历史研究）之间的冲突，依据他们多样的选择，可以使政治和学问共同走向进步。在学问立场方面，经过对朝鲜的韩国史撰述的模仿阶段，我们期待着其开发唯我独有的韩国史撰述体系。其三，在将来，唯事实主义史学在进行个案研究的同时，应倾注更多的心力，向宏观、系统化角度倾斜。对应最近社会经济史学的强力挑战，唯事实主义史学家们也积极地反省方法论樊篱，探索解决问题的方法；而多方面地开发撰述系统的韩国史，或者某一个时代历史的方案的工作似乎已经启动。另外，特别是针对韩国近现代史研究的薄弱，如何填补其中的研究空白，无疑是唯事实主义史学需要解决的重大课题。上述三个流派在以后的发展中，互相影响互相竞争的关系将会继续，关于韩国史撰述方法的论争也将持续下去，相互不同的撰述也会不断出现。当然，这种争论和撰述的本身无关，只是基于撰述探讨其方法论而已。所以，并非要决定关于方法论论战双方的优劣，谁对韩国史整体或部分的撰述更加完美，才是问题的关键。但是，只有这些要素就可求觅韩国史的真谛，其看法也是不能成立的。如果按照各自的方式撰述韩国史，就会出现多样化的韩国史，其对于整体理解韩国史无疑也是有帮助的。

韩国史撰述者世界观的不同，导致韩国史呈现不同的面目。现在韩国史的撰述形式大体有两种。第一，以民族统一框架的历史体系，第二，以阶级斗争框架的历史体系。前者是结构主义世界观的产物，后者为马克思主义世界观的产物。当然，由于两者之间的矛盾，双方不可能并立。同时，两者只取其一，难以说明纷繁复杂的历史发展状况。从矛盾的历史或现实看，其不可能说明现体制的统合和持续；从宏观的角度看，也不可能说明矛盾和矛盾的结构变化。此似乎和光学中一边看光粒子，一边看光束，其所见所闻完全不同的矛盾相类似。没有立刻克服这种矛盾的理论，也没有接受这种矛盾以外的其他代案。

同时，随着政治状况的变化，学问的竞争关系也呈现不同的面目。如果韩国、朝鲜关系持续紧张，史学界的保守、进步、激进之间的敌对关系也将持续；如果关系缓和，上述相互之间就会和平共处，能够获得和平地统一，可以预见，也就可得到学问的自由竞争。但是，果真到了那个时候，一般人对历史的关心可能会减少。这是因为对历史的关心，与现实的矛盾、纠纷成正比例的状况所决定的。

[韩]《文学与社会》第 19 号，1997 年

译者　拜根兴

参考文献：

[韩] 李佑成、姜万吉编：《韩国的历史认识》（上下），创作和批评社 1994 年版。

[韩] 韩国史研究会编：《韩国史学史研究》，乙酉文化社 1997 年版。

新罗史研究50年的成果和展望

[韩] 庆北大学 朱甫暾*

前 言

在过去50余年间，新罗史研究无论质还是量都有了长足的发展，这是任何人都不能否认的事实。60年代以后，在一定时间单位内，学界曾对各领域的研究做了回顾综述，特别是为了纪念韩国光复50周年的1995年、1996年，韩国史学界在进行多样纪念活动的同时，也回顾过去数十年的研究动向，并展望未来，发表了相关综述文章①。如此，这里重新回顾50余年的新罗史研究，似乎没有什么特别的意义。但是，迄今为止，虽然学界试图对韩国史或韩国古代史全盘统合探讨，但单对新罗史来说，这种深层次的探讨似乎还未看到。如果和既往的综述回顾不属一个框架或范畴，也没有重复之嫌疑，那么，钩沉50年来新罗史研究脉络也并非没

* 朱甫暾先生，韩国史学界著名学者，现为韩国国立庆北大学人文学院史学科教授。曾担任韩国古代史学会会长，韩国木简学会会长，庆北大学博物馆馆长。发表韩国古代史方面论文百余篇，出版专著多部。代表作有《新罗地方统治体系的整备过程和村落》，首尔新书苑1998年版；《金石文与新罗史》，首尔知识产业社2002年版；《伽耶史的新解读》，首尔周留城出版社2017年版。

① 参见金基兴《韩国古代史研究50年》，《韩国学报》第79辑，1996年，金瑛河《古代史研究半世纪的轨迹和论理》，精神文化研究院编《光复50周年国学的成果》，1996年。另外还有1984年纪念震檀学会暨韩国古代史研究50周年当时李基白先生所写论文，参《震檀学报》总第57辑。但是，有关新罗史研究方面，受到学界关注的只是整理80年代以后的研究动向论文，参见韩国历史研究会编《韩国历史研究入门》中的"原始"及"古代篇"。

有意义。下面就简单阐述解放后 50 余年间新罗史研究的动向和成果,并对以后的研究趋势作一推定、展望。

一　研究的趋势

在这 50 余年中,人们论及新罗史研究趋势的时候,或者为方便起见,以一种笼统模式探讨理解,或者制定一种清晰明快的规则标准,进而将各个时期做必要的区分讨论。无疑,前者在说明其本身的情况下比较方便,但在判定研究前进方向之时,前者和后者相比则稍显逊色。特别是过去的 50 余年中,韩国社会经历了政治、社会的一系列变动,加之考虑到这种变动对整个学界研究氛围的影响,故而笔者认为应把新罗史研究过程分为几个阶段,这样将有助于对整体研究趋势的把握和理解。

回顾过去的 50 余年,真正可以称得上翻天覆地的动荡和对整个朝鲜民族炼狱般的考验时期。史学界先是应对解放之后国家旷日持久的混乱,以及随后引发的民族自戕的南北战争(6·25 战争)。接着,国家又陷入无端的政治乱象,经历了如同四一九事件和五一六事件,以及十月维新、五一八抗争、六一零抗争等一系列不堪回首的重大事件。正因如此,韩国社会和知识界均受到难以用语言表达的冲击,所以,无论以怎样的角度看待此一时期,并对它作出任何结论都将是困难的。因为每个事件所带来的巨大变化,故也有将一个接一个事件加以区分开来的基准方法。对待历史的解释,历史学者不能用现在的立场和结果,新罗史研究的趋势,也应当按照这样的基准,作出适当的论议。

当然,理论上也不能那样过分,但历史学者站在现在的立场上,并不是必须对那些事件所附带的变化予以认定。如果依据长期以来个人的、社会的经验积累总和,形成历史认识的话,只能认识那些大型事件,或者说对研究的趋向作若干判断影响巨大的事件。虽然不可避免地受到那些大型事件的影响,但那临时的研究出现的自身反应,造成怎样的倾向性都是相当难以把握的。尤其是新罗史研究的共同对象距今遥远,其结果更是如此。所以,整理过去 50 年间韩国史研究趋势,无论是谁设定 10 年为一单位,在大的事件上都可能间或出现分歧点;无论依据任何标准,因为带有这种主观的原因,都会出现这样或那样的优缺点,所以,简单地判断研究的优劣都将是徒劳的。

在此，对过去 50 年间新罗史研究的趋势，大略分为三个时期加以理解。即设定解放以后到 70 年代中半为第一期（暂时将其称为第一期），70 年代中半到 80 年代后半为第二期，90 年代以后为第三期。当然，这样的时期划分并不可能是绝对的，只是一边在下文中自然而然地在所划分的时期中以此类推，有助于判断研究者世代的一些变化，一边深入到划分的具体时间段内，明了各个时期研究成果的质量，并可清楚了解这些研究带有怎样的倾向性。

首先看设定的第一期。无疑，这和从解放到 70 年代中半专攻新罗史的第一代研究者们的研究倾向、认识，以及研究成果的整理密切相关。当然，这是因为这些人的研究大体在 70 年代中半基本定型的缘故。关于这一点，下文中将要涉及。事实上，即使到解放前，韩国历史研究者中并没有专门从事新罗史研究的人，这是和尚未到可以详细区分专攻领域的阶段相联系的。当时的情况是，韩国古代史领域中，除过那些和所谓的民族解放密切相关的认识和课题之外，似乎再没有其他东西。当然，当时新罗史研究并非完全没有启动，只是限定在特定的几个领域，研究成果也只是很少并零散而已。虽然这种情况在其他领域也是大同小异，但从新罗史研究的立场看，可以看作是一个准备期。当时在许多层面上研究自由度大，研究者的人数也相当的多，而且是在日本学者的主导下进行①。只是这些人的新罗史研究像常常指出的那样，并不单是为了本身单纯的理解，而是带有确保殖民地统治的正当性的特殊目的。如果用现在的观点评判其功过的话，其过错远远大于其所谓的功劳。此后，审视韩国学界称其为殖民主义的蝉蜕的状况，其危害之大在这里也没有再论的必要。当然，这也是如此评判这些人的全部研究，使人产生极其危险而且偏狭的想法原因。看来这种看法大体上也不错。在这种意义上，这些人的新罗史研究从研究史上看，可以断定除用畸形概括外，再不会有更好词语。这是因为解放以后的新罗史研究和其他领域的研究一样，生于艰难，并由此出发的缘故。

真正的新罗史研究，开端于解放后研究者的人才辈出。但是，因为尚

---

① 这一时期日本学者整理出版的有福田芳之助《新罗史》，今西龙《新罗史研究》，三品彰英《花郎の研究》等少数著作。

处于解放空间的政治混乱之中，并不具备将研究本身深入下去的环境。只是在这一时期早就受到注目，和花郎相关联的领域等出现初步的点滴论考，并出版了单行本①。这也是在解放空间的混乱政局中，为了启发国民所进行必要的教化方面努力的如实反映。

　　同时，这一时期的汉城（译者注：首尔，下同）大学校史学科中，正式扎实地培养韩国史专门研究者备受关注。事实上，依据这里人才辈出的实际状况，可以说是为以后新罗史研究提供了很好的条件。进入50年代后，这些名实相符的第一代新罗史研究者，开始了真正意义上的新罗史研究，并致力于构筑新罗史的研究体系。1952年，在战时体制下韩国历史学会的成立，和新罗史研究出发关联的情况也值得关注。从日本殖民地时代开始活动，开创自我学问领域的基本研究者（准备期）们，如李丙焘②、金庠基③、李弘植④等，整理发表过去颇有影响并受到注目的和新罗史关联论文。这些人的学生，如金哲埈⑤、李基白⑥、边太燮⑦，以及丁仲焕⑧等研究者，正式步入新罗史研究的行列，并以此为基础坚强地向前走下去。

　　当然，这些人并不只是专门从事新罗史研究。这是因为当时不能完全把握整个韩国史的体系，故在新罗史领域不能够投入更多的精力。这些人不是单独研究新罗史，而是致力于整个韩国古代史研究，甚至于以整个韩国史作为研究对象。当时从事历史研究者人数相当有限，这也是第一期研

---

　　①　参见崔光植、河廷龙《新罗花郎关联论著目录》，收入《花郎文化的新研究》，文德社1995年版。

　　②　李丙焘：《古代南堂考》，《汉城大学校论文集》人文社会科学第1辑，1954年。

　　③　金庠基：《关于古代的贸易形态和罗末的海上发展》，《震檀学报》1、2合集1934年、1935年；收入《东方文化交流史论考》1948年。

　　④　李弘植：《新罗的勃兴期》，《国史上的诸问题》第3辑，1959年。

　　⑤　金哲埈：《新罗上代社会的 Dual Organization》上下，《历史学报》第1、2合辑，1952年；金哲埈《高句丽新罗的官阶组织的成立过程》，《李丙焘博士花甲纪念论丛》1956年。

　　⑥　李基白：《三国时代佛教传来及其社会性质》，《历史学报》第6辑，1954年；李基白：《新罗私兵考》，《历史学报》第9辑，1957年；李基白：《新罗惠恭王代政治的变革》，《社会科学》第2辑，1958年。

　　⑦　边太燮：《新罗官等的性质》，《历史教育》第1辑，1956年；边太燮：《通过庙制的变迁看新罗社会的发展过程》，《历史教育》第8辑，1964年。

　　⑧　丁仲焕：《关于斯卢六村》，《釜山大学校文理大学报》第3辑，1961年；丁仲焕：《关于斯卢六村和六村人的来源》，《历史学报》17、18合集，1962年。

究的一个鲜明的特征，因而研究者只是对特定时期，或者个别的事件、事实集中探讨。就新罗史而言，只是抓住其分支，以相对粗线条的主题作为研究对象。无论如何，因这种理由两方面分析研究，这些人虽然没有取得突出的成绩，但在研究的深度和广度上均有所体现，并为此后研究者打开了研究的路径，起到了令人钦佩的铺路石作用。也就是说，和此后的第二期、第三期研究相比，第一期研究的数量和质量相比差异甚大，出现的上乘力作也不少，进而成为这一时期新罗史研究的又一大特征。

这一时期进行的研究，对于新罗史核心问题的理解很有帮助，正因如此，也使得新罗史研究骨干逐渐长成。事实上，如果单从当时关注的研究主题分析，认为在此之后展开的新罗史研究中的大部分，已经囊括于第一期构筑的新罗史像范围之内并不为过。首先，这些人的研究方法即所谓的"实证"理念受到重视。直到解放之前，在历史研究中看到的所谓民族主义史学、社会经济史学、实证史学三大方法之中仅存的就是实证史学，并作为主流史学发展变化；与此相联系，政治制度史、社会史研究的中心亦是以实证作为始发点，其发展脉络也相当清楚。如此，在此方面取得值得刮目相看的成果，并具有明显的象征作用也是不争的事实。但是，看重对个别事实考证的实证史学①，形成对体系化把握新罗史整体脉络的成果并不令人满意，并很大程度上忽视并冷落了经济史以及和经济史关联特定领域的课题。从这个意义上看，解放 10 余年后，李丙焘的《韩国史》古代篇（1959）的出版令人瞩目。这是因为此书虽然是在韩国古代史整体研究的潮流之下，但却是第一次试图系统化梳理新罗史的著作，该书为以后新罗史研究提供了粗略的研究轮廓也是难能可贵的。

其次，作为这一时期克服史料上局限，采用新的手段接受社会人类学的方法亦令人称颂②。即为了解明新罗骨品制，70 年代兴起的所谓第二代研究者，正式采用社会人类学的研究方法③。这样，在论述韩国古代国家

---

① 关于实证史学，参照洪承基《实证史学论》，《现代韩国史学和史观》，一潮阁 1991 年版。

② 上述金哲埈的几篇论文就是这种尝试。

③ 李基东：《新罗奈勿王系的血缘意识》，《历史学报》第 53、54 辑，1972 年；申东河：《新罗骨品制的形成过程》，《韩国史论》（汉城大学校）第 5 辑，1979 年；皮瑛姬：《通过 Double Decent 理论看新罗王的身份观念》，《韩国史论》（汉城大学校）第 5 辑，1979 年；李纯根：《新罗时代姓氏的获得及其意义》，《韩国史论》（汉城大学校）第 6 辑，1980 年。

形成问题的同时，初次尝试将政治人类学的理论作用于韩国古代史①。需要特别说明的是研究方法上的进展，和这种尝试结果——研究的成败与否无关。

对第一代研究者的成果作综合整理是进入 70 年代以后的事情，其与上述方法论的探讨几乎是同时进行的。李基白的《新罗政治社会史研究》（1974），金哲埈的《韩国古代社会研究》（1975）两书即是同一时期的作品。另外，较上述人物稍早，令人注目的是处于准备期人物李丙焘的《韩国古代史研究》（1976），李弘植的《韩国古代史的研究》（1971）等，也在同一时期刊行。如此，进入 70 年代以后，韩国古代史以及和新罗史关联单行本的出版似乎相当风行，如将 70 年代之后单独划为一个区段也不失为一种选择。这一时期，日本新一代学者也正式出版新罗史研究书籍，从井上秀雄的《新罗史基础研究》（1974）可以看出其中的研究脉络。上述第一期的研究可以以进入 70 年代作为下限。

事实上，促成韩国史研究者人数激增的契机是，在维新体制下，1972 年 10 月大学内选择韩国史作为所谓国策科目之事件。众所周知，韩国史被选定作为国策科目，与其说是想通过韩国史教育，达到使维新体制正当化的政治目的，倒不如说培育庇护维新体制的温床土壤，而带有强烈的国粹主义性质的所谓在野史学也蠢蠢欲动。此后很长时间，在野史学者依靠政治权力妨害正常的韩国史研究潮流，在社会上制造出不少风波也是人人共知的事实②。直到现在，这些所谓的在野史学的影响仍然存留根植于各个研究领域之中，而维新体制在历史学领域所造成的后果成为韩国史研究无法弥合的创伤。然而，具有讽刺意味的是，期待忠实地担当维新体制意识形态传播作用的正统讲坛史学，反而在反维新体制的氛围下极度地膨胀起来，虽然没有在此将其一一地论说的理由，但事实上 60 年代以后受到韩国史教育的第二代研究者，也是在此时浩浩荡荡大举占据大学讲坛位置，此一点成为第二期研究的重要特征。尤其是进入 80 年代，在第五共和国时期特定意图下过度的扩张政策，各类大学极度地膨胀的同时，代之

---

① 参见朱甫暾《对韩国古代国家形成研究史的检讨》，《韩国古代国家的形成》，民音社 1990 版。

② 参见赵仁成《国粹主义史学和现代韩国史学》，《韩国史市民讲座》第 20 辑，1997 年。

而来的是韩国史研究者人数的飞速增加，这种供需的急剧变化造成空前绝后的奇怪现象出现。无论如何，几乎所有学问领域的研究后续力量均状况空前，但正是如此，大学的办学质量低下也是显而易见的事情，这也是此后以及现在必须进行改革的要因和不可隐瞒的事实。研究成果无论是质还是量都有不断地提高的必要，区分玉石的困难也是第二期本身问题中难以解决的症状之一。当然，如果关于质的详细问题不在论列之内，研究人员因素暨上述研究量的增加使得新罗史研究出现大的飞跃，这是此一时期研究的重要特征。

进入第二期后，在新罗史研究人员大幅增加的同时，自然地开始各自确保专门领域之研究。和前一时期相比，第二期表现出的主要特征相当明显，如此看来，深入研究似乎指日可待。一方面，和此前研究平台选定的主题相比，第二期探讨的主题更加具体；另一方面，新的研究领域不断地开垦和发掘。随着博士学位再也不是高不可攀，以及需求人员的增加，作为大学中新的研究者，因为对获得博士学位的要求，出现热衷于对特定研究领域问题的进一步详细分类研究之现象。如此，以下几个颇受瞩目的情形出现了。

第一，对于具体论题的探讨活泼地开展起来。具体的探讨笔者将在下文中提及，但围绕例如韩国初期国家论，《三国史记》初期记录的信凭性问题，统一新罗专制主义时代论问题，新罗籍账等问题的争论，均可一一地罗列出来。当然，并不是说此前新罗史研究没有学术争论，只是其争论稀少并只局限个别问题而已。研究范围拓宽的反面，研究人员太少的状况彻底地改变了。但是，研究人员增加，在受到史料局限前提下，选择同一主题的不同角度进行研究的后果，造成围绕某些特定问题论争的出现。不仅在第二代学者之间，而且第一代学者和第二代学者之间也出现论争。虽然这种论争在方法论方面的问题也间或暴露出来，但总体来说还是取得了值得肯定的成果，而且，为在一定阶段特定领域的研究水准的提高作出了贡献。尽管论争的方式等仍然有不少问题需要检讨，但以后研究者本着虚心和朝着健全化的讨论方向努力当是必然和可以预想的事情。为了达成这个目的，有必要养成成熟的论证商榷文化风气。现在，到了研究者自身应该熟练能动适应这种文化的时候了。

第二，采取各种形式接受新的方法论。70 年代展开初期国家形式问题讨论的同时,政治人类学理论广泛的受容成为当时的时尚,正因如此,这一领域获得不少研究成果。虽然出现围绕对该理论自身理解的差异以及急切地运用是否妥当的论争,但不可否认,它对韩国古代史乃至新罗史研究水准的提高做出了贡献。因而,进入 80 年代后,在正式开始的民主化运动进程中,当时突破反共独裁体制压迫氛围,马克思的历史理论被运用到韩国史研究领域,出现急切地介绍吸收当时仍处于封锁的朝鲜史学研究成果,如同溃决的大堤,马克思历史理论的运用更是趋之若鹜。朝鲜历史研究动向唾手可得,而它对新罗史研究的影响表现在,此前不被人们关心的经济史领域研究高潮纷至沓来①。接受新的理论和认识,对于此时几乎是研究空白部分取得了相当大的进展。除此之外,作为具有特征性的现象要数文献史学和考古学的结合了②。虽然还有许多事情值得学者们去做,但两个领域的研究逐渐朝着同一方向前进却是事实。如此,期待新罗史相当部分遗留的谜团在不久的将来能够得到解决。

第三,史料运用上的新倾向。这一点和接受新的理论密切相关。第一代研究者以《三国史记》《三国遗事》作为基本史料的同时,有忌讳将新罗史的初期记录作为主干史料利用的倾向,但是随着历史学与考古学相结合,以及接受人类学等多样化理论,出现积极活用初期记录的景象。作为外国方面史料(中国)不自觉地利用的反面,由于任那日本府问题,日本侧史料极端限定境遇也被有区别地回避。但是,伴随着加耶史研究的进展,出现日本侧基本史书《日本书纪》所见新罗史关联纪事也被积极采用的景象。虽然还有对史料甄别判断层面上问题的出现,但如论如何,在

---

① 最近和农业生产力关联的研究有:李贤惠《三国时代农业技术和社会发展》,《韩国上古史学报》第 8 辑,1991 年;全德在《4—6 世纪农业生产力的发达和社会变动》,《历史与现实》1990 年;金在弘《新罗中古期的村和地方化构造》,《韩国史研究》第 72 辑,1991 年;李宇泰《新罗的水利技术》,《新罗文化祭学术发表会论文集》第 13 辑,1992 年等。和土地制度问题关联的研究有:安秉佑《6—7 世纪的土地制度》,《韩国古代论丛》第 4 辑,1992 年;同氏《新罗统一期的经济制度》,《历史与现实》第 14 辑,1994 年;金昌锡《统一新罗时期田庄关联研究》,《韩国史论》第 25 辑,1991 年;同氏《依据七世纪新罗经济统合和土地制度的改编》,《历史与现实》第 23 辑,1997 年等。另外,下文中提到的李喜宽、李仁在的博士论文也反映了这一点。

② 参李熙俊《对新罗的成立和成长过程的考察——考古、历史、地理的接近》,《新罗考古学的诸问题》1996 年(第 20 回韩国考古学全国大会发表文)。

史料运用的深度以及眼界的开阔方面取得进展。与此景象相关联，不可忽
视的是积极活用金石文资料复原历史方面研究的进展。使研究者长期关
注，对理解新罗史极大促进的是七八十年代金石文的不断发现。和其他领
域相比，丰富的文献史料，带有新的信息的金石文不断出现，触发新罗史
研究新局面的锦上添花。如此，长期累积的疑问得到解决，就连此前不能
明确的假设也在新的事实证明下得到相应的解答。

　　第四，不仅对政治史、社会史，作为专门史的思想史，特别是佛教史
等，在第二期时段内理解都更加深入。需要特别指出的是，此前新罗佛教
史研究主要是作为佛学的一环，现在则正式朝着接近历史学方向，并得到
长足的发展。将佛教和政治史问题相结合，试图以社会史、思想史等多样
化角度加以理解，这也是以后期待仍然有更大进展的研究领域。除此以
外，新罗儒教史①、新罗手工业史②等问题也得到广泛的关注。

　　总之，随着第二期新罗史研究者队伍的扩大，研究成果不断积累，许
多方面研究也出现质的飞跃。也就是说，在研究者增加的大趋势下，新罗
史研究取得令人欣慰的进展。

　　第三期大体上可以定格在 90 年代以后。即在 80 年代特殊状况下
接受历史教育的研究者成为主轴的时期。这些人作为新罗史领域研究
的后续力量，虽然大部分仍然处于博士过程阶段或者担当时间讲师，
没有在大学找到职位，但他们此后获得令人刮目相看的成就是可以预
想得到的。只是目前仍然是第二代研究者担负着新罗史向上发展的重
任，其研究成果此一时期得到整理并出版。关于这一点，下面将要介
绍的单行本及其博士学位论文的状况就能说明问题。进入 90 年代以
后，出现的单行本，就是此前全部成果的两倍以上，从这一点也可以
预见此后新罗史研究的大趋势。

二　研究成果

　　上文把过去 50 年间和新罗史关联的研究趋势分为三期作了概观论述，

---

　　①　李基白：《新罗儒学思想史研究》，一潮阁 1985 年版。
　　②　朴南守：《新罗手工业史》，新书苑 1996 年版；金义满：《新罗匠人阶层的形成及其身
份》，《新罗文化祭学术发表论文集》第 13 辑，1992 年。

在此将更加具体的研究成果简略地作一考察。当然，将 50 年间的研究成果全部介绍事实上并不可能（有人估计将有数千篇、部之多），同时，正确把握和新罗史关联领域的论稿亦不是简单的事情。所以，笔者选取理解新罗史核心问题，以及研究者之间长期坚持不懈集中考察的成果，选择其中的几点作概观的探讨。首先，为了考察各个时期的研究动向的方便，率先选择最近出版的单行本以及相关的博士学位论文作为探讨对象，这是因为如此对研究动向的大略轮廓会有一个概略的判断。下面就列举现在可以确认的新罗史关联的单行本、博士学位论文：

新罗史论著目录（已出版先后顺序列举出单行本及博士学位论文）

1. 单行本

赵明基《新罗佛教的理念和历史》，一潮阁 1962 年版

李基白《新罗政治社会史研究》，一潮阁 1974 年版

安启贤《新罗净土思想史研究》，亚细亚文化社 1976 年版

李基白《新罗时代国家佛教河儒教》1978 年，《新罗思想史研究》，一潮阁 1976 年版

李钟旭《新罗上代王位继承研究》，岭南大学校出版部 1980 年版

李钟旭《新罗国家形成史研究》，一潮阁 1982 年版

文璟铉《新罗史研究》，庆北大学校出版部 1983 年版

安启贤《新罗佛教思想史研究》，东国大学校出版部 1983 年版

李基东《新罗骨品制社会和花郎徒》，一潮阁 1984 年版

金元龙等《历史都市庆州》，悦话堂 1984 年版

申滢植《新罗史》，梨花女子大学校出版部 1985 年版

莞岛文化院编《张保皋的新研究》，1985 年

庆尚北道、东国大学校新罗文化研究所编《统一期的新罗社会研究》，1985 年

金基兴《三国及统一新罗税制研究》，历史批评社 1990 年版（博士论文）

申滢植《统一新罗史研究》，三知院 1990 年版

崔根泳《统一新罗时代的地方势力研究》，新书苑 1990 年版（博士论文）

金福顺《新罗华严宗研究》，民族社 1990 年版（博士论文）

金相铉《新罗华严思想史研究》，民族社 1991 年版（博士论文）

金甲童《罗末丽初的豪族研究》，高丽大学校出版部 1991 年版（博士论文）

李明植《新罗政治史研究》，萤雪出版社 1992 年版（博士论文）

무하마드 깐슈《新罗西域交流史》，檀国大学校出版部 1992 年版

추만호《罗末丽初禅宗思想史研究》，理论和实践社 1992 年版（博士论文）

辛钟远《新罗初期佛教史研究》，民族社 1992 年版（博士论文）

崔秉铉《新罗古坟研究》，一志社 1992 年版（博士论文）

申虎澈《后百济甄萱政权研究》，一志社 1993 年版（博士论文）

李仁哲《新罗政治制度史研究》，一志社 1993 年版（博士论文）

金英美《新罗佛教思想史研究》，民族社 1994 年版（博士论文）

朴南守《新罗手工业史研究》，新书苑 1996 年版（博士论文）

卢镛弼《新罗真兴王巡狩碑研究》，一潮阁 1996 年版（博士论文）

金寿泰《新罗中代政治史研究》，一潮阁 1996 年版（博士论文）

孙宝基《张保皋和清海镇》，慧庵 1996 年版

郑清柱《新罗末高丽初豪族研究》，一潮阁 1996 年版（博士论文）

李仁哲《新罗村落社会史研究》，一志社 1996 年版

全德在《新罗六部体制研究》，一潮阁 1996 年版（博士论文）

金基雄《罗末丽初的政治社会和文人知识层》，慧庵 1996 年版（博士论文）

李文基《新罗兵制史研究》，一潮阁 1997 年版（博士论文）

李昊荣《新罗三国统合河丽济败亡原因研究》，书景文化社 1997 年年版（博士论文）

李基东《新罗社会史研究》，一潮阁 1997 年版

（说明：美术史、考古学报告、文学以及其他文化关联书籍有其各自的分类，故不在此统计之内，而佛教史关联书籍因和历史学息息相关，因而包括在上述统计中）

2. 博士论文（已经出版单行本者除外）

兼若逸之《通过新罗均田成册分析看村落支配的实态》，延世大学校，1984 年

赵仁成《泰封的弓裔政权》，西江大学校，1990 年

李宇泰《新罗中古期的地方势力研究》，首尔大学校，1991 年

郑炳三《义湘华严思想研究》，首尔大学校，1991 年

崔源植《新罗菩萨戒思想史研究》，东国大学校，1992 年

李炯佑《新罗初期国家成长史研究》，建国大学校，1992 年

李纯根《关于新罗末地方势力的构成研究》，首尔大学校，1992 年

金惠婉《新罗弥勒佛信仰研究》，成均馆大学校，1992 年

姜凤龙《新罗地方统治体制研究》，首尔大学校，1994 年

李喜宽《统一新罗土地制度研究》，西江大学校，1994 年

金昌谦《新罗下代王位继承研究》，成均馆大学校，1994 年

徐毅植《新罗上代"干"层的形成分化和重位制》，首尔大学校，
1994 年

金昌镐《六世纪新罗金石文的释读及其分析》，庆北大学校，1994 年

李晶淑《新罗真平王时期的王权研究》，梨花女子大学校，1994 年

南东信《元晓的大乘教化和思想体系》，首尔大学校，1995 年

李仁在《新罗统一期土地制度研究》，延世大学校，1995 年

李铢勋《新罗中古期村落支配研究》，釜山大学校，1995 年

朴普铉《从威势品看古新罗社会的构造》，庆北大学校，1995 年

金南允《新罗法相宗研究》，首尔大学校，1995 年

朱甫暾《新罗中古期的地方统治和村落》，启明大学校，1995 年

权悳永《新罗遣唐使研究》，韩国精神文化研究院，1996 年

朴海铉《新罗中代政治势力研究》，全南大学校，1995 年

宣石悦《三国史记新罗本纪初期记录的问题和新罗国家的成立》，釜
山大学校，1996 年

姜钟薰《新罗三姓族团和上古期的政治体制》，首尔大学校，1997 年

朴淳教《金春秋执权过程研究》，庆北大学校，1998 年

3. 日本语版书籍

福田旁之助《新罗史》，1913 年

鲇贝房之进《新罗王号考·朝鲜国名考》，1931 年

今西龙《新罗史研究》，1932 年

鲇贝房之进《花郎考·白丁考·奴婢考》，1938 年

三品彰英《新罗花郎徒的研究》，1935 年

末松保和《新罗史的诸问题》，1954 年

斋藤忠《新罗文化论考》，1973 年

井上秀雄《新罗史基础研究》，1974 年

镰田茂雄《新罗佛教史序说》，1988 年

东潮、田中俊明《韩国的古代遗迹·新罗篇》，1988 年

当然，上面列举的研究成果也可能挂一漏万，但对把握新罗史的研究动向还是相当充分的。第一期有关新罗史的专论不多，大体上是以在韩国古代史论述过程中涉及为主要方式。进入第二、第三期后，其研究成果数量激增，选择主题更加具体化，这与上文所述从事研究的学者增加以及博士论文不断出炉密切相关。从探讨单个具体的问题来看，几乎大部分是第一代研究者曾经涉及的核心主题，或者是随着一些新发现的史料而衍生的研究专题。单从这一点概观回顾新罗史的研究成果，应当说是令人鼓舞的。

在此，结合上面列举的单行本，针对新罗史研究的核心问题，以及论者之间比较大的争论点，如果要统合整理的话，可以归结为初期国家形成论，骨品制（官等制及 6 部制），地方统治体制和村落，花郎徒，统一期专制王权，新罗籍帐研究，佛教史关联问题，新罗末的政治动向等。所以，下面就以此为中心，在整理探讨已有新罗史研究成果的同时，展望以后新罗史研究方向。

首先，新罗史研究核心对象之一，就是《三国史记》新罗本纪中的初期记录关联问题。过去日本学者探讨《三国史记》新罗本纪初期记录的结果，认为新罗本纪中记录的第 17 代奈勿尼师今（麻立干）以前，作为传说时代的历史，断定其缺乏纪事主体，王位传承体系的虚构难以令人相信①。随后，其进一步论证认为，6 世纪初以前为半传说、半历史时代②。就是说，这一时期对初期记录持否定见解占据学界主流。这些人执意把奈勿麻立干（356—401）作为缺乏信凭性记载的上限，是因为不能

---

① 这种概括性的理解探索，可参李基白、李基东《韩国史讲座》Ⅰ（古代篇），第 143—147 页，以及上述宣石悦、姜钟薰的论文。

② 上引松末保和的论著。

否定《太平御览》记载同一时期登场的新罗王楼寒存在的缘故。也就是说,所谓的初期记录否定论,并没有对《三国史记》自身进行彻底的考辨,而是以日本或者中国方面是否存在相关可资比证的史料作为判别的重要标准。这种否定论在近代历史学严格考辨文献史料的美名下恣意横行,对此,崔在锡教授有详细准确的批评①。因而,不考虑事实与否,即使如此基础上的实证,在方法论上也是有很大问题的。解放以后,受作为学界主流的实证史学强大影响,在对奈勿麻立干时期古代国家成立学说探讨之后②,《三国史记》初期纪事为后代追述,或者后代附会的见解出现也就成为不足为怪的事情。

60 年代初,认为初期纪年不可信,但新罗王系自身并非虚构的观点中,试图调整王系间的年代,即所谓的修正论出现,并从此前的不信(虚构)论正式地分离出来③。70 年代,不仅主张初期记录王系,而且纪年本身均具信凭性的肯定论抬头,因此,对初期新罗史的研究正式开始了。

事实上,考古学者金元龙亦对初期记录持肯定的观点。从那时候开始,以风纳里土城等考古资料看,此前否定《三国史记》建国年代没有什么理由和根据。特别指出:排除横亘在《三国史记》初期记录信凭性面前的绊脚石,即《三国志》卷三十《魏书·东夷传》所载三韩时代年代,新罗建国的真实年代,应当是公元前 3 世纪起到公元前后为止这一时段上④。因此,这一见解从 70 年代开始,结合初期国家形成论,按照千宽宇⑤、李

---

① 试图对否定论正式批判者当是韩国的崔在锡教授,参见崔氏《〈三国史记〉初期记录果然是伪作吗?——小议依据"文献考证学"批判〈三国史记〉的正体》,《韩国学报》第 38 辑,1987 年,收入同氏《韩国古代社会史方法论》,一志社版。

② 李丙焘:《韩国史》(古代),乙酉文化社 1959 年版。

③ 金哲埈:《新罗上古世系和它的纪年》,《历史学报》总第 17、18 辑,1962 年。随后,有学者指出金哲埈的三姓并列论的瑕疵,以一元论立场,进一步提及上述修正论,参见金光洙《试论新罗上古世系的再构成》,《东洋学》总第 3 辑,1973 年。

④ 金元龙:《关于三国时代的开始的考察——对三国史记和乐浪郡的再检讨》,《东亚文化》总第 7 辑,1967 年。《韩国考古学研究》,一志社 1987 年版。

⑤ 千宽宇:《三韩的国家形成》(上下),《韩国学报》总第 2、3 合辑,1976 年;千宽宇:《古朝鲜·三韩史研究》,一潮阁 1989 年版。

钟旭的见解,《三国史记》初期记录信凭性几乎得到飞跃的发展①。此两人的见解和金元龙的看法有细微的差异,即没有考虑金元龙将三韩的存续时期从纪元前开始的立场。事实上,从对金元龙独特解读《三国志》的立场作仔细检讨的外表下,其仍然采用其中可以作为信史的部分这一点看,信凭论者在方法论上存在不可回避的问题。

随着围绕初期国家形成论论争的继续深入,到 80 年代为止,信凭论在学术层面终于占据一席之地,而且得到很大的发展。但是,最近学界接受由于没有否定王系特别的理由的修正论的根本立场,将纪年部分下调 70 年到 90 年也没有问题的见解②,即并不是所谓的朴、金、昔三姓交错执政,而是朴氏和金氏为继承关系,昔氏和朴氏、金氏共同存在即两系并存的见解③。在具体数值不可信部分如此多形成的见解中,以确定的人物出生时期为基准,采用上溯推定方法,得出初期记录为三世纪以后事情的压缩说④等,即提出"令人赞许"的所谓新修正论观点。提出崭新并充满趣味问题,一方面其自身庞大、敏感,对当代研究者来说不可能获得清晰的证明,另一方面,取得有价值的史料很难,进而就造成研究者间见解大同小异,看不出有突破和深化的希望……

除此之外,上述新罗的骨品制关联问题、花郎徒问题、部体制问题、地方统治村落关联问题、日本正仓院出土新罗村落文书、统一期战争的起源、性质、影响诸问题、统一后创立新秩序关联问题、罗末丽初转换期关联问题等,也是 50 余年来新罗史研究者关注的问题,而且,这些问题都获得不同程度的解答。虽然有些问题随着新史料或新方法乃至新研究者介入,可能出现新的观点,但这无疑是研究走向深入的必由之路。

---

① 从开始两人对初期记录并不是全信,千宽宇认为婆娑尼师今时期(80—111)开始,其纪年可以信从。而李钟旭则认为脱解尼师今时期(57—79)开始,其纪年可以信从,即时间有若干的提前。

② 李仁哲:《新罗上古世系的新解释》,《清溪史学》总第 4 辑,1986 年。

③ 上引宣石悦的论文。

④ 上引姜钟薰的论文。

三 研究展望

回顾过去 50 年间新罗史研究，可以看出它和韩国史的其他领域一样，在质和量两方面都得到长足的发展。在此，笔者整理出此前新罗史研究中暴露出的和此后研究方向关联的几个问题点，作为本文的结语。

依据各个不同时期看新罗史的研究现状①，其中对中古期（514—653）特定的时期投入的资源比较多，因而，不仅是此前的上古期，而且对此后统一期的关心也相对不够。当然，可能是中古期自身在新罗史中重要性使然，因而，围绕中古期关联文献史料信凭性与否的广泛论争，以及有关金石文资料特别集中出现，应从事史料方面仔细探讨。也就是说，新的史料的出现，触发对中古时期历史赋予更多的关心是一个很大的原因。但是，限定在特定时期的特定主题，使得研究区段过于集中，并不是学界所希望看到的。在近乎畸形的新罗史叙述面前我们无地自容。所以，赋予中古期前后时期全盘、广范围的关心很有必要。新罗史研究向着全盘均衡体系化方向发展应当可能，应当成为研究深入的坐标。

近来，伴随着新罗史研究活泼地进行，也有学者从理论入手得出一些新的观点，但对史料的挖掘却明显不够，这是需要关注的新情况。究其原因，大概是长期以来学界主流以实证作为研究的主要方法异化所致，而纠正这种倾向刻不容缓。当然，无论何时实证自身都是研究的最基本方法。力主加强理论的研究，却忽视对具体问题论证，势必导致研究水准的退化。所谓理论或者历史认识只有和现有的史料解释相结合，才能发挥它本身的潜能。事实上，如果缺乏史实根底媒介论证的理论作为武器，历史学自身发展也可能存在问题。与此相关联，为了使今后研究取得进展，对基础史料的整理作业，仍需付出更多的努力，这是特别要强调的一点。对于此前没有经过我们的手，按照我们的方式整理出现的《韩国の古代遗迹》及其关联文献，以及结合考古学编纂的基础资料集，此时此刻应该做深刻的反省。

---

① 一般来说，新罗史学界将整个新罗史分为五个发展时期，即 4 世纪中叶以前时期（斯卢国），麻立干时期（新罗的上古期），中古期，中代，下代。这是目前通用的见解。

通过少数年轻研究者形成的所谓集体研究的方法，在特定领域集中探讨取得了丰硕的成果①。作为既成世代的研究者做梦也不会想到利用这种方法，会得到如此高的评价。期待这种方法，在众多的领域取得更多令人刮目相看的成果。只是感到遗憾的是，如果是内部决定事实的话，没有看到对特定的学说、特定的主张作深入探讨，而暗暗地无条件盲目地追随却是不争的事实，常常面对的是个别研究者的多样性被淹没于这种潮流之中。采用如此方式的朝鲜历史研究中，暴露出的问题并没有被特别关注；这不是单纯的共同研究，而是带有指令性的集体研究。应警惕近来的这种研究景象。

新罗史研究水准扶摇直上的同时，令人感到奇怪的是，至今还没有一部新罗史的概说书出现。当然，尽管不知道是否有人会反问果然只需要新罗史概说书，但具备新罗史的展开、发展过程，以及独自性、特征等要素，以此基准编写的概说书应该说是需要的。没有概说书，并不是不紧不慢整理自身的研究成果就可了事。虽然编写概说书也不是一件容易的事情，但如此操作笔者以为显然有问题。所以，在未来的岁月里，应该把整理各领域研究成果和作为编写概说书的努力结合起来，这方面优秀成果的出现应当是人们乐见其成的事情。

最后要强调的是，专门从事新罗史研究的研究机构（所）很有存在必要。和其他领域相比，实际情况是只有稀少的几个从事新罗史研究的机构附设在大学之内。而专门从事高句丽、百济、加耶史研究机构，作为大学附设机构不用说也很有限，只有几个民间研究所存在②。当然，除过东国大学校庆州分校有新罗文化研究所，出版定期杂志《新罗文化》，并且

---

① 作为这种努力的一个环节，虽然不是专门探讨新罗史关联的书籍，但韩国历史研究会编《漫话韩国古代史》的出版，也是值得注目的事情。

② 译者按：高句丽研究机构主要有 1995 年成立的社团法人"高句丽研究会"，2004 年，韩国为因应所谓中国歪曲历史创了"高句丽研究财团"，此两个学术机构无论从经济实力，人员构成等方面，在高句丽乃至韩国古代史研究方面起到了重要的作用。2006 年，新成立的东北亚历史财团替代了高句丽研究财团，展开对日本及中国相关领域的研究。"高句丽渤海研究会"也是在原高句丽研究的基础上成立的，编辑有《高句丽渤海研究》杂志。百济史研究有忠南大学校百济研究所，编辑出版《百济研究》杂志；公州大学校百济文化研究所，编辑出版《百济文化》杂志。加耶史研究机构主要分布在釜山周边的博物馆和大学内。

开展非常活跃的学术活动外，没有看到其他研究机构①。如果将新罗史作为韩国古代史中心来研究，新罗史研究机构只是附设在大学之内显然是不够的，应当设法创建几个单独的研究单位；假若还是像过去那样以新罗史作为衡量韩国古代史研究水准的话，那么，设立专门的新罗史研究机构也是这个时代的要求。因为这不仅可为新罗史研究贡献高水准的成果，而且也是培养韩国古代史新的研究后续人才的重要途径。

［韩］《庆州史学》第 16 辑，1998 年

编译　拜根兴

---

① 最近在庆州新成立的威德大学似乎设立了新罗学研究所，只是听到消息，具体情况不知道，也没有看到对外有什么学术活动。而"新罗史学会"则是此后成立的学术组织机构，编辑《新罗史学报》季刊，现已出版 50 多册，成为韩国古代史研究的重要阵地。

当代韩国"中国学"与中国"韩国学"之比较

[韩] 关东大学　李奎泰[*]

绪　论

20 世纪 90 年代以后，与韩国的"中国学"一样，中国的"韩国学"也是正在发展中的新兴的学术领域。在韩国，"中国学"已经作为最重要的地域研究领域得到巩固。在中国，"韩国学"虽不能与美国学或日本学等相比，但也正成为重要的地域学领域。这不仅是两国发展趋势的反映，也是两国学术交流发展趋势的反映。2008 年 5 月李明博总统访华，随即中国国家主席胡锦涛访韩，两国由此确立了"战略合作伙伴关系"，并就其具体内容达成协议。然而，两国关系并不是一直都顺利。围绕朝鲜的两国政治与外交纠纷问题、仍然潜藏的历史论争问题、两国间的文化根源论争以及由此导致的两国国民之间的感情矛盾成为必须要解决的新课题。

这些两国关系中的各种纠纷和感情的矛盾，虽然是两国关系上有待解决的问题，但从另外的角度来看，这些问题当中核心的如历史解说问题、文化根源说法甚至朝鲜问题等都是与对方的认知和理解问题密切相关的，也是两国在长期隔绝后重新发展和扩大交流当中难免出现的摩擦。

在两国关系的发展过程或那些纠纷解决过程中，韩国的"中国学"

* 本稿为 2010 年韩国"经济人文社会研究会"的资助项目"韩国的中国学与中国的韩国学比较研究"。项目负责人：关东大学中国学系教授李奎泰先生，共同参与人：关东大学中国学系教授姜元植、具洸范，内容的一部分，经利用新资料加以补充整理后参加了第十二届中国韩国学国际学术会议。此次发表，笔者对资料数据又进行了补充整理。

或中国的"韩国学"的学术沟通肯定将发挥重要作用。国际地域学超出了单纯的"敌情"分析或获取关于对方国家的知识的水平，为两国的相互理解和相互学习提供了重要的基础资料，因而成为两国关系发展的重要的接近方法。韩国的"中国学"或中国的"韩国学"便是朝着这一方向发展的。

21世纪以后备受关注的建构主义（Constructivism）国际关系理论强调国家关系的发展与对方国家的相互学习和理解而进一步形成"共有知识"和"文化认同感"有直接关系。如从相互理解韩国与中国的途径来说，韩国的"中国学"和中国的"韩国学"的功能比其他任何方法都要重要。通过韩国的"中国学"和中国的"韩国学"的接触与交流必定得以扩大对方的知识，也会有助于逐渐建构两国之间"共有知识"和"文化认同感"。

学术活动中，对学问的研究趋势的分析是非常重要的环节，也就是说以评价和理解过去和现在的该领域的学术研究是必要的，以便决定未来研究方向和改进研究方法。这种研究趋势分析也提供有助于对目前在学术领域中出现的人才培养体制和研究上偏差问题予以更大关注的机会。这也是回顾和评价韩中建交20周年的重要途径之一。

本文以这种观点为基础，对韩国的"中国学"和中国的"韩国学"的研究成果与发展趋势予以比较，并对两国间的学术交流的状况进行分析，以期论述其在两国关系中的意义及这种对方研究的学问之未来发展方向。

一　在国家地域研究中所占据的地位

无论在韩国还是在中国，提供学术研究资料的特定资料库的资料目录不可能全部反映出韩国或中国的所有的学科研究成果。因此，本文选择了在两国具有代表性的学术资料库，韩国的资料库为提供最多的人文社会科学资料的"韩国国会图书馆电子图书馆"（https：//u‐lib. nanet. go. kr），而中国则是利用率最高的"万方数据知识服务平台"（http：//s. wanfangdata. com. cn），以利用这两个学术库提供的学术研究资料目录进行比较。它们虽然没有提供全部的研究成果，但整理、分析现在提供的资料目录已有充分的可能来比较、评价韩国的"中国学"或中国的"韩国学"的研究成果与发展趋势。

通过它们提供的资料目录，对 2010 年一年时间内韩国的中国研究相关成果与中国的韩国研究相关成果进行比较，对韩国的"中国学"与中国的"韩国学"在两国的国际地域研究领域占据的地位进行了比较考察。一般来说，学术研究成果以单行本图书、学位论文、学术集论文三种类型出版，但本文暂以学位论文和学术期刊论文为中心进行分析。

通过检索"韩国国会图书馆电子图书馆"，调查分析其结果，2010 年一年时间的学位论文和学术期刊论文的目录中韩国的中国研究共出现了3828 份，它是关于日本研究 2458 份的 1.5 倍，是关于美国研究 1497 份的2.5 倍多，是关于俄罗斯研究 378 份的 10.1 倍。以学位论文和学术集论文的研究成果为基准的话，在韩国，在作为最重要的关联国家即中国、美国、日本、俄罗斯四国中，关于中国的研究最多。如果加上对中国台湾地区的研究则更多（见表 1）。由此可见韩国对与中国关系重要认知的程度。

表 1　2010 年度韩国的中国学和其他主要国家地域研究现状　单位：份

	中国大陆	中国台湾地区	美国	日本	俄罗斯
学位论文	1314	15	203	352	28
学术期刊论文	2514	92	1294	2106	350
合计	3828	107	1497	2458	378

检索方法制定：Title Keyword："中国"（此外输入"美国""日本""俄罗斯"关键词），语言类型：韩国语，年度：2010 年。

资料来源："韩国国会图书馆电子图书馆"（https：／／u-lib. nanet. go. kr ／dl ／SearchIndex. php）的检索资料整理，检索日期：2011 年 8 月 8 日。

由此可见韩国对于中国在学术研究上非常重视，这与过去 20 年双方关系的发展是一致的。

中国的韩国研究或韩国学的地位在中国国内的国际地域学的研究成果中也具有相对较高的重要性。通过"万方数据知识服务平台"的检索调查结果可知，2010 年中国学术界的兴趣仍然是以美国为中心（见表 2）。关于美国研究的学位论文为 3390 份，这一数字比其下一位日本的 1220 份多 2.8 倍,是关于韩国的研究 276 份的 12.3 倍。反之,将学位论文和学术期刊论文加起来,中国的关于韩国研究的 3482 份反而比关于日本研究的 2224 份还多。有意思的是,中国的关于俄罗斯的研究与韩国的关于俄罗斯的研究一样,相对地都出现了非常低的水准。关于俄罗斯的学位论文为 69 份,无论是与美国或日本相比,就连比起朝鲜研究(82 份)来说,其研究成果也要少。

表 2   2010 年中国的韩国学与其他主要国家地域学研究现状 单位:份

	韩国	朝鲜	美国	日本	俄罗斯
学位论文	276	82	3390	1220	69
学术期刊论文	3206	1378	37319	1004	728
合 计	3482	1460	40709	2224	797

检索方法制定:在"期刊"和"学位"检索"韩国"(此外输入"朝鲜""美国""日本""俄罗斯"关键词),年度:2010 年。

资料来源:学位论文 /学术论文: "万方数据知识服务平台" (http://s. wanfangdata. com. cn),检索日期:2011 年 8 月 8 日。

在这一检索资料当中,将包括韩国与朝鲜在内的朝鲜半岛问题作为一个研究单位时,学位论文与学术集论文中关于朝鲜半岛的研究共有 4942 份,这是作为中国的大国关系对象的日本研究 2224 份的 2.2 倍,是关于俄罗斯研究成果的 797 份的 6.2 倍。

中国通常说的大国关系的对象国家是指美国、日本、俄罗斯,就以"2010 年一年期间的研究成果"来比较关于它们的研究与关于朝鲜半岛(包括韩国与朝鲜)的研究,学位论文的情况是以美国、日本、韩国、朝鲜、俄罗斯为序,韩国排在日本之后。反之,学术集论文中关于韩国的研究不论是与关于俄罗斯的研究还是与关于日本的研究相比,在其成果统计数据上都出现得更多。这意味着中国学者对韩国与朝鲜半岛的关注程度要比对日本和俄罗斯的关注程度高一些。就 2010 年一年当中在韩国和中国对于主要国家地区的区域研究成果资料来看,研究对象国家区域各所占的比率如图 1 所示。

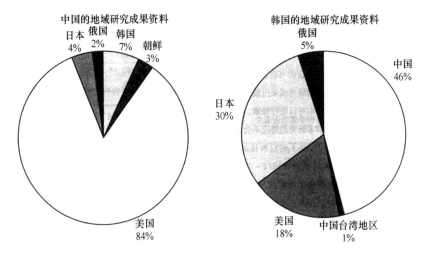

中国的地域研究成果资料

日本 4% 　俄国 2%　韩国 7%　朝鲜 3%

美国 84%

韩国的地域研究成果资料

俄国 5%

中国 46%

日本 30%

美国 18%　中国台湾地区 1%

图1　2010年中国和韩国关于主要对象国家地域研究成果比重比较

二　累积研究成果和研究趋势的相互比较

（一）研究成果数量上的变化趋势

为了对韩国的"中国学"的研究成果进行评价，利用"韩国国会图书馆电子图书馆"的检索系统对1945—2009年韩国国会图书馆的电子图书馆的资料索引（图书、学术论文与硕士博士学位论文）的目录进行整理并对其进行统计分析。国会图书馆虽然没有将韩国全部出版的研究成果的目录索引收录整理，但它对韩国人文社会科学的研究成果出版物整理得最多。特别是通过韩国的全国图书馆网络系统对非国会图书馆馆藏资料也可以进行检索，因此，通过国会图书馆的电子图书馆检索系统的资料统计分析以能得出韩国学术研究趋势应不会有大问题。

为了分析中国的"韩国学"研究成果，使用了以下的资料目录：1945—1993年的资料以杭州大学韩国研究所编纂的《韩国研究中文文献目录（1912—1993）》（杭州大学出版社1994年版）为基础，1993—2005年的研究成果资料使用了沈定昌、刘大军编纂的《朝鲜半岛文献目录（1992—2005）》（辽宁民族出版社2008年版），2005—2009年的目录资料中的单行本图书通过北京大学图书馆、中国国家图书馆、上海图书馆的电子图书馆检索系统整理，学术期刊论文和硕博士学位论文以"万方数据知识服务平台"进行再整理。但中国资料当中作者为韩国人的，被排除在分析目录之外。

利用韩国国会图书馆电子图书馆检索系统对检索的目录再分类，其结果是 1945—2009 年韩国的中国学方面的研究实绩总共为 43114 份（见表 3）。其中单行本图书 5680 份（13.17%），硕士论文 6970（16.17%），博士论文 794 份（1.84%），学术期刊论文 29670 份（68.82%）。如果按 1945—1989 年、1990—1999 年、2000—2009 年分类来看其成果的话，全部研究成果出版物的 66.95% 是 2000 年以后的成果，1990 年以后的研究成果占全部成果的 90.19%。这反映了韩国自 20 世纪 90 年代起正式开始进行国际地域研究的趋势，又说明了中国学与韩中关系在同时期开始发展。

表 3　　　韩国的中国学研究成果（1945—2009 年）　　单位：份,%

	1945—1989	1990—1999	2000—2009	总计	所占比例
单行本（图书）	751.00	1550.00	3379.00	5680	13.17
博士论文	33	211	550	794	1.84
硕士论文	366	1357	5247	6970	16.17
学术期刊论文	3082	6901	19687	29670	68.82
总计	4232	10019	28863	43114	100
占年度比例	9.81	23.24	66.95	100	

中国的韩国研究也出现了与韩国的中国研究类似的发展趋势。韩国与中国是 1992 年正式建交的，因此可以看到 20 世纪 90 年代以后研究成果得到了巨大发展（见表 4）。1945—2009 年中国的韩国学研究成果总共出现了 14119 份。按资料类型整理的话，其中单行本 2440 份（17.3%）、硕士论文 1123 份（8.0%）、博士论文 112 份（0.8%）、学术期刊论文 10444 份（74.0%）。以 2000 年为基点对这些统计数据进行观察，可以看到 1945—1999 年 55 年间的研究成果为 5668 份（40.1%），2000—2009 年 10 年间的研究成果为 8451 份（59.9%），后半期 10 年的成果超过了前

半期 55 年的研究成果。

表 4　　　　中国的韩国学研究成果（1945—2009 年）　　　单位：份, %

	1945—1989	1990—1999	2000—2009	总计	所占比例
单行本（图书）	493.0	414.00	1533.00	2440	17.3
博士论文	0	5	107	112	0.8
硕士论文	0	55	1068	1123	8.0
学术期刊论文	1931	2770	5743	10444	74.0
总计	2424	3244	8451	14119	100
占年度比例	17.2	22.9	59.9	100	

中国在 20 世纪 90 年代以前论及韩国的历史或传统韩中关系等的单行本图书和学术集论文的出版也相当多。中国的"韩国学"情况，截至 2009 年的累积成果中，20 世纪 80 年代以前的研究成果所占的比重为 17.2%。它比韩国截至 2009 年全部中国学研究成果中 20 世纪 80 年代以前的研究成果所占比例的 9.8% 还要更高一些。这既反映了当时韩国和中国之间相互隔绝的特点，也说明当时韩国学术界对于国际区域研究的关心程度或说其研究水平较为低下。如果按时段来比较双方的研究成果数量的话，韩国的"中国学"在 20 世纪 90 年代以后其研究数量急剧增加，中国的韩国学的研究成果在数量上呈现出相同的趋势。这是在中韩两国关系迅速发展的过程中，两国对彼此的关注度急剧上升的事实在学术研究领域中的折射。

试比较截至 2009 年累积的成果，韩国的"中国学"与中国的"韩国学"研究成果在数量上都出现得很多。尽管搜集的可能不是全部的资料目录，但在同一时段，韩国的"中国学"研究成果为 43114 份，约是中国的"韩国学"研究成果 14119 份的 3.1 倍。由此可见，韩国学界对中国的重视程度比中国学界对韩国的重视程度更深，且范围更广。

按出版发行类型来看研究成果，学术期刊论文所占比例最大，其次为硕博士学位论文。从单行本图书来看，韩国的"中国学"研究成果共 5680 册，是中国的"韩国学"研究成果 2440 册的 2.3 倍多。从学术期刊论文的情况看，韩国的"中国学"研究成果共 29670 份，是中国的"韩国学"研究成果的 10444 份的 2.8 倍多。学术期刊论文在全部研究成果中所占的比重均比较大，中国为 74%，韩国为 68.82%。

然而，在韩国的"中国学"与中国的"韩国学"的研究成果当中，硕博士学位论文在全部的研究成果中所占的比重方面，两国有相当大的差距。韩国的情况是硕博士学位论文在全部研究成果中所占的比重为 18.01%，比中国的 8.75% 高出不少。在硕博士学位论文研究成果总数量方面，韩国的"中国学"就为中国的"韩国学"的学位论文的 6.2 倍（见表 5）。

表 5 **按出版类型比较韩国的"中国学"与中国的**
"韩国学"的研究成果 单位：份,%

		单行本（图书）	学术期刊论文	学位论文	总计
中国的韩国研究	研究成果（A）	2440.00	10444.00	1235.00	14119.0
	所占比例	17.28	73.97	8.75	
韩国的中国研究	研究成果（B）	5680	29670	7764	43114
	所占比例	13.17	68.82	18.01	
韩中研究成果比较	B／A	2.3	2.8	6.2	3.1

（二）研究主题的变化趋势

截至 2009 年，以其研究主题进行比较来看，中国的"韩国学"与韩国的"中国学"的研究成果显示了如下特点（参见表 6，图 2）。经济方面的主题是两国对方研究所占比率最大的部分，在中国的韩国研究当中是全部研究成果的 32.81%，在韩国的中国研究当中则占全部成果的 30.37%。

从数量来看的话，韩国的中国经济研究成果是中国的韩国经济研究成果的 2.8 倍多。

政治方面主题的研究成果虽然所占比率在两国的对方研究当中也高，但是两者之间出现了相当大的差异。韩国的中国研究中政治方面的专题占全部研究成果的 29.60%，共 12763 份。中国的韩国研究当中所占比率则为 12.55%，这一数据比语言文学或有关历史地理的主题所占比率还要小。这显示出韩国学者或韩国学界对中国的政治或外交给予了相当高的关注，同时也反映了韩国方面对于与韩半岛关系有密切关系的周边安全的高度敏感。

表6 韩国中国学和中国韩国学的主题研究成果比较 单位：份，%

	中国的韩国学		韩国的中国学		两国比较
	主题研究成果（A）	主题所占比例	主题研究成果（B）	主题所占比例	B/A
总论	64	0.45	192	0.45	3.0
思想、哲学	399	2.83	1012	2.35	2.5
宗教	141	1.00	774	1.80	5.5
政治	1772	12.55	12763	29.60	7.2
经济	4633	32.81	13095	30.37	2.8
教育、文化	1703	12.06	3982	9.24	2.6
语言、文学	2969	21.03	5943	13.78	2.0
艺术	146	1.03	757	1.76	5.2
历史、地理	2095	14.84	2927	6.79	1.4
科学、医学	197	1.40	1177	2.73	5.9
总计	14119	100	43114	100	3.1

注：研究成果包括单行本（图书）、学术期刊论文、硕博士学位论文（1945—2009年）。

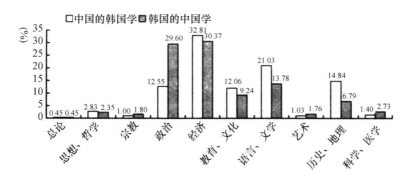

图2 中国的韩国学和韩国的中国学的研究主题各自占全部成果的比较

注：研究成果包括单行本（图书）、学术期刊论文、硕博士学位论文（1945—2009年）。

语言文学方面的主题在中国的"韩国学"全部研究成果中占了21.03%，而韩国的"中国学"研究的全部成果里语言文学研究占了

13.78%。在中国,语言文学的比重如此高,与中国的大学教育中相关的韩国专业以语言文学为主有关,而且在中国,语言文学专业培养出来的学者关注的重心是在语言文学方面。然而,韩国的教育体系中包括大学和研究生院里相关中国的专业当中,虽然语言文学类占据多数,但是,韩国的有关中国的科系或研究生院的大部分学生,并不太关注汉语语言文学专业,而是偏向于政治或经济等方面,其结果是语言文学方面的研究出现的较少。也就是说,韩国的"中国学"研究与大学的学科或研究生院的专业相关性并不大,研究者或研究生对诸如中国政治、中国经济等现实问题非常之关心,从而在研究成果上有所反映。

历史和地理方面的主题在中国的"韩国学"中比重为14.84%,它比在韩国的"中国学"中所占比例的6.79%要高出1倍多。历史地理方面的研究是韩国的"中国学"研究中最薄弱的一个环节。从国际区域学的角度来讲,历史地理研究是其研究的基础,韩国的"中国学"在这方面需要加强。教育和文化方面的主题,韩国的中国研究中为9.24%,中国的韩国研究中则为12.06%。

思想、哲学方面在两国对对方的研究中所占的比例大体相差不多,它在韩国的"中国学"的研究成果中占2.35%,在中国的"韩国学"的研究成果中占2.83%。思想和哲学研究也是了解对方国家区域的基础研究,由此两国学界都需要多关心这一主题。

在这些研究成果主题的分布中,政治、经济方面的研究成果要明显多于人文学主题方面的研究成果,韩国的"中国学"与中国的"韩国学"相比在基础学科即文史哲方面的研究成果都相对较弱,特别是韩国的"中国学"研究,与中国的"韩国学"相比显得更弱。政治、经济方面的研究成果占较大比重,这与大多韩国大学设置中国语言文学专业和许多中国大学设置韩国(朝鲜)语言文学专业的情况相异,因此可能对这一统计数据质疑。以韩国的研究数据为例,韩国论文数据以韩国国会图书馆电子图书馆的目录为主,韩国国会图书馆电子图书馆不仅提供本馆的资料目录,而且也能检索其他大学或国立、公立图书馆的目录,因此国会图书馆的资料基本可以反映韩国的研究现状和资料状况。

三 出版类型研究趋势的比较

（一）单行本（图书）研究成果的比较

单行本（图书）研究成果上，韩国的"中国学"与中国的"韩国学"之间最大的不同是在其研究主题的分布上（详见表7）。例如中国的"韩国学"研究中，单行本的情况是语言文学的主题占44.7%（1091份），比政治类的12.4%（302份）、经济类的12.3%（301份）要高得多。语言文学仍旧是中国的韩国研究中的主流。

表7 韩国的中国学与中国的韩国学单行本（图书）研究成果按主题比较 单位：份,%

	中国的韩国学（单行本）		韩国的中国学（单行本）	
	主题研究成果	所占比例	主题研究成果	所占比例
总论	64	2.6	90	1.6
思想、哲学	41	1.7	346	6.1
宗教	26	1.1	63	1.1
政治	302	12.4	1426	25.1
经济	301	12.3	1278	22.5
文化、教育	200	8.2	601	10.6
语言、文学	1091	44.7	874	15.4
艺术	0	0.0	171	3.0
历史、地理	396	16.2	718	12.6
科学、医学	19	0.8	113	2.0
总计	2440	100.0	5680	100.0

历史、地理主题的单行本在中国的全部韩国学研究成果中所占的比重为16.2%（396份），这与思想、哲学所占的1.7%相比是非常高的。韩国的情况是，中国历史、地理的研究占12.6%（718份），居于政治、经济以及语言文学之后。这与在韩国的东方史学科方面的学者长期以来孜孜不倦地出版中国历史专著或课本相关。

　　比较不同时期的单行本的研究成果会发现有意思的现象（参见表8和图3）。以语言、文学方面的情况为例，1989年以前的中国的图书为198份，韩国为159份，多于中国，到了90年代韩国为198份，而中国为78份。这可能是因为韩国在90年代对中国的关注度激增导致相关的中国语言学习的教材大量出版。2000年后韩国的中国语言文学单行本研究成果是517份，有了很大的增长，中国的韩国语言文学单行本也比90年代增长了十倍以上，达到815份。韩国对中国的极大关注反映到外语教育当中，引起了"中国热"，去中国的留学生大量增加，学习汉语的人也激增，以汉语教材为中心的语言文学类图书的出版市场得到很大增长。在中国，随着2000年"韩流"的出现，韩国语言文学图书特别是韩国语教材的出版显示出很大增长。其结果，2000年之后在中国出版的与韩国相关的图书，有关韩国（朝鲜）语言文学的图书比率猛增到53.16%远远超过韩国政治（8.02%）、经济（9.46%）和历史、地理（12.98%）图书的比重。

　　经济主题的单行本1989年以前和90年代以后出现很大差异，特别是2000年以来在韩国出版的有关中国经济的各种书籍达827份之多，韩国对中国经济的关注程度可见一斑。政治与经济主题的图书加起来比较的话，中国的"韩国学"的情况是在1989年以前政治学科要多一些，20世纪90年代后经济学科反而比政治学科要多1倍左右，且这一趋势延续至今。韩国的有关中国图书的出版情况也较为相似，在1989年之前及整个20世纪90年代，以中国政治外交为主题的单行本研究成果很多，而2000年之后有关经济主题的图书确实超过了政治外交类的图书。即以单行本为基准对政治和经济主题进行比较的话，无论是韩国的"中国学"还是中国的"韩国学"，2000年以来经济学科的图书比政治学科的图书出版得都多。

表8　　　　韩国的中国学与中国的韩国学单行本（图书）

按时期、主题比较　　　　　　　单位：份

	1989 年以前		20 世纪 90 年代		2000 年至今	
	韩国	中国	韩国	中国	韩国	中国
总论	15	19	27	12	48	33
思想、哲学	59	3	116	18	171	20
宗教	10	2	22	10	31	14
政治	264	110	437	69	725	123
经济	70	43	381	113	827	145
文化、教育	47	15	148	15	406	170
语言、文学	159	198	198	78	517	815
艺术	34	0	23	0	114	0
历史、地理	78	103	159	94	481	199
科学、医学	15	0	39	5	59	14
总计	751	493	1550	414	3379	1533

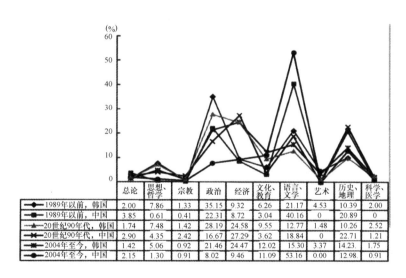

图3　韩国的中国学与中国的韩国学单行本

（图书）按时期各主题比重比较

（二）学术论文研究成果的比较

在学术论文的研究成果中，韩国的"中国学"和中国的"韩国学"的研究成果出现了明显的特征。首先是全部累积的研究成果中韩国的"中国学"共有 29670 份，比中国的"韩国学"的 10444 份要多 2.8 倍以上（详见表9）。

表9　　　　韩国的中国学与中国的韩国学学术论文研究成果

按主题比较　　　　　　单位：份,%

	中国的韩国学（学术论文）		韩国的中国学（学术论文）	
	主题研究成果	所占比例	主题研究成果	所占比例
总论	0	0.0	92	0.3
思想哲学	339	3.2	602	2.0
宗教	112	1.1	418	1.4
政治	1317	12.6	9770	32.9
经济	3844	36.8	9071	30.6
文化、教育	1368	13.1	2990	10.1
语言、文学	1593	15.3	3404	11.5
艺术	70	0.7	419	1.4
历史、地理	1655	15.8	1982	6.7
科学、医学	146	1.4	922	3.1
总计	10444	100.0	29670	100.0

其次，以政治和经济为主题的论文在韩国的中国研究累积成果要远远多于中国的"韩国学"研究成果。截至 2009 年，不同主题在累积的研究成果中所占的比重如下。在韩国，政治主题的论文为 9770 份，占 32.9%，经济主题的论文为 9071 份，占 30.6%，两者加起来占到 63.5%。反观中国的情况，政治主题的论文为 1317 份，占 12.6%，经济主题的论文为 3844 份，占 36.8%，经济类主题的论文比政治类的多 2.9 倍。这反映了中国在经济改革开放当中对于韩国经济发展经验的高度关心，并且说明，在研究主题的选择上，选取更实用的经济领域而回避较具

敏感性的政治领域。

有关历史、地理的论文，韩国的"中国学"中共有 1982 份，中国的"韩国学"中共有 1655 份，韩国的论文数量略多，但中国的论文数量占到其全部研究成果的 15.8%，韩国仅为 6.7%，在其全部研究成果中比重较低。韩国对中国历史、地理上的研究还相对较弱。这在上文已论述过，它是韩国对中国研究当中需改进的问题之一。因为历史地理是区域研究的基础。韩国的"中国学"中，语言、文学主题的学术论文比中国的"韩国学"的论文多 1 倍以上，但各自在本国全部研究成果中所占比重基本相同。同时，艺术方面及科学、医学方面的研究，韩国的"中国学"比中国的"韩国学"的累积研究成果更多。艺术方面的情况，韩国的"中国学"中的研究成果为 419 份，是中国的"韩国学"研究成果 70 份的5.9 倍。而且，艺术方面的主题在其全部研究成果当中所占比重，韩国的"中国学"为 1.4%，中国仅为 0.7%。在科学、医学相关主题的研究上，韩国的"中国学"为 922 份，是中国的 146 份的 6.3 倍多，其在全部研究成果上的比率分别为 3.1% 和 1.4%，有较大的差异。

在研究主题的分类上，"总论"指的是"中国学"或"韩国学"的概论性的研究主题，在图书方面包括目录类图书，包括如"韩国学概论""韩国学""韩国""中国学""中国"等的概论性的著作，同时也包括研究情况和方法论的著作等。

在中国（包括中国台湾）出版过几本有关韩国研究的图书和论文总目录的书，但目前为止韩国的中国研究的总目录书没有出版过，只出版过《韩国中国学研究论著目录 1945—1999：历史、哲学、语言》（金时俊、徐敬浩编，松谷出版社 2001 年版）以及语言方面的目录图书，另外还有一些专著的附录形式的目录资料。

至于学术期刊论文的研究成果，则以介绍或探讨韩国的"中国学"研究情况和方法论与各国的"中国学"研究动态为成果"总类"，韩国在这方面的学术期刊论文已发表 92 篇，而在中国，介绍或探讨有关"韩国学"研究方法论的学术论文情况不明。从韩国的介绍"中国学"的研究方法论与研究趋势的学术论文研究成果中，显示出韩国在发展"中国学"的同时很关心"中国学"的学科结构，在学科分类上巩固"中国学"作为独立学科，下大力气努力共同开发与之符合的研究方法论及研究模式。

相反，在中国几乎还没有论及"韩国学"的研究方法论的研究成果，全部的有关韩国的研究成果虽然数量很大，在国际地域学研究中的地位也得到强化，然而，将"韩国学"作为中国国内独立学科要求的氛围依旧不够成熟。在学术的名称上也出现了"韩国学""高丽学""朝鲜（韩国学）"等多种叫法，没有统一称呼。

按时期和主题对学术论文研究成果进行比较的话（参见表10和图4），最大的特征是在1989年以前韩国的"中国学"的情况是，政治主题论文是经济主题论文的2倍多。由此可以看出当时韩国与中国的经济交流并不怎么活跃。这种现象到20世纪90年代（1903份）仍然持续。然而，2000年以来韩国对中国的经济贸易等的学术关注度迅速提高，其结果是经济主题的学术论文发表了6576份，比政治方面发表的5949份还要多。这可以说是韩中经济交流快速发展带来的结果。

表10　　韩国的中国学与中国的韩国学学术论文研究主题按时期比较

单位：份

	1989年以前		20世纪90年代		2000年至今	
	韩国	中国	韩国	中国	韩国	中国
总论	37	0	29	0	26	0
思想、哲学	91	78	160	69	351	192
宗教	71	10	119	22	228	80
政治	1142	224	2679	319	5949	774
经济	592	816	1903	1427	6576	1601
文化、教育	371	63	557	308	2062	997
语言、文学	390	188	672	254	2342	1151
艺术	73	12	104	15	242	43
历史、地理	174	515	405	334	1403	806
科学、医学	141	25	273	22	508	99
总计	3082	1931	6901	2770	19687	5743

中国的韩国研究由学术论文的研究成果可以看出，一直以来中国对韩国的经济问题更为关心。1989年以前经济问题的论文共816份，是政治

学科论文 224 份的 3.6 倍还多。这与当时两国关系刚刚解冻，且正好中国处于改革开放的新时期有关，于是中国学术界对韩国的"现代化经验"的研究迅速上升。这种对韩国经济的研究成果到 20 世纪 90 年代达到 1427 份，是政治主题的 319 份的 4.5 倍多；2000 年至今的情况也是如此，研究韩国经济贸易等的论文为 1601 份，约是政治主题 774 份的 2.0 倍。

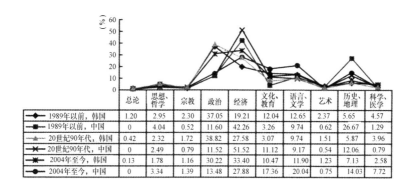

	总论	思想、哲学	宗教	政治	经济	文化、教育	语言、文学	艺术	历史、地理	科学、医学
1989年以前，韩国	1.20	2.95	2.30	37.05	19.21	12.04	12.65	2.37	5.65	4.57
1989年以前，中国	0	4.04	0.52	11.60	42.26	3.26	9.74	0.62	26.67	1.29
20世纪90年代，韩国	0.42	2.32	1.72	38.82	27.58	3.07	9.74	1.51	5.87	3.96
20世纪90年代，中国	0	2.49	0.79	11.52	51.52	11.12	9.17	0.54	12.06	0.79
2004年至今，韩国	0.13	1.78	1.16	30.22	33.40	10.47	11.90	1.23	7.13	2.58
2004年至今，中国	0	3.34	1.39	13.48	27.88	17.36	20.04	0.75	14.03	7.72

图 4 韩国的中国学与中国的韩国学学术论文按时期各主题比例比较

（三） 硕博士论文研究成果的比较

从硕博士论文的研究成果来看（参见表 11），研究有关中国的学位论文当中，政治与经济学主题的研究论文比重为 55.60%，共 4317 份；中国的情况则是占 51.90%，共 641 份。在数量上，韩国的"中国学"的研究成果约为中国的"韩国学"成果的 6.7 倍，但其比例同样超过一半。特别是，两国的对方国家研究的硕博士学位论文当中，经济主题占据了最大比重。韩国的情况是 35.40%，中国的情况是 39.50%。中国有关韩国主题的硕博士论文研究成果中出现的最大特征是经济类主题的论文（488 份）比政治学科论文（153 份）多 2.1 倍。在韩国的"中国学"或在中国的"韩国学"的全部硕博士学位论文中，经济主题的论文如此之多，与研究生的就业或社会的人才需求有密切关系。语言和文学方面的学位论文主题，韩国的"中国学"的情况是 21.40%，中国的"韩国学"的情况则是 23.10%。这也可以看出学生们对颇有需求的语言学科予以较高的关注。两国关系的发展当中企业和教育单位等社会各方面都需要语言方面的人才。研究生阶段虽然有学问上的追求，但是难免对于现实问题或时代潮流也特别敏感。政治经济和语言文学的主题共占中国的"韩国学"硕博士学位论文的 75.0% ，占韩国的中国学硕博士学位论文的 77.0% 。

表 11　　韩国的中国学与中国的韩国学硕博士论文研究成果
按主题比较　　　　　　　　单位：份,%

	中国的韩国学（硕博士论文）		韩国的中国学（硕博士论文）	
	主题研究成果	所占比例	主题研究成果	所占比例
总论	0	0.0	6	0.1
思想、哲学	19	1.5	64	0.8
宗教	3	0.2	293	3.8
政治	153	12.4	1571	20.2
经济	488	39.5	2746	35.4
文化、教育	135	10.9	883	11.4
语言、文学	285	23.1	1665	21.4
艺术	76	6.2	167	2.2
历史、地理	44	3.6	227	2.9
科学、医学	32	2.6	142	1.8
总计	1235	100.0	7764	100.0

如果按 1989 年以前、20 世纪 90 年代、2000 年至今进行划分，按主题对韩的有关中国硕博士论文的研究成果展开比较的话（参见表 12 和图 5），可以看到在经济主题上变化最大。韩国有关中国经济主题的论文在 1989 年以前与政治主题的论文相比，其研究成果很少。20 世纪 90 年代政治和经济的主题彼此不相上下，分别为 491 份和 526 份。2000 年至今，有关经济主题的论文有 2146 份，比 90 年代的 526 份增加了 2 倍以上。

中国在 1989 年以前关于韩国的学位论文一篇也没有，硕士论文和博士论文的情况是分别于 1993 年、1997 年出现了第一篇。整个 20 世纪 90 年代，中国的"韩国学"的学位论文 60 篇中经济主题的论文有 43 篇，可见中国国内当时已经把韩国经济问题视作极为关心的对象。

2000 年以后，韩国的硕博士学位论文中出现的最大特点是，不仅经济主题的论文超出政治主题的论文 1 倍以上，而且语言文学类主题的论文从 20 世纪 90 年代的 152 篇增长到 2000 年之后的 1453 篇，约增加了 8.5 倍。这反映了学生们对与就业密切相关的汉语、韩中语言学科的关注度激增。

中国的硕博士学位论文中，2000 年以来有关韩国的研究成果与 20 世纪 90 年代相比，虽在绝对数值上比韩国的"中国学"研究成果有较大差异，但中国 2000 年以来的"韩国学"研究成果比 20 世纪 90 年代爆炸性地增长。例如，20 世纪 90 年代语言文学主题的论文只有 3 篇，到 2000 年之后已达到 282 份，增加了 93 倍。

表 12　　韩国的中国学与中国的韩国学硕博士学位论文成果按时期、主题比较

单位：份

	1989 年以前		20 世纪 90 年代		2000 年至今	
	韩国	中国	韩国	中国	韩国	中国
总论	0	0	2	0	4	0
思想、哲学	19	0	20	1	25	18
宗教	17	0	71	0	205	3
政治	113	0	491	5	967	148
经济	74	0	526	43	2146	445
教育、文化	49	0	176	3	658	132
语言、文学	60	0	152	3	1453	282
艺术	25	0	32	1	110	75
历史、地理	32	0	70	1	125	43
科学、医学	10	0	28	3	104	29
总计	399	0	1568	60	5797	1175

2000 年以来，中国有关韩国的学位论文急速发展，可以说有多种重要原因。一是与学位制度完善化有密切关系。二是如上所述，伴随着与韩国关系的发展，社会的需求增加，有关韩国（朝鲜）的学科专业得以迅速膨胀的同时，对专家的需求膨胀。"韩国国际交流财团"以及"韩国学

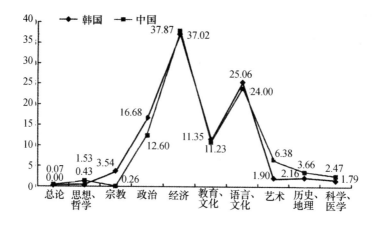

图 5 2000 年至今韩国的中国学与中国的韩国学硕博士论文按主题比例比较

中央研究院"等韩国有关方面提供的海外韩国学振兴政策的受惠者在中国大学和专家里急速地增加，这与他们的研究成果和学位论文的增加有很大联系。此外，中国改革开放的成功为使学生能在经济上完成研究生课程的学业提供了条件。

留学生的学位论文也包含在两国关于对方的硕博士学位论文中，韩国在 2000 年以后有关中国的硕博士学位论文中包含着中国留学生的论文相当多，因为韩国国会图书馆网站的资料没有明示作者国籍，因此只看论文题目或作者名字无法确定作者国籍，本文所用的资料当中没有进一步调查。但无法否认的是相当多的"韩国的"硕博士学位论文当中有关中国的主题是由中国的留学生写的，而中国大学的硕博士学位论文当中，有关韩国的主题不少也是由韩国留学生写的。例如这些在韩国研究生院的中国留学生最青睐的论文主题是韩国语及韩国语教育问题，以及韩中经济关系的主题。中国的情况也是如此。

（四）两国的研究态势特色和问题点

对韩国的"中国学"与中国的"韩国学"截至 2009 年累积的研究成果进行比较分析，呈现出如下特征。

第一，研究主题偏重现象。

韩国的"中国学"和中国的"韩国学"中最受重视的方面是经济

问题。仅次于经济学科的政治学科的研究成果也很多，显示韩中两国关系发展现实与关注务实及国家利益倾向。依据这种研究趋势来看，韩国的"中国学"与中国的"韩国学"与重视人文学的欧洲式的国际地域学不同，而接近于具有重视当代政治经济的美国式国际地域学的趋势。但中国的"韩国学"的研究成果中，文学、历史地理等方面占有比重比韩国的相对多一些。两国对对方的学术研究成果如此过度集中于现实的经济交流和韩中关系等主题，虽然反映了两国关系急速发展而且该研究领域的人才需求激增等正面效果，但是从学术发展的角度来说也有需要改进的地方。例如这些经济和政治类的主题，其研究的时间范畴偏重于近期的"当代的""现代的"，好像是时事报道分析性质的研究多，理论研究性的深入分析不够。特别是国际区域研究方法论中强调的"跨学际"的综合性的研究途径，在这两国的对方区域研究上面还是不够。

必须强调的是，双方应重视作为国际区域研究的综合性的研究方法，以强化对对方国家的整体性的理解深度，并从中长期的观点出发，对政治和经济的思想性及理论性问题给予更多的关心，以此提高其研究结果的客观性和理论性。

第二，研究趋势与专业教育体系课程的相距问题。

韩国的中国相关专业和中国的韩国相关专业，在大学教育体系和课程当中，语言文学的比重偏高。特别是，中国大学有关韩国的专业几乎全是韩国（朝鲜）语言文学类的，除了几个使用经济系、文化系等之外，其名称上或课程上都是语言或文学的。韩国虽然中国语言和文学类的专业和课程也很多，但已经有 20 个大学开了"中国学系""中国学学院"或"中国学部"等明显从过去的以语言文学为中心的教育课程转为综合性的国际区域学性质的教育课程，但是在整个教育课程上或专业上还是偏重于语言文学类。于是出现了硕博士学位论文的研究成果过于集中于政治和经济学科上，但是其教育仍然存在以语言文学为中心展开的问题。

韩国的情况是，如果考察大学的中国学相关学科所属的专任教授的专业领域，通过检索全国大学的主页，实施调查的对象中 85.3% 的教授是中国语言文学专业，只有 10.9% 是社会科学和其他学科，思想哲学和人文学科的仅占3.0%而已。因此,可以说韩国的中国学教育是由研究中国语言文学的学者主导的,通过检索全国大学的主页调查的数据来看,韩国有关"中国学"方面的课程约76%是由语言文学类的科目构成。

中国的情况是,在大学里与"韩国"相关联的教育也是由韩国(朝鲜)语言文学教育为主进行的。因此教授们的专业也偏重于韩国/朝鲜语言文学。根据9所中国大学有关韩国学科的93名教授的专业整理的结果是:韩国语相关专业教授共21名,占22.58%,韩国文学相关专业教授60名,占64.52%。此外韩国政治相关的教授6名,占6.45%,韩国历史学专业教授3名,占3.23%,经济学相关专业教授2名,人类学1名。① 虽然不是在中国的韩国相关的全部学科(专业)的教授的专业,然而,依据这些大学的现象也能充分地推论出整体状况。

研究生院的教育课程,也与大学部的课程一样,在韩国和中国一样都出现了以语言文学为中心的人才培养体制。但是,在韩中两国研究生的硕博士学位论文当中,都出现了经济、政治有关的主题压倒性地多于语言文学学科的现象。这表明学生们对政治、经济问题比语言文学更加关心,大学和研究生院的人才培养体制与学生们希望的方向之间有很大的差距。

第三,加强人文学科的问题。包括文学、历史、哲学和思想,即"文史哲"的人文学学科是一般学问的基础,同样也是国际区域研究的基础部分,中国的"韩国学"和韩国的"中国学"在这方面的研究成果相对较少,这是一个非常令人担忧的现象。研究专家或研究生对反映现实潮流的经济和政治或语言方面关注虽较多,但对强调学术性而非实用性的人文学科的关注相当不够,这是韩国的"中国学"和中国的"韩国学"的研究方向必须注意的部分。语言和文学方面也出现过于偏重语言方面的现象,文学方面的关心越来越低迷,这也表明对于社会需求关心大于学问需求的趋势。

---

① 资料来源:对9所大学(南京大学、延边大学、对外经济贸易大学、中央民族大学、山东大学、烟台大学、上海外国语大学、大连外国语学院等)的韩国相关学科(专业)主页资料的重新整理(2010年9月20日检索)。

韩国的"中国学"和中国的"韩国学"研究大约从 20 世纪 90 年代以后正式进入发展时期，进入 21 世纪以来，在较短时间内形成基础，并得以迅速地发展，这种态势也可以说是反映两国关系急速发展的现象。因此，教育及研究机构要对此种现象予以充分的认识，发展满足社会需求的政治和经济或语言方面的研究和教育。但是，学界也有必要对于研究对方国家的基础，也即学术基础的人文学科研究上倾注更多的努力，以完善国际区域研究的综合性，即整体性研究的方法，寻求对对方认识范畴的扩大，加强双方学术界的共有价值和知识，以最终达到两国国民之间的文化认同。

第四，在中国，有必要对"韩国学"相关的称呼进行规范整理。

中国在涉及"韩国学"相关研究时首先要搞清学科（专业）的名称和课程名称，以及研究机构名称仍在同时使用"朝鲜"和"韩国"的混乱状况。这是由现实的国际政治所决定的。这种"政治外交的理由"在大学的学科名称或研究所的名称上也诱发了"朝鲜"与"韩国"的冲突，有时用"韩国学"，有时用"朝鲜学"，且有时索性用"朝鲜—韩国学"，也有以"高丽亚那学"或"高丽学"称呼的情况。例如，2005 年延边大学的"朝鲜—韩国学学院""中朝韩日文化比较研究中心"和"朝鲜—韩国学研究中心"等直接用互不相同的"朝鲜"和"韩国"称呼就是很好的说明。学科名称中有"朝鲜（韩）语"，课程名称中也有所谓"朝鲜（韩国）语文化专业"或者"基础朝鲜/韩国语""朝鲜/韩国语视听说""朝鲜/韩国语语法"等名称。

过去在中国有关韩国的专业并没有在中国教育部的学科分类中被独立出来，"朝鲜语"仍被归为亚非语系。现在有所改进，据"中国学科分类国家标准"，"中国少数民族语言文字"（代码 740.45）中有"朝鲜语文"（代码 740.4535），"中国少数民族文学"（代码 750.44）中有"朝鲜族文学"（代码 750.4450）。学科分类中没有"韩国语文"或"韩国文学"，也没有"韩国政治"或"韩国经济"。相反对于日本则不同，在"外国语言"（代码 750.50）中有"日语"（代码 740.5091），"国际政治学"（代码 810.40）中有"日本政治"（代码 810.4044），"世界经济学"（代码 790.29）当中有"日本经济"（代码 790.2934），还有"日本哲学"（代码 720.2530）等多门有关日本的独立学科。但是有关"韩国"的到 2011

年还没一门独立学科分类名称。① 按这种"中国学科分类国家标准"，韩国（朝鲜）有关的独立学科分类不仅没有，而且仅在"中国少数民族语言"和"中国少数民族文学"的范畴之内有其名称，可能属于"亚太政治""亚太经济""东方哲学其他学科"当中。这种学科分类可能是受到中国政府对韩半岛政策的影响。但是如果从区域研究学术的领域发展对韩国或韩半岛研究的话，一定要以名副其实的"名称"来尊重其学问。比如韩国的学科分类上不仅有独立的"中国学"，也有"中国文学""中国语言""中国历史"等多门有关中国的独立学科。

四　韩中学术交流的特色

（一）韩中大学之间的交流现状

国际学术交流的类型包括政府规格的交流资助、大学交流、学者交流、学术团体交流、政府规格的对其他国家学者的学术研究的资助等。从韩国的大学海外交流现状来看（参见表13），截至2006年与美国大学的姐妹联系等交流协定显然签订得最多。然而，随着韩中关系的发展，两国大学之间的交流也激增，据2010年9月调查的各大学网站列出的对外交流现况统计数据，与中国大学签订的交流协议达到2068个（各韩国大学与几个到几十个中国大学签订交流协议），比与美国签订的1634个要多出很多。这是韩中关系中各种交流关系持续发展以及与其一脉相承的大学之间的交流相应增长的反映。

表 13　　　　　韩国大学与美、中、日大学之间签订"交流协议"现状

单位：个

	美国	中国	日本
2006 年	1316	1307	896
2010 年	1634	2068	1102

注：2010 年的资料来自对韩国四年制大学主页的调查。

① 《中华人民共和国学科分类与代码国家标准》，维基百科，http：//zh. wikipedia. org（2011 年 10 月 10 日检索）。

　　韩国与美国在 1948 年就已建交，但韩国与中国在 1992 年建交，其时间相差 44 年之久。以此为基准来看，可知韩国与中国大学的姐妹联系或交流的速度是如何迅速。这种大学之间的学术交流当然是与教授和专家之间的研究交流相伴随的，但是目前一般的情况而言，在学术研究方面的深入交流活动相对来说显然也不是很多。也就是说形式上签订交流协议的多，学生的交流也活跃，但是教授专家之间的研究交流还是没有像签订协议数据那么发展。韩中大学的学术研究组织之间的定期学术会议或相互邀请研究类型的交流一直持续。虽然大学之间的交流以学生或学校为中心形式的交流情况也很多，但很显然随着两国关系的发展，将来相互间的学术交流也会更加紧密。

　　特别是研究生院之间的交流项目，将为未来两国学者间增进相互理解和加强学术交流发挥重要的作用。

（二）韩中之间学会和研究机构的学术交流

　　韩国国内学术团体与各国的学术交流正在非常活跃地进行。根据2009 年 7 月"韩国学术振兴财团"（目前已更名为"韩国研究财团"）的《学会情报统计》，2005—2009 年的 5 年时间，与中国进行学术交流的韩国各类学会、研究机构总数分别为 389 个和 1296 个，而与美国进行的学术交流分别为 797 次和 1908 次，与日本分别为 418 次和 1761 次，比较而言，韩国与中国的交流实绩虽然相对较少，但研究水平及质量却相当令人瞩目。

　　将表 14 的统计数据重新进行整理，分析学会和研究机构的交流情况，排在前三位的是美国、日本、中国。按学科类型划分（参见表 15），与中国（1023 次）的交流比与日本的（1282 次）略少，但比与美国的（767次）交流还是多。即韩国的学术团体和研究机构与日本、美国的学术团体之间的交流偏重于理工学科，这意味着与美国和日本的交流以尖端技术科学的理工学科为主，而与中国交流的学术团体和研究机构偏重于人文社会科学。

表 14　　　**韩国与各国间学会、研究机构的学术交流现状**　　　单位：次

学科	日本		美国		中国		德国		英国		法国		合计	
	学会	机构	学会	机构	学会	机构	学会	机构	学会	机构	学会	机构	学会	机构
语言、文学	224	445	108	285	135	410	56	118	19	44	8	49	550	1351
社会科学	199	414	99	275	119	359	44	98	5	27	9	26	475	1199
自然科学	57	219	33	372	12	64	4	61	4	47	3	20	113	784
工学	109	288	51	268	41	129	6	59	9	47	2	13	218	804
医药学	79	151	54	238	18	48	4	12	2	9	3	4	160	462
农业、海洋	39	83	14	71	18	52	2	5	2	9	1	4	76	224
艺术、体育	57	134	34	107	42	87	3	8	5	12	2	4	143	352
复合学	33	174	25	145	4	147	1	19	4	16	1	12	68	513
总计	797	1908	418	1761	389	1296	120	380	50	211	29	132	1803	5689

资料来源：《学会情报统计·各国学术交流现状》（韩国学术振兴财团，http：//www. krf. or. kr，2009 年 7 月 20 日检索）。目前《学会情报统计》在"韩国研究财团"的"国内学术期刊引用索引"（http：//www. kci. go. kr）中可以见到。

表 15　　　**韩国与各国间人文社会学科学会、研究机构的**
学术交流现状　　　单位：次

	人文学	社会科学	总计
日本	669	613	1282
美国	393	374	767
中国	545	478	1023
德国	174	142	316
英国	63	32	95
法国	57	35	92
总计	1901	1674	3575

　　韩国与中国的学术交流开始于 20 世纪 90 年代，当时大多由韩国提供经费。即由韩方支付学者交通费或住宿费，然而现在，中国的大学或研究机构的经济状况得到较大改善，邀请韩国学者时由中国方面提供资金，中国学者访问韩国时中国方面也自行解决交通费。这无疑为今后韩中两国的学会、研究机构间的学术交流创造了新的有利条件。于是随着两国关系的发展，中国和韩国之间学术团体和研究机构的交流在形式上、规模上、学术内容上已经

与过去有所不同，形成了多样的、多层次的交流，在形式上有民间的、大学的、政府的，规模上有个人邀请的、政府之间的，学术内容上有人文社会学科的，也有自然科学的。这种学术团体的交流对于中国的"韩国学"和韩国的"中国学"的发展产生了积极的效果，不仅强化了学者专家之间的关系，也扩大了学术机构之间的沟通网络，有助于巩固相互认识和理解的学术网络。

（三）韩国政府关于韩中学术交流的资助政策

韩国政府为了推动韩国学的振兴开展了各种国际交流事业。例如，外交通商部主管的"国际交流财团"和"在外同胞财团"，教育科学技术部主管的"韩国学中央研究院""国际交流振兴院"，文化观光部主管的"韩国文化院"和"国立国语院"等都在促进这些国际交流事业，并在各单位的业务范围内开展国际韩国学的发展项目。

该事业的形态在早期集中于韩国语教育上，但从 2005 年开始改为着重于社会科学学科方向，最近又采用了"新韩国学"的概念，将考虑国际地域学的特殊性，并调整项目重叠问题，重新设计了各种学术支援事业。① 这些隶属韩国政府的学术性的或支援研究经费的单位为了达到符合所谓振兴韩国学的目标，开展了主要是以资助外国学者或学术团体的各项活动，将通过这种学术方面的资助项目向海外宣传韩国，同时在海外促进韩国学研究。

例如，"韩国国际交流财团"（Korea Foundation）一直在资助海外韩国学和文化学术交流的项目。海外各国从事韩国研究的研究生和学者专家通过这些项目获得了到韩国访问研究的机会。根据"韩国国际交流财团"提供的资料，从 1992 年以后总共资助了 74 个国家的 937 名学者到韩国滞留研究。其中通过该项目访问韩国的中国学者共 234 名。② （参见表 16）

---

① 《韩国学振兴事业严重重复》，《中央日报》，http://nk.joins.com（2010 年 10 月 4 日引用）。

② 个人资助对象指的是"博士学位论文准备者，完成博士课程进入学位论文写作阶段者，教授与研究员、大学或研究机构所属的从事韩国相关的讲义与研究活动的教授、讲师、研究员等（有论文以及著述写作等具体的研究活动计划者优先），专业人士、博物馆馆长等文化、艺术学科的韩国相关业务担当者"，研究资助对象学科为人文、社会科学，文化、艺术学科的韩国学以及韩国相关比较研究与业务从事者，资助对象和项目不包括自然科学、医学、工学学科的相关者，目前在韩国正在进行学业以及研究活动者，韩国语习得者以及以在韩国国内注册正规学位课程为目的者，财团得到"滞韩研究奖学金"项目最近 3 年以内的受益者。参见"韩国国际交流财团"主页，http://www.kf.or.kr（2010 年 10 月 2 日引用）。

该项目的全体受惠者中有 **24.97%** 为中国学者。除滞韩研究人员之外，"韩国国际交流财团"还通过对韩国语研修生、韩国学相关研究生的奖学金、教师进修韩国学等方面的资助方式，建立了从韩国语研修到韩国学研究以及韩国学教育等一整套的海外韩国学研究专家的支援体系。

表 16　　　韩国国际交流财团"滞韩研究奖学金"资助现状

年度	国家（个）	资助人员（人）	中国学者（人）	中国学者所占比例（%）
1992	26	62	7	11.29
1993	24	71	16	25.81
1994	24	69	19	30.65
1995	26	75	19	30.65
1996	26	70	22	35.48
1997	23	66	18	29.03
1998	30	59	10	16.13
1999	17	31	7	11.29
2000	16	30	5	8.06
2001	16	31	8	12.90
2002	17	38	8	12.90
2003	17	34	7	11.29
2004	21	50	13	20.97
2005	22	40	10	16.13
2006	26	56	18	29.03
2007	21	55	16	25.81
2008	24	57	17	27.42
2009	17	43	14	22.58
总计	74	937	234	24.97

资料来源："韩国国际交流财团"提供统计数据。

中国著名大学中研究韩国的博士生当中，相当多的学生得到韩国的一次交换或讲学形式的访问机会。1992—2010 年，包括"滞韩研究奖学金"项目，就以"韩国国际交流财团"的资助形式，访问韩国的中国学者、研究生或教育界人士达到了 1373 人次（参见表 17）。

另外，资助的另一项主要项目是举办学术会议。例如，"韩国国际交流财团"从 1995 年开始资助在中国举办的韩国学国际研讨会（最初为隔年制），目前在中国每年以"中国韩国学国际学术大会"名称召开一次。中国与韩国学者一起就与韩国相关的历史、文化、社会、经济、政治、外交、宗教、哲学、文学、艺术等学科进行交流，并讨论关于今后韩国学研究的主题、内容、发展方向等。这一研讨会是探索中国国内韩国学的规模最大的会议之一。该会议前身为"韩国传统文化国际学术会议"，隔年举行，自 2008 年开始每年召开，2011 年在吉林大学举办了第 12 届大会，今年是在中山大学举办。

表 17　　"韩国国际交流财团"对中国学者研究韩国的各类资助现状

	滞韩研究奖学金	韩国语奖学金	韩国专攻研究生奖学制度	中国教育者韩国学研讨会	共计
1992	7				7
1993	16	13			29
1994	19	15			34
1995	19	24	49		92
1996	22	20	62		104
1997	18	18	71		107
1998	10	12	68		90
1999	7	7	73		87
2000	5	6	36		47
2001	8	3	36		47
2002	8	9	35		52
2003	7	11	43		61
2004	13	7	45	30	95
2005	10	8	90	30	138
2006	18	9	89	30	146
2007	16	14	81	30	141
2008	17	9	62	30	118
2009	14	7	66	29	116
总计	234	192	768	179	1373

资料来源："韩国国际交流财团"提供统计数据。

　　对海外举行的韩国学国际学术大会的资助，为海外韩国学学者的学术交流与沟通提供了重要的契机。此外，通过"在外同胞财团"对海外同胞学者的资助、对文化方面的韩国研究和宣传的资助，文化观光部的"韩国文化院"和"国立国语院"等机构在其业务范围之内进行海外韩国学方面的各种资助项目，都有助于促进海外韩国研究的发展。除此之外，韩中两国政府层面的各种交流委员会也一直在发展当中。例如，除从很早就开始的"韩中经济合作共同委员会"外，"韩中产业共同委员会""韩中科学技术共同委员会""韩中原子能共同委员会""韩中海洋科学共同委员会"等都在此列。这些共同委员会的职能，虽然是谋求政府层面的合作，但通过这些共同委员会，为相互关注的研究奠定了两国共同研究基础。

　　两国政府组织民间学者研究韩中两国关系最典型的项目就是由"韩国国际交流财团"主管的"韩中专家共同研究委员会"。它是依据2008年8月25日韩中首脑会谈后发表的《韩中共同声明》中"由两国专家学者就全面推进中韩交流与合作开展联合研究，并向两国政府提交相关报告"的提议而组织的。两国政府于2009年5月正式设立了"韩中专家共同研究委员会"。该委员会是由韩中双方各16名委员构成的共同研究委员会，讨论促进两国的"战略合作伙伴关系"发展相关的重要议题，整理两国合作的重点领域和核心议题，于2010年4月末向两国政府提交了包含政策建议的报告书。报告之中有"10个政策建议"，其中包括区域合作方案的共同研究、加强教育部门的合作、成立历史文化共同研究会、建立媒体之间合作对话机制等内容。

结 论

　　韩中两国关于对方的研究从1992年建交以后得以真正的扩大，现在已在两国的国际地域学研究中占据了非常重要的地位，已成为新兴学术领域。这不仅是韩中两国关系发展的反映，同时意味着两国在学术上开始从不同的角度认识到对方的重要性。两国之间的这种学术上的研究和交流，加上"汉流"或"韩流"的大众文化的交流，对于两国国民加速对对方的理解，扩大共识，构筑相互文化认同具有非常重要的意义。

学术活动当中研究趋势的分析是非常重要的环节，既要评价和理解过去和现在研究的长短之处，同时也需要决定未来研究方向和改进研究方法。分析韩国的"中国学"和中国的"韩国学"的研究趋势和特点，可以发现其研究趋势是良好的，但也有一些问题，为了进一步完善其研究体系和研究方法或研究方向，不仅需要研究专家自身的努力，还需要政府政策上的支持和人才培养体系上的改进等。

虽然现在两国关于对方的研究成果因考虑到实用性而出现了研究主题的偏重性问题，在经济方面的研究最多，对时事敏感的政治主题偏爱有加，而且比文学具有更强实用性的语言方面的研究较多。"文史哲"的人文学方面研究低迷的现象也较明显。虽然在研究趋势上显现了上述特点，但是韩国的"中国学"和中国的"韩国学"其研究累计的成果数量和从事研究人员的增加是不可否定的事实。这些研究成果如果持续累积的话，显然也将为奠定中长期研究基础作出贡献。因此，没必要赋予这短短20余年时间出现的研究成果的特征以过分的特殊化意义。

然而，韩国和中国在对对方的研究领域，都有必要对现在学术领域中出现的人才培养体制和研究主题的偏重性和偏差的问题抱以更大的关心。这种研究领域中偏重性的持续，诸如思想、历史和哲学等人文学基础学科的不足持续，关于对方国家的研究仍偏重于使用应用学科的话，就会出现对对方国家的社会文化能否真正理解的问题。两国政府和学术界应重视这个问题，要强化纠正人才培养过程中出现的学术学科和教授的特定领域的偏重性的努力，从而获得各学科的均衡的研究。

在韩国，"中国学"显然已经占据了一个独立的学术领域。然而，中国的"韩国学"仍然没有完成学术分类成为独立学科的领域，政治、经济学科仅是国际政治经济或是"亚太"的一部分。语言文学的情况也并非独立的领域，"朝鲜语文"和"朝鲜族文学"各归属于"中国少数民族语言"和"中国少数民族文学"，"韩国语文"或"韩国文学"于亚非语言的分类中没有独立学科分类，这与"日语""日本政治""日本经济"为独立学科分类情况有所不同。于是，这个有关"韩国"的学科分类问题是必须要改善的问题。

在中国，"海外中国学"显然已被作为一个重要的学术领域认识和研究了，美国学、日本学既已被承认，那么"韩国学"没有理由不被承认。

在中国，比起研究大国的美国学，作为像研究周边国家之一的韩国学有可能被视为研究价值不大的学科领域，但在韩国，事实上"中国学"显然已成为公认的最重要的国际地域学学科。韩国是与中国的人员交流最大的国家，是中国仅次于美国和日本的最重要的经济交流伙伴。尽管如此，中国的"韩国学"研究与中国对美国学和日本学的重视程度不同，仍然受到轻视，这与持续向前发展的中韩关系进程不相符合。

建构主义国际关系理论认为关于对方国家的主观知识或理念的变化在国家意识或国家安全的认识上有重要的影响，国家间的和平关系最终可能要通过强化共有知识来构筑文化认同感而实现。共有的知识和文化的认同只有通过对对方的研究和与对方的交流来构筑。韩国的"中国学"和中国的"韩国学"对韩中关系的发展的重要作用就在于此。任何学科的发展关键在于人才的培养，国际区域学的领域里特别要关注双方的留学生教育，目前中国和韩国之间留学生的交流非常活跃，两国青年留学生直接在对方国家生活和学习的经历与知识研究对于理解和认识对方国家地域有特别大的作用，对韩国的"中国学"和中国的"韩国学"的发展也有很大的作用。因此，两国教育界关于留学生的具备均衡感的教育和研究资助一定要不断扩大。当然，韩国既已对中国的"韩国学"的发展给予关注并从政府层面持续不断予以资助，中国也有必要对韩国的"中国学"给予关注并提供可能的资助。这不仅有助于学术研究的发展，而且对于两者之间扩大学术性的沟通交流也是很有必要的。

译者 冯立君

高句丽灭亡后遗民的叛乱及
唐与新罗关系[*]

［日］ 池内宏　著

　　唐朝与新罗合力击溃百济之后，新罗又在唐朝的援助下灭亡了宿敌高句丽，却厚颜无耻地扶助高句丽遗民对抗唐朝、起兵叛乱，图谋驱逐唐朝在朝鲜半岛的势力，同时略取唐朝领有的全部百济故地。由此，唐朝与新罗反复冲突的结果，就是唐朝最终放弃了占领半岛的想法。这也就是所谓新罗统一半岛。本文目的在于检讨和批判与以上问题有关的唐朝与新罗两方面的史籍记录，对于其间从来未被详加审视的历史过程予以考察。

一　安东都护府

　　唐高宗总章元年（新罗文武王八年，668），唐朝灭高句丽，关于唐对高句丽旧有国土的处置，《旧唐书》卷一九九上《高丽传》云：“高丽国旧分为五部，有城百七十六，户六十九万七千；乃分其地置都督府九、州四十二、县一百，又置安东都护府以统之。擢其酋渠有功者授都督、刺史及县令，与华人参理百姓。乃遣左武卫将军薛仁贵总兵镇之。”同书卷八三《薛仁贵传》载：“高丽既降，诏仁贵率兵二万人与刘仁轨于平壤留

　　* 本文最初发表于《满鲜历史地理研究报告》(11)，1929年。原著者池内宏(1878—1952)，日本著名东洋史学家，东京帝国大学毕业，文学博士。历任东京帝大讲师、副教授、教授、名誉教授。日本学士院院士。著有《满鲜史研究》等。

守，仍授右威卫大将军，封平阳郡公，兼检校安东都护。"即唐朝为统治新附领土，在高句丽故都设置了以安东为名称的都护府，任命统领二万军士的薛仁贵为都护，让征伐高句丽之副司令官刘仁轨辅佐他，在地方的府、州、县设置的都督、刺史、县令等以土人为官，以都护府以统领。我认为唐朝的这种处置作为统治新领土的基本方针，肯定是不改变旧有形态的一种照顾。然而高句丽遗民不能泰然接受唐朝的主权，不能不说避免与此有关的政策变更是很难的。事实上，《资治通鉴》卷二〇一《唐纪一七》总章二年（669）四月条载："高丽之民多离叛者，敕徙高丽户三万八十二百于江、淮之南，及山南、京西诸州空旷之地，留其贫弱者，使守安东。"《旧唐书》卷五《高宗本纪》："五月庚子，移高丽户二万八千二百①，车一千八十乘，牛三千三百头，马二千九百匹，驼六十头，将入内地，莱、营二州般次发遣，量配于江、淮以南及山南、并、凉以西诸州空闲处安置。"为防止高句丽遗民的离叛，唐朝执意以将他们中有势力者迁移到内地的手段来取代对他们的镇压。威压不仅可能助长他们的反抗心，《三国史记》的高句丽纪《宝藏王下》所载"［总章］二年己巳二月，王（宝藏王）之庶子安胜，率四千余户投新罗"②，还说明多数的离叛者将会逃逸。然而咸亨改元的次年（新罗文武王十年，670），掀起了以钳牟岑为首的高句丽人叛乱。

二　钳牟岑的叛乱

钳牟岑的叛乱记事见于《新唐书·高宗本纪》和同书卷二二〇《高丽传》。《高宗本纪》载：

> 咸亨元年四月，高丽酋长钳牟岑叛，寇边，左监门卫大将军高侃

---

① 《旧唐书·高宗本纪》记为二万八千二百。《通典》（卷186）则为二万八千三百，《唐会要》（卷95）为二万八千。此处采信《旧唐书》数字。《新唐书·高丽传》记为三万，是大略数字的表示。

② 前后记事多转录《资治通鉴》，唯独此部分不是，《新罗本纪》与此记录相同，其原据新罗古记录。

为东州道行军总管，右领军卫大将军李谨行为燕山道行军总管，以
伐之。

《高丽传》载：

> 大长钳牟岑率众反，立藏外孙安舜为王。诏高侃东州道，李谨行
> 燕山道，并为行军总管讨之，遣司平太常伯杨昉绥纳亡余。舜杀钳牟
> 岑走新罗，侃徙都护府治辽东州，破叛兵于安市。

又《资治通鉴》卷二〇一咸亨元年四月条载：

> 高丽酋长剑牟岑反，立高藏外孙安舜为主。以左监门大将军高侃
> 为东州道行军总管，发兵讨之。安舜杀剑牟岑，奔新罗。

钳牟岑的"钳"作"剑"，但没有都护府移治辽东的相关文字。而且
高侃（侃）在安市城破高句丽叛贼的记事是被另外记录在咸亨二年七月
朔日条之下的。

此外，朝鲜方面的《三国史记·高句丽本纪》（宝藏王下）的记载取
自《资治通鉴》，并无特别的参考价值，但《新罗本纪》文武王十年（咸
亨元年）条可以清晰地看到两条不易解释的记事。

> （1）三月，沙飡薛乌儒与高句丽太□□□［大兄高？］延武[1]，
> 各率精兵一万，度鸭绿江，至屋骨□□□靺鞨兵先至皆敦壤待之。夏
> 四月四日，对战，我兵大克之，斩获不可胜计。唐兵继至，我兵退保
> 白城。
>
> （2）六月，高句丽水临城人年岑［牟？］大兄（大兄为高句丽爵
> 号），收合残民，自穷牟城至浿江南，杀唐官人及僧法安等。向新罗
> 行，至西海史冶岛，见高句丽大臣渊净土之子安胜，迎致汉城中，奉

---

[1] 参阅本文 120 页注[1]。

以为君，遣小兄多式等，哀告曰："兴灭国，继绝世，天下之公义也，惟大国（指新罗）是望，我国先王（指宝藏王）以失道见灭，今臣等得国（高句丽）贵族安胜，奉以为君，愿作藩屏，永世尽忠。"王处之国西金马渚。

钳牟岑的叛乱究竟如何，以及有助于阐明这场叛乱与新罗的关系的《新罗本纪》相关记载无疑也有必要予以辨析。

第（1）条记事"三月，沙飡薛乌儒"没有任何前置，突兀地出现的薛乌儒的名字在此前此后都见不到。不仅如此，屋骨、皆敦壤、白城等地名在《三国史记·地理志》中也完全没有记载而很难确定其位置。随后的"夏四月四日，对战"也根本不知道是什么样的战斗。所以，姑且将此条史料的解析延迟到后文。

第（2）条记事"高句丽水临城人年岑大兄"毋庸赘言说的是钳牟岑，"年"为"牟"之误；但不知水临城所在。安胜无疑就是安舜，而且他在前一年（总章二年，669）二月，率领四千余户高句丽人投奔新罗，他只能是《高句丽本纪》中出现的安胜。关于安胜的身份，呈现出各种各样的记载，这里记载为"高句丽大臣渊净土之子"，《高句丽本纪》则记为"王之庶子"，《新唐书》、《资治通鉴》（皆见前引）、《通典》卷一六八《高句丽》则为"高藏外孙"，然而该年八月文武王封金马渚的安胜为高句丽王的册命时提及"高句丽嗣子安胜公"，"先王（宝藏王）正嗣唯公而已，主于祭祀，非公而谁"，以此来看，对于安胜为高句丽王族没有可怀疑的余地。然而渊净土是高句丽著名权臣泉盖苏文的弟弟——净土在高句丽灭亡前投奔新罗，旋即逃往唐朝，安胜不可能是其子。嗣子、正嗣不仅不适用于庶子和外孙，而且钳牟岑也只说"国贵族安胜"。加之，第二年（咸亨二年）唐朝大将薛仁贵给文武王书信称"高丽安胜，年尚幼冲"。诸条记录综合来看，所谓嗣子、正嗣是文武王封安胜为高句丽王时的一种枉称，最可能的事实是安胜的身份为高藏年幼的庶子。

钳牟岑在叛乱中利用了安胜，最初钳牟岑从穷牟城至浿江南，杀唐官人及僧法安等逃往新罗。后至西海史冶岛，会见安胜，并迎入汉城拥戴为君主。穷牟城准确位置虽然不得而知，但浿江即今大同江，无疑该城为江北平壤方面的某一城则无疑。僧法安，因为是见于新罗本纪前一年（文武王九年）正月条"唐僧法安来，传天子命，求磁石"的人物，钳牟岑率贼入大同江以南地区之前，他已不在安东都护府（平壤）。史冶岛，朝鲜近世史家安鼎福注云"今仁川史也岛"①，须从之。史也，亦作士也，今写作"苏爷"。②《东国舆地胜览》卷九载，仁川都护府西一百二十里的德积岛，"士也串岛，在府西一百十八里，周十里（实际四十里），有牧场，本隶南阳府，成宗十七年，移属于此"，可知该岛是京畿道南阳府之正西德积群岛中的一个岛。笔者认为南下至大同江以南地区的钳牟岑在渡过此岛时将已在新罗的安胜招入相见。那么他们会见之后将安胜迎入的汉城是南汉山城（今京畿道广州）吗？如果是的话，钳牟岑在新罗领域内打算建立新的高句丽国，但这一点很蹊跷。如果以南汉山城作为根据地的话，那么最初与安胜会见的城作为根据地岂非更佳？因此钳牟岑拥戴安胜后当作根据地的并非南汉山城。昔时，总章元年，唐朝大军迫近平壤城，此外，自百济故地（熊津都督府）北上的唐将刘仁愿攻占了一座名为"汉城"的城。此城即《三国史记》卷三七《地理志》高句丽条所云之"汉城郡，一云汉忽，一云息城，一云乃忽"，在今黄海道载宁邑，仍是高句丽时代的名称③。钳牟岑所据汉城必在此地。而笔者推定钳牟岑渡过史冶岛之前，杀死唐朝官人、僧侣法安也在此地。因属于大同江以南地区，载宁毋庸赘言具有略宽泛的意味。

那么，在汉城迎入安胜的钳牟岑，派遣使者小兄多式到新罗，告以"今臣等得国贵族安胜，奉以为君，愿作藩屏，永世尽忠"之时，文武王将安胜安置在国西之金马渚时（全罗北道益山）说了什么？因为将居于汉城（载宁）的钳牟岑之旁侧的安胜安置在新罗内地是不可能的，所以这是令人费解的事情。《新唐书·高丽传》及《资治通鉴》记载安胜（安舜）杀牟岑后逃往新罗。文武王封安胜为高句丽王，《新罗本

---

① 《东史纲目》第 4 下。

② 《大东舆地图》。

③ 《东洋学报》第 17 卷第 1 号（昭和三年四月，1928 年）所载池内宏《唐高宗の高句丽讨灭の役と卑列道·多谷道·海谷道の稱》，页 104—105；收入《满鲜史研究》（上世第 2 册）第 3 章，吉川弘文馆 1960 年版。

纪》载"遣沙飡金须弥山,封安胜为高句丽王,其册曰",其册命明文见于八月一日辛丑日。如此看来,安胜被安置金马渚必然是因为他杀死钳牟岑逃回汉城,而且其时间并非六月而必稍早于封高句丽王之前(七月末顷?)。即将前引《三国史记·新罗本纪》末尾"王处之国西金马渚"一句单独分离出来,与其后"封王"条文合并,二者中间漏掉的安胜逃归的事实必须要依据《新唐书》等书记载填补。我认为文武王将从汉城逃归的安胜封为王,乃是依据钳牟岑所拥立的一时的名义上的高句丽国主之措施。

而且,可观察到《新唐书·高丽传》及《资治通鉴》记载叛唐的钳牟岑举兵之初就拥戴安胜为王,而实际上这是不可能的。依据《三国史记·新罗本纪》记载,钳牟岑收合残民从大同江北的穷牟城奔赴江南。有必要注意收合残民的事实。这是在他南下江南以及杀唐官人之前,即从新罗迎安胜据守汉城之前,可知在江北与唐军曾有战斗。钳牟岑收合的所谓残民,无疑具有交战所剩战败之兵的意思。《新唐书·高宗本纪》卷三咸亨元年(670)四月条"高丽酋长钳牟岑叛,寇边"说的是叛亡后牟岑南下江南并占据汉城(载宁)的时间是六月中,其间有一两个月之隔。即牟岑之乱兴起地域是江北,时间无疑在四月及四月以前。四月以前的情况根据现在开始要叙述的内容可以明了。

请将注意力转移到前面没有说明的《新罗本纪》第(1)条记事。三月,沙飡薛乌儒与高句丽将延武各率精兵一万,渡过鸭绿江,在四月四日,他们与靺鞨兵在皆敦壤会战,取得大捷,不久唐兵前来,罗丽联军退保白城。延武就是文武王二十年(680)王以己妹(一说迎飡金义之女)配安胜为妻时,安胜上表文末尾"谨遣臣大将军太大兄延武①,奉表以闻"所提及的安胜之臣下。安胜在第一节所涉及的事变前一年的文武王九年(唐总章二年)二月逃奔新罗,其时他还年少,十一年之后才结婚。随后率领四千户高句丽人投降新罗的当事者肯定不是安胜本人,而是拥立他的高延武。高延武在一年后,即钳牟岑从新罗迎入安胜之前的两至三个

---

① 上引《新罗本纪》"高句丽太□□□延武"中缺三字,前二字无疑为延武的爵号太大兄之"大兄",另一字,从宝藏王时人高延寿(新旧两唐书高丽传,贞观十九年条)可以推知为"高",高为高句丽之国姓,冠以此姓的人名无疑有很多。

月之前，与新罗兵合在一起共两万军队，先与靺鞨交战，旋即因唐兵到来而退军，这蕴含着什么意义呢？最自然的推测是为了援助钳牟岑的叛乱。翌年七月唐将薛仁贵给文武王的寄书中所说"高将军之汉骑，李谨行之蕃兵"，即是为征伐钳牟岑派出高侃所率汉兵、李谨行所率蕃兵，这支持了笔者的上述推测。李谨行是隋朝末期降附中国的靺鞨首长突地稽之子，所谓蕃兵无疑指靺鞨兵。不过《新罗本纪》四月四日条记述皆敦壤交战前的情况是"度鸭绿江，至屋骨□□"，鸭绿江的名称引起我们的注意，这本来应为浿江（大同江），被后世人妄加篡改了。当时新罗的北境在临津江流域，因此笔者不认为比较寡少的二万军兵会经过黄海道、平安道远渡鸭绿江而侵入辽东方面。屋骨及皆敦壤都是平壤附近的地名，在皆敦壤与靺鞨兵（李谨行率领）战斗过的薛乌儒及延武的军队，在唐兵（高侃率领）到来后退保白城，由此可知白城必是大同江以南之城。而且载宁东北面在载宁江贯流的平原中有以白水为名的城，该城在钳牟岑叛乱被平定之后新罗为援助残留的百姓而派遣兵士（详见后文论述），白城为白水城之误。退保此城后薛乌儒和高延武做了什么《新罗本纪》并无记录，恐怕是通过该城返回到新罗内地了。

再考证钳牟岑从平壤方面的穷牟城遁入浿江以南的时间。根据《新罗本纪》，新罗军退保白城（白水城）并于四月四日展开战斗之后，钳牟岑南下浿江以南是在六月，其间有一个月至两个月的间隔。最初《新罗本纪》两条记事，分别是关于牟岑叛乱不同侧面的事实。一方面叙述了新罗出兵的事实，另一方面关于牟岑之举兵完全没有涉及的第（1）条记事本来或为《旧记》的某一断片，其后即被《新罗本纪》收录。第（2）条记事从钳牟岑的出身开始记载，但未涉及在江北的举兵，且通过"收合残民"仅可推知彼被唐兵击破，这也只是首尾并不完整的片段记事。即第（1）条记事叙述三月至四月新罗出兵并退军，第（2）条记事主要是钳牟岑的行动特别是其南下江南后的连续行动，各自的日期并不明确，不过六月被记录下来，相互间并无联系。笔者认为是各自独立的记事。因此第（2）条记事的日期不能轻易相信。因为就连此前指出的七月末顷安胜被安置于金马渚之事，也只是完成的一部分记事而已。因此笔者从上面开始结合两条记事来考察，钳牟岑和唐兵作战失败后收合所谓残民南下浿江以南，以及新罗军退保白水城。换言之，唐朝征讨军四月初从平壤方面的进攻迫使新罗军退守江南，在此前后大败钳牟岑率领的高句丽叛贼。又，唐兵不仅将牟岑从江南逐出，而且在牟岑奉安胜为主据汉城（载宁）（推定为六月中）后再次出兵。安胜杀钳牟岑逃还新罗不就是其结果吗？

以上考察如果恰当无误的话，《新唐书·高宗本纪》漠然的"寇边"记载是说钳牟岑率高句丽遗民起兵叛乱，攻占了安东都护府治所平壤故都，具有复兴亡国的反逆行动之意味。而且这一叛乱说明安东都护府的守备薄弱。如前所述，都护府最初设置时府镇兵为两万，其驻屯纵然不能防止叛乱于未然，但为讨平叛乱也没有即刻从本国调兵出战的必要。笔者认为将近三万高句丽民户徙入唐内地后剩余的贫弱者留住于都护府地区时，与之相伴的措施乃是大部分守兵已然内撤。且与安东都护府薛仁贵并肩作战的都护府镇将刘仁轨在咸亨元年正月致仕，薛仁贵在高侃、李谨行应对钳牟岑叛乱的同年四月辛亥日（九日），另被拜为逻娑道行军大总管征讨吐蕃。不过，在薛仁贵担任新职务之前不讨伐钳牟岑的叛乱是不可思议的，《新唐书》卷一一一其本传云"检校安东都护，移治新城"，《旧唐书》卷三八《薛仁贵传》文字略同。一旦安东都护赴任，都护府移治到辽东的新城，他就不可能在平壤停留了。新城在今沈阳东部的抚顺市，作为高句丽的名城，后年（仪凤二年，677）安东都护府徙治于此。薛仁贵移治的理由，辽东方面便于镇抚高句丽之旧土，而且该时期以平壤为中心的整个地区的高句丽遗民都同时被迁往中国内地。

因为新罗王室与在新罗内地居住的高句丽亡命将领延武通谋，钳牟岑无疑是乘安东都护府守备空虚之机而举兵的。而且新罗出兵的动机显而易见就是援助这场叛乱，趁机将唐朝势力逐出朝鲜半岛。唐朝一发兵来征讨，新罗援助延武的军队就退缩了。钳牟岑因战败而收合残民逃亡大同江以南依靠汉城企图再举事，其手段就是从新罗迎回安胜，安胜奉延武的意志作出相反的行为。在海上的史冶岛（苏爷岛），安胜不仅与钳牟岑相见，还杀钳牟岑逃还新罗，难道不正说明了其间的线索吗？

依据前引《新唐书·高丽传》，李谨行及杨昉一起讨贼，且与高侃一起共事，安胜杀钳牟岑逃还新罗后，安东都护府治所迁到辽东。这由司马光《通鉴考异》①中的"实录,咸亨元年,杨昉、高侃讨安舜,始拔安东都护府,自平壤移于辽东州"记载可知,今天已失传的唐高宗实录中记载了此事。司马光咸亨元年安东都护府移治辽东之事不见于《唐会要》的理由是对此实录怀有疑问,因此也没有收录于《资治通鉴》,但笔者对此记事持信赖的态度。②即,平定钳牟岑之乱的高侃引兵撤还辽东之前,都护驻在的都护治所一定已徙往辽东。而这也暗示平壤城并未留下守兵。

《新唐书·高丽传》载,高侃"破叛兵于安市"。加之,与本传以前的记事一样,全都缺漏了年次,其翌年事见于《资治通鉴》卷二〇二《唐纪十八》咸亨二年秋七月条"乙未朔,高侃破高丽余众于安市城"。安市城是位于辽东的高句丽名城,依据岛田好氏及八木奘三郎氏的实地踏查,海城东南约三里的英城子存有古山城,其为安市城故址殆无疑也。③对于这次叛乱,虽然除了以上的详细内容外不能知道更多了,但笔者想:钳牟岑的叛乱逾年以后,对于辽东的高句丽人来说那难道不是像飞火一样的东西吗?

三 钳牟岑余党之乱

钳牟岑举兵开启了高句丽遗民的动乱,高侃、李谨行等出征,以及钳牟岑被杀,使动乱看起来已全部平定,实际上却未必,即《新唐书·高丽传》记事云:

(A)侃徙都护府治辽东州,破叛兵于安市,又败之泉山,俘新罗援兵二千。李谨行破之于发卢河,再战,俘馘万计。于是平壤痍残不能军,相率奔新罗,凡四年乃平。

---

① 《通鉴考异》卷10,仪凤元年二月条。
② 参见本文第六节。
③ 《历史地理》第49卷第1号(昭和二年一月)岛田好氏《高句丽安市城的位置考》。八木奘三郎氏著《续满洲旧迹志》,第67—75页。

这是一场什么样的动乱？首先来考察"又败之泉山"涉及的泉山之战。

新罗本纪文武王十一年（咸亨二年）记载：

（1）九月，唐将军高侃等，率蕃兵四万到平壤，深沟高垒，侵带方。

翌年十二年（咸亨三年）记载：

（2）秋七月，唐将高侃率兵一万，李谨行率兵三万，一时至平壤，作八营留屯。八月，攻韩始城、马邑城，克之，进兵，距白水城五百许步作营，我兵与高句丽兵逆战，斩首数千级。高侃等退，追至石门战之，我兵败绩，大阿飡晓川、沙飡义文、山世、阿飡能申、豆善、一吉　飡安那舍、良臣等死之。

依据《新罗本纪》等记事，高侃咸亨二年九月（破安市城高句丽叛众后间）抵达平壤城，以该城为根据地攻入大同江以南地区（带方），翌年咸亨三年秋再次驻屯平壤城，攻克韩始、马邑等城后，与新罗及高句丽军队在白水城附近交战，继而在石门城大败新罗与高句丽兵。两条记事相比较来看，前者的战斗记述较为简单，并未记载高侃与谁作战（所谓带方指明了大同江以南地区，明白地说明高侃侵入新罗领域。当时新罗的北境为七重河即今临津江）。而且前后两场战役的兵数相同，即前役为四万，后役有高侃自率一万外加李谨行所率三万。然而中国一侧的史籍中皆无咸亨二年高侃的东征事实的记载，反而《资治通鉴》卷二〇二《唐纪十八》三年十二月条载：

（B）高侃与高丽余众战于白水山，破之。新罗遣兵救高丽，侃击破之。

又《旧唐书·高宗本纪》同年记载：

（C）是冬，左监门大将军高侃，大败新罗众于横水。

都能看到有相当于《新罗本纪》后役记事相同名称的白水城（白水城及横水的说明详见后文）。且上引《新唐书·高丽传》文字中高侃既于安市城破高句丽叛兵，后续"又败之泉山，俘新罗援兵二千"，"泉山"为"白水山"伪字。既如此，钳牟岑叛乱被平定之后所进行的高侃东征并不是《新罗本纪》所见的咸亨二年和三年，《新罗本纪》两年记事中率四万军士进驻平壤侵攻带方，同样的事实在前面一条被叙述得很简单，而在后一条则较为详细，不过却在要点中掺入了一些谬误。

第（1）条记事和第（2）条记事重合，第（2）条记事中新罗、高句丽联合军与唐军之交战地地名包括白水城、石门，以及带方等地。然而这些地名与韩始、马邑二城在《三国史记·地理志》中都没有被记载，其位置不易获知。带方虽然是新罗人自汉魏时代以来长期沿用的古地名，适用于大同江以南某地，但笔者认为应是非常广的地域之称呼。记录了当时其他战斗的《三国史记》卷四三《金庾信传》载：

> 初法敏王（文武王）纳高句丽叛众，又据百济地有之（新罗增援钳牟岑叛乱失败后，咸亨元年秋和翌年秋，略取了百济故地。详见后文论述）。唐高宗大怒，遣师来讨，唐军与靺鞨，营于石门之野。王遣将军义福、春长等御之，营于带方之野……遂各别兵分散，唐兵与靺鞨，乘其未阵击之。吾人大败，将军晓川、义文等死之。

由其中使用"带方之野"与"石门之野"相对应来看，可知带方是广大地区之称。前面涉及的《旧唐书》记事（C）、《通鉴》中的白水山（《新罗本纪》的白水城）以及这段文字所见的与《新唐书》的泉山相对应的交战地，如果参照横水之名称，则横水为靠近白水山（白水城）流经带方地域的河川。然而，考察平壤以南黄州、凤山、载宁方面的实际地理，载宁江是这一地区最著名的河流，载宁江流域源自带方，此后东方的瑞兴江及银波川汇入，使凤山与载宁及其中间地带形成大平原。而且，载宁江并不直接注入海洋，在平壤的南面大同江的巨流南下，载宁江则向北流汇入大同江，继而西折入海。即平壤向南连接黄州、中和的通路，经过凤山、载宁及二者中间大同江下游的旁边之河流即载宁江中游的平原。这里的问题是交战地白水城及石门的大体位置不会脱离在载宁东北横亘的这一平原之外。《旧唐书》出现的横水，从其名称来看可以比定为载宁江，因为可以推定随后新罗人的所谓带方指的是它前面（右面）的平原。

笔者对于年次相异的《新罗本纪》两条记事内容进行检核，并参照中国一侧对同一事件的相关二三条记载，未能整理其中一条的年份，其关于同一事件的月份全都不一致，但总的记载是相通的。即《新罗本纪》第（1）条为九月，第（2）条是从七月到八月，《资治通鉴》记事（B）是十二月，《旧唐书》记事（C）只记冬季。然而这是另外一个必须要解析的问题，笔者姑且将其搁置不论。交战地的大体位置如前考定，考虑到将钳牟岑迎入安胜并以之为据点的城（汉城）相当于今天的载宁，与钳牟岑举兵时一样，新罗再次给予援助，唐朝将叛乱者称作"高句丽余众"（《资治通鉴》），由此可知是牟岑余党。然而以载宁（汉城）为根据地的牟岑余党，在唐兵征讨之前抱持何种目的，又进行了哪些行动呢？据《新罗本纪》载，进驻平壤的高侃，攻克了韩始城、马邑城，并向白水城附近进军，与反方向来的高句丽、新罗联军交战。韩始城、马邑城距离载宁东北不远，可以明确其位于白水城和平壤城之间，即高句丽余众之叛乱意味着他们占领了韩始、马邑二城。笔者认为钳牟岑余党以汉城（载宁）附近为基地，略取此二城，进而守备，意在夺还疏于守备的平壤城。

白水山之战次年的咸亨四年（673），唐兵再次讨伐高句丽叛党。《旧唐书·高宗本纪》本年闰五月丁卯条载：

（a）燕山道总管李谨行破高丽叛党于瓠卢河之西，高丽平壤余众遁入新罗。

又，《资治通鉴》载：

（b）闰五月，燕山道总管右领军大将军李谨行，大破高丽叛者于瓠芦河之西，俘获数千人，余众皆奔新罗。

前揭《新唐书·高丽传》的引文（A）"李谨行破之于发卢河，再战，俘馘万计。于是平壤痍残不能军，相率奔新罗"所载无疑与此有关。《高丽传》中的"凡四年乃平"一句是指从咸亨元年三月、四月顷的钳牟岑举兵开始的高句丽遗民动乱，到咸亨四年闰五月瓠芦河以西的战斗为止被全部平定［记事（A）"平壤痍残"相当于《旧唐书·高宗本纪》（a）的"高丽平壤余众"，这也可以确定钳牟岑最初举兵是在平壤附近］。瓠芦河，《新唐书》卷一八〇《刘仁轨传》载："咸亨五年……仁轨率兵绝瓠芦河，攻大镇七重城，破之。"（关于此战见后文考论）新罗的七重城（今临津江畔积城）近旁流经的河流无疑是七重河，即今临津江殆无疑也。随后的"瓠芦河之西"，当指礼成江、临津江之间的开城方面某地。所谓瓠芦、葫芦、壶芦、瓠瓜，无疑就是 Lagenaria vulgaris（葫芦），可供食用，同时剖开干燥后可制作成盛水或酒浆的容器——瓢。故此，瓠芦河，又称瓢川、瓢河等。① 《新唐书·高丽传》记事（A）的发卢河或瓠卢河不是字音的翻转，而是文字的误写。《新罗本纪》该年（文武王十三年、咸亨四年）有唐兵来侵的记事。

（1）九月……唐兵与靺鞨、契丹兵来，侵北边，凡九战，我兵克之，斩首二千余级，唐兵溺瓠泸、王逢二河，死者不可胜计。

———————

① 瓠芦河之名，见于文武王十一年（咸亨二年）给薛仁贵的书信。即"龙朔二年（文武王二年）正月，刘摠管（刘仁轨）共新罗两河道摠管金庾信等，同送平壤军粮。当时阴雨连月，风雪极寒，人马冻死，所将兵粮，不能胜致。平壤大军（苏定方军），又欲归还。新罗兵马，粮尽亦回。兵士饥寒，手足冻剟，路上死者，不可胜数。行至瓠泸河，高丽兵马，寻后来趋，岸上列阵"。《新罗本纪》文武王二年记载："春正月……王命庾信与仁问、良图等九将军，以车二千余两，载米四千石、租二万二千余石，赴平壤……二月一日，庾信等至獐塞（遂安），距平壤三万六千步。先遣步骑监裂起等十五人，赴唐营。是日，风雪寒沍，人马多冻死。六日，至杨隩（位置未详），庾信遣阿飡良图、大监仁仙等致军粮……定方得军粮，便罢还。庾信等闻唐兵归，亦还，渡瓢川，高句丽兵追之，回军对战，斩首一万余级"以及《金庾信传》（中）载："庾信营杨隩，遣解汉语者仁问、良图及子军胜等，达唐营，以王旨饋军粮。定方以食尽兵疲，不能力战，及得粮，便回唐。良图以兵八百人，泛海还国。时丽人伏兵，欲要击我军于归路。庾信……夜半潜行至瓢河，急渡岸休兵。丽人知之来追，庾信使万弩俱发。丽军且退"皆与此有关。可知瓠芦河也叫瓢川、瓢河。

又，其冬月间的事件：

> （2）冬，唐兵攻高句丽牛岑城，降之，契丹、靺鞨兵攻大杨城、
> 童子城，灭之。

那么，这些记事与高句丽叛众最后在瓠芦河之西的战斗中受打击有关吗？

首先，第（1）条记事瓠芦河与王逢河并列，比定瓠芦河具体为何需要与（王逢河为汉江下游称谓，详见后文论述）上引唐朝一侧记事的全部事实相联系来考察：第一，其交战时间是九月而非闰五月；第二，与唐军作战的是新罗兵而非高句丽叛贼；第三，从战争的结果为唐朝大败而归等几点来看与此并不一致。因此该记事只能是记述了另外一场战斗（关于和战斗相关的唐朝征伐新罗的主题详见本文第五节）。

其次，通过对第（2）条记事后半部分童子城的位置考定，可知和名称见于第（1）条记事的王逢河必有联系。兹因论旨不可偏离，在此对其理由恐不能详论，总之这是与高句丽叛党以及唐军征伐并无关系之记事。那么第（2）记事前半部分包含了什么内容呢？

《新罗本纪》有关于此的记事非常简单，"冬，唐兵攻高句丽牛岑城，降之"，可以理解为唐军占据牛岑城攻击并降服了高句丽叛党。然而既然如此，叛乱被全部平定的同年（咸亨四年）闰五月顷的时间是比它的时间要早，该记事前被冠以"冬"字是很奇怪的。即这个记事的时间早于那个时间令人难以理解。而且，牛岑城可以比定为黄海道金川郡县内面之牛峰里。从开城经金川、平山通往平壤的路，在金川以北向右行，过松亭里、市边里，与朔宁、新溪间的大道连接，牛峰里就位于邻近松亭里东南的村落。《三国史记》卷三五《地理志》载："牛峰郡，本高句丽牛岑郡，景德王改名，今因之。"如果参照《东国舆地胜览》卷四二对李朝时代牛峰县的位置及沿革的叙述，上述比定可以成立。牛岑城与流经平山、金川之间的礼成江较近，而与临津江直径距离十里内外，比较远。随后唐军攻克牛岑城战斗的时间比较可疑，在此也看不到瓠芦河之西的战斗（"瓠芦河之西"可见是临津江东面距离不远

的地方）。由此，二者为不同的事件，地理上的关系也不密切，彼此是独立的事件，假设其记事不在本年冬天而在之前一年（咸亨三年）冬天，那么同时期的其他战斗及重合时段中也没有相关的记事。其他战斗，如前述之《资治通鉴》咸亨三年十二月条（B）"高侃与高丽余众战于白水山，破之"；《旧唐书·高宗本纪》（C）"是冬，高侃大败新罗众于横水"，说的都是载宁方面的战斗。但是，如果将这场战斗展开来看它的时间的话，移到一年以前的《新罗本纪》第（1）条记事是九月，第（2）条记事是八月（即秋天），这与唐朝一侧史料的十二月或冬不符合，存有疑问，需要同时核对唐与新罗两侧的史料进行考证。加之《新罗本纪》所见牛岑城之战何时发生的问题，如将它作为问题也一起考虑，那么将会找到最终解决此问题的途径。

然而在牛岑城攻破唐兵的高句丽叛众与唐将高侃白水山之战败钳牟岑余党之间确实存在联系。不，钳牟岑余党此时败亡的结果是丧失了汉城（载宁）附近的根据地，向东远逃，退守离平山很近的牛岑城，并再次击破唐朝高侃或其僚将李谨行的进攻。而且因为李谨行在瓠芦河之西破高句丽叛贼，推测叛贼在牛岑城陷落后奔逃，准备重新以开城附近地区为跳板驻扎。不过记述白水山战斗的《新罗本纪》第（2）记事（白水城和石门之战）是援助高句丽叛党的新罗军败绩的结局，因此唐兵攻陷牛岑城并非这场战斗的延续。那么瓠芦河之西战斗展开的时间是咸亨四年闰五月，相反，是在牛岑城陷落前一年的冬天，那么比它早的白水城战斗不是如《新罗本纪》所记的八月九月吗？笔者认为这样各战斗时间的间隔看来非常自然。然而《资治通鉴》记录白水城战斗时间为十二月，同一战斗在《旧唐书》中被称为横水之战，因为是作为冬天的事件来记录而与笔者的推测背离，这些唐朝一侧的史料与新罗本纪的记事相比省略了牛岑城陷落的事实，不过其时间可以通过白水山、横水战斗的叙述中包含的内容解析出来。那么笔者认为将新罗本纪关于牛岑城战斗的记事向前移一年，拨正了走偏的位置，反而能够确定此前有疑问的白水山战斗的时间了。

愚以为《新罗本纪》常常前后调整记事，这一看法似乎非常大胆，然而绝非如此。在本文后两节的考论中，这一时代本纪记事之错乱使人惊讶，甚至到了过分的程度。

以上考论如无大谬，咸亨三年（672），为征伐从平壤城来并以此为根据地的钳牟岑余党，高侃、李谨行等的行动大略可以整理如下。钳牟岑余党以汉城（载宁）为基地，企图夺还平壤城，占有了大同江以南的韩始城、马邑城，唐兵先攻破收降了二城，同年八月九月顷，又在载宁方面的白水城大败高句丽、新罗联合军。其后，唐军折返平壤城，白水山败绩的高句丽兵则以牛岑城（牛峰里）为根据地，同年冬，唐朝再次出兵将此城攻下。而丧失了牛岑城的高句丽人，再次向南逃奔，在新罗西北境附近瓠芦河（临津江）以西开城附近地区残喘自保，翌年咸亨四年闰五月，李谨行第三次从平壤城南下，予贼徒以重创，后者遂逃奔入新罗国境内。钳牟岑举兵以来的高句丽叛乱至此悉数被平定。

四　唐朝对新罗占有百济故地的处置措施

咸亨元年（文武王十年）春夏之交，新罗向平壤方面出兵以援助钳牟岑叛乱，并从该年秋到翌年秋，对唐朝所领有的百济故地进行侵略。这可从《新罗本纪》的数条记事中获知。

> 文武王十年（咸亨元年）秋七月，王疑百济残众反复，遣大阿飡儒敦于熊津都督府请和，不从，乃遣司马祢军窥觇（祢军是百济人名）王，知谋我（我指新罗），止祢军不送，举兵讨百济。品日、文忠、众臣、义官、天官等，攻取城六十三，徙其人于内地。天存、竹旨等取城七，斩首二千。军官、文颖取城十二，击狄兵，斩首七千级，获战马兵械甚多。王还，以众臣、义官、达官、兴元等□□□寺营退却，罪当死，赦之免职。仓吉于□□□□一，各授位级飡，赐租有差。

> 文武王十一年（咸亨元年）春正月，发兵侵百济，战于熊津（忠清南道公州）南，幢主夫果死之。……闻唐兵欲来救百济，遣大阿飡真功、阿飡□□□□兵，守瓮浦（瓮浦在锦江附近）。六月，遣将军竹旨等，领兵践百济加林城（忠清南道林川，扶余以南约四里）禾，遂与唐兵战于石城（扶余东南约四里的石城里），斩首五千三百级，获百济将军二人、唐果毅六人。

[七八月之交] 置所夫里州（百济故都泗沘，今扶余），以
阿飡真王为都督。

由此可见新罗对百济故地的侵略。第一年七月除攻占了 63 城外，还
有 7 城和 12 城，一共攻取了 82 城；第二年在熊津以南某地、加林城、石
城等这些与百济旧都泗沘城相距不远的地方，新罗与百济遗民及唐兵作
战，遂占领泗沘城，并在该地设置所夫里州。第一年攻击的规模非常大，
由"王还云"可知文武王亲自率兵出战。而且，通过城数可推知其攻占
地域之广阔。因为其中的 82 城没有记录下城的名字，所以尚不知是属于
百济旧有领土的哪些部分。文武王将逃还钳牟岑叛乱兴起之地的安胜安置
于金马渚，此次攻击发生的时间在月末（文武王十年七月）①。金马渚在
今全罗北道南部地方的益山。第二年的攻击区域在以扶余（泗沘城）为
中心的忠清南道南部地区，因此可以推定新罗第一年出兵占领的 82 城所
在地是占据百济故地大半的全罗南北道。第二年攻击的结果是设置了所夫
里州，这带有尽有百济故地的意味。

唐与新罗协力攻陷百济国都泗沘城，并降服义慈王逃跑后所静坐的熊
津城，百济国由此灭亡，这是在高宗显庆五年（660）七月（高句丽灭亡
的 8 年前）。由此引发的大事件就是一以福信为首的百济余众之叛乱，唐
为讨平此叛乱到龙朔三年（663）九月为止足足花费了 4 年时间。叛乱平
定之后，唐朝采取了哪些处置措施，《旧唐书》卷一九九《百济传》有如
下叙述：

百济诸城皆复归顺，孙仁师（从事讨贼的唐朝将领）与刘仁愿
（同孙仁师）等振旅而还。诏刘仁轨（乃刘仁愿之误）代仁愿（乃仁
轨之误）率兵镇守②。乃授扶余隆（义慈王之子）熊津都督，遣还本
国，共新罗和亲，以招辑其余众。

① 参照本文第二节《钳牟岑的叛乱》。
② 关于刘仁轨和刘仁愿的误写，参见下一个注释。

《新罗本纪》文武王四年（唐麟德元年，664）二月条所载是与此相对应的记事①：

> 角干金仁问（文武王之弟）、伊飡天存，与唐敕使刘仁愿、百济扶余隆，同盟于熊津。

即龙朔三年冬，讨贼之将孙仁师、刘仁愿等凯旋（刘仁轨留镇），高宗在翌年麟德元年（文武王四年）初，以刘仁愿为敕使，并授义慈王之子扶余隆为熊津都督之职，二者一同前往百济故地安抚百济余众，同时避免与新罗发生战争。《新罗本纪》中所谓"同盟"，意味着新罗文武王派遣金仁问等到熊津，以唐敕使刘仁愿为证人，与扶余隆盟约和亲。第二年（麟德二年，665）八月，在熊津就利山②，文武王亲自与扶余隆举行了颇为严肃的盟誓。这一誓盟记录在《册府元龟》卷981《外臣部·盟誓》中，《旧唐书·百济传》所载文字与此略同。

> 高宗麟德二年八月，开府仪同三司新罗王金法敏（文武王）、熊津都尉扶余隆，盟于百济之熊津城③。初，百济自扶余璋（义慈王之前的武王）与高丽连和，屡侵新罗之地，新罗遣使入朝，求救，相望于路，及苏定方既平百济军回，余众又叛，镇守使刘仁轨、仁愿等

---

① 关于福信之乱平定后，刘仁愿和刘仁轨的动静（动向），《旧唐书》卷84《刘仁轨传》载："百济之余烬悉平，孙仁师与刘仁愿振旅而还，诏留仁轨勒兵镇守。……仁愿既至京师……又遣刘仁愿率扶渡海，与旧镇兵交代，仍授扶余隆熊津都督，遣以招辑其余众。……于是仁轨浮海西还。"因此前引《百济传》之"孙仁师与刘仁愿等振旅而还""诏刘仁轨（乃刘仁愿之误）代仁愿（乃仁轨之误）率兵镇守"无疑有误，而《新罗本纪》中的"唐敕使刘仁愿"则是对上述误写符合实情的修正。此外，《日本书纪》天智天皇三年五月甲子（十七日）条云："百济镇将刘仁愿，遣朝散大夫郭务悰等，进表函与献物。"天智天皇三年即唐麟德元年、新罗文武王四年，这也证明了《旧唐书·百济传》的错误。

② 详见下一注释。

③ 《新罗本纪》（文武王五年）："秋八月，王与敕使刘仁愿、熊津都督扶余隆，盟于熊津就利山。"下文与《册府元龟》卷981录文略同。就利山之名不见于《册府元龟》卷981，文武王寄书（后文所引）中"又于就利山筑坛，对敕使刘仁愿，歃血相盟"。《天地祥瑞志》（前田侯爵家藏本，卷2）所收盟文对此山的注云："山，百济地也，由盟，改乱山为就利山，在只马县也。"由此可知，盟誓之前此山名为乱山。

经略数年，渐平之。诏扶余隆，归抚余众，及令与新罗和好，至是刑白马而盟，先祀神祇及川谷之神，而后歃血。其盟文曰……故立前百济太子司稼正卿扶余隆为熊津都督，守其祭祀，保其桑梓，依倚新罗，长为与国，各除宿憾，结好和亲，恭承诏命，永为藩服。仍遣使人右威卫将军鲁城县公刘仁愿，亲临劝谕，具宣成旨，约之以婚姻，申之以盟誓，刑牲歃血，共敦终始，分灾恤患，恩若兄弟，祇奉纶言，不敢失坠，既盟之后，共保岁寒，若有背盟，二三其德，兴兵动众，侵犯边陲，神明监之，百殃是降，子孙不育，社稷无守，禋祀磨灭，罔有遗余。故作金书铁券，藏之宗庙，子孙万代，无敢违犯，神之听之，是享是福。刘仁轨之辞也①，歃讫，埋书牲币于坛之壬地，藏其书于新罗之庙，于是仁轨领新罗、百济、耽罗、倭人四国使，浮海西还，以赴太山（泰山）之下②。

关于第二次誓盟，在日后（文武王十一年、唐咸亨二年）文武王寄给唐朝将领的书信③中又被提及：

> 周留（福信本据之周留城）失胆，遂即降下。南方（指周留城）已定，回军北伐（周留城陷落之后，别帅迟受信据北方的任存城而不降），任存一城，执迷不降。两军（唐罗两军）并力，共打一城，固守拒扞，不能打得。新罗即欲回还，杜大夫（刘仁轨僚将杜爽）云："准敕，既平已后，共相盟会，任存一城，虽未降下，即可共相盟誓。"新罗以为"准敕，既平已后，共相盟会，任存未降，不可以为既平。又且百济，奸诈百端，反复不恒，今虽共相盟会，于后恐有

---

① 依《旧唐书·刘仁轨传》所载，刘仁轨麟德元年（664）与刘仁愿交代之后，即返回本国（参照注释14）。翌年再次被派往百济之事之所以不见于《旧唐书》的《刘仁轨传》和《百济传》，乃是史家记载的遗漏，这一点可由《册府元龟》卷981"刘仁轨之辞也"其下文"于是仁轨……浮海西还"证明。刘仁轨的文采超群见于《旧唐书·刘仁轨传》："仁愿既至京师，上谓曰：'卿在海东，前后奏请，皆合事宜，而雅有文理。卿本武将，何得然也？'对曰：'刘仁轨之词，非臣所及也。'上深叹赏之，因超加仁轨六阶。"

② 《旧唐书·刘仁轨传》载："麟德二年，封泰山，仁轨领新罗及百济、耽罗、倭四国酋长赴会，高宗甚悦，擢拜大司宪。"

③ 《新罗本纪》文武王十一年"大王报书"（对唐将薛仁贵寄书的答复）。

噬脐之患"，奏请停盟。至麟德元年，复降严敕，责不盟誓，即遣人于熊岭，筑坛共相盟会。仍于盟处，遂为两界。盟会之事，虽非所愿，不敢违敕（金仁问等行盟誓）。又于就利山筑坛，对敕使刘仁愿，歃血相盟，山河为誓，画界立封，永为疆界，百姓居住，各营产业（文武王亲行盟誓）。

如据文武王此语，则新罗是被唐朝强迫不得已而进行盟誓。而且，这一盟誓是自福信叛乱被平定之前就开始存在的问题（第二次誓盟之际，盟辞的作者在《册府元龟》被明确记为刘仁轨，但由文武王这一答书可知证人是刘仁愿）。

福信之乱被平定以后，高宗的这种处置措施可谓颇为巧妙。即让扶余隆存续百济祭祀，从而安抚其旧有百姓，杜绝叛乱的再起，同时通过与文武王牢固的盟誓，使得新罗不能侵略百济旧地。如此一来，唐朝并不怎么费力就能保持对百济旧地的领有。高宗如此考虑，且执意于这种处置措施。其盟誓背后隐藏的重要事实无疑是新罗对百济旧地有着无法克制的潜在欲望。这不仅是唐朝强加盟誓于新罗的理由，也是新罗不希望如此处理的理由。这样的话，结局如何呢？《旧唐书·百济传》所载"歃讫，埋币帛于坛下之吉地，藏其盟书于新罗之庙。仁愿、仁轨等既还，隆惧新罗，寻归京师"。（依据上引《册府元龟》文字，就利山盟誓之后归返唐朝的是仁愿、仁轨之中的仁轨）透露出新罗使用某种手段把扶余隆当作障碍来对待。即盟誓之后，将金书铁券藏在宗庙。麟德二年的第二年即乾封元年（666），高宗兴起讨灭高句丽之役，命百济镇将刘仁愿与新罗军合力进击平壤。然而刘仁愿因没有按照命令行事，总章元年（668）平壤城被攻陷之前他已被贬谪①。其后两三年间，并没有新的镇将赴任。由此，新罗废弃了一半的盟约，自咸亨元年秋至翌年秋（670—671），新罗占领了上述百济故地。

关于新罗向百济故地出兵的发端，上引《新罗本纪》中载，"王（文武王）疑百济残众反复，遣大阿飡儒敦于熊津都督府，请和，不从，乃

---

① 《东洋学报》第17卷第1号（昭和三年四月）所载池内宏《唐高宗の高句麗討滅の役と卑列道·多谷道·海谷道の稱》。

遣司马祢军［来］窥觇，王知谋我，止祢军不送，举兵讨百济"，然而百济残众反复、新罗请和全都是意义含混的文字，因此很难察知其真相。又，翌年秋文武王之书（后文论述）中说到钳牟岑叛乱，"至咸亨元年六月，高丽谋叛，摠杀汉官。新罗即欲发兵，先报熊津云：'高丽既叛，不可不伐，彼此俱是帝臣，理须同讨凶贼，发兵之事，须有平章，请遣官人来此，共相计会。'百济司马祢军来此，遂共平章云：'发兵已后，既恐彼此相疑，宜令两处（熊津都督府及新罗）官人，互相交质。'即遣金儒敦及府城百济主簿首弥长贵等，向府平，论交质之事。百济虽许交质，城中仍集兵马，到彼城下，夜即来打"。然而，咸亨元年三月至四月，新罗为援助钳牟岑举兵叛乱而出兵，六月中以共同出兵讨伐凶贼为由试图与熊津都督府的百济人（拥有唐朝官职）交涉，这是为消除自己的嫌疑、掩盖自己叛逆的行为而进行的虚构陈述。总之，虽然不知道新罗出兵以前的具体过程，但仔细玩味《新罗本纪》的记载，刘仁愿离开后并无唐朝镇将进驻的熊津都督府，该地的百济人企图反抗新罗，双方间产生冲突，笔者认为这正给了新罗满足多年来就怀有的野心的大好机会。

新罗占领了半岛内部唐朝的领土。侵略最终结束是在文武王十一年（咸亨三年）七八月，即钳牟岑叛乱平定以后高侃引兵返回辽东约一年后，在安市城大破高句丽叛贼的大略同一时期。这无疑是唐朝的重大事件，但不可思议的是中国一侧的史籍中竟然没有关于唐朝对此如何处置的记载。

然而据《新罗本纪》文武王十一年记载，该年六月，新罗军与唐兵在石城与百济军作战并获大捷（这些唐兵是刘仁愿离开百济地后所留下的兵士，估计数量寡少），前引记事说，"秋七月二十六日，大唐总管薛仁贵使琳润法师，寄书曰"，并收录了琳润（在唐新罗僧侣）带来的薛仁贵寄书以及文武王对此所作的答书。其后，还记载了前引设置所夫里州的记事。笔者推定所夫里州设置的时间是七八月。

薛仁贵的书信用抽象的文字责备新罗的叛逆行为，文武王的答书则举出具体的事实辩称历来为唐朝而做的努力，而其时薛仁贵的使命绝非文书之授受。他好像是为了向新罗问罪，自率水军前来，将兵船列于锦江口，并攻入熊津。这由文武王的答书可知：

使人琳润至，辱书，仰承，总管（薛仁贵）犯冒风波，远来海外，理须发使郊迎，到其牛酒，远居异城（新罗的国都），未获致礼，时阙迎接，请不为怪，披读总管来书，专以新罗，已为叛逆，既非本心，惕然警罹，数自功夫，恐被丝辱之讥，缄口受责，亦入不弔之数，今略陈冤枉，具录无叛，国家不降一介之使，垂问元由，即遣数万之众，倾覆巢穴，楼船满于沧海，舻舳连于江口，数彼熊津，伐此新罗。

而且，《新罗本纪》中也有同年十月新罗军队击沉唐朝运漕船的记事：

冬十月六日，击唐漕船七十余艘，捉郎将钳耳大候士率百余人，其沦没死者，不可胜数，级湌当千功第一，授位沙湌。

新罗对唐朝水军的打击，无疑就是薛仁贵前来征讨时所发生的事件。对此参照《新罗本纪》关于翌年（文武王十二年）九月条的记事可以明确：

王以向者百济往诉于唐，请兵侵我，事势急迫，不获申奏，出兵讨之。由是，获罪大朝，遂遣级湌原川、奈麻边山，及所留兵船郎将钳耳大侯、莱州司马王艺、本烈州长史王益、熊州都督府司马祢军、曾山司马法聪、军士一百七十人，上表乞罪。

又，《新罗本纪》在设置所夫里州记事前，记载了关于击沉唐运漕船之前的情况："九月，唐将军高侃等，率蕃兵四万到平壤，深沟高垒，侵带方。"此外，关于此条记事的批判如前所述，第二年（文武王十二年）的白水城之战（高侃对钳牟岑余党及给予其增援的新罗军的讨伐）相关记事的记录有误，与薛仁贵讨伐新罗全然无关。

翻检《旧唐书》卷八三《薛仁贵传》，仁贵在咸亨元年以后、上元元年（咸亨五年）以前的某一时间，被授予鸡林道总管，以讨伐高句丽叛众。即"咸亨元年，吐蕃入寇，又以仁贵为逻娑道行军大总管，率将军阿史那道真、郭待封等以击之。……寻而高丽众相率复叛，诏起仁贵为鸡林道总管以经略之。上元中，坐事徙象州，会赦归"。如本文第二节所述，出征吐蕃是在咸亨元年四月，与钳牟岑起兵叛乱的时间大致相同。随后，薛仁贵对高句丽叛众进行讨伐，叛乱者在咸亨三年（文武王十二年）卷土重来，这些叛乱者是钳牟岑余党。尽管如此，针对这场叛乱进行军事动员的唐朝将领却并非薛仁贵，而是与钳牟岑起兵同时出兵的高侃和李谨行。这一点毫无疑问也已经论述过了。既然如此，记载薛仁贵担任鸡林道总管讨伐高句丽叛乱的《薛仁贵传》，毫无疑问是将咸亨二年率水军东征以问新罗侵百济之罪的事实，附会于翌年出现的钳牟岑余党叛乱了。这样来看"鸡林道总管"的名称另有其特定含义。因为所谓鸡林无疑是指新罗，由此可知《新罗本纪》中薛仁贵被冠以的"总管"就是鸡林道总管。幸运的是《薛仁贵传》虽有这样的记事错误，但中国一侧史料的这一记载不见于其他文献，所以我们从中仍可朦胧地窥知薛仁贵讨伐新罗的部分事实。

钳牟岑余党之乱被平定，唐朝即任命刘仁轨为鸡林道大总管，李谨行为副总管，以征伐新罗。下一节将详细论述上元元年、二年（674、675）唐朝与新罗之战。《新罗本纪》文武王十五年（上元二年）记录了上元年间战役之间的关系：

> 秋九月，薛仁贵以宿卫学生风训之父金真珠，伏诛于本国（新罗），引风训为乡导，来攻泉城。我将军文训等，逆战胜之，斩首一千四百级，取兵船四十艘。仁贵解围退走，得战马一千四。

但是依据前引《薛仁贵传》记载，上元中，薛仁贵被流放象州，而且薛仁贵与新罗兵交战的记事仅有《新罗本纪》这一条，笔者怀疑可能是其他战役的相关记事错记到这里了。不仅如此，《新罗本纪》第二年即文武王十六年还有同类性质的记事：

> 冬十一月，沙飡施得领船兵，与薛仁贵战于所夫里州伎伐浦，败绩，又进，大小二十二战，克之，斩首四千余级。

唐朝以上元二年为起点征伐新罗，上元三年改元为仪凤元年（676，文武王十六年），此年春，唐朝执意于采取完全放弃朝鲜半岛的政策措施（详见本文第六节）。因此薛仁贵应该不会于十一月攻入百济故地。既然如此，关于泉城之战之前的记事，以及这条关于伎伐浦之战的记事无疑全都是咸亨二年（671）薛仁贵成为鸡林道总管进攻新罗时期的交战事实①。与这些记事同年的十月六日的唐船击沉相关的记事，可以补充中国史籍关于这次战役的遗漏。

观察这场战役的经过，如果薛仁贵以新罗留学生风训为向导渡海进攻名为泉城的城是在咸亨二年九月的话，那么《新罗本纪》"（同年）七月二十六日，大唐总管薛仁贵使琳润法师，寄书曰"所说的派遣留学僧琳润肯定就是其前奏（琳润先于薛仁贵单独前来，七月二十六日是他所携带的问责的书信中记录的日期）。泉城地名不见于《三国史记·地理志》。与之类似的还有《新唐书·高丽传》中出现的泉山，本文第三节已将泉山考定为白水山（白水城）的误写，且并非海边之城。《新罗本纪》文武王八年六月条"刘仁轨奉皇帝敕旨，与宿卫沙飡金三光到党项津。王使角干金仁问（王之弟），廷迎之以大礼。于是，右相（刘仁轨）约束讫，向泉冈"，出现了与党项津并称的地名泉冈。党项津作为扼守新罗连通唐朝交通路的重要港口，与泉城、泉山具有相同的意义。党项津比定为京畿道水原郡南阳附近，与之相对，泉城的位置则是仁川地方的海边②。进攻泉城失利的薛仁贵，依据前引文武王的答书"楼船满于沧海，舻舳连于江口，数彼熊津，伐此新罗"，则在南下渡过锦江登陆后与新罗军队交战。钳耳大侯所率的漕船七十余艘被击沉，钳耳大侯以下多数将士被俘虏，其间即是事件的时间（十月六日）。而且，在十一月，发生了新罗的船兵使薛仁贵大败的所夫里州伎伐浦之战。伎伐浦即白江，指锦江下

---

① 袭击泉城的薛仁贵，自唐朝本国出发时一起前来的新罗留学生风训，是被新罗诛杀的金真珠之子。现在如果将这条记事从文武王十五年九月移到十一年九月，那么就接近于《新罗本纪》十年十二月条所说的"汉城州总管薮世，取百济□□□□□国，适彼事觉，遣大阿飡真珠，诛之"之记载了。金真珠本人伏诛不见于《新罗本纪》，乃是史传的遗漏。

② 《东洋学报》第17卷第1号（昭和三年四月）所载拙稿《唐高宗の高句丽讨灭の役と卑列道·多谷道·海谷道の称》。

游①。薛仁贵想要迫近所夫里州（泗沘城），但失败了。战争到此时宣告终结，薛仁贵荷载着"连败"的不名誉返回本国。因此，他被流放象州。

翌年咸亨三年（文武王十二年）秋，新罗出兵支援钳牟岑余党之叛乱，与唐朝将领高侃等在大同江以南的白水城作战并大败。此后级飡原川被派往唐朝将此时仍抑留的钳耳大侯等将士一百七十人送还，并上表就侵占百济一事谢罪，还进献银三万三千五百分、铜三万三千分、针四百枚、牛黄一百二十分、金一百二十分、四十升布六匹、三十升布六十匹，这可以看作新罗获得百济故地所花费的代价。

五 唐朝的新罗征伐：上元元年、二年之役

唐朝从咸亨元年到咸亨四年，平定了高句丽遗民的叛乱，随即动员军队对新罗予以征伐。因为其间新罗不仅援助高句丽遗民叛乱，还占领了百济故地。以下考察这场唐朝征伐新罗的战争始末，阐明其中历来都不明确的事实。

关于唐朝的出兵，《资治通鉴》卷二〇二《唐纪十八》载：

> 春，正月，壬午，以左庶子、同中书门下三品刘仁轨为鸡林道大总管，帝以新罗国为鸡林州。卫尉卿李弼、右领军大将军李谨行副之，发兵讨新罗。时新罗王法敏既纳高丽叛众，又据百济故地，使人守之。上大怒，诏削法敏官爵；其弟右骁卫员外大将军、临海郡公仁问在京师，立以为新罗王，使归国。

上元元年（674）为咸亨五年的改元之年，也是讨平高句丽之后的第二年（文武王十四年）。出兵的结果，见于《旧唐书·高宗本纪》：

> 上元二年二月，鸡林道行军大总管大破新罗之众于七重城，斩获甚众。新罗遣使入朝献方物，伏罪；赦之，复其王金法敏官爵。

---

① 《三国史记·百济本纪》义慈王二十年条白江注云"或云伎伐浦"。

比这更为详尽的记载见《资治通鉴》卷二〇二《唐纪十八》的记事（《册府元龟》卷九八六《外臣部三一·征讨第五》记事与此文字略同）：

> 上元二年二月，刘仁轨大破新罗之众于七重城；又使靺鞨浮海，略新罗之南境，斩获甚众。仁轨引兵还。诏以李谨行为安东镇抚大使，屯新罗之买肖城以经略之，三战皆捷（《册府元龟》为"三战新罗皆败"），新罗乃遣使入贡，且谢罪；上赦之，复新罗王法敏官爵。金仁问中道而还，改封临海郡公。

《新唐书·高丽传》及《唐会要》卷九五《新罗》对于此战役相关记事，文字虽略有差异，但通过对照文字，可知二者无疑依据的都是与《资治通鉴》相同的材料，也就没有必要抄引了。

通过对《资治通鉴》记事的考察，第一，主将刘仁轨在七重城破新罗军；第二，另从海上派遣靺鞨兵进攻新罗南境；第三，刘仁轨率领兵士返回之后，副将李谨行依照高宗诏命任安东镇抚大使，在买肖城与新罗军作战；第四，新罗谢罪使入朝之际唐高宗即赦免了文武王之罪，恢复了其战争期间被削夺的官爵，这些全部发生在从颁下出兵诏书开始一年后的上元二年二月。但笔者不认为如此连续的诸多事件发生在短短一个月内。而且，《新唐书》卷一八〇《刘仁轨传》载："咸亨五年（上元元年），为鸡林道大总管，东伐新罗，仁轨率兵，绝瓠芦河，攻大镇七重城破之。"说明七重城之战发生的年份是在上元元年。如果是这样的话，笔者认为七重城之战后连续的各种事件其实跨度为两年，与上元二年相联系的事实是上元元年二月的"上大怒，诏削法敏官爵"和与其相对应的"上赦之，复新罗王法敏官爵"。

接下来要考察的是与这场战争相关的新罗一侧的记载。《资治通鉴》所记载的高宗派出问罪之师的记事，被采录在《新罗本纪》文武王十四年条。不过，此事被记入正月条中，似乎是编纂者的疏忽。《新罗本纪》本年条没有涉及唐兵来侵的记事，在翌年十五年（上元二年）前半部分的记事如下所示（分为两部分，并做记号）。

（A）二月，刘仁轨破我兵于七重城。又使靺鞨浮海，略新罗之南境，斩获甚众，仁轨引兵还，诏以李谨行为安东镇抚大使，屯新罗之买肖城，以经略之，三战皆捷。王乃遣使，入贡且谢罪，帝赦之，复王官爵。金仁问中路而还，改封临海郡公。

（B）然多取百济地，遂抵高句丽南境为州郡。

（A）取自《资治通鉴》上元二年二月条。不过，在《资治通鉴》原文中用"□"加入了补充的重要文字，需要特别注意这一部分被省略的文字。（B）是《资治通鉴》对《新唐书·新罗传》"诏复法敏官爵。然多取百济地，遂抵高丽南境矣"记载的补充。《新罗本纪》这一记事同一年记载的后半部分如下所列。为论述便宜，进行了相应裁切。

（C）闻唐兵与契丹、靺鞨兵来侵，出九军待之。

（D）秋九月，薛仁贵以宿卫学生风训之父金真珠，伏诛于本国（新罗），引风训为乡导，来攻泉城。我将军文训等，逆战胜之，斩首一千四百级，取兵船四十艘。仁贵解围退走，得战马一千匹。

（E）二十九日，李谨行率兵二十万，屯买肖城，我军击走之，得战马三万三百八十四，其余兵仗称是。（买肖城之战）

（F）遣使入唐，贡方物。

（G）缘安北河设关城，又筑铁关城。

（H）靺鞨入阿达城劫掠，城主素那逆战死之。

（I）唐兵与契丹、靺鞨兵来，围七重城，不克，小守儒冬死之。（七重城之战）

（J）靺鞨又围赤木城，灭之，县令脱起率百姓拒之，力竭俱死。

（K）唐兵又围石岘城，拔之，县令仙伯悉毛等，力战死之。

（L）又我兵，与唐兵大小十八战，皆胜之，斩首六千四十七级，得战马二百匹。

从（C）至（L）诸项记载中，（F）依据的是《册府元龟》卷九七〇《朝贡三》："上元二年九月，新罗王金法敏，遣使献方物。"其他各项，悉为新罗一侧史传，（E）为买肖城之战，（I）叙述的是七重城之战，先请读者注意。

现在转入对以上《新罗本纪》记事的批判。依据前引《资治通鉴》文字，李谨行的军队迫近买肖城，不是在七重城（今积城）之战以前，而是在刘仁轨攻破新罗这一北境重镇、临津江畔之城而北还之后。买肖城，据《三国史记》卷三五《地理志二》载，"来苏郡，本高句丽买省县，景德王改名，今见州"，高丽时代见州在积城和京城大约中间的位置上，相当于今杨州①，交战的经过在《资治通鉴》中很清楚。即《新罗本纪》明显地是把（E）和（I）的顺序颠倒了。《新罗本纪》的编纂者一方面引用《资治通鉴》的文字设定了（A），另一方面将同一年（上元二年）二月以前的事件放置在与这些战争无关的九月条（D）记事的后面，这是不合理的。而且，在引用《资治通鉴》文字时，将其中关于买肖城之战的一句省略了，笔者认为这是有意为之。再来看（D），在攻击前面两个城的陆军之外，薛仁贵还率领水军在泉城与新罗作战并遭受大败。上元元年、二年战争中唐朝水军的行动见于《资治通鉴》"又使靺鞨浮海，略新罗之南境，斩获甚众"，其将帅的名字无从得知，但依据它之前的记事，这支水军有策应刘仁轨进攻七重城之意。随后的所谓"新罗之南境"指的是临津江及汉江下游地区（新罗的西北境）。然而《新罗本纪》的编纂者在转录《资治通鉴》的文字时又特别将这一句删除了［参照（A）］，这是前面提及的。这无疑是因为它是被（D）替换掉了。但是前一节已批判了（D），前文所叙述的咸亨二年（文武王十一年）薛仁贵为问新罗侵略百济之罪，率领水军进攻新罗西海岸时的交战事实，是被记载在其四年前的（文武王七年）九月条之下的。这一条是与这场战役无关而被掺进来的记事。既然如此，与陆上战斗相关的（E）（买肖城之战）和（I）（七重城之战）以及与之同时的上元元年、上元二年战争中唐朝水军的行动在新罗一侧的史料中是如何记载的？而且，《新罗本纪》其他部分有无错乱掺入的可能性？

《新罗本纪》文武王十三年关于唐兵前来进攻的记事如下，分为四部分并做标记。

———————————

① 《东国舆地胜览》卷11《杨州牧·建制沿革》。

（P）九月……王，遣大阿湌彻川等，领兵船一百艘，镇西海。

（Q）唐兵与靺鞨、契丹兵来，侵北边，凡九战，我兵克之，斩首两千余级，唐兵溺瓠泸、王逢二河，死者不可胜计。

（R）冬，唐兵攻高丽牛岑城，降之。

（S）契丹、靺鞨兵攻大杨城、童子城，灭之。

李谨行在瓠芦河以西破高句丽叛贼，其余众奔入新罗国境内，其记事是在（咸亨五年、文武王十三年）闰五月，所见的相同的河水名与此条记载之战役无关，此在第三节已述。可是，如果将（R）提前到一年以前，即在瓠芦河以西战斗以前有中国一侧的史籍中未见的那样的战斗，那么就能说明唐朝军队对高句丽反叛的讨伐经过是合乎逻辑的。这在之前也已考证过了。然而，上元元年、二年之战争，是瓠芦河以西之战后，唐兵进攻新罗的唯一战役。其余（P）、（Q）、（S）不是可与这场战斗相联结的记事吗？我想一定是这样。所以要重新考察的是与新罗军作战并大败的唐军（靺鞨、契丹兵士）所溺死的瓠芦河、王逢河以及靺鞨、契丹兵士攻陷的大杨城、童子城的位置。

瓠泸河毋庸置疑是瓠芦河的字面稍微改易。该河也被称为七重河，即今临津江。王逢河，通过新罗汉阳郡（郡治在今天的京城）所属的王逢县（一名遇王县）的位置可知，指的是还没有汇入临津江水流之前的汉江下游。《三国史记》卷三五《地理志》对王逢县的记载为："遇王县（王逢县），本高句丽皆伯县，景德王改名，今幸州。"幸州，据《东国舆地胜览》卷一一《高阳郡·古迹》，"王逢废县，即幸州，在县南十五里"，今为京城西北约四里汉江右岸的杏州。童子城，据《三国史记》卷三五《地理志》，是新罗长堤郡（郡治在今富平）的属县，"童城县，本高句丽童子忽（金富轼原注：一云幢山县）县，景德王改名，今因之"。《东国舆地胜览》卷一〇《通津县·古迹》载："童城废县，在县东二十里。""童城山古城，石筑，周八百七尺，高二十尺，今半颓圮。"参照《大东舆地图》，可知位于通津以东二里半，接汉江西岸的今天奉城里的奉城山山城，无疑就是古代童子城的遗址。大杨城位置考定缺乏资料，但应在临津江与汉江合流点附近。

　　如果上引记事中的瓠芦河为临津江，王逢河为汉江下游，大杨城、童子城在这两条江合流点附近，那么不能不认定跳过（R）的（Q）与（S）之间存在直接关联。其详言新罗军与唐兵及靺鞨、契丹兵作战并获大捷，将敌人溺于瓠芦河、王逢河必定是同一支靺鞨契丹兵进攻大杨城、童子城的战斗。其时，胜利的新罗军由前引（P）"九月……王，遣大阿飡彻川等，领兵船一百艘，镇西海"可知肯定是水军。唐朝所派遣来的契丹、靺鞨兵自然也可以推知不是陆军。总之，《新罗本纪》的（P）、（Q）、（S）记载的是靺鞨、契丹兵士构成的唐朝水军，他们在进攻临津江与汉江合流点附近时，新罗将军彻川率一百艘兵船将其击破，事件的顺序应改为（P）、（S）、（Q）。《新罗本纪》这一节所记载的上元元年、二年战争中新罗兵船的出动与唐朝水军的行动，无疑是新罗方面的记事。这不正与《资治通鉴》"又使靺鞨浮海，略新罗之南境，斩获甚众"记载略合吗？但是二者对于彼此胜败的立场完全不同，唐朝方面"斩获甚众"是对战败的矫饰文字。

　　前文也已涉及，《新罗本纪》编纂者采录《资治通鉴》文字的时候，删除了从海上派遣靺鞨兵士进攻新罗南境的部分，为填补其空白，另外将记载薛仁贵所率水军来侵（泉城攻击）的（D）植入。这是与之完全无关的四年前的事实。然而在它之前的（C）"闻唐兵与契丹、靺鞨兵来侵，出九军待之"，记载了新罗军防备唐军进攻而出动的事实，并与（P）、（Q）、（S）并排记载，通过双方的比较阅读可知，（D）一定是具有居首要位置性质的记事。随后，《新罗本纪》编者不顾（P）、（Q）、（S）当然是紧随（C）之后的顺序，将其置于两年前的咸亨四年（文武王十三年），不仅将（S）、（Q）的排列顺序颠倒为（Q）、（S），而且还把本属于咸亨三年冬记事的（R）植入其间。而且，前面已指出，将（I）（七重城之战）置于（E）（买肖城之战）之后也是不合理的。现在由（I）"唐兵与契丹、靺鞨兵来，围七重城，不克，小守儒冬死之"来看，明确"契丹、靺鞨兵"为水军后，刘仁轨攻击七重城以及与此相呼应的水军的来袭是被混合在一起叙述的记事。

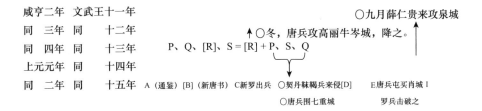

咸亨二年　文武王十一年　　　　　　　　　　　　　○九月薛仁贵来攻泉城
同　三年　同　　十二年　　　　↑○冬，唐兵攻高丽牛岑城，降之。↑
同　四年　同　　十三年　　　　P、Q、[R]、S＝[R]＋P、S、Q
上元元年　同　　十四年
同　二年　同　　十五年　A（通鉴）[B]（新唐书）C新罗出兵　○契丹靺鞨兵来侵[D]　　E唐兵屯买肖城I
　　　　　　　　　　　　　　　　　　　　　　　○唐兵围七重城　　　　　罗兵击破之

　　［　］内为从此战役中被排除掉的无关的记事。由此可整理如下。

$$A = C + I + P, S, Q + K + E$$

今为一目了然各条记事，遂按顺序重新排列。

《资治通鉴》	《三国史记·新罗本纪》
刘仁轨大破新罗之众于七重城。	（C）闻唐兵与契丹、靺鞨兵来侵，出九军待之。 （I）唐兵与契丹、靺鞨兵来，围七重城，不克，小守儒冬死之。 （契丹、靺鞨是水军，唐兵包围七重城从陆上来） （P）王，遣大阿飡彻川等，领兵船一百艘，镇西海。
又使靺鞨浮海，略新罗之南境，斩获甚众。	（S）契丹、靺鞨兵攻大杨城、童子城，灭之。 （Q）唐兵与靺鞨、契丹兵来，侵北边，（此句"唐兵"以下，须放置在C和I之间）凡九战，我兵克之，斩首两千余级，唐兵溺瓠泸、王逢二河，死者不可胜计。
仁轨引兵还，诏以李谨行为安东镇抚大使，屯新罗之买肖城。 以经略之。 三战皆捷。	（E）二十九日，李谨行率兵二十万，屯买肖城，我军击走之，得战马三万三百八十匹，其余兵仗称是。

　　纠正《新罗本纪》的记事错乱，并与《资治通鉴》文字相对照的结果，是各交战的胜负关系被互相对调了。究竟哪一个是妥当的呢？通过《资治通鉴》所记载的刘仁轨攻破临津江畔的七重城（积城）来看，笔者认为《新罗本纪》的"唐兵……围七重城，不克"的记载掩盖了

事实。若是七重城的防御得以维持，代行刘仁轨统兵的李谨行绝不会进攻买肖城（比定为今之杨州，在积城与京城中间）。然而因为仪凤元年（上元三年）唐朝采取放弃半岛政策分明就是上元元年、二年之战的结果，所以《资治通鉴》"三战皆捷"歪曲了事实，侵入临津江河口附近地区的靺鞨水军以及进攻买肖城的李谨行兵，分别指《新罗本纪》的（Q）和（E）。引用《资治通鉴》文字的《新罗本纪》，删去"三战皆捷"一句，而买肖城之战（E）和七重城之战（I）以及将四年前的事实错误地植入的泉城之战（D）全都是为了叙述新罗军的胜利而造作出来的。

以上，以《资治通鉴》关于上元元年、二年之战的记事为基础，对与之相对应的新罗一侧史料予以检讨批判，完成了对此战的考察。因《新罗本纪》还有没做说明的（G）、（H）、（J）、（K）、（L）等记事，则以下对其略进一步予以考察。

（G）缘安北河设关城，又筑铁关城。

朝鲜近世史家安鼎福，认为安北河是未知的河水，对铁关城则以"铁岭亦称铁关"予以说明。① 依据《东国舆地胜览》卷四九《安边府》"铁岭，在府南八十三里，高丽置关门，号铁关"记载，新罗时代的铁关城高丽朝时代的铁岭关，即今之铁岭。新罗的铁关城，据《新唐书》卷二二〇《新罗传》载："其国连山数十里，有峡，固以铁阖，号关门，新罗常屯弩士数千守之。"我认为那座可以屯兵数千的城池似乎不应该是位于完全没有平地的铁岭之上。高丽时代至李朝时代咸镜南道德源地区有以要冲而为人所知的名为铁关的城。德源邑北方约一里半，沿海岸通往文川的街道左侧耸峙着的望德山古城就是铁关城遗址。因此笔者认为铁岭关的略称就是这座城，也就是新罗文武王时期所筑之铁关城。它也是沿着德源邑以北名为北面川的小河，安边、会宁之间的街道与安边与平壤之间的街道（越过马息岭及阿虎飞岭，连接阳德、成川、江东之路）的分界点，是安边的要冲之地。修筑铁关城的同时，沿安北河设置关城，一定意味着

_____

① 《东史纲目》卷4下。

望德山铁关城本城是设置在要冲之地。由此我认为安北河可以比定为北面川。①

新罗文武王八年（唐总章元年，668）在高句丽灭亡不久前，略取了安边附近地区，在该地设置比烈忽州作为东北境的镇城。② 七年之后的文武王十五年（上元二年），又在与此地相距不远的德源地区布设防御设备。这是为了防御靺鞨入侵，以下要说明的两条记事可以明确这一点。

（H）靺鞨入阿达城劫掠，城主素那逆战死之。

素那为抵御靺鞨入侵而战死的阿达城，由《三国史记》卷四七《素那传》"百济灭后，汉州都督都儒公，请大王（太宗武烈王），迁素那于阿达城，俗御北鄙"（前引素那所守为百济的北境之城）以及"阿达城邻敌国"两条记载可知，是新罗与靺鞨相接的东北边境方面的一座城。因为"北鄙"意味着东北边境，而"敌国"无疑指的是靺鞨。靺鞨进攻该城的时间及有关情况由见于同传："上元二年乙亥春，阿达城太守级飡汉宣、教民，以某日齐出种麻，不得违令。靺鞨谍者认之，归告其酋长。至其日，百姓皆出城在田，靺鞨潜师，猝入城剽掠，一城老幼狼狈，不知所为，素那奋刃向贼……遂愤怒突贼，贼不敢迫，但向射之，素那亦射，飞矢如蜂，自辰至酉，素那身矢如猬，遂倒而死。"由此来看，靺鞨入寇阿达城是与唐军侵入临津江附近几乎同时发生的事变。

确凿无疑的是，靺鞨入寇阿达城是在上元二年春，《新罗本纪》编纂者依据《册府元龟》"上元二年九月，新罗王金法敏，遣使献方物"记载，将（H）排列于（F）之后。关于七重城之战的叙述（I）没有放在（F）之后，而是因前述之理由移到了前一年（上元元年、文武王十四年）条。而且是与（E）（买肖城之战）的"二十九日"、（D）（薛仁贵攻击

---

① 有关铁关城及安北河的关城，考察新罗东北境沿革的其他论文详见《真興王の戊子巡境碑と新羅の東北境》第五节（朝鮮總督府古蹟調查特別報告第六册，收入《滿鮮史研究》上世第二册）。

② 参阅池内宏《真興王の戊子巡境碑と新羅の東北境》第四节。

泉城）的"秋九月"都没有关系的上元二年正月二十九日。①

（J）靺鞨又围赤木城，灭之，县令脱起率百姓拒之，力竭俱死。

赤木城，就是《三国史记》卷三五《地理志》连城郡（郡治在今淮阳）条所载"丹松县，本高句丽赤木镇，景德王改名，今岚谷县"中的赤木镇。其位置，《东国舆地胜览》卷四七载："岚谷县在府（淮阳府）西三十里。"对照《大东舆地图》及现在的实测图，比定为淮阳西南直径约三里半的地方，在蓝谷面的县里。县里北面负山，其山有石垒的遗址。这相当于《东国舆地胜览》所谓"岚谷县北山城，石筑周八百八十四尺，今废"，即古代的赤木城。自德源、安边方面向南，溯安边的南大川之溪谷而上，经三防附近的赤木岭越过铁岭西南连绵的山脉，其道路经县里通往淮阳。因此，笔者推测侵入赤木城的靺鞨是属于元山、德源地方的一部。劫掠阿达城的也是来自同一地方的靺鞨。而且，通过审视阿达城的位置，我们可以得出结论：此城是比烈忽（安边）邻接靺鞨边境的一座边城，而非其附近的一城。

（K）唐兵又围石岘城，拔之，县令仙伯悉毛等，力战死之。

石岘城之名，公元4世纪末，高句丽广开土王（好太王）侵略百济北方边境诸城之一，见于《三国史记·百济本纪》辰斯王八年条："秋七月，高句丽王谈德（广开土王）帅兵四万，来攻北鄙，陷石岘城等十余城。王闻谈德能用兵，不得出拒，汉水北诸部落多没焉。冬十月，高句丽攻拔关弥城。"翌年，阿莘王意图恢复，但未成功，《百济本纪》阿莘王二年条载："秋八月，王谓武（左将真武）曰'关弥城者，我北鄙之襟要也，今为高句丽所有，此寡人之所痛惜，而卿之所宜用心而雪耻也'。遂谋将兵一万，伐高句丽南鄙，武（真武）身先士卒，以冒矢石，意复石

---

① 上元二年二月以前李谨行对买肖城的攻击无疑是已经进入了二年。《三国史记》卷43《金庾信传》"至乙亥年，唐兵来攻买苏川城"就是其证据。乙亥是上元二年，买苏川城是买肖城。

岘等五城，先围关弥城，丽人婴城固守，武以粮道不继，引而还。"当时百济的国都无疑是位于汉江南岸附近的南汉山城（今广州）。"汉水北诸部落多没焉"中的汉水即汉江，将其与石岘城放在一起看，那么关弥城是在汉江与临津江之间的地方。文武王十五年（上元二年）唐兵攻陷的石岘城与此石岘城为同一城，这一支唐兵就是攻击买肖城（今杨州）的李谨行麾下。由此可见，《新罗本纪》记事（K）是中国史料所未见的对上元元年、二年之战事实的记载。

（L）又我兵，与唐兵大小十八战，皆胜之，斩首六千四十七级，得战马二百匹。

这条记事是关于上元元年、二年之战中新罗军交战事实的概括性文字，其原文乃是裁切自某一记载。不过，因其虏获的马匹数过少而存在谬误（参照 E）。

以上对（G）、（H）、（J）、（K）、（L）各项进行了检讨，（K）和（L）两项是关于上元元年、二年之战的记事，（G）是与之无关的东北方面的筑城记事，（H）和（J）是同一地方关于靺鞨入寇事实的记录。（K）应配置于 C + I + P·S·Q + E 之中的（E）（买肖城之战）前面，（L）则是末尾的附加记事。由此，按前文所说的方式补入如下：

$$A = C + I + P \cdot S \cdot Q + K + E + L$$

因为很难轻易相信错乱颇多的《新罗本纪》之顺序，所以也可以认为比烈忽的边城阿达被靺鞨劫掠（H），铁岭山脉内侧的赤木城被他们屠戮（J），是为应对唐兵侵入而加强了西北面的防御，但这却削弱了比烈忽的守备。而且，在德源附近的要冲安北河一带筑设关城及铁关城（G）并非在靺鞨侵入之前，而是其后防御上的措置。

又，《新罗本纪》第二年（文武王十六年、唐仪凤元年）七月条记事如下：

（M）唐兵来，攻道临城拔之，县令居尸知死之。

然而如果是这样的话，首先年月上就不对。这一问题留待下一节予以说明。上元元年、二年之战相关的记事也有错简。道临城是金壤郡的属县之一，见于《三国史记》卷三五《地理志》："临道县，本高句丽道临县，景德王改名。"《东国舆地胜览》卷四五《通川郡》古迹条载，"临道废县，在郡南三十里"，另依《大东舆地图》标出的废县位置，其地应在江原道通川邑东南二里的濂城里。上元元年、二年之战中唐兵攻略地，限于临津江附近，殆无疑也。《新罗本纪》这一条与（H）和（J）一起一定都是一年前记事的错出，其中的"唐兵"乃"靺鞨"之误。

六　唐朝放弃半岛：安东都护府的移转

上元元年、二年对新罗的征伐，是唐高宗对半岛的最后一次出兵，出兵的结果是没有实现目标。即，并非如《资治通鉴》所说"三战皆捷"，新罗方面迫切地上表谢罪，高宗许之，而不再对其用兵。唐朝至翌年仪凤元年（676）初，最终采取放弃半岛的政策。《资治通鉴》卷二〇二《唐纪十八》载："仪凤二年二月，甲戌，徙安东都护府于辽东故城（高句丽时代之辽东，即今辽阳），先是有华人任东官者，悉罢之。"所言即是这种措置。

关于安东都护府的移转，除《资治通鉴》及与之完全相同的《册府元龟》（卷九九一《外臣部三六·备御四》）记载外，《旧唐书·高宗本纪》还记载："上元三年（仪凤元年）二月甲戌，移安东都护府于辽东。"同书卷三九《地理志》亦载："上元三年二月，移安东都护府于辽东故城置。"《地理志》该引文前云："总章元年九月，司空李勣平高丽。……置安东都护府于平壤城以统之。……令将军薛仁贵以兵二万镇安东府。"由此可知，唐朝在高句丽国灭亡之际在平壤设置的安东都护府，此时最终向辽东迁移。咸亨元年，与李谨行、杨昉等共同讨伐钳牟岑叛乱的高侃，在平定叛乱之后将都护府治所移往辽东，事见《新唐书·高丽传》（本文第二节已涉及）。司马光《通鉴考异》卷一〇亦载："实录，咸亨元年，杨昉、高侃讨安舜，始拔安东都护府，自平壤城移于辽东州。仪凤元年二月甲戌，以高丽余众反叛，移安东都护府于辽东城。"可见，无法忽视咸亨元年移转的事实。所谓"实录"，无疑是司马光编纂《资治通鉴》时还存在的唐高宗实录，《新唐书》撰者以同一实录为据，记录了咸亨元年之移转。然而如何看待仪凤元年的移转呢？司马光针对"实录"记载的两度移转说："盖咸亨元年言移府者，终言之也；仪凤元年言高丽反者，本其所以移也（说明移转的原因）。会要（《唐会要》）无咸亨元年移府事。此年（仪凤元年）云移于辽东故城，今从之。"在此，他将《唐会要》没有关于第一次移转的记载当作旁证无疑是一种强辩。"实录"关于仪凤元年迁移的"以高丽余众反叛"的记载是史笔之误。笔者认为钳牟岑之乱被平定之后，立即将都护府移治辽东，咸亨三年钳牟岑余党叛乱后，由于高侃等人的出征而重新移治平壤，并以之为基地发挥军事上的作用。经数年经营，仪凤元年决定放弃半岛后，安东都护府再次移往辽东。

安东都护府移转的同时，熊津都督府也迁置于辽东高句丽名城建安城（盖平东北高丽城子）①，上引《资治通鉴》文字随后又云："徙熊津都督府于建安故城，其百济户口，先徙于徐（江苏省徐海道铜山县）、兖（山东省济宁道滋阳县）等州者，皆置于建安。"关于都督府的移转，《册府元龟》还有一条记载："其百济百姓，先徙在徐河（徐州河）及徐、兖等州者，权移熊津都督府于建安故城，以处之。"对于此建安城的熊津都督府，津田左右吉先生曾有论述："在熊津都督府置于中国内地、徙百济人于建安之时，这些都督府只不过负有旧名而已。在咸亨三三年之交，熊津都督府实际上是不存在的，其地悉归新罗所有，在这种情况下只保留了古来屡屡流行的名称。"② 实际上看不到从百济故地的移转。这也是《册府元龟》之所以用"权移"的原因。

译自［日］池内宏《满鲜史研究》（上世第二册），

东京：吉川弘文馆，1960 年

译者 冯立君

---

① 本文以岛田好氏的实地踏查为据，建安城比定为盖平东北十五华里的石城山（一名高丽城子）（《历史地理》第 49 卷第 1 号，昭和二年 1 月，《高句麗の安市城の位置に就て》）。另请参照八木奘三郎氏的《满洲旧迹志》上篇，页 167。

② 《滿鮮歷史地理研究報告》第一冊《安東都護府攷》，頁 64—65。

百济遗民入唐经纬及其活动

[韩] 忠北大学　金荣官[*]

前　言

现存《旧唐书》《新唐书》《资治通鉴》和《三国史记》等史书中，都有关于百济遗民入唐的记载。其中有对百济王室及其后裔扶余隆、扶余文思、扶余文宣、扶余敬、扶余太妃，王族扶余丰、扶余准的记载，也有对百济贵族黑齿常之、黑齿俊，祢植、祢军，法聪、沙吒忠义、沙吒利、沙吒相如、沙宅天福、沙宅孙登、国辩成等的记录。毋庸讳言，这些记载大部分只是零星间断的，很难知道他们入唐前后的具体活动。

20 世纪初至今，入唐百济人及其子孙的墓志相继在唐都长安、洛阳出土，这些墓志记录了许多在文献中不曾出现的人物。从这些墓志中，可了解到百济遗民入唐后的具体活动。除此之外，这些弥足珍贵的石刻墓志，成为研究百济遗民在唐活动的新资料[①]。

到目前为止，公布发现的百济遗民墓志总共有 9 篇，金石文有 3 篇。其中百济王族人物墓志 2 篇，为百济太子扶余隆和孙女扶余太妃的墓志，其余为百济贵族黑齿常之、黑齿俊父子，祢氏家族人士和文献史料中缺乏

---

[*] 金荣官先生，韩国檀国大学获文学博士学位，曾任职于首尔历史博物馆、清溪川文化馆、济州大学史学系，现为韩国国立忠北大学史学系教授，主要从事韩国古代史，以及古代中韩关系史的教学研究。代表作《百济复兴运动研究》，首尔书景文化社 2006 年版。

[①] 金荣官：《百济遗民祢寔进墓志介绍》，《新罗史学报》第 10 辑，2007 年，第 367—371 页。

记载的难元庆等人的 7 方墓志。另外，有 2 篇关于"乾封祭文"和"扶余氏造像记"的金石文，1 篇记载黑齿常之女婿勿部珣将军的功德记石刻。对于出土的百济人墓志，中韩学者已做过相应研究①，但对新出土的石刻墓志，其中的一些研究还有进一步探讨的必要。本稿在已有研究基础上，结合最新出土的墓志石刻，追踪展现入唐百济遗民活动的轨迹。

一 百济遗民入唐时间及其规模

百济灭亡之后遗民入唐至少有四次以上。第一次约为 660 年 9 月。660 年 7 月百济受到罗唐联合军的攻击，以百济王为首的王族、臣僚、百姓等成为战争俘虏被带往唐朝。第二次为 663 年 8 月到 664 年 3 月之间，当时百济复兴军最大的据点周留城失陷，接着任存城陷落，复兴军开始没落。在 664 年 3 月，唐朝平定百济复兴军，返回时将俘虏的百济复兴军人士，以及向唐军投降的将领黑齿常之、沙吒相如等带回唐朝。第三次为 668 年 9 月，高句丽平壤城陷落之后，当年 10 月唐军回师。其中 660 年 7 月泗沘城陷落之时逃往高句丽的百济遗民，白江口之战失败后逃往高句丽的扶余丰等，与被俘获的高句丽宝藏王等战俘一起押回唐朝。第四次为唐在百济故土设置的熊津都督府解散以后。新罗完全掌握百济故地，设置所夫里州。在此之后，671 年至 676 年熊津都督府迁至辽东半岛的建安古城，此一时段内熊津都督府的百济遗民进入唐朝。虽然无法知道此时入唐百济遗民规模，但新罗占据百济全境后，名义上的熊津都督扶余隆无力在原百济故地立足，遗民们大多数移往唐朝。总之，第一次到第三次移往唐朝的百济遗民，应该是以战争俘虏性质被强制迁往唐朝，但是第四次当为自发性的移民。

关于百济灭亡以后迁往唐朝遗民的数量，虽然史书有 660 年 9 月入唐百济遗民数目的记载，但随后的三次则未见。《三国史记》卷二八记载上

---

① 郑炳俊：《在唐活动的百济遗民》，韩国忠清南道历史文化研究院编《百济遗民的活动》，2007 年，第 273—320 页。拜根兴：《入唐百济遗民研究的现状》，北京大学韩国研究中心编《韩国学论文集》第 18 辑，2010 年，第 122—133 页；拜根兴：《唐代高丽百济遗民研究：以西安洛阳出土墓志为中心》，中国社会科学出版社 2012 年版。

述 660 年 9 月前往唐朝的有国王王族为首大臣和将士 88 人，百姓 12807 人，而《三国史记》卷六则记载国王和王族臣僚 93 人，百姓 12000 人；《三国史记》卷四二记载百济王和臣僚 93 人，士兵 20000 人；《三国遗事》卷一记载人数同于上述《三国史记》卷二八。

可以看出，《三国史记》卷六、《三国史记》卷四二的记录，与上述《三国史记》卷二八、《三国遗事》卷一的记录稍微有些不同。但《三国史记》卷四二记载的不是百姓而是兵卒 20000 人。可见，《金庾信传记》录的"卒"应包括百济俘虏和百姓，与其他记录相比多出了 7000 人，和其他记载相比，其信凭性可能有些问题。总之，虽然记录有所不同，但《三国史记》卷二八、《三国遗事》卷一的记录是一致的，《三国史记》卷六的记录也较为相近。加上 660 年到达百济的唐军渡海而来，返回时也走海路，要把人数众多的百济人带往唐朝应有一定困难。乘坐船只到唐朝的百济人数，大约就是唐在百济万名留守军战斗中损失的空缺人数。但考虑唐军在伎伐浦登陆，顺锦江而上进攻泗沘城过程中只有很小的战斗减员，在泗沘城攻城战中也未见有大量减员的事实，故被带往唐朝的百济遗民数可能在 12000—13000 名①。

第二次入唐遗民规模缺乏记载，但比第一次人数要少当可肯定。特别是 664 年 3 月复兴运动失败后，入唐遗民人数并不多。原因与 660 年的情况相同，即唐军要坐船返回，故将大批百济人带回唐朝可能性不大。如果以记载中 660 年 13 万唐军需要乘坐 1900 艘②舰船为基础大略计算的话，唐军的每一艘舰船大约可以乘坐 65 人③。那么，推断 663 年 8 月参加白江口之战的孙仁师率领 7000 唐军渡海，也乘坐的相同规模的船只也不无道理。也就是说，孙仁师带领的 7000 唐军，应乘坐 100 多艘舰船到达百济。当然这里也包括运输军粮等军需品的船只。依据《旧唐书》和《三国史记》等史书记载，孙仁师带领的唐军在白江口战斗中焚毁和击沉倭国 400 艘船只，取得了巨大的战果但自身损伤却极少，唐水军船舰几乎完整地保

---

① 金荣官：《百济复兴运动研究》，书景文化社 2005 年版，第 30—35 页。

② [高丽] 释一然：《三国遗事》卷 1《太宗春秋公》，韩国乙酉文化社，1997 年。

③ 金荣官：《罗唐联合军的百济进攻战略和百济的防御战略》，《Strategy 21》第 2—2 辑，韩国海洋战略研究所，1999 年，第 168 页。

存了下来。投降唐朝的百济将军黑齿常之等人663年11月前后攻陷任存城，664年3月攻破百济复兴军最后据点泗沘山城。此后，唐军带着黑齿常之、沙吒相如等投诚人士，以及在白江口、周留城、任存城战斗中活捉的俘虏一起返回。

此时跟随唐军离开百济的遗民应不会太多，唐军留下了代替刘仁轨的新的驻军之后返回①，因为要将数年来在百济激战的唐军替回，故可能没有余力带回大量的百济人。正因如此，664年3月以后跟随唐军的百济人应主要是投诚唐军者，以及未能逃往日本而被活捉的部分百济人。

百济遗民的第三次迁徙在高句丽灭亡之后。唐军668年9月攻陷平壤，十月唐将李勣押送宝藏王、泉男建等高句丽俘虏于12月回到唐都长安。660年百济灭亡之时逃亡高句丽的百济人，663年8月白江口之战失败后，逃往高句丽的百济王扶余丰也被带回唐朝。从记载看俘虏中的百济人不会太多。

百济遗民的第四次迁徙与熊津都督府的没落关系密切。百济灭亡、百济复兴运动失败，以及高句丽的灭亡，虽然让许多百济遗民迁往唐朝，但在百济故土的大多数百济人还是留了下来，他们由唐设置的羁縻府——熊津都督府管辖。尤其是百济太子扶余隆担任都督，前往百济故地之后，熊津都督府在新罗占领前，那里的居民仍然接受扶余隆管辖。

但是，罗唐战争最后阶段唐军被迫撤离朝鲜半岛，新罗在百济都城泗沘城设置了所夫里州，熊津都督府也就很难再维持下去。671年后新罗逐步占领百济故地，到675年已经占领了大部分的土地，百济故地的熊津都督府实际上已徒有虚名。以熊津都督扶余隆为首的百济遗民中一部分到达唐朝，他们大多是在熊津都督府体制下任职的百济官僚和他们的随从。唐完全丧失了百济故地的支配权，熊津都督府也无法再发挥其职能。只能移居到辽东的熊津都督府或者是唐的其他地区②。史书没有此一时期迁徙的百济遗民数量的具体记录，但是估计迁往唐朝的遗民人数，似要比第二次

---

① 原文有"刘仁愿与刘仁轨"字样，其实刘仁愿仍然滞留百济，直到668年获罪之后才返回唐朝。

② 金荣官：《百济灭亡后扶余隆的行迹和活动再考察》，《百济学报》第7辑，2012年，第105—106页。

和第三次的人数多①。

如此看来，入唐百济遗民分四次迁入唐朝，除去第一次移居时大约12000人的记录之外，其他三次因没有具体的记载，故无法得知其准确的数字。但是大部分移居的遗民，均是以战争俘虏的身份到达唐朝，只有熊津都督府迁至辽东之后的移居者，他们才是自发性迁移到唐朝的。

二　百济遗民的移居地

入唐百济遗民被强制迁至划定地区，就是自发性入唐者也不例外。唐廷将百济王族，投诚唐朝的百济人，以及一部分遗民安置于都城长安和洛阳。根据现在掌握的史料，为数不多的百济遗民中，王公贵族们的安置情况如下：

以义慈王为首的王族及大小臣僚到达唐朝后，都以俘虏的身份被从东都洛阳则天门送往洛阳皇宫"献俘"，时间为660年11月1日，只是唐高宗随即将他们赦免②。这些被赦免的百济遗民，有以义慈王为首的王室人员，以及大佐平沙咤天福、佐平国辩成、沙咤孙登等贵族将军③。义慈王死后，百济王族和部分百济人首先被安置于洛阳。和祢寔进一起投诚唐军的百济军人随苏定方入唐，起初留在洛阳。百济复兴运动失败后，入唐的黑齿常之、沙咤相如等人，也被安置于洛阳、长安等地。逃亡高句丽的扶余丰，在高句丽灭亡之后被俘，他与高句丽宝藏王一起被带回长安。另外，随着熊津都督府的迁移，入唐熊津都督府百济官员理所当然也被安排留在了洛阳和长安。

除去王公贵族，以及曾为唐朝效力者，《资治通鉴》记载了其他百济遗民的去向。

　　A．徙熊津都督府于建安故城；其百济户口先徙于徐、兖等州

---

① 李文基：《百济遗民难元庆墓志介绍》，《庆北史学》第23辑，2000年，第507页。

② 金荣官：《义慈王押送过程和在唐行迹》，《白山学报》第85辑，2009年，第132页。

③ 《日本书纪》记载为50人，《旧唐书》、《新唐书》记录为58人，被赦免的王子13人加上臣僚37人便符合《日本书纪》，但加上义慈王及其王妃等人物的话为58人，与《新唐书》的记载一致。

者，皆置于建安①。

这条记录虽出自唐高宗仪凤元年（676）2 月，但却明确记载熊津都督府迁移之前百济遗民的安置地区。即 676 年本在百济故地的熊津都督府，迁移至辽东建安古城。就是说，唐廷将此前安置到兖州、徐州的百济户口，重新全部迁移至辽东建安古城。可见，熊津都督府迁移至建安古城之前，入唐百济遗民的安置地为徐州和兖州。也就是说，入唐的大部分百济遗民此前被唐朝分散安置于各个州。676 年被安置于建安的百济人什么时候入唐？史书没有明确记载，但 660 年第一次入唐的 12000 余名的百济人肯定为其多数。因为 660 年 11 月在洛阳城则天门"献俘"仅限于义慈王为首的王妃和王族、大小臣僚，而其他大部百济遗民可能还在途中，就被分散安置于兖州、徐州等地。当然，其中也有可能包括了 664 年入唐者，但由于其数量并不是特别大，这里的百济户口，应该是指 660 年入唐的百济遗民。

唐代的徐州，是连接黄河和长江大运河的交通要道，而兖州与徐州相距不远，两者处于淮河的北部支流泗水流域，属河南道管辖。虽不清楚唐廷为何安置百济遗民于此，但从 669 年高句丽灭亡后，入唐高句丽遗民的情形中或许可得其端倪。

> B. 五月庚子，移高丽户二万八千二百，车一千八十乘，牛三千三百头，马二千九百匹，驼六十头，将入内地，莱、营二州般次发遣，量配于江、淮以南及山南、并、凉以西诸州空闲处安置②。
>
> C. 高丽之民多离叛者，敕徙高丽户三万八千二百于江、淮之南，及山南、京西诸州空旷之地③。

《旧唐书》《资治通鉴》均记载了 669 年高句丽遗民的迁徙情况，其

① 《资治通鉴》卷 202，高宗仪凤元年二月条载：甲戌"徙熊津都督府于建安故城；其百济户口先徙于徐、兖等州者，皆置于建安"。
② 《旧唐书》卷 5《高宗下》。
③ 《资治通鉴》卷 201，高宗总章二年条。

中时间和规模虽少有差异,但却清晰地说明移居地区和移居缘由。从《旧唐书》记载来看,高句丽遗民首先被集聚到了营州和莱州,然后又被安置到了江淮以南,山南及西部凉州等地。营州乃今辽东半岛朝阳市,是前往高句丽故地的必经之路;莱州为今山东半岛的蓬莱,是唐朝水军所在的海上交通要地。史书记载了高句丽遗民被安置于江南、淮南两地,以及秦岭以南的山南道,沙漠以东的凉州州县。《资治通鉴》记载了相同情况。上述地区的最大特点就是人烟稀少,空旷而未开发。唐朝将高句丽移民分散安置在上述地区,让他们开垦荒地,这样既可以做到有效管理,当然也是一种实边的策略。

从唐廷的政策看,一方面将高句丽遗民移往离高句丽故地较远的地区,削弱其团结力;另一方面为开拓那些由于劳动力缺乏而开发不足的地区①。由此可见,如同高句丽遗民一样,百济遗民也是被强制移居到需要开发的地区。但是,百济遗民移居地方与高句丽遗民显然不同,徐州、兖州属河南道管辖。660年入唐的百济遗民大部被安置于徐州、兖州两地,开始了迁徙地区的新生活。

664年百济复兴运动失败后,并不知晓将这些百济遗民安置于何处。但和660年入唐的百济人一样,他们很可能也被安置于河南道的徐、兖等地。只是很难确认668年高句丽灭亡后,被唐朝俘虏的以扶余丰为首的百济遗民的行踪。而《资治通鉴》关于流放扶余丰于岭南的记录②,应该引起研究者注意。司马光记载了668年12月唐高宗在大明宫含元殿嘉奖灭亡高句丽,活捉宝藏王归来的李勣等人,随后又赦免了高句丽宝藏王。与此同时,唐廷发配在平壤城包围战中顽抗到底的泉男建等人到黔中,而一同前往的就有663年9月白江口之战失败后逃往高句丽的百济王扶余丰③。

黔中属于江南以南的岭南管辖,而岭南的辖区包括今广东、广西等地。值得注意的是广西壮族自治区南宁市邕宁区有一个"百济乡"。据

① 蓝文徵:《隋唐五代史》,台湾商务印书馆1970年版。
② 《资治通鉴》卷201,唐高宗总章元年十二月条。
③ 《新唐书》卷220《东夷·高丽传》记载为扶余隆,为明显的错误,应该为扶余丰被流放到岭南。

《宋书》和《南齐书》百济传记载，百济曾略有辽西郡，并设置里晋平郡，下辖晋平县，也有主张说是黑齿常之的出生之地①。持这种观点的人大都主张"百济略有辽西"的说法，但这种观点缺乏依据似难以成立。而"百济乡"似与扶余丰的流放有所关联。也就是说，这个地区因为是百济遗民扶余丰的流配地，故"百济乡"这一地名应该和百济移民扶余丰有联系。

《唐六典》亦提供扶余丰被流放到岭南地区的证据，那里确有百济遗民生活过的痕迹。

> D. 凡岭南诸州税米者，上户一石二斗，次户八斗，下户六斗；若夷、獠之户，皆从半输。轻税诸州、高丽、百济应差征镇者，并令免课、役②。

《唐六典》成书于唐玄宗开元二十六年（738），是唯一可总体把握唐代制度文物以及行政体制的史书，史料价值颇高③。该书记载岭南州县收纳赋税原则，难得明确地记载了在高句丽、百济人之间，凡应差征镇者，均免除其课役的事实。就是说，该书记载了高句丽、百济移民中军人可以免除课税和劳役。移居到岭南地区的高句丽、百济遗民人数如果不是特别庞大的话，是不会被如此特别标记，并且记载下来的。因此，高句丽、百济遗民有相当多的人移居到了岭南地区是可能的。当然，与这些人一样移居到岭南，并且缴纳赋税和应劳役的百济人，应该也包括了668年被发配到岭南的以扶余丰为首的遗民集团。由此可以推定，广西壮族自治区南宁市邕宁区"百济乡"，或许就是因为百济遗民集体生活过的地方而留名至今。

676年百济故地的熊津都督府迁往建安古城以后，移往唐朝的百济遗民与660年被安置到徐、兖的百济遗民一起，迁至建安古城。将百济人迁

---

① 苏镇喆：《魏书中的黑齿国在哪》，白山学会编《白山学报》第68辑，2004年，第95—116页；《百济武宁王的世界》，周留城2008年版。

② 《唐六典》卷3《尚书户部》载："凡岭南诸州税米者，上户一石二斗，次户八斗，下户六斗；若夷、獠之户，皆从半输。轻税诸州、高丽、百济应差征镇者，并令免课、役。"

③ 金铎敏等：《译注唐六典》，新书苑2003年版，第15—17页。

往建安古城是唐朝处理半岛移民的策略之一。即首先考虑到的是将百济人移居到高句丽故地，可以牵制高句丽遗民，其次也可以让百济遗民开发因高句丽的灭亡而荒废的建安古城地区。

唐朝应是依据百济遗民的身份而分别安置的。首先将王族和大贵族、高官安置于唐都长安与洛阳。其次，安置中下等官僚和一般百姓于徐、兖等地。最后，发配扶余丰等逃亡高句丽的百济遗民到岭南地区。同安置高句丽遗民策略一样，分别安置百济遗民既可防止叛乱，同时利用移民的力量，开发此前未开发或偏僻之地。特别是同扶余丰一起发配到偏远的岭南地区的百济遗民，唐朝采取了减少税金和赋役的政策。

入唐的百济遗民，如同黑齿常之被编入京师长安万年县①一样，王族和贵族等有势力的人确定迁居地之后就编入唐朝户籍。只是以中下级贵族官员为首的一般百姓被编为藩户。随着时间的推移，在唐朝出生的百济移民子孙，便不再是藩户而是唐朝户籍②。这些藩户虽然要缴纳税金和赋役，但是只要随军出征满 30 天便可以免除③。正因如此，大量百济遗民都会参军，频繁地参与防范吐蕃入侵战争，并由此获得出人头地的机会，迎来在唐生活的新感受。

三　百济遗民在唐活动

(一) 百济王族

迄今为止，能够了解到的百济遗民活动，其大部分是以王族和贵族为中心的。这些人入唐后大多生活于洛阳、长安及其周边地区，故其活动范围也主要以长安、洛阳为中心。

660 年 11 月 1 日义慈王在唐都备受"献俘"之煎熬，唐高宗虽赦免了他的罪责，但因其年事已高，亡国后心情郁闷，加上海陆路舟车劳顿，义慈王不久就病死于洛阳。唐廷将其埋葬于北邙山所在的孙皓、陈叔宝墓

---

① 黑齿常之墓志铭载：黑齿常之"入朝，隶为万年县人也"。

② 《唐六典》卷 3《尚书户部》载："凡诸国蕃胡内附者，亦定为九等，凡内附后所生子，即同百姓，不得为蕃户也。"

③ 《唐六典》卷 3《尚书户部》载："若夷、獠之户，皆从半输。轻税诸州、高丽、百济应差征镇者，并令免课、役。"

旁，并立碑纪念①。

关于扶余隆入唐后的活动，现有文献史料、墓志铭②有明确记录。扶余隆660年11月被授予正三品的司稼卿官职，到663年2月为止，他都因义慈王的葬事逗留洛阳。663年5月孙仁师率唐援军前往百济，扶余隆随行，7月到达百济熊津都督府。接着参加了663年八九两月的历次战斗。特别值得一提的是，在任存城战斗中对黑齿常之、沙吒相如两人实行怀柔政策，使其参与战斗。663年11月，任存城陷落之后扶余隆并没有回唐，而是于664年2月参加了罗济会盟③，随后与黑齿常之返唐。

扶余隆墓志铭

① 金荣官：《义慈王押送过程和在唐行迹》，《白山学报》第85辑，2009年，第128—140页。
② 黄清连：《从扶余隆墓志中看唐代中韩关系》，韩国忠南大学校百济研究所编《百济史的比较研究》，1993年，第273—320页；梁起锡：《百济扶余隆墓志铭考察》，《国史馆论丛》第62辑，1993年，第138—153页。
③ 卢重国：《百济复兴运动史》，一潮阁2003年版，第301页。

665 年 3 月，扶余隆被任命为熊津都督，与卑列道总管刘仁愿一起再次回到百济。此时黑齿常之为熊津折冲都尉辅佐扶余隆。665 年 8 月扶余隆和新罗文武王在就利山会盟，这次会议是名义上的熊津都督扶余隆，和新罗王金法敏会盟①，目的是划定领土。

扶余隆再次回唐之后，因为跟随唐高宗参加 666 年正月的泰山封禅而被封为百济公。666 年 2 月受命前往曲阜孔庙主持祭祀，其祭文被刻碑保存至今。666 年 5 月扶余隆被任命为熊津道总管兼马韩道安抚大使。12 月李勣出兵高句丽，扶余隆在后方支援。668 年 9 月高句丽灭亡之时，扶余隆作为熊津都督，通过唐朝的支援和与倭国的交涉，阻止其支援高句丽和针对新罗的攻击。

新罗 671 年设置所夫里州，672 年占领古省城并对加林城等展开攻势。除去 665 年 8 月在就利山所划定的领土之外，新罗在百济故土的实际控制权越来越大。新罗与唐军正面冲突开始，熊津都督府就很难再维持，到 675 年 2 月，扶余隆跟随刘仁轨回到唐朝。677 年 2 月，扶余隆被封为光禄大夫、太常员外卿、熊津都督、带方郡王。但是，熊津都督府已名存实亡，扶余隆只能在洛阳安度晚年。682 年 12 月扶余隆去世，享年68 岁。

扶余文思和扶余文宣为扶余隆之子。660 年 7 月罗唐联军围攻泗沘城之时，扶余文思率先投降②，虽然唐朝可能因功行赏予以优待，但史书缺乏记载，故无法知其行迹。扶余文宣的行迹可略知道一些。668 年默啜可汗占领了河东道的蔚州并经过河北道的定州、赵州，南下相州（今河南省安阳）。武则天封沙咤忠义为河北道前军总管，李多祚为河北道后军总管等，以此阻止默啜可汗南下。为了应对默啜可汗南下，皇太子李显被任命为行军元帅，扶余文宣作为皇太子随从军将担任行军子总管。但因此后默啜可汗并未南下，这次出征就此告结。从记录可见，扶余文宣是一名武将。同为百济遗民的沙咤忠义出征，而扶余文思之所以没有一起出征，原因是他的皇太子随从身份。由此可见入唐百济遗民中王族还是受到了一定

---

① 金荣官：《就利山会盟和唐的百济故地支配政策》，《先史和古代》第 31 辑，2003 年，第 71—81 页。

② 《旧唐书》卷 93《苏定方传》。

优待。

2004 年在陕西省富平县唐高祖献陵附近，发现义慈王曾孙女嗣虢王太妃扶余氏墓志，进而确认扶余隆还有一子扶余德璋。德璋生前为正五品官，任朝请大夫渭州刺史。渭州即今甘肃省平凉市，位于天水、兰州之间。德璋出任渭州地方官，渭州离吐蕃很近，是从长安通往兰州的要道。德璋的其他行迹史书未见记载。但从德璋女儿太妃扶余氏事迹可以看出，入唐百济王室人员竟和皇族联姻，大概和当时的具体情况有关。扶余氏 690 年出生于唐朝，711 年 22 岁时嫁与唐嗣虢王李邕，718 年 29 岁时成为嗣虢王妃，727 年 38 岁时李邕去世，其长子李巨①成为嗣虢王，731 年 42 岁被封为太妃，其先后生活在洛阳的嘉善坊、长安的崇贤坊、兴化坊等，最终于 738 年在洛阳嘉善坊私邸中去世，享年 49 岁，陪葬献陵。扶余太妃的妹妹，嫁与吉琚，生下了以酷吏闻名的吉温②。吉琚是默啜可汗进攻时跟随皇太子李显的监军使吉顼的弟弟③。扶余隆的子孙通过与唐朝皇族联姻，延续此前的荣华富贵④。

在《旧唐书》《新唐书》的吐蕃列传中，还有扶余准其人的记载。《旧唐书》记为大将军，《新唐书》记载得更为详细。

> E. 十二年，赞普死，使者论乞髯来，以右卫将军乌重玘、殿中侍御史段钧吊祭之。可黎可足立为赞普，重玘以扶余准、李骖偕归。准，东明人，本朔方骑将；骖，陇西人，贞元初战没于虏者。使者知不死，求之，乃得还。诏以准为澧王府司马，骖嘉王友⑤。

事情的起因是德宗贞元三年（787）5 月，唐将浑瑊率军与吐蕃将军尚结赞在平凉大战，扶余准以朔方将领率骑兵参战，唐军战败，扶余准被俘。朔方郡为今天宁夏回族自治区的灵州一带，灵武是曾经阻止默啜可汗

---

① 《旧唐书》卷 111《李巨传》。

② 《旧唐书》卷 186《酷吏·吉温》。

③ 《新唐书》卷 201《突厥·默啜》。

④ 金荣官：《百济义慈王曾孙女太妃扶余氏墓志》，《百济学报》创刊号，2009 年，第 115—141 页。

⑤ 《新唐书》卷 216《吐蕃下》。

南下的首选驻地①。平凉在扶余德璋曾经任刺史的渭州，德宗时期已被吐蕃占领。扶余准等人相继被拘禁于吐蕃廓州、鄯州等地②。30 年之后，宪宗元和十二年（817）吐蕃赞普去世，前往吊唁的唐朝使臣才将其带回长安。回到长安后宪宗封其为澧王府司马③。澧王是宪宗的兄弟李恽④。30 年的俘虏生活，扶余准年事已高，在澧王府任职可能只是优待挂名而已。

另外，《新唐书》记载扶余准为"东明人"，曾为朔方骑兵将军⑤。百济灭亡后唐在百济故土设置东明都督府，665 年 8 月就利山会盟之后又设置熊津都督府，东明州便是其所统辖的七州之一。东明州由熊津县等四个县构成⑥，大约为今天忠清南道公州和燕岐周边⑦。《新唐书》明确记载了扶余准姓扶余，名准，其为百济王族毫无疑问。说其为东明人，证明其先祖为东明都督府或熊津都督府的东明州人。至于不称其百济人，可能是因百济灭亡已百年，百济遗民已被唐同化的缘故。虽则如此，150 年之后，百济王族姓氏依然存在。

扶余敬为扶余文思的儿子，是义慈王的曾孙，扶余隆的孙子。682 年扶余隆去世之后，扶余敬承袭带方郡王称号，授卫尉卿⑧。虽然扶余隆还有扶余文宣、扶余德璋两个儿子，但因其并非嫡子，故无法承袭其带方郡王爵号。加之扶余文思不见史载，是否其在扶余隆去世之前，就已不在人世？所以即使其身为义慈王嫡孙，扶余隆嫡子，继承爵位的只能是他的儿子扶余敬。

洛阳龙门石窟中有一文郎将的妻子"扶余氏"的造像记。从其姓氏可推断，其可能出自百济王室后裔。该造像记镌刻于洛阳龙门石窟第 877 号窟龛左侧，题记编号 1335 号，两个并列小龛室下面，刻有"一文郎将

---

① 李鸿滨：《唐朝的北方边地与民族》，宁夏人民出版社 2011 年版，第 138—140 页。

② 《旧唐书》卷 196 下《吐蕃下》。

③ 同上。

④ 《唐会要》卷 5《诸王》。

⑤ 《新唐书》卷 216 下《吐蕃下》。

⑥ 《三国史记》卷 37《地理志》。

⑦ ［日］松末保和：《百济故地的唐置州县》，《青丘学丛》第 19 辑，1965 年；《青丘史草》1，笠井出版印刷社，第 114—115 页。

⑧ 《旧唐书》卷 199《东夷·百济》。

妻扶余氏敬造两区"①。扶余氏的丈夫一文郎将到底是谁无从得知，但能在龙门石窟建立佛像，应与其丈夫身当武将不无关系。

（二）百济贵族

与义慈王一起以俘虏身份带回的大佐平沙宅天福、佐平国辩成等，只有名字传了下来，其行迹无法得知。知道行迹的百济贵族中大部分为协助唐朝的贵族及其子孙。百济遗民在唐被广为熟知的人就是黑齿常之家族。《旧唐书》《新唐书》为其列传，特别是黑齿常之的墓志铭出土，黑齿家族在唐朝的活动轨迹由此清晰明了②。

黑齿常之墓志铭

---

① 洛阳龙门石窟研究所编：《龙门石窟碑刻题记集录》下卷，中国大百科全书出版社1998年版，第304页。

② 李道学：《百济黑齿常之墓志铭的考察》，《乡土文化》第6辑，1991年，第28—37页。

　　黑齿常之本为百济复兴军的中心人物，663 年 9 月作为唐军一员参战的百济太子扶余隆，用怀柔政策使其降服，并在任存城之战中建立功勋。随后在扶余隆主持的熊津都督府任职，返回唐朝后被编入了长安万年县。664 年年初被任命为折冲都尉，665 年 9 月就利山会盟之后回唐。672 年以功加忠武将军，行带方州长史，不久迁任使持节沙泮州诸军事，沙泮州刺史，授上柱国。带方州辖区在全罗南道灵光周围，沙泮州包括以罗州为中心的西海岸地区①。672 年新罗设置所夫里州，百济故土颇受新罗威胁。故黑齿常之虽为熊津都督府的带方州长史，沙泮州诸军事沙泮州刺史，但其面临的困难却是可以预想得到的。即使如此，黑齿常之辅佐熊津都督扶余隆，为了安抚百济遗民，仍前往熊津都督府赴任②。677 年黑齿常之成为左领军将军兼熊津都督府司马，加封浮阳郡开国公，食邑二千户。此时的熊津都督府，应为建安古城的熊津都督府，黑齿常之再次辅佐担任熊津都督的扶余隆。但与扶余隆一样，实际赴任的可能性很小，因为 677 年其出任洮河道经略副使，被调往吐蕃前线。

　　678 年在与吐蕃战争中以军功被擢升为左武卫将军，检校左御林军，并成为河源道经略副使。680 年击败吐蕃军升任河源军经略大使，681 年再次在良非川击败吐蕃军，之后驻留河源 7 年，为左鹰扬卫大将军，燕然道副大总管。684 年成为江南道行军大总管，平定了徐敬业的叛乱，升任左武卫大将军，仍然检校左羽林军。687 年 2 月突厥汗国可汗骨咄禄攻陷今北京昌平，7 月南下入侵今山西省北部朔州，唐廷任黑齿常之燕然道行军大总管、左鹰扬卫大将军，以李多祚、王九言为副，获得大胜③。武则天封其为燕国公，食邑三千户，改右武威卫大将军，充任神武道经略大使，之后改任怀远军经略大使。689 年 10 月酷吏周兴诬陷黑齿常之与赵怀节谋反，黑齿常之死于狱中。698 年黑齿常之沉冤得雪，被追赠为左玉钤卫大将军。699 年 2 月埋葬于洛阳北邙山南④。

---

① 千宽宇：《马韩诸国位置论》，《东洋学》第 9 辑，1979 年；《古朝鲜史·三韩史研究》，一潮阁 1989 年版，第 398—411 页。

② 李文基：《百济黑齿常之父子墓志铭的考察》，《韩国学报》第 64 辑，1991 年，第 160 页。

③ 《旧唐书》卷 109《黑齿常之传》。

④ 韩国古代社会研究所：《译注韩国古代金石文》Ⅰ，驾洛国史迹开发研究院 1992 年版，第 554—568 页。

黑齿常之之子黑齿俊于 676 年出生于唐朝，695 年跟随梁王武三思前往西道从军，因军功历任游击将军，行兰州广武镇将、上柱国。698 年父亲黑齿常之沉冤得雪之后升任右豹韬卫翊府左郎将，此后官拜右金吾卫翊府中郎将、上柱国。706 年黑齿俊在洛阳从善坊的私邸逝世，年仅 31 岁，葬于黑齿常之之墓所在的北邙山①。

黑齿俊墓志铭

706 年 3 月，黑齿常之女婿勿部珣将军与妻共同在太原天龙山建石窟造像，707 年 8 月完工。此石窟造像是为在世的族人得到祖先庇佑而制作，勿部珣时为唐天兵中军副使右金吾卫将军上柱国遵化郡开国公。而太

① 韩国古代社会研究所：《译注韩国古代金石文》Ⅰ，驾洛国史迹开发研究院 1992 年版，第 569—576 页。

原的天兵中军，是为阻止突厥的南下而设置。依据"大唐勿部将军功德记"记载，勿部珣将军夫人黑齿氏，乃大将军燕公黑齿常之的中女。黑齿常之、黑齿俊父子加上其女婿勿部珣，黑齿常之一家入唐后都以武将活跃于政治舞台，并成为唐代最高的勋官上柱国①。

由于2000年前后，以及2010年在西安南部的高阳原发现祢寔进②及其子孙墓葬，祢氏家族人士活动广为人知③。祢寔进为百济佐平、熊津方领出身，曾拘捕前往熊津城避难的义慈王献与唐军。投诚唐军后被任命为熊津都督府东明州刺史，官拜归德将军，东明州刺史。祢寔进曾回到百济故土安抚百济遗民，后被授予正三品的左威卫大将军，负责皇宫的警卫，授爵来远县开国子，672年死于山东省莱州黄县，后归葬于京城长安南的高阳原。

祢寔进墓志铭

①　韩国古代社会研究所：《珣将军功德记》，《译注韩国古代金石文》Ⅰ，第577—582页。

②　《三国史记》《旧唐书》记载为祢植，墓志则记为祢寔进，故本稿统称为祢寔进。

③　金荣官：《中国发现的百济遗民祢氏家族墓志铭考察》，《新罗史学报》第24辑，2012年，第96—153页；权惠永：《对百济遗民祢氏一族墓志铭的断想》，韩国史学会《史学研究》第105辑，2012年，第5—30页。

祢寔进的儿子祢素士年 15 岁擢授游击将军，担任宿卫和近侍。先后
担当龙泉府右果毅、龙原府左果毅、临漳府折冲；又官拜左豹韬卫郎将、
右鹰扬卫右郎将、左监门卫中郎将。长安三年（703）担任清夷军副使。
父亲祢寔进死后承袭父亲的勋爵为来远郡公。神龙元年（705）授左武卫
将军，景龙二年（708）6 月奉使徐兖等州，当年 8 月病卒于徐州官所。
虽然无法知道祢素士确切的出生年代，但从其父亲及儿子的年龄可以推
定，祢素士应是在 660 年之前出生于百济。

祢素士墓志铭

祢寔进的孙子祢仁秀于 675 年出生于唐朝，官累明威将军和右骁卫郎
将。左迁秦州三度府果毅，又历任汝州梁川府果毅，虢州金门府折冲等多
为地方武将。唐玄宗开元十五年（727）祢仁秀病终于临洮军官舍。祢寔
进和祢素士，祢仁秀等祢氏一族全都身为武将病死前线，后埋葬于长安城

南部的高阳原。

祢仁秀墓志铭

祢军其人 660 年百济灭亡时因协助唐朝有功，入唐被任命为泸川府折冲都尉，随后负责与倭国的交涉，664 年以百济佐平之身份与郭务悰一起出使倭国，665 年 9 月同沂州司马刘德高一起再到倭国。另据《三国史记》卷六《新罗本纪》记载，祢军作为熊津都督府司马被新罗扣留，两年后的咸亨三年（672）11 月才被放出，回到唐朝后被授予右威卫将军。仪凤三年（678）在长安延寿里私邸因病去世，享年 66 岁，葬于京城长安城南高阳原。

法聪与祢军一起被新罗扣留之后，672 年一同被送还唐朝。法聪是原

熊津都督府曾山司马①。曾山具体位置不明，但其与祢军一起被扣留后又
入唐则是事实。据《日本书纪》记载，法聪负责送还途经熊津都督府的
倭国遣唐使②，但《三国史记》却记载，法聪为熊津都督府熊山县令上柱
国司马，其前后到底担任何种官职还有待考察。672 年法聪与祢军一起入
唐，之后其行踪不明③。

祢军墓志铭

　　660 年百济灭亡与义慈王一起入唐者还有沙宅孙登④。671 年 11 月郭

---

　　① 《三国史记》卷 6《新罗本纪·文武王》。

　　② 《日本书纪》卷 27，齐明天皇六年十月条分注。

　　③ 李道学：《熊津都督府的支配组织和对日政策》，《白山学报》第 34 辑，1987 年，第
95—99 页。

　　④ 《日本书纪》卷 27，天智天皇六年十一月。

务悰为首的唐使团入倭国，其送使的名字为沙宅孙登①。可以看出，沙宅孙登与法聪一样在熊津都督府任职并以使臣身份出使倭国。虽然有主张说郭务悰和沙宅孙登渡日是为了逃命②，因为新罗军队的进攻使得熊津都督府接近崩溃，但是672年5月郭务悰等从倭国获得军需物资之后返回③，并且熊津都督府之后也一直存在，所以这种说法难能成立。郭务悰和沙宅孙登渡日的真正原因，应该是为了获得抵抗新罗进攻的军需物资④。

沙咤忠义入唐的时期不详，笔者认为其为沙咤相如之子，沙咤相如与黑齿常之一起在任存城战争中立军功而入唐⑤。从《旧唐书》《新唐书》《资治通鉴》等史书中都可看出沙咤忠义的武将身份，694年因突厥默啜可汗的入侵而出征，697年6月孙万荣叛唐，沙咤忠义以右武威卫大将军、清边道前军总管大破契丹军。698年突厥的默啜可汗再次率兵入侵，沙咤忠义为天兵西道总管出征战败。706年12月，沙咤忠义为灵州灵武军大总管之时，突厥默啜可汗攻打灵州的鸣沙县，沙咤忠义经过奋战失败而被免职。707年2月，节愍太子李重俊为消灭韦皇后和武三思、武崇训等发动政变，沙咤忠义参与其事，后因政变失败被杀⑥。

沙咤利其人，平定安史之乱有功，唐肃宗和代宗时期任职于山东淄、青两州⑦。其为百济大姓沙氏的后裔，生活在长安城道政坊，应是沙咤相如的后孙⑧。

难元庆的墓志铭出土于河南省平顶山市鲁山县，从其墓志了解到百济姓氏中有难氏一族。难元庆生于663年，723年于洛阳南部汝州龙兴县的私邸去世，享年61岁。其祖父难汗曾为熊津都督府长史，父亲难武历任熊津都督府使持节支浔州诸军事、守支浔州刺史，迁忠武将军，行右卫翊

---

① 《日本书纪》卷27，天智天皇十年十一月。

② 李道学：《熊津都督府的支配组织和对日政策》，第92页。

③ 《日本书纪》卷28，天武天皇元年五月。

④ 金铉球、李在硕等：《日本书纪韩国关系史研究Ⅲ》，一志社2004年版，第272—274页。

⑤ 姜清波：《入唐三韩人研究》，暨南大学出版社2010年版，140页。

⑥ 郑炳俊：《在唐活动百济遗民》，《百济遗民的活动》，第294—298页。

⑦ 郑炳俊：《在唐活动百的济遗民》，《百济遗民的活动》，第317—320页。

⑧ 姜清波：《入唐三韩人研究》，暨南大学出版社2010年版。

府中郎将。支浔州是熊津都督府设置的七州之一，约为今忠南西北部地区①。难元庆的祖父和父亲在百济灭亡后都在熊津都督府任长史或刺史，而难元庆也被授游击将军、行檀州白檀府右果毅、直中书省，后转夏州宁朔府左果毅都尉、直中书省内供奉。716 年授朔方军总管，讨伐九姓铁勒立下战功。721 年讨伐羌戎和河西胡立功，受封宣威将军，为汾州清滕府折冲都尉。虽然难元庆同其他百济遗民一样出征边疆，但他也以皇帝近臣身份直中书省内供奉②。

在熊津都督府存在期间，上述人物回到百济故地熊津都督府担任官职，安抚百济遗民，并且承担唐与倭国的交涉任务。在唐朝以武将身份出征各地，担当中央和地方的军事重任，加上与吐蕃、突厥等民族的战争使他们名声大震，除去难元庆一族，其他均居住于长安和洛阳，死后埋葬于洛阳北邙山及京城长安南高阳原。

结　语

通过文献记载和新发掘的金石墓志资料，大体可以看出百济遗民们的入唐时间、规模和行踪。入唐总体有四次，即 660 年义慈王和太子、王子以及王族臣僚、百姓等共 12000 名左右；664 年、668 年、675 年入唐的百济遗民人数规模没有明确的记录，但是 675 年入唐的百济遗民一定是比664 年人数要多。百济王族和高级贵族们被安置在洛阳与长安，中下层贵族和一般百姓移居往兖州、徐州等地，676 年在辽东建安古城重新设立熊津都督府后，兖州、徐州的百济遗民又被移居到建安古城。

［韩］《韩国史研究》第 159 辑，2013 年

编译　宋　丽

审校　拜根兴

---

① 千宽宇：《马韩诸国位置论》，《东洋学》第 9 辑，1979 年；《古朝鲜史·三韩史研究》，一潮阁 1989 年版，408 页。

② 李文基：《百济黑齿常之父子墓志铭的考察》，《韩国学报》第 64 辑，1991 年，第 504—512 页。

日本与新罗、渤海名分关系研究

——以《书仪》的礼仪范式为参照

[日] 爱知大学 广濑宪雄*

引 言

在古代日本与新罗、渤海关系的研究中，石母田正氏提出了"东夷小帝国"的理论框架①，特别是其中日本力图构筑对新罗、渤海藩属体制一观点广受关注。学者们通过分析日本与这两国的关系来探究日本所绘制的国际秩序图，而对这一问题的研究又多注重外交文书（国书）。外交文书真实体现当事国之间的名分关系（即政治关系），故而其研究为探究国际秩序不可或缺。

古代东亚地区外交文书研究侧重文书格式研究。如有学者认为，隋唐王朝对周边有君臣关系国家，使用以"皇帝（敬）问某"开头的慰劳诏

---

* 广濑宪雄，男，1976 年生，日本名古屋大学历史学博士，爱知大学副教授，主要从事古代东亚外交史研究，发表论文 20 余篇，专著两部《东亚的国际秩序与古代日本》，吉川弘文馆 2011 年版；《从东部欧亚视角重读古代日本外交史》，講談社選書メチエ2014 年版。
① [日] 石母田正：《古代日本的国家意识——以古代贵族为例》，《思想》第 454 期，1962 年，第 418—425 页；《天皇与"诸藩"：关于大宝律令制定意识》，《法学志林》第 60 卷第 3·4 合刊，1963 年，第 1—21 页。

书，或以"敕某"开头的论事敕书①，反之周边各国上呈以"臣某言"起首的"表"②。再如，认为日本力图构筑对新罗、渤海藩属体制，故仿效隋唐王朝，在与这两国外交中采用慰劳诏书，甚至在天平十二年（740）要求渤海、天平胜宝四年（752）要求新罗上呈表文，以达到与之建立君臣关系之目的③。

然而，仅着力于外交文书的格式研究有时难以对当事国之间的政治关系做出准确定位，这其中最具代表性者即渤海对日外交文书中所使用之"启"。这一用于尊长体例的使用，既表明了渤海对等的对日外交态度，又显示出其迫于严峻国际形势下的某种考量④。不过，渤海对日本从未奉表，始终拒绝君臣关系，故日渤名分关系，特别是双方稳定交往的 8 世纪末以降，究竟怎样应该说并未充分掌握。

此外，近年来有学者通过分析外交文书中的相关词句，指出日本对新罗的重视度高于渤海⑤，或者日本将渤海定位为一介"诸侯"⑥ 等，只是使用这一方法将日渤关系与君臣关系相比照，分析两者程度上的差别，结论依然不甚明朗。因此，关于日本所描绘的国际秩序，特别是新罗中断对日遣使，日渤关系步入稳定期的 8 世纪末以降，有待进一步研究之处尚多。

仅依托文书格式或其中部分词句进行研究，诸多方面已再难突破，故

① ［日］中村裕一：《慰劳制书式》《慰劳制书的起源》《慰劳制书与"致书文书"》《论事敕书》，《唐代制敕研究》，汲古书院 1991 年版，首次发表依次为 1980 年、1986 年、1988 年。慰劳诏书在武则天时期改称"慰劳制书"，本文统一表述为"慰劳诏书"。

② ［日］石井正敏：《古代东亚的外交与文书：以日本与新罗渤海之例为中心》，《日本渤海关系史研究》，吉川弘文馆 2001 年版，首发于 1992 年。

③ ［日］铃木靖民：《奈良时代的对外意识：〈续日本纪〉朝鲜相关记事探讨》，《古代对外关系史研究》，吉川弘文馆 1985 年版，首发于 1969 年；［日］石井正敏：《日本、渤海交聘与渤海高句丽后继国意识》，《日本渤海关系史研究》，首发于 1975 年；［日］河内春人《新罗史迎接的历史发展》，《ヒストリア》第 170 期，2000 年。

④ ［日］石井正敏：《神龟四年渤海交聘日本之开启及相关情况》，《日本渤海关系史研究》，首发于 1975 年。

⑤ ［日］保科富士男：《古代日本对外关系中的赠进物名称：关于古代日本的对外意识》，《白山史学》第 25 期，1989 年，第 67—98 页；［日］保科富士男：《从显示双方关系的用词看古代日本的对外意识》，田中健夫编：《前近代的日本与东亚》，吉川弘文馆 1995 年版。

⑥ ［日］重松敏彦：《从对新罗、渤海定位差异看平安初期日本的国际秩序构想变迁》，《九州史学》第 118、119 期，1997 年，第 84—110 页。

本稿尝试运用至今一直未受重视，学界称作"书仪"① 这一史料群重新探讨外交文书，以此解读日渤间的名分关系以及日本所绘制之国际秩序图。

一 8 世纪末以后的日渤关系

（一）渤海方所执仪礼分析

渤海国书所用体例及表述在书仪中随处可见，以下试比照书仪规定分析该时期国书内容，重新考量渤海方所执仪礼及 8 世纪末以后的日渤名分关系。首先来看延历十四年（795）聘日渤使所携国书。该国书现存世两封，为方便起见，第二封另起一行表示，并在与书仪相关规定相近的词句处画线、编号。

A. 《类聚国史》延历十五年（796）四月戊子条②

渤海国遣使献方物。其王启曰：哀绪已具别启。①伏惟天皇陛下，动止万福，寝膳胜常。②嵩璘视息苟延，奄及祥制。③官僚感义，夺志抑情。起续洪基，祗统先烈。朝维依旧，封域如初。顾自思惟，实荷顾眷。而怆溟括地，波浪漫天。奉膳无由，徒增倾仰。谨差匡谏大夫工部郎中吕定琳等，济海起居，兼修旧好。其少土物，具在别状。④荒迷不次。

又告丧启曰：上天降祸，祖大行大王，以大兴五十七年三月四日薨背。善邻之义，必问吉凶。限以怆溟，所以缓告。⑤嵩璘无状招祸，不自灭亡。不孝罪苦，酷罚罪苦。谨状另奉启。④荒迷不次，孤孙大嵩璘顿首。（后略）

---

① 书仪乃关于书札体式、典礼仪注的著作，根据写信与收信人地位尊卑高下对书信中应使用词句等作出详细规定，与依照礼制体现两国名分关系的东亚地区外交文书有共通之处。9 世纪渤海对日本外交文书所采用形式与同时代郑余庆《大唐新定吉凶书仪》中的规定相近，故运用书仪研究外交文书应不失为一种行之有效的方法。

② ［日］菅原道真：《类聚国史》卷 193《殊俗部·高丽渤海上》，延历十五年四月戊子条，［日］黑板胜美、国史大系编修会编《新订增补国史大系》第六卷，吉川弘文馆 1933 年版，第 348 页。

B.《新定书仪镜》卷下、弔起服从政、答书条①

日月流速，罪逆深重，荼毒如昨，②奄〈经、及〉祥制。〈频迁晦朔，岁序时祭。〉③天恩夺情，起复从政。⑤居职攀慕无及，触目崩溃。酷罚罪苦，永痛罪苦。①夏中毒热，惟动静兼胜。②某不自死灭，苟延视息。辱书执对，但增号绝。因使遣答，荒塞不次。孤子姓名顿首。（后略）

上引材料显示两者非但形式类似，部分词句也十分相近。在此，须注意 B 中称"夺情起复"，即遭父母丧须去职守制的朝中大臣未满期而奉诏任职时上呈之文书，说明 B 为凶礼而非吉礼，A 亦为凶礼，可能是仿照 B 中"夺情起复"② 一句所拟定。此类国书的吉凶之别到目前尚未受到关注，笔者以为渤海因要向日本通报先王大钦茂之死，故采用凶礼格式写就。

通过这样一封国书，渤海向日本所表明仪礼为何呢？关于这一点，首先应关注 A 问起居处的"动止万福"。该表述主要见于对旁系长辈（如叔伯等）或兄、姐等高于自身者使用。③ 同样，随后的"寝膳胜常"如下所示，礼制上也是用于外祖父等人。

C.《吉凶书仪》卷上、与外祖父母书条④

（前略）孟春尤寒，不审翁婆〈并平阙。〉尊体起居如何。伏愿寝膳胜常。（后略）

渤海对日本天皇使用"陛下"一称谓，显示渤海以日为上，而又未以"臣"自称，说明这种上下关系并非君臣程度的绝对性上下关系。那

---

① 赵和平：《敦煌写本书仪研究》，台北新文丰出版公司 1993 年版，第 327 页。本稿以下均简称《写本》。敦煌汉文文献所收书仪文本使用《写本》，并据东洋文库藏微型胶卷对部分文字进行了修改。

② 石井正敏：《渤海王的世系》，《日本渤海关系史研究》，首发于 1977 年。

③ 广濑宪雄：《书仪与外交文书：以厘清古代东亚的外交关系为目的》第二章（4），《续日本纪研究》第 360 期，2006 年，第 1—21 页。以下如无特殊说明，书仪规定均参见该文所示。

④ 《写本》，第 167 页。

么，素来对日本持对等态度的渤海为何此次执日本为上之礼呢？关于此，笔者以为还应从当时渤海国内局势来寻找答案。第一，大钦茂死后，渤海国内一度陷入内乱，局势在聘日使访日时方才稳定，为避免与日本关系恶化，当难以对日执对等之礼。第二，应注意渤海受唐册封与聘日使派出在时间上的先后关系。《旧唐书》载"（贞元）十一年二月，遣内常侍殷志赡册大嵩璘为渤海郡王。十四年，加银青光禄大夫、检校司空，进封渤海国王"①。可知大嵩璘在贞元十一年（795）获唐册封为渤海郡王，十四年（798）晋封渤海国王。此外，延历十五年（796）11月大嵩璘呈交日本的第二封国书中称"官承先爵，土统旧封。制命策书，冬中锡及。金印紫绶，辽外光辉"②。可进一步推知其最初受册渤海郡王应在延历十四年（贞元十一年、795）冬，而首批渤海聘日使携国书 A 在延历十四年 11 月，即受封渤海郡王前后已抵达日本，则反推可知大嵩璘在延历十四年筹划聘日使阶段尚未获唐册封。大嵩璘继位伊始，即同时朝唐聘日，而比照历代渤海王继承王位后获唐册封与聘日使派出时间上的先后关系，发现除大嵩璘、大元瑜外，余者皆在接受唐王朝册封之后方向日本遣使，③ 那么不待唐王朝册封即派出聘日使的大嵩璘可以说其外交方针是重视日本的，

① 《旧唐书》卷199下《北狄传·渤海靺鞨》，中华书局1975年版，第5362页。

② ［日］藤原绪嗣等：《日本后纪》卷五，延历十五年（796）十月己未条。［日］黑板胜美、国史大系编修会编：《新订增补国史大系》普及版，吉川弘文馆1979年版，第5页。

③ 有关渤海王王位继承与聘日使的派遣时间关系，笔者据滨田耕策《渤海国王位即位与唐的册封》（《史渊》第135期，1998年，第73—106页）及石井正敏《光仁、桓武朝的日本与渤海》（《日本渤海关系史研究》）注27的表格，特列示如下：

新王	唐册封使任命派出	聘日使访日
钦茂	开元二十六年（738）	天平十一年（739）七月
嵩璘	贞元十一年（795）二月	延历十四年（795）十一月
元瑜	元和四年（809）正月	大同四年（809）十月
言义	元和八年（813）正月	弘仁五年（814）九月
仁秀	元和十三年（818）五月	弘仁十年（819）十一月
虔晃	大中十二年（858）二月	贞观元年（859）正月

据上表可知，时间上同年者仅嵩璘、元瑜，其他均在次年。其中嵩璘如文中所述，在受唐册封前已派出聘日使，钦茂开元二十六年（738）受唐册封，而随聘日使归国同行的平群广成抵达渤海是在次年的天平十一年（739）（石井正敏《第二次渤海聘日使相关问题研究》，《日本渤海关系史研究》，首发于1979年），很明显乃接受册封后才派出聘日使，故同年者当为受册封前遣使，次年者当为受册封后不久遣使。

这一态度亦与上文述其执日本为上之礼相吻合。渤海在经受先王大钦茂死后因内乱引发的政治危机后，希望早日派出聘日使，故在对日外交中采取了一种低姿态①。那么日本方面对此又是如何反应的呢？

（二）日本所求仪礼的转变与日罗关系

首先，摘引日本答上引国书 A 的慰劳诏书如下：

D.《类聚国史》延历十五年（796）五月丁未条②

（前略）天皇敬问渤海国王。（中略）而有司执奏，胜宝以前，数度之启，颇存体制，词义可观。今检定琳所上之启，首尾不惬，既违旧仪者。朕以，修聘之道，礼敬为先。苟乖于斯，何须来往。（后略）

有学者认为上引国书中的"苟乖于斯，何须来往"一句，反映出日本在对渤海交往中态度强硬，迫使渤海遵守华夷秩序③。但正如滨田久美子氏所指出的那样④，若仔细分析日本的主张，可知天平胜宝以前第一、二次"启"之国书体例与日本所希望仪礼吻合，为渤海方应呈交国书体例。上引答书中称 A"首尾不惬，既违旧仪"，说明与前两次国书之"旧仪"不同乃问题所在。事实上，同年 10 月渤海对此作出回应，按照前两次所提交国书修改后，重新呈交了一封以"嵩璘启"起首的国书⑤，这一封被认为"今所上之启，首尾不失礼"，日本国内群臣甚至因此上表为桓

---

① 贞元十四年（798）唐将大嵩璘从渤海郡王晋封为渤海国王后，渤海不再开展对日外交，由此推知渤海对日低姿态外交无非只是王权稳固前的一种举措而已。

② 《类聚国史》卷 193《殊俗部·高丽渤海上》，第 349 页。

③ ［日］石井正敏：《光仁、桓武朝的日本与渤海》，《日本渤海关系史研究》，首发于 1995 年。

④ ［日］滨田久美子：《渤海国书所见八世纪日本的对外意识——通过启与表的考察》，《国史学》第 185 期，2005 年，第 79—111 页。需说明的是在"延历年间日本未向渤海提出上表要求"这一点上笔者与滨田氏观点一致，但上文（一）所分析的渤海方面情况、此部分以及广濑宪雄《古代倭国、日本的外交仪礼与从属思想》（《历史学研究》第 824 期，2007 年，第 1—16 页）中所述日本方面的情况及政策的理解上，笔者与滨田氏观点差异较大。

⑤ 《日本后纪》卷 5，延历十五年（796）十月己未条，第 5 页。

武天皇歌功颂德等①，可知后来所呈交的"启"获得了日本方面的高度肯定。

故上引史料 D 并不显示日本对渤海态度强硬，反而折射出日本对外方针的软化。何以得出如此结论呢？正如引言部分论及，日本一直要求新罗、渤海上表称臣，试图在国书字面上反映出其所追求的君臣外交关系。从其宝龟十一年（780）下发针对新罗的"今敕，竺紫府及对马等戍'不将表使，莫令入境'。宜知之"②一公告可知，该政策直到宝龟末年均得到切实执行。而至延历年间，日本放弃以往通过渤海上表、称臣来确立君臣关系的外交方针，取而代之以要求采用上呈尊长格式的"启"，达到建立一种虽未及君臣关系却尊日本为上的仪礼模式。因而，不同于要求渤海上表、称臣的宝龟年间以前，应该说日本在延历年间确立了新的外交方针，即通过渤海呈交"启"这种规格的国书，使其明确尊日本为上之礼。

该外交方针是如何执行的呢？延历十四年（795）后日渤外交中曾四度发生摩擦③，以下分析其中日本方面态度明确的弘仁二年（811）、十年（819）两次，以进一步印证笔者的上述观点。弘仁二年（811），渤海国书以"状"代"启"，遭到日本遣渤海使拒收。相关记载如下：

E.《日本后纪》弘仁六年（815）正月甲午条④

（前略）因差林东仁充使，分配两船押送。东仁来归不赍启，因而曰，改启作状，不遵旧例。由是发日，弃而不取者。（中略）今问孝廉等，对云，世移主易，不知前事。今之上启，不敢违常。然不遵旧例，愆在本国。不谢之罪，唯命是听者。朕不咎已往，容其自新。所以敕于有司，待以恒礼。宜悉此怀。（后略）

①　《日本后纪》卷5，延历十五年（796）十月壬申条，第5页。

②　［日］菅原道真等：《续日本纪》卷36，宝龟十一年二月庚戌条，［日］黑板胜美、国史大系编修会编《新订增补国史大系》普及版，吉川弘文馆1979年版，第457页。

③　除以下弘仁二年（811）、十年（819）外，承和八年（841）（关于入唐僧灵仙的虚假报告）、贞观十四年（872）（详细情况不明）亦有发生。

④　《日本后纪》卷24，弘仁六年正月甲午条，第131页。

据上引史料可知此时渤海在国书中采用了"状"而非"启"，书仪中的"起居状"和成为渤海对日国书范本的"起居启"字面大致相同①，可视两者为同等仪礼规格。中村裕一氏研究认为，状亦可用于皇帝②，故采用"状"本身并未降低日本的地位，表明日方拒收非缘于渤海擅改礼制，而是因"不遵旧例"、即未依旧例上呈"启"之故。

又弘仁十年（819），日本预先检视渤海国书时，发现其存在可疑行为。

F.《类聚国史》弘仁十年（819）十一月甲午条③

（前略）问承英等曰，慕感德等，还去之日，无赐敕书。今检所上之启曰，伏奉书问。言非其实，理宜返却。但启词不失恭敬，仍宥其过，特加优遇。（后略）

对于此前的渤海使慕感德，日方并未交付慰劳诏书，但在此次的渤海国书中却出现了"伏奉书问"这样的语句，一时间如何处置渤海来使，日本朝堂争论不休。由于此次渤海呈交的国书"启词不失恭敬"，执礼照旧，故在答渤海慰劳诏书④中未加追究。

综上可知，延历以降日本要求渤海呈交"启"表明其尊日本为上之礼，当渤海所执之礼有悖于本国要求时，会采取相应措施；若符合，则即使有可疑之处也不予追究。由此，日渤之间未再发生对立，直至渤海灭亡，两国关系一直得以保持稳定。

可是，如推定日本延历年间对外政策趋缓，为何宝龟年间断绝的日罗关系在该时期依然未能恢复？当然这一疑问的提出以日本对待新罗是否也放弃了以往上表称臣之要求为前提。关于此，仁和元年（885）的一条史料可资参考，而这条史料至今并未引起学界注意。

---

① 按起居启、起居状顺序列示如下：《大唐新定吉凶书仪》寮属起居第六、起居启条（《写本》，第500页）孟春尤寒，伏惟官位，尊体动止万福。即日某蒙恩。（中略）谨奉启起居不宣。谨启。（后略）《新集吉凶书仪》卷上、起居启条（《写本》，第522页）孟春尤寒，伏惟某官，尊体动止万福。即日某蒙恩。（中略）谨奉状起居不宣。谨状。（后略）

② ［日］中村裕一：《上奏与裁可之语》，《唐代制敕研究》，首发于1983年。

③ 《类聚国史》卷194《殊俗部·渤海下》，弘仁十年十一月甲午条，第355页。

④ 《类聚国史》卷194《殊俗部·渤海下》，弘仁十一年正月甲午条，第355、356页。

G.《日本三代实录》仁和元年（885）六月廿日条①

（前略）是日，大宰府言，去四月十二日新罗国使判官徐善行、录事高兴善等卅八人，乘船一艘，来着肥后国天草郡。（中略）今检，寄事奉贺，牒货相兼。只有执事省牒，无国王启。其牒不纳函子，以纸裹之。题云，新罗国执事省牒上日本国。其上踏印五院。谨检先例，事乖故实。仍写牒并录货物数进上。（后略）

此次来日的"新罗使"②，大宰府询问后发现一未携"启"，二未将"牒"入函，仅以纸裹之，于是上报朝廷。在此想提请注意大宰府认为新罗应呈交"启"而非"表"这一点。如上所述，日本延历时期对渤海在仪礼上的要求由表转启，故推测日本宝龟末年至仁和元年之间当亦依渤海例，在延历年间对新罗的仪礼要求也发生了转变。

若日本对新罗亦放弃了上表称臣的要求，为何与渤海不同，九世纪以后的日罗关系仍未能恢复？笔者以为，首先宝龟以前新罗与渤海对日本所执仪礼存在差别为原因之一。渤海从交往伊始即对日持对等态度，但迫于当时严峻的国际形势，采用"启"之体例在礼制上将日本置于渤海之上；③而新罗天平年间以后，竭力在礼制上实现对日平等关系。日本方面虽放弃了上表称臣的要求，但在尊日本为上这一点未做丝毫退让，故日本与渤海在仪礼问题上有达成一致的余地，而新罗坚持对日平等政策，日罗两国间无取得一致之可能。其次，渤罗的对立与唐王朝的位次排序有关。渤海与新罗的对立一直持续到两国灭亡④，渤海第三代王大钦茂虽先于新

---

① ［日］藤原时平等：《日本三代实录》卷47，仁和元年六月廿日条，［日］黑板胜美、国史大系编修会编《新订增补国史大系》普及版，吉川弘文馆1979年版，第590页。

② 此次"新罗使"，同日条给大宰府回敕载"敕、新罗国人"，从日本方面当作"新罗国人"对待这一点看来，该使人非正式新罗使节，当为新罗商人之类。

③ ［日］滨田耕策：《中代、下代的内政与对日外交：围绕外交形式与交易》，《新罗国史研究：以东亚史视点》，吉川弘文馆2002年版，首发于1983年；［日］古畑彻《日渤交聘伊始期的东亚形势：渤海缘何开启交聘日本之再探索》，《朝鲜史研究会论文集》第23期，1986年，第85—114页。

④ ［日］李成市：《围绕渤海史的民族与国家：超越国民国家界限》，《历史学研究》第626期，1991年，第10—20页。

罗王获唐王朝册封为三公①，但直至唐末，无论官阶抑或是朝堂位次渤海始终居新罗之下②，因而对渤海而言，为在与新罗的对抗中处于有利地位，有必要与日本保持友好关系③。最后，新罗自 8 世纪中叶起直至灭亡，始终以中国为外交中心，对日外交未获重视。由于在唐王朝的位次排序中，新罗始终高于渤海，故不同于渤海，新罗不必为保持外交关系而对日让步。

综上可知日渤外交往来得以保持而日罗外交关系却中途断绝之原因所在。

二　国书所见 8 世纪末以后的日渤名分关系

（一）日本国书所见相互名分关系

延历后的日本国书，均为以"天皇敬问某"起首的慰劳诏书（详见下表）。

日本慰劳诏书一览表

出处	年月日	起首	结语
续纪	庆云 3 · 正 · 丁亥	天皇敬问新罗王	春首尤寒，比无恙也。国境之内，当并平安。使人今还，指宣往意，并寄土物如别
续纪	庆云 3 · 11 · 癸卯	天皇敬问新罗国王	寒气严切，比如何也。今故遣大使从五位下美努连净麻吕、副使从六位下对马连坚石等，指宣往意，更不多及
续纪	神龟 5 · 4 · 壬午	天皇敬问渤海郡王	渐热，想平安好

---

① 大钦茂在宝应元年（762）获授检校太尉（欧阳修、宋祁《新唐书》卷 219《北狄传·渤海》，中华书局 1975 年版，第 6181 页），同时期新罗王的官职为从一品开府仪同三司（《旧唐书》卷 199 上《东夷传·新罗》，第 5336 页），最早获授三公乃贞元元年（785）（《旧唐书》卷 199 上《东夷传·新罗》，第 5338 页）。

② 渤海在与新罗唐朝堂位次之争中失败，此即著名的"争长事件"（滨田耕策《唐代渤海和新罗的争长事件》，《新罗国史研究：以东亚史视点》，吉川弘文馆 2002 年版，首发于 1978 年）。

③ 对日本而言，与渤海保持友好关系乃迫使新罗放弃对日对等外交政策之手段之一。

出处	年月日	起首	结语
续纪	胜宝 5·6·丁丑	天皇敬问渤海国王	季夏甚热,比无恙也。使人今还,指宣往意,并赐物如别
续纪	宝字 3·2·戊戌	天皇敬问高丽国王	余寒未退,想王如常。遣书指不多及
续纪	宝龟 3·2·己卯	天皇敬问高丽国王	春景渐和,想王佳也。今因廻使,指此示怀,并赠物如别
续纪	宝龟 8·5·癸酉	天皇敬问渤海国王	春景炎热,想平安和
续纪	宝龟 11·2·庚戌	天皇敬问新罗国王	春景韶和,想王佳也。今因还使附答信物,遣书指不多及
类史	延历 15·5·丁未	天皇敬问渤海国王	夏热,王及首领百姓平安好。略此遣书,一二无委
类史	延历 17·5·戊戌	天皇敬问渤海国王	夏中已热,惟王清好。官吏百姓,并存问之。略此遣书,言无所悉
后纪	延历 18·4·己丑	天皇敬问渤海国王	夏首正热,惟王平安。略此代怀,指不繁及
后纪	弘仁 2·正·丁巳	天皇敬问渤海国王	春寒,惟王平安。指此遣书,旨不多及
后纪	弘仁 6·正·甲午	天皇敬问渤海王	春首余寒,王及首领百姓并平安好。有少信物,色目如别。略此还报,一二无悉
类史	弘仁 7·5·丁卯	天皇敬问渤海王	仲夏炎热,王及首领百姓并平安好。略此呈报,指不一二
类史	弘仁 11·正·甲午	天皇敬问渤海国王	春首余寒,比无恙也。境局之内,当并平安。略遣此不多及
类史	弘仁 13·正·癸丑	天皇敬问渤海国王	春初尚寒,比平安好。今日还次,略此不悉
类史	天长 3·5·辛巳	天皇敬问渤海国王	风景正热,王无恙也。略此寄怀,不复烦云

续表

出处	年月日	起首	结语
续后	承和9·4·丙子	天皇敬问渤海国王	夏景初蒸，比平安好。略此还答，指不多及
续后	嘉祥2·5·乙丑	天皇敬问渤海国王	夏热，比清适也。文矩今还，略申往意，并寄王信物如别
三实	贞观元·6·23	天皇敬问渤海国王	热剧，王及所部平安好。略此遣书，指无一二
三实	贞观14·5·25	天皇敬问渤海国王	梅热，王及境局，小大无恙。略怀遣此，何必烦多

史料出处：续纪：《续日本纪》/类史：《类聚国史》/后纪：《日本后纪》/续后：《续日本后纪》/三实：《日本三代实录》。

"引言"部分已述，慰劳诏书用于有君臣关系的臣下，说明日本视渤海为臣国，而这与上文论其放弃渤海上表、称臣之要求相抵牾，究竟延历后的日渤关系是怎样一种名分关系呢？以下试比照书仪对双方的外交文书加以探讨。

首先从日方外交文书分析入手。

第一，关于问起居用词。如上表所示，日渤交往期间问起居用词均为"平安""无恙"。对照书仪规定，可知"平安"一词用于卑属（直系亲属的子、孙和旁系亲属的侄女、外甥女），"无恙"部分情况下也用于幼属（弟、妹等），但主要使用对象基本同"平安"[1]。"平安"一词在同时期唐代外交文书中普遍使用，故日本外交文书中"平安""无恙"的使用，当为仿效唐王朝用于周边国家关系的做法，目的在于显示君臣关系。

不过，日本外交文书所见问起居用词并非全为君臣关系用词，延历后还出现过"清好""清适"各一次。关于"清适"书仪规定如下：

H. 《删定仪诸家略集》通例第二[2]

---

[1] 《书仪与外交文书：以厘清古代东亚的外交关系为目的》第二章（4）。
[2] 《写本》，第364页。

凡倾仰、枉问、白书、勤仰、谘叙、翘企、所履清适、清胜、休宜、敬重、敬厚等语皆平怀。（后略）

可知"清适"属"平怀"，即与自身地位相等者之间的用语。至于"清好"，未见相关规定，不过凡带"清"字者，主要用于长属（兄、姐等）、平怀、幼属（弟、妹等），①，故"清好"当同"清适"，用于与己地位相当者。因此，此二词的使用较"平安""无恙"明显是一种礼遇，抬高了对渤海王的定位。当然，整个延历年间都在使用"平安""无恙"二词，故尚不能说日本对渤海定位发生了彻底改变，但抬高渤海王地位词句的出现无疑值得注意。

类似情况亦见于唐王朝的外交文书。通常问起居用词多为用于卑属的"平安"，但元和三年（808）给回鹘国书中称："皇帝敬问回鹘可汗。夏热，想比佳适。"② 又如会昌三年（843）给黠戛斯国书称："皇帝敬问黠戛王。时及阳和，想比佳适。"③ 再如"皇帝敬问纥扢斯可汗。时属载阳，想彼休泰。"④ "佳适"一词，书仪规定用于幼属、外甥、女婿⑤，比"平安"明显更为礼遇，与"无恙"相比，"佳适"亦更为尊敬，用于仅次于"平怀"的"小轻"（其他书仪亦写作"稍卑"）。

I.《删定仪诸家略集》通例第二⑥

凡如宜、佳适、佳致、绪对等语皆小轻。论卑下云佳健、无恙。

书仪对"休泰"未做规定，但带"休"字者与带"清"字者相同，用于长属、平怀、幼属⑦，故"休泰"当亦用于与自身地位相当者。

唐对回鹘、黠戛斯使用比"平安""无恙"更为尊敬的"佳适""休

---

① 《书仪与外交文书：以厘清古代东亚的外交关系为目的》第二章（4）。

② 《全唐文》卷665《与回鹘可汗书》（白居易），中华书局影印本1983年版，第6759、6760页。

③ 《全唐文》卷700李德裕《与黠戛王书》，第7186页。

④ 《全唐文》卷700李德裕《与纥扢斯可汗书》，第7184页。

⑤ 《书仪与外交文书：以厘清古代东亚的外交关系为目的》第二章（4）。

⑥ 《写本》，第364页。

⑦ 《书仪与外交文书：以厘清古代东亚的外交关系为目的》第二章（4）。

泰"意味着什么呢？首先，唐回关系名为君臣关系，实则是以唐为兄、以回为弟的兄弟关系，即一种虚拟亲属关系①。回鹘在平定安史之乱中，对唐帮助甚巨，同时在反吐蕃同盟中亦担任重要角色，故唐王朝两度以真公主嫁与回鹘可汗②，可以说十分重视唐回关系。而唐与黠戛斯之间虽未结成虚拟亲属关系，但在唐攻灭回鹘中，黠戛斯作为一支反回鹘势力受到唐王朝的重视。③

"佳适""休泰"的使用显示唐王朝对回鹘、黠戛斯的重视，然国书格式均采用慰劳诏书，故这种重视始终只是君臣关系范围内的重视，那么日本对渤海使用"清好""清适"，当亦是君臣关系范围内的重视。

第二，关于问起居处启辞的分析。延历前的启辞，如宝龟十一年（780）的"想王佳也"，使用了"想"字，而延历后如延历十八年（799）的"惟王平安"，用的是"惟"字，完全不再使用"想"字。对照书仪相关规定，最为尊敬者乃用于尊长的"伏惟"，其次为用于异姓且同辈亲属的"惟"，"想"则主要用于地位较自己低者④。因此，"惟"较"想"更为礼遇对方，其使用如上文所述，显示延历后日本对渤海王定位上升。而翻检中国外交文书中的启辞部分，发现整个隋唐时期均使用"想"字，即使对其所重视的回鹘、黠戛斯，也未使用过"惟"字，就这点而言，日本对渤海王"惟"字的使用我们应予重视。

第三，关于国王、王妃、大使之死的表述分析。日本将渤海王之死表述为"先王不终遐寿，奄然殂背"⑤。王妃之死表述为"祸故无常，贤室殒逝"⑥。

① 有关国家间模拟亲属关系多为单个问题研究，仅堀敏一《近代以前的东亚世界》（《律令制与东亚世界：我的中国史学（二）》，汲古书院1994年版，首发于1963年）中可见整性体概述，详细研究期待今后出现。与唐结成虚拟亲属关系的主要有突厥、吐蕃、回鹘、南诏等与中国势均力敌的各势力，这一点与本稿论点有关联，特此强调。

② 在此之前亦有唐公主下嫁吐蕃、吐谷浑、契丹、奚等，但全为宗室之女或外戚的养女，而真公主的下嫁肇始于对回鹘（长泽惠《古代中国的和亲公主》，《海南史学》第21期，1983年）。

③ ［日］羽田亨：《唐代回鹘史研究》，《羽田博士史学论文集》上第2期第二章、第3期第一章，东洋史研究会1957年版；［日］金子修一《隋唐的国际秩序与东亚》，名著刊行会2001年版，第140、141页，首发于1974年。

④ 《书仪与外交文书：以厘清古代东亚的外交关系为目的》第二章（3）。

⑤ 《日本后纪》卷24，弘仁六年（815）正月甲午条，第131页。

⑥ 《续日本纪》卷34，宝龟八年（777）五月癸酉条，第435页。

大使之死表述为"孝廉患疮,卒然殒逝"①。"殒逝"一词,书仪规定用于幼属、卑属,而"殂背"在书仪中查无同例。不过参考"背"字与"逝"字的区别,可知表述皇太子之死的"薨背"敬意程度要高于表述诸王、公主之死的"薨逝",表述直系、旁系尊属之死的"倾背"要高于表述旁系尊属、长属之死的"倾逝",故"背"比"逝"对死者所表示的敬意当更高。另外,"殂"通"殒",故表述渤海王之死的"殂背"当高于渤海王妃及大使之死的"殒逝",这从侧面印证了上文所述"清好""清适"及"惟"字等的使用是为向渤海王表示某种程度敬意这一观点。

与此相关,唐王朝是怎样表述藩王之死的呢? 唐元和四年(809)称南诏王之死"知异牟寻丧逝"②,"丧逝"一词敬意程度与"殒逝"相当或稍低于"殒逝";开元二十三年(735)称突厥可汗之死"苾伽可汗倾逝,闻以恻然"③,所用"倾逝"适用于旁系尊属、长属。南诏对唐王朝形成威胁是在 9 世纪中期以后④,而元和四年时两国仍为彻底的君臣关系。唐与突厥名义上乃君臣关系,实则为以唐为父、突厥为子的父子关系,强大的突厥始终是唐王朝的威胁,唐的北方外交也因此主要围绕突厥展开⑤。为防止突厥进一步壮大,唐甚至多次拒绝突厥迎娶公主的请求,并与契丹、奚联姻以牵制突厥,开元后半期唐与吐蕃对抗局势趋于明朗化后,唐对在河西走廊一带影响较大的突厥施以礼遇,以达到使其加入己方阵营之目的⑥。因此,唐对突厥可汗之死使用有着更高敬意的"倾逝"而非"殒逝"或"丧逝",正体现出唐在君臣关系框架下对突厥的重视。那么同样,日本将渤海王之死表述为较"殒逝"更为尊敬的"殂背",亦当

---

① 《类聚国史》卷 194,弘仁七年(816)五月丁卯条,第 355 页。

② 《全唐文》卷 665《与南诏清平官书》(白居易),第 6759 页。

③ (唐)张九龄撰,熊飞校注:《张九龄集校注》,中华书局 2008 年版,第 627 页。

④ 〔日〕藤泽义美:《中国西南民族史研究:南诏国历史研究》,株式会社大安出版 1969 年版;〔日〕林谦一郎:《南诏国的建立》,《东洋史研究》第 49 卷第 1 号,1990 年,第 87—114 页;〔日〕林谦一郎:《南诏国后半期的对外远征及国家结构》,《史林》第 75 卷第 4 号,1992 年,第 554—585 页。

⑤ 〔日〕护雅夫:《突厥与隋唐两朝》,《古代土耳其民族史研究》Ⅰ,山川出版社 1967 年版,首发于 1964 年。

⑥ 〔日〕菅沼爱语:《唐玄宗"御制御书"阙特勤碑文考:唐、突厥、吐蕃外交关系演变》,《史窗》第 58 期,2001 年,第 329—339 页。

为表示对渤海国某种程度的重视。

综上，可知延历后日本在君臣关系范围内对渤海表现出一定的顾忌或重视，而这种君臣关系范围内的重视亦存在于唐—突厥、回鹘、黠戛斯等这些与唐实力相近的周边各势力之间，其中唐—突厥、回鹘关系还带有虚拟亲属关系特征。

（二） 从渤海国书看日渤相互名分关系

唐开创期给突厥国书中亦使用过"启"[1]，因再无他例，尚难据此推断"启"之适用对象乃尊长。鉴于此，笔者以为应将渤海给日本的国书"启"，特别是弘仁以后的，视作众多书札形式中的一种，而不可视野过于局限。以下，试列举同时期相关事例加以探讨，首先来看吐蕃给唐的一封国书。

> J.《册府元龟》开元六年十一月条[2]
> 吐蕃遣使奉表曰：仲冬极寒，伏惟皇帝舅万福。（中略）今望重立盟誓，舅甥各亲署盟。（中略）皇帝舅亲署誓书，事复遣宰相作誓，外甥亦亲署，宰相亦作咒。（后略）

开元六年（718），吐蕃获唐金城公主下嫁，双方结成以唐为舅、以吐蕃为甥的甥舅关系，然同时围绕河西九曲之地展开争夺，战争时断时续。《旧唐书》载"吐蕃既自恃兵强，每通表疏，求敌国之礼。言辞悖慢，上甚怒之"[3]。吐蕃奉表旨在陈请与唐订立对等盟约，故启辞使用"伏惟"这一用于一般尊属而非皇帝专属用词，尊唐为上，却自称"外甥"而非"臣"；问起居处仅简单地表述为"万福"，而非后文归义军节度使所用之"圣躬万福"这一标明彻底性君臣关系的表述。因而，这封国书唐虽认可为"表"，但由于吐蕃方面在尽量回避明示君臣关系，笔者

---

① （唐）温大雅撰，李季平、李锡厚点校：《大唐创业起居注》，上海古籍出版社 1983 年版，第 9 页；石井正敏：《神龟四年渤海交聘日本之开启及相关情况》，《日本渤海关系史研究》。

② （宋）王钦若：《册府元龟》卷 981《外臣部·盟誓》，中华书局影印本 1982 年版，第 11526、11527 页。

③ 《旧唐书》卷 196 上《吐蕃传》，第 5229 页。

以为可视为非君臣性虚拟亲属关系中位卑者致位尊者之国书形式。以下第二例为敦煌曹氏政权给甘州回鹘的官文书。

K.《敦煌汉文文献》P. 二九九二第三通①

季夏极热，伏惟

弟顺化可汗天子尊体动止万福。即日

兄大王蒙恩，不审近日

尊体可似。伏惟顺时，倍加保重。远诚可望。（中略）右贾都头口申陈子细，谨状。（后略）

以上乃长兴二年（931）敦煌归义军节度使曹义军为向甘州回鹘顺化可汗报告获后唐授官中书令并感谢顺化可汗在遣使一事上提供方便所写②。文书中曹议金即"兄大王"，顺化可汗为"弟顺化可汗"，双方结为以归义军节度使为兄、甘州回鹘可汗为弟的兄弟关系，但从称弟作"天子"和所使用"尊体动止万福"问起居这两点，可知他们实则弟为上，兄居下。然曹议金并未向顺化可汗称臣，他们之间并非君臣关系。因而，K 与 J 相同，当为非君臣性虚拟亲属关系者间位卑者致位尊者之文书。最后第三例乃敦煌归义军节度使曹元深上呈后晋之表文。

L.《敦煌汉文文献》P. 四〇六五第二通③

臣某言。仲冬严寒，伏惟皇帝陛下圣躬万福。臣伏限远据藩镇，不摧蹈舞阙庭。臣无任瞻天恋圣说切屏营之至，谨奉表起居以闻。臣某诚营诚惧顿首谨言。

---

① 敦煌汉文文献所收文书使用东洋文库所藏微型胶卷，P 为巴黎国立图书馆所藏伯希和带回的敦煌文献略码。为归义军节度使与甘州回鹘间往来公文，抄写时间在 945 年以前（第三通末尾处可见"天福十乙巳年五月五日"字样），如实平出抄写，史料价值高。

② ［日］藤枝晃：《沙洲归义军节度使始末（一）—（四）》，《东方学报（京都）》第 12 卷第 3 · 4 合刊、第 13 卷第 1 · 2 合刊，1941—1943 年，第 58—98 页、42—75 页、63—95 页、46—98 页；森安孝夫：《关于维吾尔族西迁》，《东洋学报》第 59 卷第 1 · 2 合刊，1979 年，第 105—130 页；森安孝夫：《维吾尔族与敦煌》，榎一雄编：《讲座敦煌二敦煌的历史》，大东出版社 1980 年版。

③ 赵和平：《敦煌表状笺启书仪辑校》，江苏古籍出版社 1997 年版，第 355 页。

某年月日某官具衔上表。

表文落款未具时间，有学者推定第一通乃天福七年（942）所作①，故第二通的时间当在其前后，修状者自称"臣"，年月日之后写"上表"，明确地表明了两者间的君臣关系，因此，名分关系与上文 J、K 不同，归义军节度使与后晋之间，虚拟亲属关系不成立，所执之礼不同于 J、K。

参照上述三例分析渤海给日本国书可知：（1）渤海以王之姓名而非以"臣"自称。（2）问起居使用"动止万福"或"起居万福"，而非 L 那样的"圣躬万福"，显示有别与 L，渤海并不认为与日本存在君臣关系。此外，A、J、K 三例启辞均为适用一般尊属的"伏惟"一词，问起居为适用直系尊属的"起居万福""万福"或适用旁系尊属、长属的"动止万福"，可以说均尊对方为上。因而，渤海给日本国书尊日本为上但不标明君臣关系，礼制上或可称为一种"非君臣式上下关系"之礼。与渤海给日本国书相同，表示"非君臣式上下关系"的 J、K 两例，双方分别结为甥舅、兄弟关系式的虚拟亲属关系，这与上文分析结果相关，值得关注。

综上考察，延历后日本对渤海礼制上可概括为"有君臣关系、但较常规更礼遇对方"，近似于唐—突厥、唐—回鹘，双方实力接近，外交关系采用虚拟亲属关系。渤海对日本礼制上可概括为"不上表称臣，但尊日本为上"，类似吐蕃与唐、归义军节度使与甘州回鹘等，双方实力相近，外交关系仍采用虚拟亲属关系。如前所述，日本在宝龟前，一直要求渤海上表称臣，而渤海从建交伊始就对日本持对等态度，但延历后双方互有妥协，建立起一种相互默许分歧存在的外交关系。这种关系乍看颇觉奇怪，但事实上，外交当事国间认识上存在差异却依然保持外交往来的例子除上述 J 所见唐—吐蕃关系外，还见于东魏与梁的关系等②。因此，双方间不存在绝对性上下关系时，允许主张上的差异存在，也完全有可能继续推动双方关系向前发展。日本与渤海

___

① 赵和平：《敦煌表状笺启书仪辑校》，第 355 页。
② 《北齐书》卷 37《魏收传》，中华书局 1979 年版，第 486 页。该事例笔者在《古代东亚地区的外交秩序与书状：关于非君臣关系的文书》（《历史评论》第 686 期，2007 年，第 96—109 页）中论及。

实力相差不大，虽说关系定位未达一致，但日本提倡的是兄弟关系，渤海提倡的是甥舅关系①，从虚拟亲属关系这一角度看，可以说日渤关系与唐—突厥、回鹘、吐蕃等关系的处理存在相似之处。

结　语

本稿分析 8 世纪下半叶日本与新罗、渤海外交关系结论如下：(1) 宝龟前日本一直要求新罗、渤海上表称臣，但延历时期放弃了这一要求，对外政策上有所让步。(2) 礼制上尊日本为上一点日本始终未作让步并竭力令两国遵守。(3) 伴随日本外交政策的改变，礼制上一开始便尊日本为上的渤海与日本继续开展外交往来，而对日本采取对等态度的新罗则与日本断绝了外交关系。(4) 延历后的日渤关系模式乃"有君臣关系，但较常规更礼遇对方"——"不上表称臣，但尊对方为上"之关系，与唐—突厥、回鹘、吐蕃等虚拟亲属关系模式相近。

故笔者以为可将古代日本与新罗、渤海外交划分为两个阶段，一为律令制确立至宝龟前日本意图对两国建立君臣关系时期；二为延历后放弃上表称臣要求，礼制上意图使两国遵守以日本为上时期。特别是第二阶段，一直以来学界只关注到君臣关系和对等关系，但似乎还应设定"非君臣式上下关系"这一居君臣关系与对等关系中间地带关系形态对东亚地区的外交关系进行考察。

当然有待进一步探讨的课题尚不在少数。第一，本稿所采用研究方法为参照书仪规定明确外交文书中所表明之礼制，因此这一研究的开展首先以假定外交文书一定参照某种范本或准则为前提。第二，本稿着重探讨了日本与新罗、日本与渤海间的名分关系，但这终究只是从对外角度进行的尝试，而在国内施行的"藩国臣属"具有怎样的意义？它与本稿所明确的日本外交政策上的变化有何关联等还当另行研究。第三，本稿主要围绕延历后日本外交关系和虚拟亲属关系展开研究，论述了君臣关系无法贯彻情况下的外交开展情形，尚未将其定位于整个东亚国家秩序中。一直以来

---

① 《续日本纪》卷 19，天平胜宝五年（753）六月丁丑条，第 218 页；卷 32，宝龟三年（772）二月己卯条，第 401 页。

以西嶋定生氏的"册封体制"理论①为代表，学界认为中国在对周边各国家势力中占据绝对优势，当时的国际秩序完全是君臣关系下的外交，然外交当事国之间实力接近并未真正贯彻君臣关系或保持对等外交关系的例子也多有存在，不能仅以君臣关系得到贯彻为前提来考察当时的国际秩序，故而笔者以为有必要重新审视"册封体制"论以及"东亚世界"论。

［日］《史学杂志》116（3），2007 年

编译　张鸿（西安外国语大学日本文化经济学院）

---

① ［日］西嶋定生：《东亚世界与册封体制：6—8 世纪的东亚》，《西嶋定生东亚史论集·三·东亚世界与册封体制》，岩波书店 2002 年版，首次发表于 1962 年；山内晋次：《从日本古代史研究看东亚世界论：以西嶋定生氏的东亚世界论为中心》，《为了新的历史学》第 230·231 合刊，1998 年。

韩国古代石刻文化与崔致远

[韩] 东国大学庆州 Campus 金福顺[*]

序 言

崔致远作为新罗下代（780—935）末期著名的儒学者、文学家、书法家，在韩国享有极高的声誉。虽然他的著述多有流传，但韩国各地亦保存着许多崔氏撰写的石刻碑志遗迹。正因如此，这些流传下来的石刻碑志遗迹，在韩国石刻文化史上占有十分重要的地位。

韩国古代石刻文化，是将国家向百姓发布的禁令等刻在石头上而正式出现的。此后，为了昭示国王的治绩政令，刻石立碑，流传至今的《广开土好太王碑》及《真兴王巡狩碑》即为代表。另外，由于佛教的传入，韩国古代社会使用的汉文得到急速的传播；就是说，佛教传入之后，在佛经的抄写普及过程中汉文得到了长足的发展。与此同时，由于刊刻石经和为著名僧侣撰写的碑铭登场，韩国古代石刻文化进入一个急速发展的新阶段。值得指出的是，新罗下代的僧侣碑铭多是依据国王的敕令，由翰林学士撰写，随后经刻石匠人刻于碑石，而碑铭作为僧侣们所驻锡寺院的纪念物流传下来。

结束了 17 年在唐朝的留学生活后，崔致远于公元 885 年回到新罗。归国之后，新罗王任命他为翰林学士。基于其在文坛的无可替代地位，崔

---

* 金福顺教授，女，韩国高丽大学文学博士，现任职于韩国东国大学庆州分校国史学系。代表作《新罗华严宗研究》，（汉城）一潮阁 1990 年版，《作为新思潮的新罗佛教和王权》，景仁文化社 2008 年版。

氏接受国王的敕令，以及王室托付所作的碑铭实在不少。其中《真鉴禅师碑文》由于是崔致远亲自撰文、书丹的石刻而享誉后世。除此之外，其他不少地方也有崔氏书丹的石刻传世。在崔氏撰作禅师碑铭的带动下，其他翰林学士亦依据此形式撰写碑文。禅师碑铭形式的碑文撰作，对韩国古代石刻文化的兴盛做了重大贡献。本稿以新罗为中心，对韩国古代石刻文化作一宏观考察，同时也探讨崔致远在其中的相应位置。

一　新罗的石刻文化

韩国的石刻文化从青铜器时代就已存在。岩石上刻字的遗迹多被发现，其中盘龟台岩刻画及川前里书石可作为其代表①。同时，即使从现在留传下来的遗迹看，石塔比木塔及砖塔更富含优秀的传统和价值。从历史的角度看，韩国的石刻文化应是当时国家将向百姓通告的禁令刻在石头上而正式出现的。流传至今的金石遗迹可分为碑铭、墨书铭、石刻、造像铭、石经、塔灯铭、钟铭、器铭等类型②。无疑，石刻文化和汉文的使用有着非常密切的关系。韩国的三国时代初期在支配层之间使用汉文已经被认定，但是，汉文的急速传播却是首先来源于从中国传来的佛教的非凡影响，随着半岛三国对佛教的一致认同，基于深刻体会、熟练掌握佛说大义的缘故，学习汉文被认为是其必由之路。同时，与佛教传入并行的国学的建立，儒教经典的传布也促使汉文的传播③。下面就以上文提及的诸类碑铭和石刻为对象，以时代先后将其作五个段阶分类整理探讨。

韩国古代石刻遗迹的第一种类型，是为了公布国王的治绩、开疆拓土之伟业，以及记载国家间关系而缔结的刻铭记事。高句丽的《广开土大王碑》，新罗的《真兴王巡狩碑》，以及《中原高句丽碑》即属此类。《广开土大王碑》是高句丽第 20 代国王长寿王为赞颂其父广开土好太王的功绩，于 414 年建立的碑石。碑石内容由高句丽王的系谱，广开土好太

---

① 黄寿永、文明大：《盘龟台》，蔚州岩壁雕刻，东国大学校出版部 1984 年版。

② 黄寿永：《增补韩国金石遗文》，一志社 1980 年版。

③ 朱甫暾：《新罗的汉文字传播过程和佛教的受容》，《岭南学》创刊号，第 191—224 页，2001 年。

王的征服活动，守墓人的配备等构成。独特的 1775 个隶体文字，刻于碑石的四面，其中有 150 余字不能判读①。《中原高句丽碑》发现于韩国忠清北道中原郡可金面龙田里，是现在韩国境内最有价值的高句丽时代的碑石。研究者推断该碑建立于公元 5 世纪后半期；书体呈古拙的隶书风格，并以新罗与高句丽交涉内容而著名。《真兴王巡狩碑》是新罗第 24 代国王真兴王为了确认开拓的国土，巡狩疆域而建立的四通碑石。依据碑石所在地域，学者依次为其冠名为昌宁碑、北汉山碑、黄草岭碑、摩云岭碑。碑石建立年代为真兴王二十二年（561），二十九年（568）；其内容均由碑石题记、记事、随驾人名等要素组成。昌宁碑的书体介于隶书和楷书中间，与《广开土大王碑》的书体相类似。依据朝鲜时代金石名家金正喜的研究，除摩云岭碑外，其余三通碑石的书体和中国南朝齐、梁碑铭及造像记书体相似，与欧阳询的书体不同②。《丹阳赤城碑》记载了新罗征服高句丽领土赤城后，为了褒赏有功将士官民，抚慰赤城地方的原高句丽百姓内容，研究者认为碑文的书体受到中国南朝时代书体的影响③。

　　韩国古代石刻遗迹的第二种类型，是国家向百姓发布的禁令等刻石，其中又可分两个小类。其一，和修筑城池关联的碑刻，有高句丽的《平壤城石刻》及《笼吾里山城摩崖石刻》，新罗的《南山新城碑》《明活山城改筑碑》。前者为城壁石头上的刻字，后者则为碑石刻字，其实体明显不同；新罗的筑城碑内容包括筑城的区段、开工年代、工程的责任者，某一修筑单位担当的工程区间记录等，碑石采取一种固定的撰写形式。其二，为了规定财产继承，明确奴隶身份而建立的《迎日冷水里碑》及《蔚珍凤坪碑》等，此两通新罗碑石分别建于公元 503 年、524 年，是研究 5 世纪至 6 世纪新罗政治、经济、社会史的重要史料。

　　韩国古代石刻遗迹的第三种类型，是新罗中代初出现的《武烈王陵碑文》《文武王陵碑文》《金仁问碑文》《圣德王陵碑文》《兴德王陵碑文》等陵墓碑铭，以及《新罗皇福寺碑文》《新罗三寺碑文》《新罗四天

---

　　① 任昌淳、金鹰显对高句丽的书体书法做了研究（《书通》创刊号 1973 年），沈载完对广开土好太王碑的书体有深入研究，见《新罗珈倻研究》总第 11 辑，1973 年。

　　② 卢重国：《昌宁真兴王拓境碑》《北汉山真兴王巡狩碑》《黄草岭真兴王巡狩碑》，《译注韩国古代金石文》，第 53—96 页。

　　③ 朱甫暾：《丹阳赤城碑》，《译注韩国古代金石文》，1992 年，第 33—40 页。

王寺碑文》《新罗誓幢和上碑》《栢栗寺六面石幢碑》《务臧寺阿弥陀佛
如来事迹碑》《新罗金立之撰圣柱寺事迹碑》等与佛教有关联的碑文。同
时还有如《上院寺钟记》《圣德大王神钟铭》等用汉、唐以来流畅华丽的
汉文撰写的铭文。新罗与唐的频繁来往影响下出现的一系列碑文，像文章
名家金仁问撰写的《武烈王陵碑文》即属此类。然而，这些碑文现在大
多只有残留的碑片传世，完整的碑文没有传下来，故要把握碑文的整体内
容受到限制。值得注意的是，从统一新罗时期开始，石刻文化和佛教的关
系空前密切①；即与陵墓碑文出现的同时，陵墓周边排设陈列的石灯、
石狮子等石刻亦相继登场，此也是受佛教影响所致。狮子是与佛教密切
关联的动物，崔致远所作《乡乐杂咏》五首中的"狻猊"章，说的就
是狮子舞。狮子舞最初是在寺院内举行葬礼及法会时演出，后逐渐呈民
俗化的趋势，而凤山的假面舞中的狮子，就是作为佛陀使者身份出现
的。显然，设置于王陵周边不同位置的石狮子雕像，是受佛教式的葬仪
影响。还有，在寺刹及陵墓等处发现许多石灯，佛教传来之前，韩国古
代陵墓周围没有这种安排布局，故由石狮子、石灯，可推定佛教传来的
时间②。

　　韩国古代石刻文化遗迹的第四种类型，是将佛经刻在石头上，即石
经。佛教传入新罗之后，大量的佛经亦从中国进入新罗。新罗真兴王朝中
国南朝陈僧侣明观传来佛经 1700 余卷；善德女王朝新罗僧侣慈藏带回新
罗遗漏的佛经。从此，新罗国内大藏经的大部分已告完备③。所以，笔者
以为此后从中国传来的佛经当是以新译出的经论、章疏为主。同时，新罗

---

　　①　新罗的王陵保护石，是随着积石木椁坟逐渐向石室坟的陵墓转变而出现的，特别是反映
了从积石木椁坟的厚葬风习，逐渐向石室坟薄葬变化的过程。与此同时，由石制动物等装饰王陵
周围的风习出现。善德女王陵保护石形态已显端倪，到神文王陵整齐的封土基础石排列，圣德王
陵和景德王陵以后，渐趋完整的 12 生肖石刻护石，以及石灯、石狮、文武石人像登场。元圣
王陵（挂陵）、兴德王陵、宪德王陵等新罗下代前后时期，王陵前堪称丰富完备的石刻最后出
现。可以看出，这些石造遗物在新罗下代时期得到了集中的发展。
　　②　石灯和石狮子之外的十二生肖神像的境况，亦部分受到佛教的影响。高裕燮围绕统一新
罗时代陵墓周边的护石，谈及 12 生肖神像与产生药师佛 12 大愿的 12 神将之间的关系，并指出
其在意识形态方面的背景与药师佛信仰的作用。应该指出的是，佛教建筑物出现的跳舞状 12 生
肖神像不仅规模狭小，衣服纹样也不能清楚辨认，而且没有佩带武器，这是两者的不同之处。
　　③　《三国史记》卷 4，真兴王二十六年条；《三国遗事》卷 4 前后所将舍利条。

的护国佛教和功德信仰都有写经求福①，在佛塔安放无垢净光大陀罗尼经的仪典②。进入统一新罗时代，即有刻造石经，以石经的形态传播佛教经典，举行各种佛教活动。而华严石经刊刻的理由，是因石经所用石条材质优良坚固，可以长久的保存，而且制作石经将使得功力非凡。因此，和写经一样，新罗也盛行刻造石经③。

　　比较写经和刻造石经，为了长时间地保存，因而希望石经碑片更大一点。韩国的石经是将佛经刻于石碑并陈列在佛殿。统一新罗以后，伴随着新的文艺活动的复兴，刻造石经被当作一项文化事业加以认定④。陈列于智异山华严寺觉皇殿内壁的华严石经最负盛名，其余又有庆州南山七佛庵的金刚石经，庆州昌林寺址出土的法华石经等。但是，这些石经都因战乱的原因遭到破坏，现在能够看到的只是收集到残留的石经碎片而已。上文提及的华严寺石经是在 16 世纪末"壬辰倭乱"中遭到破坏的。

　　流传至今的许多石经碎片，有欧阳询书体的 60 卷本华严经 1 行 28 字，石经残片字行间隔刻有纵横线格⑤；昌林寺法华石经残片共 23 片，行 30 字，共 42 行，为四言、五言绝句式的偈颂。笔者以为，将佛教经典刻石陈列于佛殿的时期，应早于上文所及僧侣碑铭的流行，即僧侣们的浮屠塔流行于佛塔建立之后，僧侣碑铭刻石是由于石经的制作而引发的。综上所述，虽然完整的石经没有流传下来，但通过残留的石经碎

---

　　① 从残余的新罗时代的写经记录看，755 年的白纸墨书《华严经》写经为最早，此后有838 年僧侣均谅主导的"春秋之社"，与 886 年僧侣贤隽主导的华严结社记载。虽然间隔 50—80 年，可以认定，8 世纪中期到 9 世纪后半为止，写经作为结社的一种形态在当时流行。参见金福顺《新罗华严宗研究》，1990 年，第 84—88 页。

　　② 皇福寺址三层石塔藏有竹简墨书《无垢净光大陀罗尼经》，尹善泰氏推定庆州罗原里寺址五层石塔为新罗奉圣寺遗址，在此塔中藏有麻纸墨书《无垢净光大陀罗尼经》。还有，依据855 年作成的《昌林寺无垢净塔愿记》记载，昌林寺址的三层石塔中亦藏有《无垢净光大陀罗尼经》写经。

　　③ 中国制作石经是依据和佛教的末法思想盛行相关联之说法，新罗则呈不同的状态。中国雕造石经是为了对应可能出现的灭法行动，当然也是佛教修行的重要一环。事实上，因为中国有"三武一宗"的废佛事件的忧虑才雕造石经，但新罗的情况只是因为对过度佛事的批判，并不认为是佛教自身的问题。

　　④ 张忠植：《新罗法华经石经的复元》，《佛教美术》总第 16 辑（韩国佛教金石文特辑号）2000 年。

　　⑤ 其中一部分没有刻横线，字体亦显稚拙，是否推定为后代增补的内容？

片，可以领略当时新罗人坚韧不拔的求法精神，以及其中所蕴含的重大意义。

韩国古代石刻文化的第五种类型为新罗下代流行的僧侣碑铭。僧侣碑铭的登场，昭示着石刻文化发展到一个新的阶段。821 年，前往中国求法的道义禅师将南禅宗义理介绍到新罗。此后，由于唐朝会昌灭佛事件出现，赴唐求法的留学僧侣纷纷回国。这样，南禅宗在特殊的状态下震撼了整个新罗社会，进而促使禅宗的流行和兴盛①。因为当时高僧大德们的行迹和国家的声威密切相关，国王和臣僚们把享誉民间的禅师册封为国师，极尽优待礼遇之能事，希望以此收拾内外人心。故而如国师或者极具声望的僧侣圆寂，一般都由国王发布敕令，由该僧侣的门徒书其行状，文翰官依此撰写碑文，再由当时擅长书法的官僚，或者精于书法的僧侣书丹，最后由刻字匠人乃至刻字僧侣刻于碑版之上，随之将完成的碑铭树立于圆寂僧侣所在的寺刹之内。流传至今的新罗时代禅师碑铭共有 8 通，其中 3 通为崔致远所撰②。崔氏撰写的《真鉴禅师碑文》《智证大师碑文》中，谈及为了使真鉴禅师、智证大师的禅法永传后世，故请求刻石立碑。可见，新罗下代禅师碑铭是十分流行的。

以崔致远为首，当时文翰官们所做的禅师碑铭，在新罗末高丽初如同雨后春笋大量出现，其中崔致远撰写的碑铭由于其水准高超，历来也是佛教界公认的重要文献，从而为韩国石刻文化的飞速发展奠定了基础。

二　新罗的石刻文化与崔致远的地位

众所周知，古代社会人们镌刻碑铭，许多撰写碑铭的书法家，以及雕刻碑石的刻字匠人是必不可少的，因而有必要对新罗时代的书法家及刻字匠人作一探讨。

（一）书法名家的出现

新罗统一三国前后，出现了如释良志、金仁问、韩讷儒、薛聪等著名

---

① 金福顺：《新罗华严宗研究》，一潮阁 1990 年版，第 71—75 页。
② 李智冠编：《历代高僧碑文》，新罗篇。

的书法家。释良志虽然以雕刻而名显当时，但由于其书写灵庙寺、法林寺的匾额，其书法水准亦得到公认。太宗武烈王金春秋的次子金仁问数次来往于罗、唐之间，擅长隶书。曾官任大舍的韩讷儒于神文王元年（681）书写了《文武王陵碑文》。金陆珍撰写《务臧寺阿弥陀如来像事迹碑》，并书写其序。笔者以为，认为此事迹碑是集王羲之字作成的说法是不正确的。上述诸人既是当时有名的文章大家，又精于书法技艺，故名显于时①。

然而，新罗中代（654—779）与下代交替时期，享誉新罗国内外的书法名家金生出现了。出生于圣德王十年（711）的金生，从童年起到791年之后，即80余岁止，长达数十年的书法生涯，练就了神妙奇特的隶书、行书、草书技艺。他的书法作品风格形似王羲之书体，以至于高丽时代赴宋使臣洪灌，在宋朝都城展示金生书法作品之时，宋朝官僚竟将其误认为是王羲之亲笔真品，足见金生书艺之精湛绝伦②。元朝学士赵子昂

崔致远像

撰有《昌林寺碑跋文》，他极力称赞金生，云："金生所书其国昌林寺碑，字画深，有典刑，虽唐人名刻无以远过之也。"③

还有，作为新罗下代文翰机关崇文台郎官，姚克一书写了《皇龙寺九层木塔刹柱本记》《寂忍禅师碑文》，以及可以认定为其书写的《三郎寺碑文》《兴德王陵碑文》④等，其官至瑞书院学士，"笔力遒劲，得欧阳率更法，虽不及生（金生），亦奇品也"⑤。

崔致远其人因曾留学唐朝科举及第，并担任唐朝地方官，接触到众多的唐朝名家优美的文章，以及堪称极品的碑文书法

① 金基昇：《韩国书艺史》，大成文化社 1966 年版。
② 《三国史记》卷 48《金生传》。
③ 《新增东国舆地胜览》卷 21，庆州府。
④ 李基东：《罗末丽初文翰机构与近侍机构的扩张》，《新罗的骨品制社会和花郎徒》一潮阁 1984 年版，第 240 页。
⑤ 《三国史记》卷 48《姚克一传》。

作品；回国之后，在担当翰林学士期间，其超人的文才得到充分展示，故不但接受国王的敕令，而且一再应王室官僚的委托，撰写了大量的碑文等文学作品。应当说明的是，崔致远以新罗留学生的身份在唐朝长安宾贡进士及第，随后在今南京附近的溧水县做县尉，又在扬州担当时为诸道行营兵马都统高骈的从事官，耳濡目染六朝以来江南文化及唐代诗人名流的文学风范，同时，由于钟爱书法家王羲之的缘故，在他的著述中引述提及王氏的地方很多。

崔氏归国之后，还在泰仁郡守任内，于当地建造流觞曲水似的园林，并和现在中国南京夫子庙所在的"王谢故居"遗迹，绍兴的兰亭遗迹相类似。可以想象，崔致远有模仿建造在唐时节的生活场景的意图。唐太宗推戴王羲之为书圣，王羲之的书法对崔致远的影响之大当是十分显然的。

崔致远撰写的禅师碑文中，由于《真鉴禅师碑文》不仅是崔氏撰文，而且也是崔氏亲自书丹，故后代对其评价很高。与此同时，流传下来崔致远书丹的其他石刻题名也不少。依据《三国史记》卷四六《崔致远传》的记载，崔氏辞官之后流浪各地，研究书史[1]；保留下来崔氏的亲笔石刻有双磎寺的"双磎石门"，釜山的"海云台"，马山的"月影台"，义昌的"青龙台"，河东的"洗耳碞"，山清的"广济碞门"，闻庆的"夜游岩、白云台"，（高山流水，明月清风），金刚山"玉流洞"，观澜亭石刻，海印寺等。崔氏每到一处，有为当地题名刻石的嗜好[2]。

依据文献记载，崔致远回国之后还有普及传播欧阳询体的动机[3]。当然，上文业已提及，崔氏在唐之时已为王羲之的书法所倾倒，故他的书体同时受到欧阳询体、王羲之体的影响。即通过崔致远的努力，中国书法体系传入新罗，而新罗在此之前经过金生、姚克一诸人的贡献，已经形成自己的书体传统。可以看出，在新罗的这种传统书法体系的前提下，以留唐学生出身的崔致远、崔仁滚等为代表的翰林学士继承并发展了这种固有传统。

---

① 《三国史记》卷46《崔致远传》。
② 崔浚玉编：《孤云崔致远先生事迹考》，宝运阁1982年版。
③ 郑祥玉：《佛教金石的勃兴和王羲之的书风》，《佛教美术》第16辑，2000年。

(二)刻字匠的大量出现

在考察刻字匠人之前,先对新罗众多领域的匠人作一探讨。根据现有的记载,考察新罗中古期到新罗末出现的形形色色匠人,大概可以分为木塔匠人、石塔匠人、制作铜钟及佛像匠人、从事写经匠人、在碑石及铁铜物体上刻铸文字匠人等①。

然而,记载僧侣刻字匠人身份,却是从宪康王十年(884)镌刻《宝林寺普照禅师碑文》的兴轮寺僧人贤畅开始的。当然,在此之前也可能有其他雕刻碑石匠人存在,但专门的刻字僧匠的登场起自新罗下代当是没有问题的。举例来说,崔致远撰文书丹的《双磎寺真鉴禅师碑文》(887),其刻字匠人是僧奂荣;《大崇福寺碑文》(889)的刻字者为桓蠲;《月光寺圆郎禅师碑文》刻字匠人为门下僧真胤等人。还有既为《凤岩寺智证大师碑文》书丹,又担当刻字的83岁的芬皇寺僧侣慧江,以及刻作《凤林寺真镜大师碑文》的门下僧性休。这样,自宪康王以后专门的刻字僧侣匠人开始出现了。当然,可以推断此一时期这些僧侣匠人同时也刻作石经。特别是出自德高望重禅师门下,能够刻字的僧侣刻字匠的出现,意味着刻字匠队伍的扩大。从庆州昌林寺出土的法华经石片、七佛庵出土的金刚经石片,均出自僧侣刻字匠人之手的事实,似可得出新罗下代专门从事石刻的行当中唯有僧侣匠人的结论。

结　论

本稿主要宏观探讨了韩国古代石刻文化遗迹的类型,并对作为著名文学家、书法家的崔致远在韩国古代石刻文化史上的地位作了整理研究。首先,韩国的古代石刻遗迹是为公布国王的治国方略,开疆拓土之伟业,记载国家间关系的缔结,以及国家向百姓发布的禁令刻石等。其次,进入统一新罗时代之后,有国王陵墓碑石,寺院的筑造事迹碑石。新罗下代主要有石经的雕造,以及大量禅师碑铭的出现,表明此时石刻文化已发展到一个新阶段,即随着华严经、金刚经、法华经等佛教经典的石经化,著名书

---

① 朴南守:《统一新罗寺院成典和佛寺的营造体系》,《东国史学》第28辑,1994年。

法家和刻字匠人大量出现，带之而来的是禅师碑铭的流行。可以看出，由
于石刻文化的兴盛也促使新罗佛教自身的变化。同时，也探讨了金生、姚
克一、崔致远等著名书法家和一些刻字僧侣匠人事迹。笔者以为，新罗下
代石刻文化的发达，无疑为高丽时代雕造大藏经施加一定的影响，并积累
了丰富的经验。

［韩］《东国史学》第 37 辑，2002 年

编译　拜根兴

新罗文武王陵碑的再检讨

［韩］ 庆北大学　李泳镐*

前　言

　　韩国古代史研究中金石文的重要性人所共知。《三国史记》《三国遗事》等记载这一时期的基本史书，其史料自身的疏略与事不关己，以及编撰时间推后等成为无法弥补的缺点。正因如此，记载当时史实的古代金石文为越来越多的研究者所推崇。虽则如此，这些少数的单篇引用探讨，部分丧失对金石文自身价值的圆满解析，却是现今学界无法回避的事实。本稿将要探讨的《新罗文武王陵碑文》就是其中的一个范例。①

　　* 李泳镐，1958 年生，现为韩国国立庆北大学人文学院史学系教授，韩国古代史研究著名学者，主要从事新罗史、高句丽史及韩国古代碑刻研究。代表作《新罗中代的政治及权力构造》，知识产业社 2014 年版。

　　① 有关文武王陵碑的主要研究如下：［日］坪井九马三：《海东金石苑》（解题），《史学杂志》11—10，1900 年。［日］今西龙：《新罗文武王陵碑に就きて》，《艺文》12—7，1921 年；收入《新罗史研究》，1933 年。［日］藤田亮策：《新罗文武王陵碑拓片の一》（解说），《青丘学丛》第 30 辑，1939 年。洪思俊：《新罗文武王陵碑的发现》，《美术资料》第 3 辑，1961 年。洪思俊：《追记新罗文武王陵断碑》，《考古美术》第 26 辑，1962 年。［日］长田夏树：《新罗文武王陵碑文初探》，《神户外大论丛》第 17 卷 1—3 号，1966 年。

　　因记载缺乏的缘故，文武王陵碑初次在何处竖立并不能确定。① 同时，陵碑建立后何时、何地被破坏并四散遗失，其详细过程也难能确知②。

　　事实上，陵碑是在朝鲜正祖在位的 1790 年后半年，因学者洪良浩的关注，使得陵碑断碑片才为人所知。③ 不过，19 世纪初，赵寅永、金正喜、金命喜等受到中国考据学影响的一群朝鲜学者，利用前往清朝朝贡的机会，他们将朝鲜国内许多碑刻拓片赠送给中国学者。与此同时，清朝学者刘喜海在收到朝鲜学者赠送拓片的基础上，编撰《海东金石苑》一书④；和收到的其他碑文拓片一样，文武王陵碑文字才得到初次的著录整理。此后，陵碑文字被收入《金石续编》《唐文拾遗》《朝鲜碑全文》等书，流传至今。陵碑文字被《海东金石苑》收录之后，又于 1961 年重新发现散落的碑石下端部分石片文字⑤。但是，最近发现的断碑石片，只具有考古发现脱落碑块的意义，事实上对于碑文的研究并未有实际的帮助。同时，洪良浩早年对

---

　　①　自从日本学者今西龙推定陵碑建于四天王寺或者寺院附近以来，最近发现的陵碑下半部位于四天王寺西侧龟趺附近，如此可推定碑身应该就在四天王寺院范围之内。参见洪思俊《新罗文武王陵断碑追记》，《考古美术》，该刊 1—100 辑合订本，1979 年，第 287—288 页；黄寿永《新罗文武王塔庙的调查：关于庆州狼山陵旨塔》，《韩国的佛教美术》，1974 年，第 337—338 页。将庆州的挂陵称为文武王陵或者义陵，起自 1730 年的朝鲜英祖在位期间（参见前引今西龙论文附《挂陵考》，《新罗史研究》，第 509—510 页），但当时并不知道陵碑建立的确切位置（同时保留判定掛陵的选项），奎章阁图书馆（奎字 28134 号）、国立中央博物馆（陈列品编号第 1135）等也是以新罗文武王陵石刻碑拓片登记入册的。但是，国王死后火葬，在海边举行葬礼，这些显然与进入朝鲜后期朝廷的丧礼仪轨相背离，当时儒学者们的主张也并非如此。然则《东京杂记》《庆州邑志》等朝鲜时代的地志类书籍中谈到大王岩时，亦未提到文武王陵，如此看来上述推定也是可以理解的。

　　②　今西龙推测陵碑的破坏，可能来自官府行为，以及有权势者因拓本征调的苦役、观览者的酒食要求等奇怪的地方百姓行为，他还推定朝鲜世宗、世祖在位期间，民间对石刻碑志拓片的需求相当多（参见上述今西龙论文《新罗史研究》，第 494 页）。

　　③　［朝鲜］洪良浩：《耳溪集》卷 18《新罗文武王碑后叙》（民族文化社 1982 年版），有"土人耕田，忽得古碑于野中，即文武王碑"的记载。也就是说，文武王碑是在庆州辖域的田野中发现。然而，18 世纪末在庆州何处田野发现碑石，其具体地点很难确定。需要说明的是，《海东金石苑》中却记载陵碑是在新罗善德王陵下发现的。可以看出，为了编撰《海东金石苑》，刘喜海将洪良浩介绍流出的陵碑拓片编入，其碑可能在 19 世纪 30 年代被移至善德王陵下保管。

　　④　文武王陵碑拓片经谁之手赠予刘喜海难能知晓。只是依据现存刘喜海向金命喜要求陵碑拓片的书信（藤塚邻：《刘燕庭と阮堂》，收入《清朝文化东传的研究》，日本国书刊行会 1974 年版，第 381 页），似乎存在金命喜赠送刘喜海拓片的可能性。当然，这也可说明刘喜海在此之前或曾见过陵碑的拓片（上引藤塚邻书，第 357 页，《文武王陵碑》条）。对此，译者认为，刘喜海在给金命喜写信之前，至少也是听说过文武王陵碑的拓片存在。

　　⑤　对该碑石发现经纬，可参见上引洪思俊《新罗文武王陵断碑的发现》一文。

断碑的介绍，从史料上看，亦并非系统的整理研究①；此后以该记录为基础，并不能对照判读碑文。虽以《海东金石苑》为首的许多金石总集得以确认，但陵碑原来的模样形状却是难以把握的事情，正因如此，此前对陵碑的理解凸显表面化倾向，以至于导致随后研究景象的混乱局面出现。

本稿在此前研究成果的基础上，力图对文武王陵碑作出新的探讨。首先，特别关注现存四种陵碑断块拓片的传承考察，最大限度比照历来研究者的判读成果，在此基础上做成更加确切的陵碑判读文本。其次，在考察陵碑内容文献资料和关联资料的同时，推定复原陵碑的形状。最后，依据上述新的考察平台，希望在对碑文内容做全盘探讨的同时，检讨陵碑本身所具有的研究价值及更广范围的意义。

二 碑文的判读

现在国立庆州博物馆收藏 1961 年发现的文武王陵碑下端部碑块一枚。但现存断碑中可以判读的文字与首次收集陵碑的《海东金石苑》判读文相比，其可见度有很大的差异。就是说，《海东金石苑》不仅有下端碑块文字，而且还有上端碑块判读文字的整体文本，而现存断碑只是陵碑下端碑块的一部分。况且经过《海东金石苑》编撰后近二百年的风雨岁月，碑块无论在何种状况下保存，其现状却是能够判读的文字相当有限。鉴于此，为对陵碑文字做具体深入的研究，利用史料价值很高的既往收集的陵碑拓片，显然比单纯注重现存陵碑断块文字更有研究意义。

文武王陵碑文字，日帝时代朝鲜总督府编撰《朝鲜金石总览》的1913—1916 年，编撰者尽力收集当时可以看到的拓本、抄写本及实物。当然，当时并没有收集到陵碑实物等，因而，该书收集的陵碑碑文是以上述刘喜海《海东金石苑》判读文为准。1939 年，有关陵碑的四件拓片被京城帝国大学购入收藏于附属图书馆中，当时藤田亮策对其有简略的介绍②。不

---

① 洪良浩只是引用碑文中的字句，并非断碑上的所有文字，即"其文剥落无序"（《耳溪集》卷 18《新罗文武王碑后叙》）。虽然是因陵碑被破坏难能辨识的缘故，但由此亦可大致看出洪良浩对金石文的态度。

② 参见上引藤田亮策解说文。

久，拓片又移往首尔大学校图书馆保管收藏①。迄今为止，对陵碑文拓片的实际研究可圈可点者并没有看到。但是，与 1961 年发现的断碑相比，陵碑拓片特点更加鲜明。从拓片资料状态来看，即使其出现与编撰《海东金石苑》时期相同，或者较晚，但其捶拓的时间一定不会太晚。所以，上述拓片应该是陵碑文研究的第一手史料。为了检证《海东金石苑》及其相同类型的金石书资料，陵碑拓片是鉴定此前一切不确实判读文可资利用值得信赖的史料。

首先，考察记载陵碑文字关联金石书有以下几种：

（一）《海东金石苑》（二铭草堂校勘本）

《海东金石苑》八卷，清人刘喜海 1831 年编撰而成②。但是，刘喜海在世之时，该书并未刊行；此后，落入潘祖荫（字伯寅）手中的稿本前四卷，经过潘氏校正，1882 年由张德容刊行出版。该书卷一收录文武王陵碑碑文，其几个部分构成轮廓也有所表示③，对于把握陵碑的形状可提供方便（本稿检讨碑文时曾有所参考）。

（二）《海东金石苑》（嘉业堂刊本）

进入民国之后，《海东金石苑》卷一之外的七卷得以刊印问世。刘喜海的儿子刘承幹（字翰怡）④ 1922 年刊出经过罗振玉校正八卷本《海东金石苑》，并推出补遗六卷，附录两卷，共十六卷全本。该书收录了文武王陵碑文字，并且改正了上述"二铭草堂本"中的错误部分⑤，但碑块间碑文

---

① 新罗文武王陵碑文拓片请求号为 4016—281。其作为一般图书分类，放在一个信封之中；1961 年断碑发现以前，该拓片是作为唯一陵碑资料收藏的。

② 有关《海东金石苑》一书的解释，可参考下列资料文献，其中具体的事实或间有若干差异。李弘植：《国史大事典·海东金石苑》，知文阁 1962 年版；［日］藤塚邻：《刘燕庭与阮堂》，上引书第 385—389 页；［日］内藤虎次郎：《支那史学史》第 557 页，1967 年；许兴植：《韩国金石文的整理现状与展望》，《民族文化论丛》第 2、3 合集，韩国岭南大学 1982 年版，第 239—240 页。

③ 上引长田夏树论文，其中采用的陵碑文来自 1873 年刊行的"观古阁开雕本"《海东金石苑》，其与 1882 年刊行的"二铭草堂本"中的错误基本相同，而观古阁本只有对陵碑文的解释，并未收录碑文。长田氏论文中转载的陵碑文字错误随处可见。

④ 译者按：刘喜海 1851 年前后去世，山东诸城人，乾嘉学派著名金石家。而刘承幹则出生于 1881 年，浙江湖州人，两人生卒相差三十年，祖籍也未在一处，亦应没有任何血缘关系，故刘承幹不可能是刘喜海的儿子。作者此处的论述明显有误。

⑤ 刘承幹陵碑文说明中有"兹姑仍旧书之，而订伪字十一，补缺字五"的表述。

的连接仍有可资商榷之处①。嘉业堂刊本没有体现出断碑整体的轮廓形态。

(三)《唐文拾遗》

清人陆心源(1834—1894)编撰。只是收录陵碑文字,颇为遗憾的是没有体现出断碑的整体轮廓。碑文各行直接排列。

(四)《金石续编》

清人陆耀遹(字绍闻)编,陆增祥校订,1874年双白燕堂刊行。和《唐文拾遗》相同,碑文各行直接排列,很难看出断碑的整体轮廓。

(五)《朝鲜碑全文》

编者未详,精写本,为内藤湖南所藏的唯一印本②。本书后有跋文云:"光绪己卯(1879年,作者注),得此稿本于厂肆,超廿年己亥,为编次订成四册。江阴缪荃孙识。"其收录新罗、高丽、朝鲜时代的碑文③,至于碑的具体去向无从知晓。今西龙认为该书似为刘喜海著录中的一种④。

(六)《耳溪集》

朝鲜后期担任庆州府尹的洪良浩(1724—1802)的文集,文集第一次

---

① 刘承斡陵碑文说明中还有"第二石下接第一石,中间但缺二字,乃碑之前半;第四石接第三石之下,中间缺字不可计,乃碑之后半"。然而,后面虽有说明,而其一至其四的碑文与陵碑文中"前半""后半"把握,以及"第四石接第三石之下"表述欠妥。

② 今西龙:《高丽普觉国尊一然に就きて》,《艺文》第9卷,第7、8期,1919年7月,8月,收入《高丽及李朝史研究》第61—62页,国书刊行会1974年版。

③ 今西龙1921年7月撰写《新罗文武王陵碑に就きて》一文当时曾利用该书,今西氏1918年为撰写《高丽普觉国尊一然に就きて》一文曾专程到上海,但并未利用同书收录的麟角寺碑。同时,葛城末治深感今西龙的厚谊,印刷本书目录携带于身。(葛城末治:《朝鲜金石学总说》《朝鲜金石考》1935年,第23页)。但是,内藤湖南的藏书目录收录的《京都大学人文科学研究所汉籍分类目录》(1973),以及今西龙的藏书目录《今西龙博士蒐集朝鲜关系文献目录》(书籍文物流通会1961年版),对《朝鲜碑全文》则根本没有提及。另外,韩国国史编纂委员会收藏的《朝鲜碑全文目》(中B15B–31)中,有内藤湖南旧藏《朝鲜碑全文》几乎相同的跋文,即"越廿年乙亥为编次""越廿年乙亥为重编次",此书收录从新罗统一期的《平百济国碑铭》《海东神行禅师碑》,到朝鲜后期的《箕子井田纪跡碑》等五十余种碑石目录,但是没有发现收录文武王陵碑目。如此看来,正确认识《朝鲜碑全文》一书确实存在相当的难度。

④ 今西龙:《新罗文武王陵碑に就きて》,第495页。

公开介绍新罗文武王陵碑，提供介绍 1796 年陵碑发现当时的情况①；陵碑阴面"铭曰"以下载录陵碑文字。但是，从载录的文句上下并不关联看，当时陵碑确已遭到破坏，其与《海东金石苑》收录文字没有大的差异。

（七）洪思俊先生的论文

洪思俊先生对 1961 年在庆州重新发现的文武王陵断碑石块文字的判读，其中只是对断碑中可以识见的部分文字的新判读。

（八）《韩国金石遗文》

黄寿永编著。对 1961 年发现陵碑下端部分的判读。和登载碑文（其2）实数第 19—28 行之前部分 3 字错开，只是依据现存断碑自身。

（九）《韩国金石文追补》

李兰英编著。可能是根据近来发现的断碑所做判读。断碑后面第21—28 行，作为陵碑下端部，本来没有刻字，但将其摆放于碑的上部位置，作为脱落的碑文对待，其做法显然是错误的。

（十）《韩国金石全文》

许兴植编著。综合现有资料，是至今最新的判读文本。该书参考修正现存各家不同的判读，只是排版时考虑不周，没有选取纵行排列。

如上在考察现存收录陵碑的不同金石文集的状况②之后，下文以上述二铭草堂本《海东金石苑》陵碑文为底本③，摘出和其他文本相异的文

---

① 上引今西龙论文第 492 页。《耳溪集》卷 18《新罗文武王陵碑后叙》记载云："往在鸡林时，访文武王陵，无片石可验，后三十六年土人耕地，忽得古碑于野中，即文武王陵。"也就是说，洪良浩官拜庆州府尹三十六年之后，发现了文武王陵碑。依据《庆州先生案》记载，洪良浩（当时名洪良汉）于朝鲜英祖三十六年七月至三十八年六月（1760—1762）担任庆州府尹，也就是说，文武王陵碑发现时间为 1796—1798 年。彼时洪良浩已是 73 岁高龄的老者了。

② 至于没有收录陵碑文字，只是著录或者登载目录者还有以下诸书：其一，观古阁开雕本《海东金石苑》。其二，赵寅永、刘喜海《海东金石存考》。其三，吴庆锡《三韩金石录》。其四，著者未详《大东金石名考》；著者未详《三韩金石总目》（收藏于韩国东国大学庆州分校图书馆，为黄寿永文库收藏）。只是《海东金石存考》多样性的内容，和上述诸书存在差异。

③ 选择二铭草堂印本作为底本，是因该印本为古判读本中唯一对陵碑轮廓有所涉及，方便把握陵碑整体形态。

字，并与首尔大学图书馆收藏的陵碑拓片相比对，笔者做成相对标准的判读文（表1）①，并提出自己的看法。

三　碑形的复原

《海东金石苑》二铭草堂本、嘉业堂本中均收录文武王陵断碑其一到其四文字，如下笔者依据上述诸家录文，并结合其他八种关联金石文集史料，采用列表形式，对文武王陵碑文字作一考释②，具体敬请参阅三个连续的表格。

表1　　　　　　　新罗文武王陵碑文字判读对照表③

文字的位置 / 标准判读		1	2						3			4		5	
		19	3	6	8	9	11	18	2	9	18	1	16	20	6
标准判读		臣	彳	扌	辶	匡	配	邦⑤	鯨	閒	扌	閒	八	三	継
文献名															
海东金石苑（二铭草堂本）		臣	後	扌	△	△	配	圻	鯨	阙	△	間	八	三	継
海东金石苑（嘉业堂本）			彳	△	辶	匡		邽		閒		問			継
唐文拾遗															
金石续编	＜其一＞														
朝鲜碑全文									西			五			
耳溪集															
洪思俊的论文															
韩国金石遗文															
韩国金石文追补															
韩国金石全文		臣			△	匡						人			
备注④		俗字		同字俗字											

① 《朝鲜金石总览》，以及《东京通志》也收录陵碑碑文，但这些书均是依据《海东金石苑》（二铭草堂本），即使判读文中有若干差异也无须介意，其为转载时出现的错误显而易见。

② 观古阁开雕本《海东金石苑》中没有收录文武王陵碑文字，本文只是选择其中的一些说法。

③ 说明：表中的阿拉伯数字表示该文字所在判读文中的位置；其一、其二、其三代表断碑块在整体陵碑文中的位置，其中复原文字表中有明确表示。

④ ［日］诸桥辙次：《大汉和辞典》第1—13卷。［日］藤原楚永：《六体大字典》，理想社1968年版。金星元编译：《五体字类》，明文堂1981年版。金荣华编：《韩国俗字谱》，亚细亚文化社1986年版。

⑤ 依据陵碑上下文及字形，推定"邽"字为"邦"字的异形字。

续表

文字的位置 标准判读	6					8			9				10		
	1	2	3	8	10	1	14	17	2	3	5	11	12	3	7
	焉	×	×	皇①	王	当	迩	肃	挹	宀	誨	容	恩	记	束
文献名															
海东金石苑（二铭草堂本）	馬	△	△	皇	王	△	迩	肃	挹	宀	謙	容	恩	△	疏
海东金石苑（嘉业堂本）	焉	×	×	皇					才	△	誨				束
唐文拾遗	焉	×	×						△		×				
金石续编	焉	×	×				迩		△		×				
朝鲜碑全文②					玉				才						
耳溪集															
洪思俊的论文															
韩国金石遗文															
韩国金石文追补															
韩国金石全文	焉								△		誨				疏
备注				本字		本字俗字					同字				

---

① "皇"字在陵碑文中，"曰"字下面是"王"字底还是"生"字底，陵碑拓片表面文字比较模糊、不清楚。只是"曰"字下"王"字底的汉字"皇"，其为"皇"字的俗字。

② 依据上引今西龙论文第 500—503 页。

续表

文字的位置	11 12						3	4		5			
标准判读	13	14	4	5	11		0	10	0	1	16	5	6	11
	誕	抾	詩	禮	橋①		北②	西	巍③	巍	罗④	異	秅	胤
文献名														
海东金石苑（二铭草堂本）	誕	△	△	△	槗			△	巍	△		異	秅	胤
海东金石苑（嘉业堂本）	誕	抾	詩	禮	橋	<其二>								
唐文拾遗	誕				橋						罗			胤
金石续编	誕				橋						罗	異		胤
朝鲜碑全文	誕							西						
耳溪集														
洪思俊的论文								西	巍				秅	
韩国金石遗文									巍					胤
韩国金石文追补									巍					胤
韩国金石全文	誕	於	詩	禮	橋								秅	胤
备注	俗字						同字同字							

文字的位置	6				7		8				9		
标准判读	1	3	4	8	12	13	16	2	4	5	9	11	0⑤	11
	以	玉	跡	候	氛	克⑥	國	抾	来	疊	垂	抾⑦	者	皆 隣⑧

---

① 拓片似写为"槗"，其意应为"橋"，而"槗"与"橋"两字通假，故释为"橋"。

② 参见上引今西龙论文第497页；上引洪思俊论文第3页。

③ 参见上引今西龙论文第499页；洪思俊论文第4页；长田夏树论文载录之陵碑文。

④ ［日］前间恭作：《新罗王の世系と其の名につきて》，《东洋学报》第15卷第2期，1925年，第58页；长田夏树论文载录的陵碑文。

⑤ 参见上引长田夏树论文载录的陵碑文。

⑥ "克"为"充"字的俗字，陵碑文断块（其一）第五行第20字可以确认其为"克"字。

⑦ 除此之外，第10行第6字，第27行第12字，以及陵碑断块（其三）中的第8行第12字，第14行的第6字第12字，都是"抾"字。

⑧ "隣"字与"鄰"应是同一个字。陵碑断块（其一）第3行第17字，断块（其二）第17行第7字，写作"鄰"。同一碑文中相同字有两种形式出现，这在本陵碑文中可以看作一个很好的范例。

续表

文献名												
海东金石苑（二铭草堂本）	以	玉	蹟	候	氛	克	△	於	来	叠	垂	於
海东金石苑（嘉业堂本）		玉	跡	候		克			来	叠	垂	
唐文拾遗	似	玉	跡							叠		鄰
金石续编	似	玉	跡						来	叠		鄰
朝鲜碑全文		玉	堠			國						
耳溪集												
洪思俊的论文		玉	跡		氣		國			叠		
韩国金石遗文		玉	跡		氣		國			曡		
韩国金石文追补		玉	跡		氣		國			曡		
韩国金石全文		玉	跡							叠		
备注		同字	同字	俗字俗字		同字俗字		俗字				

文字的位置	10		11	12		14					15	16	17		18
标准判读	14	12	13	16	14	15	11	13	14	16	5	11	5	12	11
	閒	興	洞	今①	鸿	社	堯	以	燭	垠	著	旹	辶	鼠	摠
文献名															
海东金石苑（二铭草堂本）	問	興	洞		鸿	社	堯	以	燭	垠	著	旹	近	鼠	總
海东金石苑（嘉业堂本）	閒	△												鼠	
唐文拾遗	青													鼠	
金石续编	青														
朝鲜碑全文		與	興	情	鳴	衤	克堯		燭		暑著青				
耳溪集															
洪思俊的论文	閒							月	取						
韩国金石遗文	閒							月	取						
韩国金石文追补	閒							月	取						
韩国金石全文														鼠	
备注	同字														

---

① 上引长田夏树论文载录的陵碑文。

续表

文字的位置	19	20	21	22	23	24			2	3	4	5	
标准判读	12	15	10	10	13	15	11		7	10	6	5	7	11	4
	鸥	申	恶	已	寙	無	秦		直	一	樵①	哥	兔	以
文献名								<其三>					
海东金石苑（二铭草堂本）	鵤	申	恶	已	最	無	泰		直	一	△	哥	兔
海东金石苑（嘉业堂本）	鸥		恶	已	△		秦							秦
唐文拾遗	鸥太								真				兔
金石续编	鸥												兔
朝鲜碑全文													
耳溪集													
洪思俊的论文	鸥	中		已	寙								
韩国金石遗文	鸥			已	寙		秦						
韩国金石文追补	鸥	中		已	寙		奏						
韩国金石全文	鸦			已			秦						寄	兔
备注		俗字		同字							本字		

文字的位置	6	7	8	9	10	12	13							
标准判读	5②	14	8	9	10	10	10	5	6	4	11	14	4	5	10
	火	火	×	×	×		×	恤	實	徽	寅	爲	多	入	昻	莫
文献名													
海东金石苑（二铭草堂本）	大		×	×	×		×	恤	貝	徽	寅	爲	多	人	昇	莫
海东金石苑（嘉业堂本）	火							恤	實						昂
唐文拾遗	火															若
金石续编	火								寅					
朝鲜碑全文								恒恤	寶實		由爲			入八	昇月
耳溪集													
洪思俊论文													
韩国金石遗文												夕		
韩国金石文追补												夕		
韩国金石全文			△	△	△		△	實	徽						昂
备注													

---

① 上引今西龙论文第499页；洪思俊论文第4页；长田夏树论文载录之陵碑文。

② 参见上引长田夏树论文引用的陵碑文字。

续表

文字的位置 标准判读	14				15			16 17			18				
位置	14	5	10	13	2	3	14	3	5	11	2	3	9	11	13
标准判读	鶏	洽	毁	芸	餘	下	傳	武	文	人	威	恩	穢	来	克
文献名	鶏	洽	毁	芸	餘	下	傳	武	文	人	威	恩	穢	來	充
海东金石苑（二铭草堂本）										人					
海东金石苑（嘉业堂本）										人					
唐文拾遗													濊		
金石续编	鶏雞	渝洽						文武	武文		咸				
朝鲜碑全文															
耳溪集															
洪思俊论文															
韩国金石遗文										因	博				
韩国金石文追补			藝	飫											
韩国金石全文															
备注					同字					同字	俗字俗字				

文字的位置 标准判读	18 19 20									<其四>	4	5	
位置	13	3	4	9	2	4	7	10	14		6	11	12
标准判读	侵	鳥	灾	祟	粉	鯨	王	曰	冈①		甑	釋	典
文献名													
海东金石苑（二铭草堂本）	役	鳥	災	祟	粉	鯨	王	因	冈		甑	釋	△
海东金石苑（嘉业堂本）	侵		灾								甑		典
唐文拾遗	役		災				主		罔				
金石续编	役		災				主		罔	<其四>			
朝鲜碑全文				崇	異							釋擇	典
耳溪集		鳥			異	碎							
洪思俊论文	役	鳥							聞				
韩国金石遗文													
韩国金石文追补													
韩国金石全文	役		灾	祟					罔		甑		典
备注	同字	同字	同字	同字									

说明：表中的"△"，代表陵碑中模糊难以释读的文字。"×"代表刻印文字连在一起不能辨认的字。

---

① "冈"字应是"罔"字的俗写形式。

右碑在朝鲜庆尚道庆州府善德王陵下，唐开耀元年金△△撰。名缺，韩讷儒书。碑断损，今存残石四片。

就是说，陵碑在庆州善德王陵下，今断损为残石四片存在。上文中的"残石四片"从此后众所周知的事实可以了解。近来许多金石总集中的文字，也是依据该断石四片文整理①。然而，这些已有见解无疑是以上引文字作为依据，并进一步推定陵碑的原始形状的。

应该说，今西龙最初综合检讨陵碑文字，推证陵碑文字构成及形状，认为陵碑文字为纵 46 字（陵碑每行有 46 字，但碑序文下移两字，实际上为 44 字）②，横 50 余行③，可用一不规则正方形加以概括。正因如此，前间恭作认为陵碑"其一"上半部数字，"其二"下端几个字脱落④。洪思俊也依据最近发现的断碑批判今西龙的见解，认为陵碑为阴阳两面（正反两面）刻石，纵 40 字，正面横 28 字，背面 22 字⑤。但是，这些对碑文理解的缺失造成的困惑，使得陵碑仍然有进一步考察的余地。

推定原碑形态最应关注的是陵碑文中"铭曰"以下部分。"其四"是"其一"的背面，"其三"为"其二"的背面，"其一"和"其二"文字上有两字的间隔，并可以连接起来；"其四"和"其三"上下文亦有连贯性。在此，首先尝试考察"其三"铭曰之后部分文字：

域　千技延照　三山表色　圣德谣传

---

① 参见刘喜海《海东金石存考》；上引坪井九马三论文第 67 页；上引今西龙论文第 496—500 页；同《朝鲜の文化》，近泽书店 1935 年版，第 204 页；权五灿《金石文》，收入《新罗的光彩》，庆州市，1980 年，第 288 页等，均是如上操作运用。只是上引藤田亮策论文中推定断碑只存在两片，两片碑石阴阳两面均刻有文字，这是因为到陵碑下半部重新发现为止，研究者对原石了解有限的缘故。

② 这是今西龙依据请教内藤湖南所得（上引今西龙论文第 495 页）。今西龙认为正从面"其二"碑块形态看，其下半部有 40 字，但其后似有 6 字脱落（参照上引今西龙论文第 496—497 页）。但是，虽然可从拓片及现存碑片实物可以确认，但碑片最下段并没有断裂脱落的痕迹；同时，从二铭草堂本《海东金石苑》作为底本考察，其中也可发现不间断出现的错误。

③ 参见上引今西龙论文，第 496 页。

④ 参见上引前间恭作论文，第 58 页。

⑤ 参见上引洪思俊论文第 3—4 页；长田夏树认同洪思俊对陵碑正面文字的论述。

允文允武　多才多艺忧人吞蛭　尊

威□　赫奕　茫茫沮秽　聿來克俀　蠢

雄　赤舄成灾　黄熊表崇　俄随风燭　忽

灭　粉骨鲸津　嗣王允恭　曰心孝友　冈

很显然，上述铭文为四字一顿的韵文。不仅如此，陵碑断片"其四"亦可看出与"其三"句式的同质连贯性。不妨摘引如下：

侍星精

道德　像棲梧

九伐　亲命三军

钦风　丹甄屡出　黄△镇空

命凝真　贵道贱身　钦味释典　葬以积薪

鸿名与天　长兮地久

即上引文字亦为四字一顿的韵文格式。这样，"其四"中六行"鸿名与天，长兮地久"作为铭曰的最后一句结束。而"其四"的第5行与"其三"的第20行，"其四"的第4行与"其三"的第19行，以此顺数，3行与18行，2行与17行，1行与16行上下相互连接。所以，应首先明了"其四"与"其三"只是几个字间隔的上下关系。

应该指出，失去很多字的"其四"现只有5行字存在，其与"其三"保存的20行字相连接。即"（上略）葬以積薪……滅，粉骨鲸津，嗣王允恭，曰心孝友，冈"。

鉴于"铭曰"部分为4字韵文形式等要素，陵碑"其四"与"其三"间最少有3行到15字的间隔，也有可能其间缺略文字在15字以上。不过，如果"其四"与"其三"间有11字或者15字以上的间隔，"其一"与"其二"间连接的文字总数应达到38字，"其四"与"其三"连接的文字总数就有41字，甚至达到45字，当然也可能更多。这样，得出陵碑正面脱落的文字远远多于陵碑背面结论比较困难。还有，如果采用只有3字间隔的话，"其四"第7行的"大舍臣韩讷儒谨奉"以下只有一个字间隔，并与后面的"教书"连接；"其三"的第22行第 1、2 字应该明确空两字,这与现存拓片空格所示,其显然不具妥当性。所以,"其三"的第 4 行和"其四"的 20 行自然有 7 字的间隔,也就是说,"其四"与"其三"连接起来的话,应当就是如下形式:"……葬以積薪,△△△△,△△△滅,粉骨鯨津……"这样,两者连接每行的字数即达到 37 字。

还有,"其三"的第 7 行涉及陵碑建立的具体时间,即"廿五日景辰建碑",只是建碑的年月关联文字不复存在。因此,为了推定原碑的具体形状,首先不能不涉及推定、复原建碑年月部分。对此,既往的研究首先从"其一"第 1 行"……国新罗文武王陵之碑"开始,即"……国新罗……"通常理解为"大唐新罗国"中的"大唐"两字①。如这样理解的话,"其四"第 7 行"廿五日景辰"前面应有三字,但如此推定,要囊括通常意义上的"年月"要素确实不易。同时,以"其四"为依据,"其一"第 1 行从已有范例"大唐新罗国""有唐新罗国""大宋新罗国"看,新罗国前常冠以"大唐""有唐""大宋"等名称,而陵碑文"国新罗……"前与上述"大唐""有唐"等连接,至今还找不到相应的例子。因而,"其四"上半部应有三字的推论,无疑还有再探讨的余地。

如上所述,此前推定的陵碑上半部脱落两字或三字难能成立,而实际状况是,陵碑上半部有更多文字存在的可能性。如此就要找寻陵碑与其他碑的不同和差异点所在。该碑与现存其他碑石的最大不同点,应是不为人们关注的新罗王陵所在的碑志。因而,陵碑文第 1 行"国新罗文武王陵之碑"前应有的文字,应该首先考虑罗列"文武王"接受唐朝册封的官职。在此,不妨依据《三国史记》《册府元龟》等史书,摘记罗列文武王在位前后,新罗接受唐朝册封收到的官职名称,以便更清楚地说明相关问题。

---

① 参见上引前间恭作论文第 58 页;上引长田夏树论文,第 182 页;上引今西龙论文第 496—497 页。上引洪思俊论文第 3 页中以此为据则不甚明显,但可看出其是以脱落两字为据的。

表 2　　　新罗接受唐朝册封官爵统计表（真平王—圣德王）

新罗王	年代	授予者	官爵
真平王	624 年（真平王四十六年）	唐高祖	柱国乐浪郡公新罗王
同	632 年（真平王五十四年）	唐太宗	左光禄大夫
善德王	635 年（善德王四年）	唐太宗	柱国乐浪郡公新罗王
同	647 年（真德王元年）	唐太宗	光禄大夫
真德王	647 年（真德王元年）	唐太宗	柱国乐浪郡王
同	654 年（永徽五年）	唐高宗	开府仪同三司
太宗武烈王	654 年（永徽五年）	唐高宗	开府仪同三司乐浪郡王新罗王
文武王	662 年（龙朔二年）	唐高宗	开府仪同三司上柱国乐浪郡王新罗王
神文王	681 年（永淳元年）	唐高宗	承袭其父官爵
圣德王	713 年（开元二年）	唐玄宗	骠骑将军特进……上柱国乐浪郡王新罗王

　　可以看出，表 2 中文武王接受唐高宗授予的"开府仪同三司上柱国乐浪郡王新罗王"官爵，因而，这里的"……国新罗……"，并非"大唐国新罗"，而值得坚信的应该是上述文武王官爵中的"上柱国"的"国"。所以，陵碑"其一"第 1 行上端并非只有"大唐"两字，而且还有"大唐"以下的"乐浪郡王开府仪同三司上柱"共 14 字存在。这种推定不仅使得陵碑正面文字，而且背面两面镌刻的妥当性更具说服力。

　　"其四"为四字一顿的韵文形式，如此推定上半部应有文字数，其首先应是四的倍数①，所以各行的字数当为 40 字、44 字、48 字、52 字、56 字诸多选项。推定陵碑一行 40 字②，"其三"第 20 行第 1 字和"其四"第 5 行最后一字间因并非有三字的间隔，故而缺乏妥当性。可见，各行文字至少应在 44 字以上。

---

　　① 若将"其四"的第 1 行和"其三"的第 6 行作为基本的连接范例会更方便理解。除了以 4 的倍数计算之外，可以推定各行字数为 4 的倍数 +1，4 的倍数 +2，4 的倍数 +3，有人指出，由于其四的第 2 行和其三的 17 行相连接的行中提到文武王的名字（具体应该为其 4 的 2 行前脱落的部分），故之后 4 字的韵文，每一行都比上行多一个字。（参见上引洪思俊文第 4 页）

　　② 参见上引洪思俊论文第 3—4 页。

依据陵碑末"廿五日景辰建碑"时间及时日干支①记载，利用《三正综览》② 及《二十史朔闰表》③ 复原探讨陵碑建立之年月，即陵碑建立于公元 682 年 7 月 25 日。如果再以当时使用的唐朝年号和年月干支复原的话，具体应该是"永淳元年岁次壬午七月壬辰朔廿五日景辰"建碑。也就是说，陵碑"廿五日景辰建碑"文字前面或者最多有"永淳元年……" 13 字，最少也应有"永淳元年七月"六个字存在。

如果推定陵碑文每行为 44 字的话，将空出 7 字，其与假定表示的年月"永淳元年七月"基本相合。但是，"廿五日"景辰日有干支记载，而干支纪年、干支纪月却全然缺失，其显然存在疑问。同时，依据碑石撰写规范，其建立年份前一般都要空出两个字，如此就与上述空出 7 字差异更大。还有，如果推定陵碑文字每行为 56 字或者超过此字数的话，"永淳元年…"之前就要有 6 个字或者超过 6 个字状况出现，从实际碑文看，这种情况出现的可能性很小。那么，陵碑文每行是 48 字，或者 52 字，究竟哪种推定更符合事实呢？

首先，如推定陵碑文每行为 48 字的话，"廿五日景辰建碑"前应有的 13 字中就要省略 2 个字或者 4 个字，但是，撰作的井然有序陵碑文字，要省略其中的任何字词，无疑是相当困难的事情。其次，推定陵碑文每行 52 字的话，"廿五日景辰建碑"前年份上端应空出 2 字，添加上述可计算的"永淳元年岁次壬午七月壬辰朔"13 字，陵碑文应是有 15 字脱落。如果这种推定没有疑问的话，推定陵碑正面各行文字数 52（38 + 14）字，背面各行文字数 52（37 + 15）字，其可信度毋庸置疑。最后，"其四"中"大舍臣韩讷儒奉"之后脱落的部分文字，参照陵碑断块"其一"中

---

① "景辰"为对"丙辰"的避讳。唐高祖李渊的父亲名李昞，故而"丙"字亦应避讳。参见葛城末治《朝鲜金石学总说》，收入《朝鲜金石考》第 75 页；陈新会：《史讳举例》第 18—19 页，1979 年。另外，这是新罗金石文中初次出现的避讳例子。

② 朝鲜史编修会编：《朝鲜史·凡例》第 2 编，1932 年，第 62 页。

③ 金昌镐：《新罗太祖星汉的再探讨》，国立庆北大学师范学院历史教育学系编《历史教育论集》第 5 辑，1983 年。

"奉教撰"，其应该是作为书丹者署名①，故而应为"大舍臣韩讷儒奉教书"②。

故此，在上述论述的基础上，下面对于陵碑文字的本来构成形式做一复原③。

四　内容及意义

碑文中采用了许多中国经典中的词句④，倾向于迂回婉转的表现，所以能够准确地把握意思的部分不多。但由于碑文采用了四六文⑤句式的骈丽体，讲究对句和声韵，由此也可稍对文意进行推测⑥。

首先，正面第 1 行中记载本碑为文武王陵碑，随后有"及殂，国学少卿金△△奉教撰"字样。在《三国史记》卷八《新罗本纪》，神文王二年 6 月条中记载"立国学，置卿一人"。同书，卷三七《职官志上》记载：

> 国学，属礼部，神文王二年置。景德王改为大学监，惠恭王復故，卿一人，景德王改为司业，惠恭王复称卿，位与他卿同。

从中看出国学设置的官职为卿一人，但是在本碑文中关于国学长官的阐述，与中国故事俗语当中所引用的史实有所关联，与《三国史记》记

---

① 参见洪良浩《耳溪集》卷 18《新罗文武王碑后叙》；刘喜海《海东金石苑》卷 1，同氏《海东金石存考》；陆耀遹《金石续编》卷 21。

② 参见上引坪井九马三解题第 67 页，长田夏树论文第 182 页。另外，《海东金石存考》中有判读为"奉宣书"见解，但参考陵碑文"奉教撰"例，其为"奉教书"更为妥当。

③ 复原陵碑文正面第 2 行第 43—47 字、第 50—52 字，第 3 行第 43—45 字，因陵碑断块缺失难以确认其中文字，但镌刻当时是否就出现掉字？值得进一步考察。洪思俊《新罗文武王陵断碑追记》中，依据日本学者大阪金太郎发现并保管于国立庆州博物馆的书基（厚 2 厘米，方 3 厘米）一片与断碑连接后，以此推测出本碑正面第 2、3 行最末字，并持有疑虑，书基是否为本碑的一部分也暂且不提，实际上图示中的本碑下半部分铭文的排列，参考的是将原碑文进行错误整理的二铭帅堂本《海东金石苑》（《朝鲜金石总览》也进行转载），故可信性不高。译者注：鉴于复原碑文烦琐，译文中省略其中文字，特予说明！

④ 金哲峻：《韩国史》第 3 册，韩国国史编撰委员 1987 年版，第 255—257 页。

⑤ 今西龙：《朝鲜の文化》详参见上书，第 204 页。

⑥ 本碑文前半部分的构成，参考今西龙《新罗文武王陵碑に就きて》第 503 页；上引前间恭作文，第 58—62 页；上引长田夏树文，第 190 页；上引权五灿［金石文］，第 287 页等。

录不同，中国称为"少卿"。

第2行中所写"配天统物书野经邦积德△△。匡时济难应神……"，主要介绍新罗的建立和发展及歌功颂德，但是下面的"通三彳兵殊"意义不明。

第3行，"……派鲸津氏映三山之阙"，鲸津①一词在本碑"铭曰"中则以"粉骨鲸津"出现。鲸津本为鲸鱼可生存的大海之意，至于"派鲸津氏"中的鲸津与此意是否相同不得而知，故鲸津氏所指为何，至今难能知晓②。"三山"一词还出现在"铭曰"部分，即"三山表色"，《三国史记》卷三二《祭祀志》载云：

> 大祀，三山：一奈历（习比部），二骨火（切也火郡），三穴礼（大城郡）。③

有学者对下面为东西南北四方④做过相应研究。"东拒开梧之境，南临才桂之△"，"（北）接黄龙驾朱蒙△△△，西承白武仰△△△△△"形成对句⑤，其中开梧、才桂、黄龙、白虎等应都有相对应的国家⑥，但有史可考的仅有黄龙国。黄龙国常被认为是中国五胡十六国时期的北燕⑦（409—438），与高句丽邻近，并与高句丽第2代王——琉璃明王的太子

---

① 长田夏树将"鲸津"理解为与百济首都熊津（公州）相对，但并无详细说明。参见上引长田夏树文，第185—186页。

② 鲸津氏有可能指箕子或其后代鲜于氏。

③ 奈历也称"奈林"。（《三国遗事》卷1，金庾信条）。参见上引长田夏树女，第189—190页。关于三山成立的时期洪淳昶推测为宣德王代（780—784），（《新罗文化祭学术发表会论文集》第4辑，1983年，第42页、56页、63页），本碑文至少追溯到神文王二年（682）之前，且最近辛锺远推定为昔氏王系初以后真平王以前之事。《〈三国史记〉祭祀志研究》，《史学研究》第38辑，1984年，第22页、38页。

④ 今西龙、权五灿在上文文章中都对新罗的四方国家有所提及。

⑤ 徐永大：《〈三国史记〉与原始宗教》，《历史学报》第105辑，1985年，第25页。

⑥ 今西龙也同认为除"黄龙国"外，"开梧""才桂""白武"等并不是真实存在的国家，只是代表方位的名称。

⑦ 诸桥辙次：《大汉和辞典》卷12，第980页，平凡社刊行《东亚历史事典》卷1，第404页。

解明起过纷争①。另也有认为黄龙国为朝鲜时代在平安道的箕子后裔所建之国②。

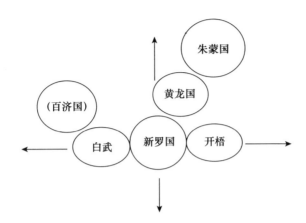

第 4 行中，"从閒盡善其能"，到"名实两济，德位兼隆，地跨八寅③，勳超三△"为对句，"巍巍荡荡，不可得而称者"为段落末尾之句。"我新罗……"开始，到"传七叶以……焉"为文章结束。其中火官为炎帝神农氏，之后为黄帝轩辕氏，将新罗的建立与三皇五帝传说④连接起来。

三皇五帝传说与新罗相关联思想，一直广泛流传到统一新罗时期，此可参考《三国史记》卷二八《百济本纪》义慈王条末尾，新罗国子博士薛仁宣所撰金庾信碑（推测为文武王代所建），以及朴居勿撰、姚克一书的《三郎寺碑》文（870 年前后）。

新罗古事云：天降金櫃，故姓金氏。其言可怪而不可信，臣修，以其传之舊，不得删落其辞，然而又闻，新罗人自以少昊金天氏之后，故姓金氏。

---

① 解明太子和黄龙国国王的纷争在《三国史记》高句丽本纪中有所记载。《三国史记》高句丽本纪 1，琉璃明王 23—28 年条。李基白、李基东：《韩国史讲座》（古代篇），1982 年，第 100 页中提到"黄龙国""开梧""扞桂""白武"，认为其应都为当时的城邑国家。今西龙未将琉璃明王代的黄龙国与之后的黄龙国（北燕）做区分。参见上引今西龙文，第 504 页。

② 参见上引今西龙第 504 页

③ 八寅为"八埏"，即八方的尽头。

④ 关于三皇五帝具体指谁说法甚多。诸桥辙次：《大汉和辞典》卷 1，第 124 页、501 页，以及日本平凡社刊行的《东亚历史事典》卷 1，第 82—83 页。

同书卷四一《金庾信列传》记载：

> 金庾信，王京人也，十二世祖首露，不知何许人也，以后汉建武
> 十八年壬寅，登龟峰，望驾洛九村，遂至其地，开国，号曰加耶，后
> 改为金官国。其子孙相承，至九世孙仇亥。或云仇次休，于庾信为曾
> 祖。罗人自谓少昊金天氏之后，故姓金，庾信碑亦云，轩辕之裔，少
> 昊之胤。则南加耶始祖首露，与新罗同姓也。

但是，文武王陵碑中虽自称为火官炎帝神农氏后裔，但当时新罗人却
自诩为炎帝之孙少昊金天氏后裔①，特别是《金庾信碑》中记载"轩辕之
裔，少昊之胤，则南加耶师祖首露，与新罗同姓也"，将小昊之父黄帝轩
辕氏推出，加耶的始祖为轩辕氏，小昊氏的后裔②。

"英异秺侯，祭天之胤……"这一部分，为深受汉武帝看重的秺侯金
日磾③的故事。金日磾为匈奴休屠王之太子，虽被汉将霍去病所俘归汉，
但后为马监、侍中、驸马都尉、光禄大夫，在莽何罗之乱时因护驾有功被
封为秺侯，汉武帝因获休屠王祭天金人，故赐其姓为金，子孙7代皆为内
侍，因此意味着文武王为第七代④。

第6行18字以下为文武王家系之说明，"十五代祖星汉王，隆質圆
穹，诞灵仙岳，肇临△△，以对玉欄，始蔭祥林⑤，如观石纽⑥"到第7

---

① 长田夏树认为假若真为少昊金天氏的后裔的话，文武王陵碑上应为金官之后，而非火官
之后。并且，少昊金天氏之后姓为金官金氏，并非与王室的金氏。参见上引长田夏树文第184—
185页。

② 权五灿认为两金氏为同一先祖。参见上引权五灿文第287页。

③ 《汉书》卷68《金日磾传》载云："金日磾，字翁叔，本匈奴休屠王太子也。武帝元狩
中，骠骑将军霍去病将兵击匈奴右地，多斩首，虏获休屠王祭天金人。……金日磾夷狄亡国，羁
虏汉庭，而以笃敬寤主，忠信自著，勒功上将，传国后嗣，世名忠孝，七世内侍，何其盛也！本
以休屠作金人为祭天主，故因赐姓金氏云。"

④ 文暻铉：《新罗建国说话的研究》，《大丘史学》第4辑，1972年；《新罗史研究》，庆北
大学出版部，1983年，第66页。滨田耕策：《新罗の神宫と百座讲会と宗庙》，《东亚世界にお
ける日本古代史讲座》第9册，学生社1982年版，第224—226页。

⑤ "祥林"为新罗国都，与鸡林、新罗、斯卢相同。参见上引前间恭作文第60页，并参考
文暻铉《新罗国号的研究》，《大丘史学》第2辑，1970年；上参《新罗史研究》第7页。

⑥ 石纽位于中国四川省汶川县西北部，夏禹的出生地。

行脱落的部分应该为一段。开头的星汉王……部分有非常多的讨论，而其中"星汉"一词只在金石文资料中出现：

  1）太祖汉王启千龄之［《金仁问碑》，新罗……四年（695）景］①

  2）a 太祖星汉　b 廿四代孙［《兴德王陵碑》，新罗景文王十二年（875）之后②］

  3）大师法讳利严，俗姓金氏，其先鸡林人也。考其国史实，星汉之苗［《海州广照寺真澈大师碑》，高丽太祖二十年（937）］

  4）（大师法讳）△运，俗姓金氏，鸡林人也。其先降自圣韩，兴於□勿。［《真空大师碑》，高丽太祖二十二年，（939）］

  "星汉"一词在本碑文中第一次出现之后，只出现在金石文中，迄今为止"星汉"究竟为谁尚无定议！故此仅针对史料中出现的问题做几点讨论。

  首先，本碑文指出十五代星祖为星汉王，而比本碑稍晚的《兴德王陵碑》（如若太祖汉王便为太祖星汉王的话，也包含《金仁问碑》）并不记载代数，只称为太祖，本碑文为何不称星汉王为太祖星汉③？把《金仁问碑》中太祖汉王视为将"星"字省略是否牵强附会？再者，《兴德王陵碑》中太祖星汉和廿四代孙连接，在新罗是否常用太祖的××代孙之类的表达方式？另外，《真澈大师碑》和《真空大师碑》中虽言及金氏为星汉后人，但是否也有姓金氏者并非为星汉后人？以上几点都还需再行探讨。

  以往对此的见解各有不同，有星汉王为金阏智之说④，为金阏智之子势汉

---

  ① 末松保和：《近时发见の新罗金石文》，《新罗史の诸问题》，1954 年，第 497 页。

  ② 李基东：《罗末丽初的近侍机构的扩张》，《历史学报》第 77 辑，1978 年；《新罗骨品制社会和花郎徒》，一潮阁 1980 年版，第 240 页。

  ③ 新罗金石文中称作"太祖"之例，有真兴王二十九年的，同王巡守碑中"然朕例数当躬仰绍太祖之基"字样。许兴植：《韩国金石全文》（古代），第 39 页，第 41 页。

  ④ 参见上引今西龙文第 504—506 页。今西龙在论文出版后意见有所改变，改为"势汉"。

之说①，也有金阏智七世孙味邹王之说②，为昔脱解之说等③，但在此需要指出的是如与碑文相联系来看，星汉王此人至少应与"降質圆穹，诞灵仙岳，肇临△△，以对玉欄"中的描写相契合。④ 第7、8行形成一段，作为叙述大王的威德，大王所指为太宗武烈王⑤、文武王⑥还是其他君王则不得而知。

第9行，第10行以对句组成，意义不明。

第11行、12行中的"诗礼之训，姬室拜桥梓⑦之⋯⋯"与碑背面"⋯⋯王礼也"等句，呈现出新罗统一时期的礼教政治思想⑧。接着，大唐太宗文武圣皇帝应鸿社⋯⋯为唐太宗李世民，其谥号为文武圣皇帝⑨（674—749）。

第13行描述指唐太宗驾崩，全国禁止音曲，全国民服丧。此行之后文句残缺，令人费解，大意难以知悉。

第17行开始阐述新罗平百济。百济义慈王暗杀成忠、兴首等忠臣⑩，使得人心背离，又疲于罗唐联合军之攻击，苦心于先抵唐军还是新罗军⑪。18行中所出现的熊津道大总管，应该指苏定方⑫，而句中君王，为本碑文的主人公文物王。

第19行、第20行中表现了新罗与百济军对峙的情形，在黄山将百济

---

① 参见上引前间恭作文第62页；上引长田夏树文第186—188页。

② 李锺旭：《新罗上代王位继承研究》，岭南大学校出版部1980年版，第137页。上引金昌镐文，第98—105页。

③ 文暻铉：《新罗始祖王的研究》，《新罗史研究》，1983年，第142页。

④ 李丙焘：《国译三国史记》，乙酉文化社1977年版，第33页。

⑤ 参见上引今西龙文第503页。

⑥ 参见上引滨田耕策文第224页。

⑦ "桥梓"意为父道或子道，又为父子。

⑧ 文武王将高句丽王族安胜封为报德王时册命文应为模仿天子文书之形式。《三国史记》卷6《新罗本纪》，文武王十年条。神文王设立五庙，三山五岳，九州，也为此中一例。

⑨ 《旧唐书》卷3《太宗纪》，唐太宗贞观二十三年八月，丙子"百僚上谥号曰文皇帝，庙号太宗⋯⋯上元元年（674）八月，改上尊号曰，文武圣皇帝"。《新唐书》卷2，太宗贞观二十三年五月，壬中"太宗发丧，谥号文，上元元年（674）改谥号文武圣皇帝，天宝八载（749）谥文武大圣皇帝，十三载（754）增谥文武大圣大广孝皇帝"。

⑩ 《三国史记》卷28《百济本纪》，义慈王十六年春三月条和二十年六月条。

⑪ 李基白、李基东：《韩国史讲座》（古代篇），一潮阁1983年版，第292页。

⑫ 《旧唐书》卷83《苏定方传》载："显庆五年，从幸太原，制授熊津道大总管，率师讨百济。定方自城山济海，至熊津江口，贼屯兵据江。"

军击溃并攻占百济都城。这里的都城指百济首都泗沘城，"贼都"二字也能窥探出新罗对百济之态度。

第 21 行，记述三年后为龙朔元年（661）。龙朔元年正值太宗武烈王驾崩，文武王即位。

第 22 行及以下主要介绍文武王即位之情况。

第 25 行之中"挹娄"为汉魏时期对女真国家之称呼①，第 26 行中"君王"所指为文武王，第 27、28 行则内容不明。

本碑反面内容与正面文章相衔接，但其前半部分残缺严重。第 1 行假如为记述文武王遗言的话②，第 2 行、第 3 行极有可能与《三国史记》中所载的文武王遗诏有所关联。以下为《三国史记》卷七，《新罗本纪》，文武王二十一年条。

> 遗诏曰：寡人运属纷纭，时当争战。西征北讨，克定疆封，伐叛招携，聿宁遐迩。上慰宗祧之遗顾，下报父子之宿冤，追赏遍于存亡，疏爵均于内外。铸兵戈为农器，驱黎元于仁寿，薄赋省徭，家给人足，民间安堵，域内无虞。仓廪积于丘山，囹圄成于茂草，可谓无愧于幽显，无负于士人。自犯冒风霜，遂成痼疾，忧劳政教，更结沈痾。运往名存，古今一揆，奄归大夜，何有恨焉！太子早蕴离辉，久居震位，上从群宰，下至庶寮，送往之义勿违，事居之礼莫阙。宗庙之主，不可暂空，太子即于柩前，嗣立王位。

从"西征北讨"，到末尾"太子即于柩前，嗣立王位"来看，不能排除碑文引用了部分遗诏，"寝时年五十六"中的时间所指为文武王驾崩之年③。

下面 4、5 行，明显指摘于文武王遗诏。《三国史记》卷七《新罗本

---

① 女真在秦汉时期称为肃慎，汉代称为挹娄，后魏称为勿吉，隋唐称为靺鞨。

② 今西龙认为 1 行为文武王遗言，5 行为文武王丧事。详参见上引今西龙文，第 503 页。

③ 文武王生辰大约为真平王四十八年（626），故文武王之父金春秋和金庾信之妹结婚应为真平王代，而非《三国遗事》卷 2，太宗春秋公条中所载善德王时期。详参见上引坪井九马三文，第 68 页。详参见上引今西龙文，第 506 页。详参见上引权五灿文，第 228 页。李基东：《新罗太祖星汉的问题与兴德王陵碑的发现》，《大丘史学》第 15，16 合集，1978 年；《新罗骨品制社会和花郎徒》，1980 年，第 375 页。黄善荣：《新罗武烈王家与金庾信家的嫡庶问题》，《釜山史学》第 9 辑，1985 年，第 5 页。但坪井九马三认为文武王出生于 625 年。

纪》载云:

> 且山谷迁贸,人代椎推移,吴王北山之坟,讵见金凫之彩,魏主西陵之望,唯闻铜雀之名。昔日万机之英,终成一封之土,樵牧歌其上,狐兔穴其旁。徒费资财,贻讥简牍,空劳人力,莫济幽魂。静而思之,伤痛无已,如此之类,非所乐焉。属纩之后十日,便于库门外庭,依西国之式,以火烧葬。服轻重,自有常科,丧制度,务从俭约。其边城、镇遏及州县课税,于事非要者,并宜量废,律令格式,有不便者,即便改张,布告远近,令知此意。主者施行!

第 4、5 碑文与以上驿站内容相符,由此可以推断遗失部分的碑文内容极有可能为遗诏的一部分内容。

碑文第 4 行,到碑文第 5 行"以火烧葬"之前的部分为 41 字,与《三国史记》所记载之 49 字有 8 字之差。这 8 字其中"以火烧葬"之前应为"即以其月十日火",也就是当月十日进行火葬,碑文应是省去了"十日两字",除此之外仍有六字差异,参考"铭曰"部分,应该为省去了火葬场所"便于库门外庭"此六字。因此,第 5 行遗失部分可以推测为《三国史记》中"徒费资财,贻讥简牍,空劳人力,莫济幽魂。静而思之,伤痛无已,如此之类,非所乐焉。属纩之后十日,便于库门外庭,依西国之式"部分内容①。并且第 4 行,"(樵)(牧)歌其上"之前的碑文也极有可能出自遗诏"山谷迁贸,人代推移"之后的一部分。尤其"樵牧歌其上"的前句完全可以确定为"终成一封之土"②。

除此之外与碑文的其月十日火与《三国史记》的七月十日火葬相契合。至下行为止相接的……姚都是脱落的文段③。

第 6 行的第 49 字开始,天皇大帝所指为唐高宗(649—683),上元元

---

① 如此一来,本碑文各行正为 52 字。
② 故此,本碑文中关于文武王遗言部分为,第 4 行"终成一封之土"之前的部分至第 5 行即以期十日火之前的(以)(火)烧葬以上的部分。
③ "姚"一般前接考妣,亡妣。此处应为首字脱落。

年（674，新罗文武王十四年）唐高宗改称天皇①，本碑为唐高宗在位期间682年所建，天皇所指唐高宗无疑②。碑文本行后称文武王的度量为天生君王局量（7行），乃百代之贤王（9行），之后为哀悼文武王驾崩之文。

第8行以下的"国之方，勤恤同於八政③……实归"与"乃百代之贤王，寔干△△△△"形成对句，至第10行第4字为止皆为对句，往下为"清徽④如土，不假三言，识骏……"也均为歌功颂德之文。

第11行，"……而开沼，髣髴濠梁⑤延锦石以"指文武王十四年二月修筑雁鸭池之事⑥，第12行为"……之宾，聆嘉声而，雾集为是朝多……"第13行出现了射熊、太子等词汇，意义不明。第14行"丹青洽于麟阁⑦，竹帛毁⑧于云台"⑨两句结为对句，并在文章结束前作为对文武王功劳的总结。

最后，第16—21行的铭文部分，为歌颂文武王所做的叙事诗。首先16行的"△侍星精"一词前后关系不详，可能与星座相关。第17行"允文允武，多才多艺，忧人吞蛭"主要描述文武王的才能与臣子之情⑩。第18行对文武王征伐百济进行叙述并礼赞王威。第19行叙述祥瑞之事，并

---

① 《新唐书》卷3，《旧唐书》卷5《高宗纪》，弘道元年八月壬辰"皇帝称天皇，皇后称天后"。

② 《旧唐书》卷5《高宗纪》，弘道元年（683）十二月丁巳条。《新唐书》卷3《高宗纪》，同上条。天皇大帝假若真是高宗死后才追封，文武王陵碑建立的时间就有可能为682年或683年以后，但本碑文只是称其为天皇大帝，并未提及庙号高宗。且谥号多与其生前事迹相关，也并非一定在世期间不可用。

③ "八政"为《洪范》九畴之一，武王克服殷商典立周朝，向箕子问政，箕子以大禹治水，洪水就范开题，讲述了天子必须具备的九门学问。后人称之为洪范九畴。农用八政包括（食、货、祀、司空、司徒、司寇、礼、兵）。

④ 清徽指内心干净清澈。

⑤ 濠梁为春秋战国时期中国安徽省凤阳县的东北部濠水的一座桥。

⑥ 详参见上引长田夏树文第190页。

⑦ 麟阁为汉武帝时期狩猎到麒麟所修建，汉宣帝时曾绘霍光等十一位功臣像于阁上，以表扬其功绩。又称麒麟阁、麟台。

⑧ "毁"字与文序来看，并不顺畅，极有可能为写错。

⑨ 云台为汉代秘书监，又称芸署、芸阁。

⑩ 楚庄王发现菜里有水蛭，没有诛杀监食的人，自己偷偷吞食了事。吞蛭指吞食水蛭。用来宣扬国君的仁德之心。

提及灾难降临君王驾崩。

第 20 行叙述文武王皈依佛教，并按佛教习俗进行火化，在海边进行葬礼①。"嗣王允恭，因心孝友"中，嗣王（神文王）诚实恭谨，孝顺友爱。第 21 行以"鸿名与天，长兮地久"等祝愿词结尾。

第 22 行，永淳元年七月二十五日，为本碑所建之日，也就是神文王二年七月二十五日。值得注意的是，彼时为文武王所建的感恩寺也已完工，感恩寺在《三国遗事》卷二《纪异》，文虎王法敏条有载：

> 王平时常谓智义法师曰：朕身后愿为护国大龙，崇奉佛法，守护邦家。……王曰：我厌世间荣华久矣，若粗报为畜，则雅合朕怀矣。

从此可以看出，文武王将建寺视为最后的佛法课业，但其在位期间并未完工，而后神文王继其遗志②。神文王二年五月③神文王首次巡幸感恩寺④，感恩寺最迟也应于神文王即位 9 个月以后完工，为神文王即位之后最看重之事⑤。而首次巡幸感恩寺之后，文武王碑成为重中之重，并于神文王二年七月二十五日落成⑥。

书者韩讷儒了解甚少，其文风与当时流行新罗的欧阳询体相似，多使用唐所流行的文风与俗字，且碑文中也初次进行避讳。

另外，碑身的宽度与厚度可从断碑中推断，但由于上半部分受损总长无法得知。经推测，碑文各行 52 字，每字格高为 3.2 厘米，$3.2 \times 52 = 166.4$ 厘米，由此，碑身宽为 94 厘米，厚为 24 厘米，高为 166.4 厘米。

---

① 在《三国史记》卷 7《新罗本纪》，文武王二十一年七月条"群臣以遗言，葬东海口大石上"。也有所旁证。

② 感恩寺为文武王愿堂，为国家寺院管理结构成典所在的官寺。参见李泳镐《新罗中代王室寺院的官寺机能》，《韩国史研究》第 43 辑，1983 年。

③ 《三国遗事》卷 2《纪异》，万波息笛条。

④ 参见金相铉《万波息笛说话的形式和意义》，《韩国史研究》第 34 辑，1981 年，第 5 页。

⑤ 同上。

⑥ 《三国史记》卷 8《新罗本纪》中，神文王二年六月以后至三年二月发生之事遗漏，另外，本碑以外的新罗王陵碑有"武烈王碑"（文武王代），"圣德王碑"（737 年驾崩，754 年景德王十三年五月建立），"兴德王碑"（835 年驾崩，872 年景文王十二年建）等，高句丽有广开土王碑 414 年（长寿王 2）所建。

碑石为人工所制，本碑为 9 世纪中叶①之前韩国最大的碑石，再加上龟趺和螭首其规模更加宏大②。

碑文正反两面总 50 行，每行 52 字，总共 2600 字左右（空格部分 100 字左右），此碑在新罗末崔致远所撰述的四山碑铭出现之前是古代韩国篇幅最长的金石文③。

本碑为新罗现存最早的陵碑④，首次撰者、书者明确，4 字形式的碑铭、文字格也首次出现。

但与上相比，本碑文最突出的特征还是模仿当时中国流行的墓志形式。例如：对死者的品德进行称颂，形式上明确撰者、书者，有墓志铭，文，字方格，以及在碑文开头有"乐浪郡天开府仪同三司上柱国新罗王"唐所封的官职名。由此都可证明，文武王陵碑是采用当时唐朝的墓碑风格。以下特将 679 年所制高句丽（唐）泉男生墓志与本碑文相较如下：

表3　　　　　泉男生墓志与文武王陵碑的形式比较

区分	泉男生墓志	文武王陵碑
年代	679 年	682 年
井间	有	有
碑文开头	大唐故特进行右卫大将军兼检校右羽林军仗内供奉上柱国卞国公赠并州大都督泉君墓志铭并序	大唐乐浪君王开府仪同三司上柱国新罗文武王陵之碑
撰者	朝议大夫行司勋郎中上骑都尉渤海县开国南王德真撰	及飡国学少卿臣金△△奉 教撰
书者	中书侍郎兼检校相王府司马欧阳通书	大舍臣韩讷儒奉（教书）
书体	欧阳询体	欧阳询体

---

① 9 世纪中叶以后，为禅师所建的塔碑比前代的石碑规模与规格更大。

② 统一新罗时期的墓碑、陵碑都有龟趺和螭首。李浩官：《碑的发生和形式变迁》，收入《韩国的美》文集，韩国中央日报社 1983 年版，第 190 页。

③ 寺田隆信，井上秀雄编：《好太王碑探访记》，日本放送出版协会 1985 年版，第 231 页。其认为 9 世纪后期，《圣主寺朗慧和尚白月葆光塔碑》之前的《广开土王碑》为韩国金石文最长（总 1802 字）。这也是文武王陵碑的价值被忽视的原因。

④ 比此碑更早的为太宗武烈王陵碑，碑身失踪，只剩龟趺螭首。碑身应于朝鲜燕山君（1494—1506）或朝鲜明宗十六年（1561）左右被破坏。参考《新增东国舆地胜览》《东京杂记》《东京通志》的"陵墓"条记载，以及《梅溪集》，《退溪集》卷 21《书答李刚而》《辛酉》等。

结束语

文武王陵碑与众多统一新罗时期的碑文一样，相关研究甚多，从研究成果来看，大都注重碑文某一特定层面而缺乏综合性的理解。笔者在收录本碑文之前查阅众多资料、拓本，尝试进行新的研究。所以首先撰写了较为准确的解读文。

另外，下面为碑文相关的最早资料之一，依据二铭草堂校刊的《海东金石苑》将断碑连接复原为原碑形轮廓，遗失部分通过文献资料进行补充从而推定，复原碑文本来样貌，得出原本正面28行，反面22行，每行52字。

断碑碑文进行详细推定，由于碑的大半部分遗失，所推碑文不能堪称完美，但其内容接近原文，除此之外，本碑的意义在于9世纪中叶前韩国金石文篇幅之最，也同时印证其形式模仿的是唐朝流行的墓志形式。

以上为本稿的概要，在本碑文考察过程中，关于金石文的整理研究有几点建议。

首先，金石文的解读要将可能性明确表示，断碑或碑片的收录则应尽可能与原形相符，其轮廓标示不清的话，碑片便难以辨认，之后假若增加碑片也无法再用来进行复原①。

其次，形成新的金石文拓本虽然重要，但更应注意拓本资料的完整性，国立中央博物馆、国立中央图书馆、首尔大学图书馆等都收集了大量拓本，意义深重。

除上之外，为了对金石文有更深理解，其发现地与保存地也应做详细整理，只凭此虽无法确言能推动研究，但至少也应是金石文研究的基础，值得倡导。如能在以上问题方面更加注意的话，相信今后金石文的相关研究会更上一层楼。

译自 ［韩］《历史教育论集》第8辑，1986年

编译 拜根兴 宋丽

---

① 刊载实物照片或部分拓本便于今后运用的资料为数不多。黄寿永：《韩国金石遗文》第四版，1985年。赵东元：《韩国金石文大系》，圆光大出版部1979—1984年版。任昌淳：《韩国金石集成》，一志社1984年版。东国大学博物馆：《普熙禅师寂然国师玄化寺碑铭》，1985年等。

统一新罗时代王陵前石人研究

［韩］　庆州文化财研究院　李在重

前　言

一般来说，雕刻可分为宗教雕刻与陵墓雕刻两大类。统一新罗时代雕刻史研究中，由于王陵所在遗物存留很少的缘故，虽然其重要性为更多的人所熟知，但研究成果积淀相对于佛教雕刻来说明显偏少。特别是陵墓雕刻中十二支石像还有相当多的论文发表，而对于王陵前排列石人的研究就更少了①。

笔者童年就在庆州度过，多次徜徉在新罗王陵区域，涉及王陵的众多疑问在头脑中不断闪现，而对于挂陵前排列的石人像就是其中的疑问之一。从美术史角度看，应该是从正确理解图像出发，然后再从事基本的研究。但是，大多数研究者以文武两班概念，区分王陵前的石人像，即身穿平服的胡人像为武官石，身披甲胄、手执宝剑者为文官石。文官石像为什

---

①　迄今为止可以看到的关于统一新罗时期石人像发表的论文如下：郑寅普：《古史辨证四——挂陵考》，《薝园国学散藁》，韩国文教社1955年版，第132—144页；禹滢焕：《从新罗陵墓制度看东西文化交流》，《诚实大学报》第2辑，1956年，第214—231页；秦洪燮：《庆州的古迹》，列华堂1975年版，第57—70页；边应燮：《挂陵考》，《梨大史苑》第12辑，1975年，第57—82页；朴璟渊：《统一新罗时代的墓仪石物石人石兽研究》，《考古美术》第154—155合辑，1982年，第168—191页；权应弼：《庆州挂陵人物石像再考》，《美术资料》第50辑，1992年，第64—83页；穆罕默德·坎苏：《新罗西域交流史》，檀国大学出版部1992年版，第267—272页；斋藤忠《新罗文化论考》，吉川弘文馆1943年版，第196—207页；大坂金太郎：《挂陵考》，《朝鲜学报》第39—40合辑，1966年，第1017页。

么要身披甲胄手执宝剑？还有例如对于石人像冠帽、鞋靴的种类，胡人像佩带武器的用途，腰间悬挂"七事"等问题的解释应该更加充分。本文虽然对上述问题的解答还有待进一步深入，但通过这种探索可以展现笔者的研究方向和所付出的努力。

统一新罗时代圣德王、元圣王、宪德王、兴德王等王陵前有独立的石人像遗存，其中后者均按圣德王陵石像形式排列设置①。现存石人像可以分为两大类：包括迄今为止知道的文人像，以及一般认定的胡人像两种。众所周知，圣德王陵模式的石人像排列制度，来自唐朝陵墓制度的影响，但现在并未看到韩国学界对唐朝陵墓制度的影响作概观的论述，鉴于此，本稿首先对中国的陵墓制度作简要考察，接着具体探讨新罗陵墓受到的影响，以及新罗陵墓自身具有的独到要素，其中牵涉到的石人像服饰领、袖，服饰的样式分析等。通过对现存石像实体及图版的比较分析，进一步把握统一新罗时期陵墓制度的精髓。

一 唐代陵墓石人像制度

（一）唐代以前陵墓石人像 （略）

（二）唐代陵墓石人像制度

在中国历史上，作为世界帝国，唐朝管辖领域广阔，因为推行兼容并蓄、开放创造的国策，唐朝文化呈现出多样繁荣的景象。唐朝奉行朝贡、册封等羁縻政策，与周边的民族国家建立君臣及兄弟关系，并对周边民族国家的盛衰起着重要的作用。众多的外交使节、留学生、学问僧、商人频繁往来，周边少数民族移住唐朝，中国成为当时世界文化的中心之一，所谓的东亚文化圈形成了，而文化圈的中心就是世界帝国唐朝②。唐朝对宗教和哲学持开放的态度，对其他民族也标榜宽大包容政策。当时为了维持

---

① 秦洪燮：《庆州的古迹》，列华堂1975年版，第62—65页。笔者认为，虽然上述王陵遗物出土与否还不能确定，但宪德王陵前石像排列形式似并不属圣德王陵序列。

② Edward H. Schafer, *The Golden Peaches of Samarkand* (Los Sngeles Universty of California Press, 1963) Jane Gaston Mahle, *The Westeres among the Figurines of the T' ang Dynasty of China* (Rome, Instituto Italiano per IL MEDIO ED ESTREMO ORIENTE, 1959 年) .

国力的持续增长和自身活力，吸收外国的文物制度，呈现积极进取的发展势头。这种吸收外国文物制度，并非单纯模仿受用的拿来主义，特别值得一提的是其中夹杂中国人的嗜好和趣向的中国化过程。所有的宗教都和儒家思想合流接近，宗教完全隶属服从于政治，成为维持拥护封建统治体系的工具。

陵墓雕刻也是如此。为了显示封建皇帝超凡的权力，陵墓前就设置众多的石人像。陵墓前设置的灵兽狮子，雕造出强悍奋进、蓄势待发的造型，呈现随时服从接受差遣的姿态。《酉阳杂俎》记载唐代韩干的宗教画，已经成为贵族家庭的装饰品，神的形象已经完全人间化、世俗化了[1]。

1. 唐朝陵墓制度的建立

唐朝的陵前规制起自贞观十年（636）文德皇后临终前后，唐太宗李世民以"帝陵遭后世频繁盗掘"为由，开唐朝帝陵"依山为陵"的先河。唐太宗认为依山为陵"省子孙经营，不烦费人工，我深以此为是"[2]。唐代帝陵大部分是利用自然地形，凿山建陵。从平面构成来看，山陵四边有呈方形的陵园围墙环绕，四面有阙门，门外设置石狮子，四角建有阁楼。而且陵墓前的神道多是依山势向南展开，和神道上的门阙相连的是两边秩序井然排列的石人翁仲等石刻像。

唐陵前石雕群成为定制从唐高宗李治与武则天合葬陵乾陵开始。乾陵位于陕西省乾县境内，它规定了陵前石雕的数量、种类、大小、相对距离、先后顺序等。陵墓利用了梁山的天然地形：三座山峰中最高的北峰山下的神道，从南面两山峰前面出发，东西两阙遗迹犹存，其高约 8 米；南面的两山峰约 40 米高，上面遗留约 15 米高的土阙。神道自南向北分别由华表、翼马（原稿为"飞马"）、朱雀各一对，石马五对，石人十对，碑石一对组成。碑石北面东西各有土阙遗迹存在，从第三道门址残存的柱础遗迹看，可能阙身都是二重的子阙。门左右两边排列刻有国家和人名的60 藩王石像[3]。恭敬肃立的少数民族酋长石像，反衬出唐朝皇帝的无限威

① 李泽厚：《美的历程》，广西师范大学出版社 2000 年版，第 185 页。

② 《唐会要》卷 20。

③ 宋敏求：《长安志》记载有 61 蕃酋像，但实际上现存 60 尊石像。另参见廖彩樑《乾陵稽古》，黄山书社 1986 年版，第 12 页。

权，其余的"仪仗兵"石刻，真正起到帝陵的护卫兵作用。

乾陵南门朱雀门两旁排列有石狮子、石人，门内有用于祭祀的献殿建筑痕迹，献殿以北就是地宫。第一道门距地宫约有 4 公里远。围绕地宫和位于主峰的陵墓是呈方形的陵园，陵园四面均有一门，门旁各排列有一对石狮子。北门除了有阙台和石狮子之外，还有石马。陵园原来有 200 余门，现在全都不复存在①。

乾陵规定的陵墓制度，成为此后唐朝陵墓设置石人、石兽遵循的基本规则。唐十八陵中除高祖李渊献陵（635）、敬宗庄陵（827）、武宗端陵（846）、僖宗靖陵（888）之外，其余帝陵均依据乾陵的陵制②。除了唐昭宗、唐哀帝陵墓之外，其余唐十八陵均分布于今陕西渭水以北。似乎陵墓的位置最初并没有一定的规定，从初期的陵墓形制不同，以及陵墓前的石刻配置没有定型就可说明这一点。到贞观初期为止没有确定的陵制，陵前的石人、石兽种类呈现崭新的气象，表现手法也呈多样化特点。

表 1　　　　　　　　唐陵石刻遗物现状表③

陵名	陵主	制作期	所在地	现存遗物
永康陵	李渊祖父李虎	武德元年（618）	陕西三原县北陵前村	华表 2，天禄 2，马 4，石人 1，石狮子 2
兴宁陵	李渊父亲李昺	武德初年追封	陕西咸阳市东后排村	华表 2，天禄 2，马 4，石人 6，石狮子 2
献陵	高祖李渊	贞观九年（635）	陕西三原县北永合村	华表 1，虎 4，犀牛 1
昭陵	太宗李世民	贞观二十三年（649）	陕西礼泉县北九嵕山	六骏浮雕，蕃君长像底座，石狮子 2

① 金正秀：《韩国建筑史概论》，金正秀教授追慕事业会编辑，1989 年。

② 王鲁豫编著：《中国雕塑史册 V，唐陵石雕艺术》，学苑出版社 1989 年版，第 11 页。

③ 下列表格依据王鲁湘《唐陵石雕艺术》，学苑出版社 1989 年版，第 47 页；李惠编《三百里雕刻艺术馆　唐十八陵石刻》，陕西人民美术出版社 1988 年版，第 130—131 页；Ann Paludan，*The Chinese Spirit Road*（Yale University Press，1991），第 236 页；秦浩《隋唐考古》，南京大学出版社 1992 年版，第 22 页，该书第 83—84 页对皇陵的陪葬墓关联文献做了介绍。

续表

陵名	陵主	制作期	所在地	现存遗物
建初陵	高祖李渊4代祖李熙、3代祖李天赐①	麟德元年（664）	河北省隆尧县南王伊村	华表2，翼马2，马4，石人7，蹲狮2
恭陵	高宗太子李弘	上元元年（675）	河南省偃师县缑氏乡	天马2，石人6，立狮蹲狮各2
乾陵	高宗武则天合葬陵	文明元年（684）神龙二年（706）	陕西省乾县北、梁山	华表2，翼马2，马12，鸵鸟2，蹲狮7，蕃使61，立人座2
顺陵	武则天母亲杨氏	天授元年追封，长安二年（702）	陕西省咸阳市北陈家村	天禄2，马2，石人13，狮子6，小狮子2，卧羊3
定陵	中宗李显	景云元年（710）	陕西富平县北凤凰山	石人5，蹲狮2（其中一个破损）
桥陵	睿宗李旦	开元四年（716）	陕西蒲城县北丰山	华表2，天禄2，马16，鸵鸟2，石人18，蹲狮8，小立人2
惠陵	玄宗兄李宪	开元二十九年（741）	陕西蒲城县西三合乡	马1
泰陵	玄宗李隆基	至德元年（756）退位，761年死亡	陕西蒲城东北金粟山	华表2，翼马2，马7，鸵鸟2，石人22，蹲狮6，蕃使3
建陵	肃宗李亨	广德元年（764）	陕西礼泉西北武将山	华表1，翼马2，鸵鸟2，马10，石人21，未完成石人1，蹲狮2
元陵	代宗李豫	大历十四年（779）	陕西富平县西北檀山	华表1，马6，蹲狮4
崇陵	德宗李适	永贞元年（805）	陕西泾阳西北嵯峨山	华表2，翼马2，鸵鸟2，石人20，马15，蕃使17，蹲狮8
丰陵	顺宗李涌	元和元年（806）	陕西富平县东北	华表1，蹲狮1

① 原文为"高宗李治第7代祖，第8代祖"，译者据现有史料订正。

续表

陵名	陵主	制作期	所在地	现存遗物
景陵	宪宗李纯	元和十五年(820)	陕西蒲城东北金炽山	华表头2,翼马2,石人20,马16,蹲狮8,小狮4,鸵鸟2
光陵	穆宗李恒	长庆四年(824)	陕西蒲城县尧山	华表2,翼马2,石人19,蹲狮4,鸵鸟2
庄陵	敬宗李湛	太和元年(827)	陕西三原县柴家窑	华表2,翼马2,石人6,蹲狮8,鸵鸟2
章陵	文宗李昂	开成五年(840)	陕西富平西北天乳山	华表2,石人1,蹲狮1
端陵	武宗李炎	会昌六年(846)	陕西三原县北徐木原(桃村)	华表1,翼马2,石人5,蹲狮6,鸵鸟2
贞陵	宣宗李忱	咸通元年(860)	陕西泾阳西北仲山	华表2,翼马2,石人13,蹲狮6,鸵鸟1
简陵	懿宗李漼	乾符元年(875)	陕西富平西北紫金山	翼马2,石人4,蹲狮5,小狮3,鸵鸟1
靖陵	僖宗李儇	文德元年(888)	陕西乾县北铁佛镇(鸡子堆)	华表2,翼马1,石人2,蹲狮1

2. 唐代的石人像

唐朝陵墓前石刻排列制度,其中最鲜明的变化就是从石人数目的增加,以及文武石人的区别开始。一般称作冠剑石人[①]的石刻起自汉代,唐代遗留的石刻最多。对冠剑石人以外的石刻,学界统称其为石翁仲或直阁将军。唐代人也有将陵墓前的石人称作翁仲的记录[②]。直阁将军作为隋代

---

　　① 《长安志图》卷中《唐高宗乾陵图》记载云:"蕃酋石像高七尺,冠剑石人二十,各高一丈五尺,石马十,各高九尺,朱雀一,高六尺,石幡一,高二丈,飞龙马二,各高一丈五尺。"

　　② 《事文类聚》前集卷14,地道部·石条·翁仲载:"魏明帝景初二年,铸铜人二列于司马门外,号曰翁仲。"(《魏志》)"南千秋亭,坛庙之东,道有两石翁仲,南北相对。"(《水经注》)

创设的官职，主要指皇帝的侍卫，以及护卫祭祀或斋室的武官①。这一点正是皇陵前面的石人像性格略逊于武人的关键所在。

还有，泰陵以后皇陵前的石人像，增加了此前没有的文人石像，并明确将文武石人像区分开来②。如此文人像在西，武人像在东分别排置，有宣扬强化政治权力的意图③。即石像宣扬宫廷文武官员侍立两旁所显示的无上皇权，进而在帝王陵墓前重现惊人相似的一幕④。这一点也可从皇帝拜谒皇陵时文官在北武官在南得到证明⑤。

唐代陵墓前如此配置陵墓雕像，王鲁豫将其分为四个阶段⑥。

第一阶段的唐陵中只有永康陵、兴宁陵前有石人存在，昭陵只残留有石人头像。事实上，从现存照片资料和其他关联资料，很难具体说明石人涉及的问题。和前代相比，陵前石狮、石虎雕刻的生动感降低，没有夸张的任何痕迹，精心地刻画出他们的本来面目。

这种写实主义的雕刻手法在第二阶段得到进一步确认。

雕刻家的关注点是从神秘的表现手法渐趋于现实景象描写过程中逐渐开始的。为了很好地表现人物面部胡须等，革新雕刻工具，即把采用锐利的雕刻工具提到了议事日程。和其他陵前石刻站立于方形台座不同，恭陵

---

① 《隋书》卷28《百官下》载："左右卫，掌宫掖禁御，督摄仗卫，又各有直阁将军（六人），值寝（十二人），值斋、值后（各十五人）掌宿卫侍从。左右卫、左右武卫、左右武侯大将军、领左右大将军，侍从则平巾武弁，绛朝服，剑佩绶帻紫衫，大口裤褶，金玳瑁装裆甲。"《隋书》卷12《礼仪志》载："值阁将军（六人），值寝（十二人），值斋、太子值阁武弁，绛朝服剑佩绶。侍从则平巾绛衫，大口裤褶，银装两裆铠甲。"

② 《新唐书》卷48《百官志》载："凡陪葬，以文武分左右，子孙从父祖者亦如之。宫人陪葬，则陵户成坟。诸陵四至有封，禁民葬，唯故坟不毁。"（此史料虽然没有区分石刻文武官的记载，但值得关注的是陪葬墓明确有区分文武官的记录）秦浩：《隋唐考古》，南京大学出版社1992年版，第98页。

③ Ann Paludan 在 *"The Chinese Spirit Road "*（Yale University Press，1991）的第99—101页，主张8世纪初皇陵前石人开始文武两班分别排列。

④ 李惠编：《三百里雕刻艺术馆 唐十八陵石刻》，陕西人民美术出版社1988年版，第132页。参见王子云《陕西古代雕刻》图版58的说明，陕西人民美术出版社1985年版。

⑤ 《新唐书》卷14《礼乐志4》载云："皇帝谒陵，行宫距陵十里，设座于斋室，设小次于陵所道西南，大次于寝西南。侍臣次于大次西南，陪位者次又于西南，皆向东。文官于北，武官于南，朝集使又于其南，皆相地之宜。"

⑥ 王鲁豫：《唐陵石雕艺术》，学苑出版社1989年版。王子云在《中国雕塑艺术史》，人民美术出版社1988年版，第265—266页，将唐陵雕刻分为初唐（618—712）、盛唐（713—765）、中唐（766—835）、晚唐（836—907）四个阶段。

石人则是站立在莲花石垫板上，同时，陵墓前石人初次出现身着两裆铠甲的武人形象。恭陵前只排列三对石人像，此大概因为陵的主人不是皇帝，只是皇太子身份的缘故①。面部表现手法和绘制肖像画运用实用的技巧，在此后乾陵石人像制作中更加充分地展现出来。乾陵设置有身穿长袍，长袍上披有大衣，两手紧握长剑的十对石人像，为了严格遵从东西对称的原则，东边石人像右手在上，而西边石人像则左手在上。石人头戴后高前低的平巾，鼻下胡须一根根细密地刻画出来，三期以后才有的下巴颏胡须没有出现。十对石人像面部表现各不相同，总体亦呈现不同的特点。这种简洁并富有力量的现实雕刻造型，可能是受到朝鲜石刻风格的影响②。乾陵御道两旁的武臣像，60 国蕃酋像，仪仗用马和胡人马，均是为了彰显统治者的盛德和威严的一种表现手段而已。

表2 **唐陵石刻时期区分表**

区分	时期	陵墓	特征
1 期	探索期（618 - 675）	永康陵、永宁陵、献陵、昭陵	继承南北朝传统并探索发展，形式和表现手法亦丰富多样
2 期	成熟期（675 - 710）	建初陵、恭陵、乾陵、顺陵	确立了陵墓石刻制度，造型及表现手法处于成熟期
3 期	持续期（710 - 820）	定陵、桥陵、惠陵、泰陵建陵、元陵、崇陵、丰陵	处于成熟期延长线上，从样式等方面有所发展
4 期	衰退期（820 - 888）	景陵、光陵、庄陵、章陵端陵、贞陵、简陵、靖陵	衰退期

进入第三期，特别是以泰陵为起点，设置的石人像开始区分文武臣僚，人物的面部、身体，以及服饰雕刻等，如同雕琢实际人物一样，采用现实主义手法。文武石人像以手握物件的不同加以区分，手握长剑者为武将，而执笏板者则为文臣。这种陵墓前石人像区分文武的做法一直延续到

---

① 武则天的母亲杨氏顺陵前，非常奇特地设置有七对石人。

② 史岩：《隋唐的雕塑艺术》，收入《中国美术全集》4《隋唐雕塑》，人民美术出版社1988 年版，第 14—15 页。

清代。同时，唐陵石人像中恭陵、建陵、崇陵的武将石像均披两裆铠甲，文臣石像中没有发现披挂两裆铠甲的情况。

从景陵开始，唐陵雕刻慢慢地进入衰退期。石人像整体呈现出笨重和比例失调，而且开始出现陵墓规模变小、石人像数目萎缩、石人个头矮小等现象。宣扬皇权威严的石人石兽，以及象征统治者权威的作用及表现力也趋于平常。石人个头矮小，雕刻手法单调，身体造型做作，作为唐陵石刻应有的生动性和魁梧感不复存在。也就是说，此后的石刻只是满足礼制的需要而已。这种石刻表现力的衰退，与唐朝政治衰落的时代潮流应是相辅相成的。

另外，唐代开始了陵前石兽多样化的演变。南北朝陵前流行设置像麒麟、辟邪等想象中的动物形象，以及天鹿、天马、犀牛、鸵鸟，还有设置如狮子等我们可以看到的动物形象。特别是陵墓前设置的石兽，要么静静地站立，要么呈现柔顺服从的神态，安详地蹲坐着，并成为唐陵石刻的重要特征①。相对于平凡的人间社会，处于优越地位，或者同等地位的神兽、灵兽，在这里坠落为一般从属的动物而已。这种变化就是所谓的宗教性神秘感象征性减少，政治权威性增加所致。

二　统一新罗时代的石人研究

统一新罗时代王陵中，在圣德王、元圣王、宪德王、兴德王等陵前配置有圣德王陵模式的石人像。新罗王陵现存石人像可分为两大类，即包括迄今为止知道的文人像，以及一般认定的胡人像（武人像）两种。圣德王陵前只残留一对武人石像，元圣王陵前遗留一对武人石像、一对胡人石像。还有初次介绍的据说出自宪德王陵，现保存于庆州高中院内的胡人石像；兴德王陵前亦保存有一对武人石像、一对胡人像②。

这些石人像的服饰问题，以及通过对石人佩刀实物及图片的具体分析，不仅可以把握统一新罗时期王陵前文武石像的性质，而且对石像本身可作概观的结论。新罗从太宗武烈王陵开始，在陵前设置雕刻石像，当时只是

---

① 参见上述史岩的论文，第16页，1988年。
② 排置图选自斋藤忠《新罗文化论考》，吉川弘文馆1943年版，第197—198页。

雕造陵碑及龟座，还没有出现后来常见的石人石兽，直到圣德王陵才开始设置完备石刻雕像①。下面按照具体的王陵，对陵前的石刻作一论述。

表3　　　　　　　　　统一新罗王陵前石人像现状表

陵名	陵主	制作时间	所在地	现存遗物
第 33 代圣德王陵	金隆基（701—736）	750 年前后	韩国庆州市朝阳洞	武人像 2 躯，石狮子 4 个，龟趺，石床，无头十二支神像
第 38 代文圣王陵	金敬信（784—798）	8 世纪末 9 世纪初	韩国庆尚北道庆州市外东邑挂陵里	神道柱 2，石狮子 4，石床，石人 4
第 41 代宪德王陵	金彦升（808—825）	9 世纪中叶	韩国庆尚北道庆州市东川里 8 番地	传出自宪德王陵的胡人石像，现保存于庆州高中，另有 2 个石狮子，在芬皇寺前
第 42 代兴德王陵	金秀宗与章和王妃合葬陵（825—835）	9 世纪中叶	韩国庆尚北道庆州市安江邑育通里	神道柱 2，石狮子 4，石床，石人 4，龟趺

（一）圣德王陵石人

　　现存可以确认的统一新罗设置受到唐朝皇陵制度影响的石人像，是从新罗第 33 代圣德王陵墓开始的。圣德王陵位于庆尚北道庆州市朝阳洞，被韩国文化财委员会指定为史迹第 28 号。封土周边由 90 厘米高的板石环绕，板石之间间隔有石柱，外面有三角形石材起到支撑加固作用。板石前围绕坟冢排置有圆雕的十二干支神像，从不规则的排置可以看出有后代加固的痕迹。外圈石柱围成的护栏紧靠陵前摆放的石床，陵的四角各设置一尊石狮子，陵前残留有两个武人石像②。距陵 20 余米处有陵碑遗迹，现

---

① 新罗王陵前为什么没有完备的石刻雕像，从以下记载可以提供一定的解释。"梁天监六年申明，葬制凡墓不得造石人兽碑，唯听作石柱记名位而已。"转引自斋藤忠《新罗文化论考》，吉川弘文馆 1943 年版，第 204 页。

② 崔宗奎：《新罗圣德王陵》条目认为："圣德王陵前面的石人像为武臣形象。"参见《韩国民族大百科词典》，韩国精神文化研究院 1993 年版，第 736—737 页。

只残留陵碑下端的龟趺①。

迄今为止，对东西两边的武人石像，学界一般认为其为文人石像，本稿界定其为武人像，而且坚信这种命名的科学性。位于东边的武人像立在方形的底座上，高205厘米；西边的武人像头部毁损，只残留胸部以上的上半身。两石像均头戴冠帽、身穿长袍，长袍外上身罩有铠甲，下端有两裆铠甲；手握宝剑，胸部还可隐约看到部分剑柄，实际上铠甲纹路及剑柄并不明显②，而宽大衣袖及铠甲下端还可看出剑头的痕迹。脚蹬一般公服常见的笏头靴③。

首先，从冠帽的形态看，呈前低后高形态的高冠，前面突起的角形态独特。圣德王陵前石人像冠帽前面和侧面，与唐代石人像冠帽一样，雕刻有羽毛纹样，而在冠的正面则雕饰有蝉纹。这并不是貂蝉附着的缘故，唐朝武官朝会时佩戴以貂尾和蝉羽装饰的冠帽，即所谓的貂蝉冠或者朝冠④。特别是蝉羽装饰的冠，是作为教练兵士武艺或者举办出征仪式之时，武官才佩戴如此模样的冠帽⑤。新罗武烈王金春秋之后，新罗的服饰完全依从唐朝服饰是众所周知的事实⑥。但是，一般唐陵前石人像冠帽的角存在差异，单从冠帽旁雕刻的羽毛样式，唐中宗定陵前的石人像就可提供佐证。

另外，身穿两裆铠甲进行仪仗活动这一点，成为再一次确认王陵前石人为武将的重要因素。作为武将代表性的衣着两裆铠甲可上溯至遥远的西周时代⑦，现在可以看到的只是汉代的文物遗存。和古坟美术中的明器关联的陶俑，或者古坟壁画中，散见有头戴平巾帻，裤褶上披挂两裆铠甲，

---

① 韩国古代史研究会编：《译注韩国古代金石文》第3卷，驾洛国史迹开发研究院1995年版，第412—413页。

② 朴庆元：《统一新罗时代的墓仪石人石兽研究》，《考古美术》第154、155合集，1982年，第177页。

③ 《旧唐书》卷45《舆服志》载："朱衣裳素革带乌皮履是为公服。"参见杉本正年《东洋服装史论考·中世篇》，东京文化出版局1984年版，第82页。

④ 《太平御览》卷688《服章部五·貂蝉》载："又曰：武官皆惠文冠，本赵服也，一名武弁大冠，凡侍臣加貂蝉。愚谓北土寒凉，本以貂皮暖附施于冠，因遂变而成饰也。"

⑤ ［日］杉本正年：《东洋服饰史论考·中世篇》，东京文化出版局1984年版，第130页。

⑥ 《三国史记》卷33《杂志·色服》。

⑦ 黄辉：《中国古代人物服式画法》，上海人民美术出版社1987年版，第40页。

手握长剑的仪仗俑形象①。如上所述,唐陵从恭陵开始,到泰陵、建陵、崇陵的石人像中,和文人石像区别的重要标准就是身着两裆铠甲,手握长剑。还有,从在庆州隍城洞石室坟出土,呈现手握笏板形象,断代为7世纪土俑,龙江洞石室坟也出土了手握笏板的8世纪文人俑,可以看出当时文武官员装束的明显不同,此亦可从不同侧面把握当时朝野风尚的端倪。与石人像关联的唐代文献,其中对武人石像的特征记录明确,还有,也可从唐代文献记录称武人石像为翁仲或直阁将军明了石像具有的武将特质②。即为了纪念皇帝的惊天武功,文献记载中有昭陵前设置身佩长刀石人的记载③。当然,为了纪念左武威大将军秦琼的战功,也有制作石人像的相关记录④。头戴冠帽,身披两裆铠甲,手握长剑,脚蹬长靴,大概是武人石像的一般装束。

圣德王陵前的石人像配置的两裆铠甲,不仅采用中国陵墓前石人所穿的皮甲,而且甲片像鱼鳞一样片片细密紧凑排列,可以看出新罗并不是单纯模仿唐朝已有的制度,而是采用新罗现实中经过改进的两裆铠甲,就是说,用长绳穿系两裆铠甲两边端,从两腋下穿过捆绑在背后。虽然新罗捆绑两裆铠甲的腰带在中国同样境遇中称作革带,但圣德王陵石人腰间的腰带却是在背后打结后飘逸下垂,这种样式在下文提到的元圣王陵、兴德王陵前石人像中也可看到,此应该是新罗人宝贵的自身创造。

对于这种形式为什么从圣德王陵开始,创设原因等应予以探讨。圣德王是一个通过和唐朝积极活泼的文化交流、外交活动,施行强力的汉化政

---

① 对于武官及宫殿侍卫身穿两裆铠甲,学界的看法趋于一致,而对于陶俑直到现在还没有相对明确的见解,其为文人还是武将并不明朗。Albert E. Dien, "A Study Of Early Chinese Armor", *Artibus Asiae*, Vol. XLⅢ, 2/2 (1981), [日] 佐藤雅彦:《世界陶瓷全集11,隋唐》,东京小学馆1989年版,第28~30页,其中说明第11中将白瓷黑彩官人界定为文人。

② 《陕西通志》卷70《县志》和张礼《游城南记》,转引自大村西崖《中国美术史·雕塑篇》,东京国会刊行会1980年版,第626页;《陕西通史》卷28也记录了唐肃宗陵前遗留的翁仲和石狮状况。

③ 《旧唐书》卷59《丘和传》,《新唐书》卷90《丘和传》。

④ 《旧唐书》卷89《秦琼传》,大村西崖《中国美术史·雕塑篇》,东京国会刊行会1980年版,第626页。

策，进而试图增强中央集权的新罗王①，这种中央集权化的结果在其继承人景德王在位期间发扬光大，景德王十三年制作的圣德王陵碑以及陵前石人像就可说明这一点。圣德王陵最初筑造时并没有设置石人像以及十二支神像，是后代即景德王时代重新设置筑造的②。值得注意的是，涉及和圣德王陵前石人像关联的政治事件，不能不和为了构筑专制王权之政治目的而设立的侍卫府联系起来③，即王陵前设置石人像的目的，就是夸示王的政治伟业和守护王陵而设。

　　下面涉的就是石人的数目问题。为什么新罗人对陵前石人像数目设有限制？对此，我们从唐朝的文献记录中可以得到明确的答案④。依据《唐六典》记载，规定三品以上官员墓前石人石兽数为六件，针对石人的明确规定是进入宋代以后文献才有确实的规定⑤。唐代的王族和官僚墓前的石刻数量也是依据官品的高低而增减。乾陵陪葬墓中的懿德太子、永泰公主两墓（号墓为陵）各设置有一对石人、石柱，以及一对石狮子。而唐代一般官僚墓前排列石狮子的情况还未看到，而"号墓为陵"的章怀太子墓前石刻品样完备，现在只剩有一对石羊。实际上，依据懿德太子、永泰公主、章怀太子的官品以及死后备受哀荣，其墓前应该排设六件或者

---

　　① 赵二玉：《新罗圣德王代对唐外交政策研究》，《梨花史学研究》第19辑，1990年，第77—97页。金英美：《对圣德王代专制王权的考察》，《梨大史苑》第22、23合集，1985年，第369—450页。

　　② 姜友邦：《新罗十二支像的分析和解释》，《圆融和调和》，悦话堂1990年版，第323页。

　　③ 李文基：《新罗侍卫府的成立和性质》，《历史教育论集》第9辑，1990年，第25—49页。另外，《三国史记》卷40《杂志9·职官下·武官条》，最先出现"侍卫府"记载。

　　④ 《唐六典》卷23记载："甄官令掌供琢石、陶土之事；丞为之贰。凡石作之类，有石磬、石人、石兽、石柱、碑碣、碾磴，出有方土，用有物宜。凡砖瓦之作，瓶缶之器，大小高下，各有程准。凡丧葬则供其明器之属，别敕葬者供，余并私备。三品以上九十事，五品以上六十事，九品已上四十事。当圹、当野、祖明、地轴、革延马、偶人。其高各一尺。"规定根据官品的高低决定陪葬明器的数量。同时，《唐六典》卷4《尚书礼部》记载："凡石人、石兽之类，三品已上用六，五品已上用四。"即规定三品以上官员墓前可设置石人石兽六件，五品以上则可排列四件。上述姜友邦的论文中也明确提到依据身份高低，规定墓前石刻数量多少这一点。

　　⑤ 《宋会要辑稿》《礼372》记载，宋仁宗明道二年（1033）议定山陵制度，根据身份的高低规定陵墓的级别等级，下列史料可以提供探讨依据。《唐会要》卷21《陪陵名位》，《唐开元礼》卷3《序例下·杂制》，以及依据开元二十九年敕令，规定减少各个品级官员附葬明器的数量，降低坟墓的高度。即一品官员的坟墓从一丈八尺降至一丈六尺，二品以下每品降低2尺；六品从八尺降至七尺，规定庶人的坟墓高度为四尺。只是这个坟墓高度递减令实际上并没有执行。与此相联系，宋代官员坟墓高度也是规定一品为一丈八尺，明清两代基本上是继承了这种制度。

八件石人石兽①，关于太子、公主墓前石刻的种类，其中石人都排列武将形象值得关注。新罗圣德王陵前石刻也是如此，从这种状况看，规定王陵前排置六对石人石兽应是有章可循的。虽然从石人身高看，帝陵前设置的石人可高达 3 米，但臣僚或太子墓前石人的身高就没有那么高了。

那么，石人像的制作者以及主管部门情况又是如何呢？中国古代和陵墓相关的官署是诸陵台下辖的甄官署②。诸陵台主要管理和山陵关联的所有业务，而甄官署则是负责皇帝山陵的营造、陵前石刻的制作等具体事务③。文献中没有关于统一新罗时代王陵前石人制作的记载，7 世纪末 8 世纪初，新罗设置管理土木建筑及手工业管理的官署有工匠府（神文王二年，682）和京城周作典（圣德王三十一年，732），以及寺院成典等，它们直接担当役丁、工匠的运营管理事务，并形成行之有效完备的管理制

---

① 李求是：《谈章怀、懿德两墓的形制等问题》，《文物》1972 年第 7 期。其中相关说法是在杨宽观点基础上产生的（《文物》第 45 页图表中可以看到，懿德太子和永泰公主墓前各有两对石人，可能是此后破损的缘故）。杨宽著，尾形勇、太田有子共译：《中国皇帝陵的起源和变迁》第 118 页，东京学生社 1981 年版。另外，从昭陵陪葬墓情况看，虽然长乐公主（太宗皇女）墓前设置有石柱、石虎、石羊、石人各一对，但新城公主（太宗皇第 21 女）墓前只有一对石虎而已；同时，在陕西省三原县发现的淮安郡王李寿（高祖李渊的孙子），其陵前石刻排设规格和长乐公主墓前状况相当。作为高位官僚，和长乐公主墓相比，李靖墓前石刻只有一对石柱；而规模更大的李勣墓前则有一对石人，三对石虎、三对石羊。（关于昭陵的资料，可参见《昭陵碑录》《昭陵碑考》两书，《石刻史料新编》第二辑，台北新文丰出版公司 1987 年版）

	懿德太子	永泰公主	章怀太子
陵园面积	南北 265.5 米，东西 214.5 米	南北 363 米，东西 220 米	南北 180 米，东西 143 米
坟丘形式	二层 台阶方形 覆斗式	二层 台阶方形 覆斗式	单层 台阶方形 覆斗式
墓前石刻	石人、石柱、石狮子各一对	石人、石柱、石狮子各一对	石羊一对

② 《新唐书》卷48《百官志·诸陵台》记载："诸陵台令各一人……掌守卫山陵。凡陪葬，以文武分左右，子孙从父祖者亦如之；宫人陪葬，则陵户成坟。诸陵四至有封，禁民葬，唯故坟不毁。"

③ 《新唐书》卷48《百官志·甄官署》记载："甄官署令一人，从八品下；丞二人，正九品下，掌琢石、陶土之事，供石磬、人、兽、碑、柱、碾、硙、瓶、缶之器。敕葬则供明器。监作四人。"

度。还有，景德王十八年（759），为了构筑专制王权，宫中手工业官署的名称也趋于中国化，官署的职能和机构设置也随之有所调整，这也是与唐朝间交易品的制作调配密切相关的缘故①。工匠府改名为典祀署，是适应新罗佛教及国家祭祀规模的扩大导致祭祀用品生产量增大的实际需要②，即负责新罗王陵全盘祭祀等事务，而具体从事明器制作生产的单位可能是典祀署下设置的瓦器典（官号改革后称为陶登局），关于这一点似乎并不确定，因为没有直接的史料证明③。

（二）元圣王陵石人

统一新罗时代新的陵墓形态到同属圣德王系列的元圣王陵趋于完备。位于韩国庆尚北道庆州市外东邑挂陵里的元圣王陵墓前有石人、石兽、华表石等石刻，陵墓封土有十二支神像环绕，封土前还设置有石床④。沿着神道，按照坟墓四角都设置有两对石狮子，一对武将石像，一对西域人模样石人像，以及一对石柱顺序排列。当然还排置有陵碑，不过没有保存下来⑤。

首先从陵前石人像看，其忠实模仿圣德王陵前石人像模样。虽然石人像的形态并没有特定的标准，但冠帽的形式，披挂的两裆铠甲，手握长剑的姿势，一眼就可看出是按照圣德王陵前石人像的造型制作的。单从两裆铠甲来说，其与圣德王陵前石人披挂的两裆铠甲比较显得有点粗糙，大概和这一时期石雕风尚全盘消退有关。

值得注意的是，不仅同一陵墓前石人像个子高低不同，而且雕刻手法也有明显差异。东边武将石像身高 255 厘米，西边武将石像则为 267 厘米，相差 12 厘米；同时，可以看出雕刻手法也互有特点。具体到两裆铠甲捆系后背的位置和样式均出现差异，而所穿长袍衣服的褶皱样式，以及两手在

---

① 朴南守：《新罗手工业史》，新书苑 1996 年版，第 52、113 页。
② 홍희유：《朝鲜中世手工业史研究》，知养社 1989 年版。
③ 《三国史记》卷 39《杂志·职官》中和陵墓相关的官署还有陵色典。
④ 《朝鲜王朝实录》将石床命名为游魂石。
⑤ 《东京杂记》卷 14《新增（挂陵）》记载："在府东三十五里，不知何王陵。掛柩于石上，因筑土为陵，故名焉！石物尚存。"

新罗元圣王陵前石人像（东）

衣袖内的形态均呈不同的表现方式。这种差异是否可用雕工或者说工匠工艺相互间的不同解释？反之，其不可能是后代补修时所致。从整体看，西边石像衣服褶皱等比东边石像显得自然，凸显工匠们高超的雕刻工艺水准。

石像冠帽形态也类似圣德王陵，但表现力却不如圣德王陵。冠的前后两面高低几乎相同，从侧面仔细观察，可以看出后面有一些破损痕迹，其原来到底有多高难能知晓。冠帽前面呈五角形，上刻有蝉纹，以冠帽侧面花纹为起点，并与冠后羽毛装饰衔接。不过，东侧石人冠帽没有花纹，只有羽毛状装饰。两个石人都穿有公服的靴子，单从石人像遗存看，似乎判断靴子的具体种类并不容易。两手袖在袍服内，好像挂着长剑，长剑的下端明显露出可证明这一点。可以看出，元圣王陵前武人石像头戴貂蝉冠、身佩两裆铠甲、手握长剑，这与圣德王陵武人石像的装束排置没有什么不同。

下面再探讨伊朗系统西域人形象的一对石人像①。西面的石人像保存完

---

① 权应弼：《庆州挂陵石像人物再考》，《美术资料》第 50 辑，1992 年，第 63—83 页。认为此石人像应属伊朗系统，如果是武将的话，应当属维吾尔族统。又见国立庆州博物馆编《庆州与丝绸之路》，1991 年，第 3—54 页。

整，东面的双脚残损，其高度因为台座略显高了一点。东面石人站立在方形二重台座上，呈现如同藏族人卷曲的头发，身穿曲领大衣，一手操棍棒类（或者是剑?）武器，一手紧握拳头。眼凹鼻挺，面貌就是一个标准的西域胡人形象①。胡人像所系腰带末端露出少许，腰左端挂有钱袋，这是胡人们常常佩带的物件②。腰上还悬挂有算袋，当时朝廷百官也有将日常用品例如笔砚等装入袋子佩挂腰间③，这种佩带算囊或者算袋很容易在出土的唐墓壁画上找到④，中亚地区撒马尔罕出现的壁画中也可看到胡人们佩带这种钱袋。

　　胡人石像手操奇怪的棍棒或者剑类物什，至今还未见有学者对其做出解释。单从上端有孔一点，似乎可以穿系绳子。此石人为西域系统卫士或者卫卒当是最接近的解释，所佩武器应是棍棒、剑，或者箭筒。如果仔细探究，刻画卫士一手拿箭筒，另一手拳头紧握形象，在中国陕西乾县章怀太子墓道东侧壁画中一个卫士的造型也是如此。还有，8世纪后半期中亚撒马尔罕壁画中武人持有多种样式的箭筒，而这里出现的这种奇怪的物件也可能确实就是其中之一。

　　不妨将此石人所持石柱状物与庆州九亭洞方形坟出土的石雕作一比较⑤。推定为九亭洞方形坟边石的隅柱石，其正面为胡人像，反面为狮子浮雕。胡人雕像有如同藏族人卷曲的头发，耳目口鼻清晰可辨，并蓄有胡人特有的络腮胡子，两手紧握击球棍或者象征吉祥的如意⑥。当时胡人盛

---

　　① 李龙范：《处容说话的考察：唐代伊斯兰商人和新罗》，《震檀学报》第32辑，1969年，第57—90页。同氏《三国史记所见伊斯兰商人的贸易品》，收入《李弘植博士花甲纪念韩国史学论丛》，新区文化社1969年版，第95—104页。

　　② 《シルクロードの遺》，（东京日本经济新闻社1985年版），并参见图版第89页及其说明，其中提到"财布"相关故事。而穆罕默德·坎苏《新罗西域交流史》（檀国大学出版部1992年版），第272页中解释为"韩国幸运的手袋"。

　　③ 《新唐书》卷24《车服志》记载："初，职事官三品以上赐金装刀、砺石，一品以下则有手巾、算袋、佩刀、砺石。"《旧唐书》卷45《舆服志》记载："一品已下带手巾、算袋，仍佩刀子、磨石，武官欲带者听之。"即规定佩带算袋。

　　④ 《唐墓壁画珍品选粹》，陕西人民美术出版社1991年版，第6、32、39、47、59、61、62页。

　　⑤ 姜仁求：《新罗王陵的再检讨：以〈三国遗事〉的记事为中心》，《三国遗事的综合检讨》，韩国精神文化研究院1987年版。其中第374—375页中，推定九亭洞方形坟出土品为九世纪后半出现的东西。

　　⑥ 《封氏见闻录》记载："太宗常御安福门，谓侍臣曰'闻西蕃人好为打球'，比亦令习。"

行打马球,从皇帝到一般百姓都乐意学习并从事这种运动。这种手握击球棍或者如意的人物形象,还可在中国出土的唐墓壁画中找到。前胸缠绕有护胸物件,脚蹬可及膝盖的长靴,腰上垂挂的算袋似飘逸摇摆。另外,和此雕像相似的石雕虽然从时代上有所推后,即以此可和中国宋代制作的石人整体形象作一比较。

　　陵墓前制作西域人石像的缘由,首先应该是受唐朝制作的胡人俑影响所致,其次也和帝陵前排列蕃酋石像[1],并以此向后代夸示国力强大有关[2]。最后作为陵前的石人像,也可和一般马卒相比较。虽然很难知晓乾陵及其他帝陵神道两侧仪马旁边站立的无头石人面容如何,但可从其服装以及佩挂的算袋等加以考察。只是对于石人的容貌和服饰,如果石匠没有接触具体的人物或者说人物样本的话,要准确雕刻造型并不是一件容易的事情,对此在上文中已经有所涉及[3]。如此说来,从国际交流角度考虑,这些新罗石匠可能直接见过西域人或者和西域人曾经接触过,然后制作胡人石像才是水到渠成的事情[4]。处容说话故事所反映的西域人到新罗辟邪进庆,其与上述制作西域人石像的三个缘由并不矛盾,只是和前面设置武将石像相比,制作低阶层的伊朗系统卫士或者卫卒石像的缘由应引起注意。对此,笔者认为此伊朗系统的西域石人像的身份应该是卫卒[5]。

---

　　[1]　《新唐书》卷14《礼乐志》记载,神道左右排列百官,行从,宗室、客使。即"百官,行从,宗室、客使位神道左右,寝室则分方序立大次前"。

　　[2]　《陕西通志》卷71记载:"高宗之葬,诸蕃酋来助者甚众,武后不知太宗之余威遗烈,乃欲张大其事,刻之以耀后世也。"转引自廖彩樑《乾陵稽古》,黄山书社1986年版,第13—14页。

　　[3]　权应弼:《庆州挂陵石像人物再考》,《美术资料》第50辑,1992年,,第70—78页。默罕默德·긴수《新罗西域交流史》,檀国大学校出版部1992年版,第267—272页。

　　[4]　吴英焕:《从新罗陵墓制度看东西文化交流》,《诚实大学报》第12辑,1956年,第214—231页。申滢植:《新罗与西域》,《新罗文化》第8辑,1991年,第117—126页。崔龙洙:《关于〈处容歌〉》,《배달말》第19号,1994年,第233—261页。玄龙准:《处容说话考》,《国语国文学》第39、40合辑,1968年,第1—38页。以及上引李龙范的论文。

　　[5]　笔者对此问题另撰写有一篇论文。另参见朴庆元《统一新罗时代的墓仪石物石人石兽研究》,《考古美术》第154、155合刊,1982年,第168页。

（三）传宪德王陵石人

位于庆尚北道庆州市东川洞 80 番地的坟茔，是新罗第 41 代宪德王的陵墓。因王陵和北川相邻，历史时期多次遭受洪水侵害，陵前石物多被冲走，现在陵前只剩有十二支神像中的几个石像而已。有关宪德王陵受到洪水侵害及历次补修状况，出现于高丽时代①、朝鲜时代的文献史料记录之中②。

同时，庆州高等学校校园前矗立的属于宪德王陵胡人石像令人瞩目，

① 《增补文献备考》卷 70《礼考 17》记载："高丽显宗八年，命三国诸王陵庙所在州县修治，禁樵牧，过者下马。"

② 《增补文献备考》卷 70《礼考 17》记载："本朝英祖十八年（1742）九月，庆州大水毁新罗宪德王陵，上遣香祝，命道臣修之。"另外，《朝鲜王朝实录》中也有关于宪德王陵的记录，正祖十六年（1792）四月七日记载云："新罗诸王陵中，十二陵，在二十里内，故臣进去看审，十六陵，在二十里外，故令本州岛府尹，看审报来，而皆封筑完固，莎草苗密，望之郁然。大抵诸陵，皆在平野，惟太宗武烈王陵，有龟头短碑，大书陵号，其外则漫然无一标识。某丘之为何王陵，只凭野老之指点，邑吏之口传，古称四十八王陵，今之可寻者，只二十八陵，而亦未敢详的象设，则或有魂游屏风等石，而只存形体，古制难考。宪德王陵相望地，有敬顺王殿，而影帧一本，去戊戌年，自永川银海寺移安，故臣于历路，一体看审。"除此之外，《朝鲜王朝实录》中有关补修新罗王陵者还有如下记载。《世祖实录》二年（1456）三月二十八日记载云："护前代陵墓。臣观《续六典》，高丽太祖、显宗、文宗、元宗四陵，各定守护二户，使禁樵采，太祖陵加一户，其盛德也。然臣窃惟历代君主，虽未能皆有功德于斯民，亦皆一国人民所共主也，其不省所在者则已矣，其陵墓如古，而使狐狸穴于傍樵实行于上，岂不可闷也哉？乞令有司于前后朝鲜、三国，前朝所都开城、江华、庆州、平壤、公州、扶余及金海、益山等处所在陵墓，字细寻访，其有功德者置守陵三户，别无功德者置二户，正妃陵墓亦置一户，略蠲征徭，禁其樵苏，仍令所在官春秋省视致祭。"《宣祖实录》三十六年（1603）九月九日记载："前代诸王陵墓，经变之后，似当令各其本官，随便修治破毁，禁其樵牧。"《肃宗实录》三十八年（1712）六月四日记载："日前，知经筵赵泰采筵白，请修补罗、丽诸王陵之颓圮者，命该曹禀处，礼曹覆启依施。"《景宗实录》元年（1721）五月十一日记载："罗代诸陵，荒墟蔓草，满目伤心。四十八陵见失者居多。至于罗王始祖殿，即我世宗朝所建，春秋仲月，降香祝式虔于享殿，圣祖致崇之典至矣。独恨其典守无人，每当享祀，使乡人将事，事体未安。如平壤之箕子崇仁殿、麻田之丽祖崇义殿，皆以其子孙，充差参奉，以奉其祀，如古三恪之仪。世宗朝之建庙致享，圣意有在，而王者之庙，乡人将事，终为苟简之归。若依崇仁、崇义殿例，命揭殿号，差出参奉二员，或以罗王子孙充之，或以有识士人差之，使以官员服色，荐献殿庙，又使之时时奉审诸陵，禁其刍牧，亦令护视敬顺王遗庙，则国家致虔之道，庶益有光矣。"《正祖实录》五年（1781）十二月六日记载："饬檀君、箕子、新罗、高句丽、百济、高丽始祖诸王陵修改之节。"《英祖实录》四十年（1764）11 月十七日记载："召见庆州府尹洪梓，谕令往修新罗旧陵之颓圮者。"（上述有关《朝鲜王朝实录》的史料，均来自韩国"朝鲜王朝实录网站"）最近有关新罗王陵的文献《花溪集》"罗陵真说"被全部译为朝鲜语，参见李根植《译注花溪集罗陵真说》，《庆州史学》第 14 辑，1995 年，第 137—166 页。

此石像就是因洪水冲卷而至并在此保存下来。与此相同的还有芬皇寺内的石狮子，也有是原宪德王陵前遗物冲卷到此的说法①。胡人石像呈卷发并因洪水冲刷毁损严重，现只保存胸部以上部分；虽则如此，但深眼高鼻卷发络腮胡子，以及少许装饰等特点还很明显，系头发的带子两端在肩头飘垂下来。从两个石人像的个头来看似乎就是原来已有的高度，脖子转向右侧造型与元圣王陵前伊朗系统的石人像较为相似。

（四）兴德王陵

新罗第 42 代王兴德王陵位于庆尚北道安江邑育通里。《三国史记》《三国遗事》记载了兴德王和已经去世的章和王妃合葬的事实。封土周围用板石和石条骨架环绕，上有十二支神像雕刻。陵墓的四角各设置一个石狮子，封土前神道上依次排列有一对武人石像，一对西域人石像，一对石柱（均分东西排列）。封土东南松树林中有陵碑，不过现在只能看到硕大的龟趺而已②。

新罗兴德王陵前武人、文人像

---

① 柳锡佑编：《庆州市志》，庆州市，1971 年。参见第 609 页"宪德王陵条"及第 640 页"芬皇寺条"。

② 闵应奎：《兴德王陵碑断石》，《考古美术》第 7 辑，1961 年，第 67—68 页。

全方位观察，不管是石刻构造还是雕刻样式，兴德王陵忠实地按照元圣王陵的样式而建造。具体到石人的雕凿等问题，下文再做详细考察。从武人石像来看，兴德王陵武人石像完全并忠实地模仿元圣王陵武人石像。短缩的颈项、厚重的身体等呈现出的雕刻工艺，给人一种古朴敦厚的感觉。从脸部表情来看，其脖颈与胡须区分并不明显。粗线条刻画出石人面部形象，从所穿上衣衣袖等极不自然的表现手法也可得到反证。关于东西两边武人石像，东边石像高 282 厘米，西边石像高 285 厘米。方形台座上站立的西石像和封土正方向呈 25 度角，很难确定是否就是原来的设置样式，这是因为只有西边武人石像如此排置的缘故。

这种朴实简易的雕刻手法，也可从伊朗系列石人像刻画中得到体现。站立在石台座上，东边高 271 厘米，西边高 272 厘米的石人像，脖颈粗短，腿部呈弯曲状显得极不自然，只是双眉紧皱凸显勇猛气概。单从腰佩装饰宝剑这一点看，在元圣王陵西域人石像中是难能看到的。当然，石人腰右边也悬挂有钱袋。从这一点看，石匠们不仅继承了前代王陵石刻雕刻工艺，而且有所创新，这可能就是石匠们将亲眼看到的西域胡人形象，以写实的手法赋予到自己的雕刻实践之中的缘故。

结　语

下面对于唐代陵墓制度与统一新罗时代王陵制度作一简略总结。秦汉以来为了纪念和表现皇帝生前的威仪，一般在陵前设置石人多是出自侍卫和辟邪的目的。当然，也有为了纪念彰显武将的军功，其中从翁仲故事和霍去病墓前排设可以得到认定。但是，与人间理智的发展相联系，排除陵前石刻的辟邪与护卫功能，制作象征统治者的权威和力量的石刻作品，应该是设计者预期达到的理想目标。特别是入唐以后，随着领土扩张，捍卫边防，以及统治区内的安定等因素，更加呈现豪迈开放的气概。当时强大的政治、军事力量，使得以雕凿设置乾陵御道两侧的石刻为起点，并形成陵前石刻排列制度，显示皇朝政治军事的强大无比。

唐陵石人排列制度，到唐玄宗泰陵（761）以后有所改变，这就是石人像中出现了文人形象。陵前设置文人石像，进而形成西边武将、东边文臣，达到夸示皇权支配力量的目的。这种文武大臣侍立两侧，正好可向后世宣扬巍巍皇权的至高无上。

石像的设置象征统治秩序的森严，即依据身份的高低，陵墓前石人像的数字就有严格的限制。文武大臣石像，单从手中握剑或者手中执笏就能明确把握，如此陵墓前文武大臣基本形态一直延续到清代。唐陵中，恭陵、建陵、崇陵的武人石像均身披两裆铠甲，没有看到文人石像有身着两裆铠甲者。

新罗王陵前设置石人制度，是为了强化中央集权体制的政治意图，积极推行汉化政策的圣德王陵开始设置的。这种石人像分为两类，即武将像和卫卒像。对武人石像性质的探讨，直到现在学界还将其界定为文人石像。但从石人头戴貂蝉冠，身披两裆铠甲，手握宝剑等要素看，将其诠释为武将石像，应该得到学术界更多的认同。

对于伊朗系统的西域人石像，作为卫卒来把握当没有什么问题。至于在王陵前设置西域人石像的理由，有认为是受中国唐代胡人俑影响，也有认为是受唐陵前为夸示国力而制作的蕃酋石像的影响。笔者考察王陵前马卒石像的性质，对处容说话中以西域人避邪进庆属性，以及新罗人的作用提出三条理由，进而和上述制作缘由衔接起来。

对于石人像的设置数目，作为诸侯国身份的新罗王陵在制度上受到限制。新罗王陵前设置六个或八个石刻，和中国唐代太子或公主陵墓规定的石刻数字趋于相同。同时，陵前设置的并非文人石像，而是武人石像，并与唐代太子陵墓前设置石刻数目保持一致。

但是，这种积极推行汉化政策，新罗在王陵制度上受容唐朝两裆铠甲的同时，从实用角度也出现用铁甲代替皮甲，冠帽造型上更有自己独特的想法，还有新罗王陵设置独有的十二支神像，均显示出新罗自身独特的石刻雕凿成分等，这些在上述文章中均有提及。文后有笔者整理的新罗王陵石人像和中国唐代帝陵石人像比较的系谱图①，敬请参考。

［韩］《硕晤尹容镇教授停年退任纪念论丛》，韩国大邱，1996 年

编译　拜根兴

---

① 译者按：新罗王陵石人像与中国唐代帝陵石人像比较系谱图省略。

韩国庆州龙江洞出土的土俑服饰考

[韩] 檀国大学　高富子[*]

前　言

本稿以韩国庆州龙江洞出土的土俑为中心，探讨统一新罗时代的服饰关联问题。而对于服饰研究来说，最重要的资料就是遗存实物，如果再加上文献资料、图画、造型物及口传史料，那就是相当理想的事情了。只是上述各类史料，随着时间推延会弥足珍贵，新罗时代服饰研究即是如此。新罗时代服饰研究中的难点就是缺乏出土文物资料，此前知道的就是纤维雕刻，出土的马具及带模样的数片东西而已。幸运的是，古坟中出土的装饰品及冠带类文物，可对解决此问题提供帮助。文献方面，《三国史记》《三国遗事》以外，中、日两国的史料也可提供相应的解释。依据中国史料，新罗人的服饰和高句丽、百济略同，服色尚素[①]。与单篇记录相联系，据出土的高句丽古坟壁画资料亦可推论新罗的服饰；还有，庆州断石山神仙寺岩壁石刻供养人像，庆州博物馆收藏的"异次顿供养幢"等，可间接了解到新罗的服饰样式。

资料如此贫乏，凸显庆州地域出土的土偶、土俑资料的重要。无论如何，龙江洞土俑可以说是一个划时代的开端。我们需要解决例如：在对龙

---

* 高富子，1941 年生，东亚古代服饰史研究专家，韩国檀国大学考古美术学科名誉教授。

① 《隋书》卷 81《东夷传·新罗》，中华书局 1975 年版；《北史》卷 94《新罗传》，中华书局 1975 年版。

江洞墓室出土土俑服饰研究中，其主人公到底是谁？是什么时期的墓葬？为什么如此形态的土俑埋在这座墓中呢？和其他方面有什么联系等课题。特别是服饰部分，可能对兴德王七年①（834）服饰禁制中的一些疑问提供答案。所以，本稿试图参照兴德王时期服饰禁制及中国方面资料探讨相关问题。

一　新罗服饰制度的历史背景

（一）史料所见新罗服饰制度

据史载，新罗人将冠称为遗子礼，襦称为尉解，裤子称为柯半，靴子称为洗②。同时，男子穿褐色裤子，妇女穿长裙子③。新罗的公服制度制定于法兴王七年（520），同王十年作了改正④，即根据十七等官爵高低不同，其冠服颜色及笏板亦有所区别。具体来说，一至五等衣服定为紫色，六至九等为绯色，十至十一等为青色衣服，十二至十七等为黄色。二至三等为锦冠，四至五等为绯冠。一至九等允许持象牙笏板。此时中国的冠服制度已传入新罗，故新罗的冠服制度处于新罗固有服饰与中国传入者混用阶段。

新罗正式采用中国的公服制度是从第二十八代真德女王派遣金春秋赴唐请兵，并请章服的第二年（649）开始实施的。在新罗和唐朝各个方面频繁交流的同时，服饰交流也是重要内容之一。唐玄宗开元年间（713—741），新罗使臣多次赴唐，献纳果下马、朝霞绸、鱼牙绸、海豹、黑狗、黄金、美髯等⑤，新罗景文王上献了很多的贡物⑥。另外，从文武王五年（665）开始，经圣德王、孝成王、元圣王，到景文王五年（865）为止，新罗上至国王、王妃、王子、王公贵族，下及大使、宰相大臣等⑦，都从

① 原文为"兴德王七年"。查阅《三国史记》卷33，以及《旧唐书》太和八年纪年，公元834年应为兴德王九年。——译者注

② 《梁书》卷54《诸夷·新罗》，中华书局1975年版。

③ 《新唐书》卷220《东夷传·新罗》，中华书局1975年版。

④ 《三国史记》卷33《杂志·色服》，汉城乙酉文化社1997年版。

⑤ 《新唐书》卷220《东夷传·新罗》，中华书局1975年版。

⑥ 《三国史记》卷11《新罗本纪·景文王》，汉城乙酉文化社1997年版。

⑦ 《新唐书》卷220《东夷传·新罗》，中华书局1975年版。

唐朝获赏大量的官服和衣料。此时获取的衣服虽然有衣、紫衣、锦袍、带（裸金银）、袍、裙等名目，但其形态、颜色等并不清楚。当然，这些服装应与唐朝当时的服饰相同。

如此，统一后新罗的官服制度采用唐制，接受唐文化，迎来了太平盛世。然而，此后官僚贵族追求奢侈浮华生活，服饰方面更是如此。第四十二代兴德王九年（834）发布了服饰禁令，探讨服饰禁令可了解当时的服饰情况，也可对解决龙江洞土俑服饰的疑问提供重要的线索。

（二）兴德王的服饰禁制

兴德王衣服禁制涉及二十一个种类，即冠帽、表衣、袴、短衣、内裳、表裳、内衣、半臂、裆裆、褙、腰带、裸襻、袜、袜袎、靴、革带、履、梳、衩、布、色，对上述衣服材料的优劣、装饰效果、衣料的重量等都有详细规定。禁令依据各个等级区分男女，即从真骨大等开始，有真骨妇女、六头品、五头品、四头品，一般平民男女服饰也有六项规定。为什么会发布如此规定？理由是："人有上下，位有尊卑，名例不同，衣服亦异。俗渐浇薄，民竞奢华，只尚异物之珍奇，却嫌土产之鄙野，礼数失于逼僭，风俗至于陵夷。敢率旧章，以申明命。苟或故犯，国有常刑。"另外，从服饰禁令条目看，男女共同适用的二十一类中，针对女性的有短衣、内裳、裆裆、褙、裸襻、袜袎、梳、衩、色等，而男性只有靴、革带。如此看来，禁令的对象种类大多是针对女性服饰的。

龙江洞土俑中可看到男性冠帽、幞头、袍、表衣，也有女性的短上衣、裳、褙、裸襻等，而女性服饰和唐人女性服饰相同这一点，可以把握统一新罗时代受容唐朝服饰的状况。可能这正是兴德王禁令出现的原因。

二 龙江洞出土的土俑和土俑服饰

在庆州地区出土为数不少土制的土偶和土俑，这些都是新罗所独有的东西。不同时期出土的土俑土偶具有不同的特征，是探明当时服饰文化发展的重要资料。当然，对于土俑和土偶，一般来说，新罗自己制造或新罗独有的土制陶称为土偶，统一新罗时期和唐朝关联土制陶称为土俑。

庆州隍城洞①和龙江洞，出土了和服饰关联具有代表性的土俑。

(一) 土偶和土俑

李兰英认为所谓土偶就是泥捏的人物，然而，从广义上讲，土偶不仅指历史时期泥捏的人，还应包括土制的各种各样的动物、生活用具、房舍等形式制品②。姜友邦以为应依据时代合理地区分土偶与土俑，因为从它的样式、形态、主题几方面都可看出其不同点。土偶只流行于新罗时代，经过5世纪和6世纪，是为小形石椁墓制作的附葬品。土俑则风行于统一新罗时代③。再者，新罗土偶是为代替真人殉葬而制作的俑，因而，新罗的土偶就是统一新罗时代的土俑。依据此界定，新罗代替真人殉葬制作的东西并不能称作俑。考虑到时代变迁因素，统一新罗时代的俑，是受到中国殉葬制度的影响而制作的，为唐朝及中亚一带人物形状的殉葬代用品，正因如此，土偶的服饰为新罗式，土俑则纯粹是中国式的官吏及宫女形象。时期为统一新罗时代初的隍城洞石室古坟中，因为土器制作粗糙以及制作的互不关联的男女土俑，一般推定其制作时间为7世纪中叶前后；这里出土的俑为新罗特有的样式，但人物形态和服饰却是唐朝的，如此，新罗传统制作土偶开始了前所未有的大变革。进入8世纪，新罗土俑的形态和样式完全改变了。龙江洞石室古坟出土的男女土俑不仅服饰，而且面容完全是唐人的模样，新罗的传统消失了，代之而起的是对7至8世纪唐朝殉葬制度的传承。隍城洞中和中国式土俑一同出土的还有按照新罗传统制作的马、牛等，而龙江洞出土的马则和新罗马的造型完全不同，成为真正的唐朝马的样式④。

---

① 1987年5月隍城洞称作"马坟"的地方出土。出土人物土俑六个，另外还出土有车轮、牛、马头；颜色呈黑褐色的胎土。人物中有完整的两个男俑，高17.8—18.9厘米，一个女俑高16.5厘米。还有一个男性的俑头和男女酮体各一。而男俑服饰有少许的差异，头上均戴幞头，手执笏板。

② 李兰英：《新罗的土偶》，收入《新罗土偶》，国立庆州博物馆1997年版。

③ 姜友邦：《新罗土偶论》，收入《新罗土偶》，国立庆州博物馆1997年版。

④ 同上。

（二）（平方根）土俑

依据庆州市龙江洞古坟及称作高丽场废古坟发掘报告①，韩国正式发掘此一时期的古坟中，人物土俑出土当为首次，下面就考察其中的部分内容②。

庆州龙江洞出土土俑像

该古坟的构造为新罗统一时代平地石室坟，在石室内部，以加彩土俑为首的许多附葬品以及特异的古坟构造，在韩国现有发掘古墓中亦为首次发现。清理后的遗物有人物土俑28个（男像15个，女像13个），青铜制十二生肖像7个，土质马4个，小型琉璃曲玉4个，小型琉璃玉珠3个，

---

① 赵由典、申昌秀：《庆州龙江洞古坟发掘调查概报》，《文化财》第19辑，1986年。

② 这里依据文化财研究所，庆州古迹发掘调查团1990年2月刊行的《庆州龙江洞古坟发掘调查报告书》。

(曲胫)碟子等 64 盏。

出土的土俑均为捏制成人物形状后上白土涂料,然后涂上红色的染料。坟墓内发现的土俑分布在墓室尸床台下面玄室地面两侧,而坟墓前面的石人像排列形式也是秩序井然。比较龙江洞土俑和此前发现的扶余定林寺陶俑,新罗地域出土的其他土偶,龙江洞土俑有严格的限制并忠实地表现出来。和墓主尸体一起埋葬的陪葬品,完全按照墓主生前的生活场景制作,有墓主人和奴婢等三人。可以看出,这是新罗禁止真人殉葬之后才有的,而《三国史记》智证王三年 (502) 三月条中有新罗王下令禁止殉葬的记载,禁令发布之后人物俑作为陪葬品随葬成为现实。男俑全都头戴幞头,有手握笏板的文官,留有络腮胡子执笏的西域文官,还有两人对视等各种各样的人物形象。

看来要确定墓主身份并不容易,但墓主为王族级别当是可以肯定的。人物俑身穿紫青色带有暗红斑点的衣服,文官手持象牙笏板。据《三国史记》记载可以排除六头品及其以下官员的可能,墓主分明是具有极高地位即真骨贵族以上的人物。如此,作为以新罗王为首的王族中王妃、王子、公主等,墓主人极可能是这些人中的某个人物。

关于此墓的建造时间,因无墓志出土难以作论,但依据出土的十二生肖像、人物土俑的服饰形态等推断,可以肯定其为统一新罗时期,具体来说是 7 世纪末 8 世纪初所建造。

(三) 服饰概要

1. 男俑

龙江洞共出土 15 件男俑。出土于寝床西南墓主脚旁 6 件,东南边头旁 9 件。土俑高度在 13.8—20.5 厘米,服饰包括冠帽、袍带、袴靴等品样,已褪色并斑驳流离的俑体呈红、白两大类。从土俑的色相、服饰及陪葬品,可以看出当时上下级的差异迥然有别。

推定高级别官位的 6 个土俑放在寝床西南侧。高 16.5—20.5 厘米,手执笏板端直站立,和其他土俑相比,端庄中带着威严。头戴幞头,身穿团领襕袍。这种襕袍有团领,衣袖宽松,袍的下摆都施一道襕。袍带是否露出看不真切,但从腰线下垂褶皱看好像确实有袍带。其中两个土俑的衣带上悬有佩饰,除了两件俑之外,其余长袍均覆盖至脚趾。从服饰看这些应是文官俑。

　　属于下级官位的 9 个土俑放在寝床东南侧。和上述高级别土俑相比，个子只有 13.8—14.4 厘米，颜色为灰色，嘴唇涂少许红色，应属彩俑。只有一件头戴幞头，其余均着巾子；衣着好像武官或下人穿戴，衣袖很窄的团领短袍，裤筒窄直，脚穿什么虽然不明显，但极可能是靴子。下面就详细探讨男俑的服饰。

　　（1）冠帽

　　土俑的头上戴着幞头。幞头是用巾从前面包裹额头，系大带于脑后，远看头后有两条飘带，收巾小脚系于发髻上。幞头依据身份的不同而呈现不同的式样。参见中国史料记载，武则天时期流行高样巾子的长脚幞头式样，与此关联的式样可参见太原金胜村墓（710）出土胡人幞头，反映了盛唐初期幞头的样式。

　　新罗人的幞头，从法兴王十年（523）制定百官四色公服制度开始，官员戴弁，到稍后元圣王（785—798）担当角干的时候，梦"脱幞头，着素笠"，以至于兴德王时期服饰禁制出现的冠帽全为幞头，可见此时已全部依从唐制。龙江洞土俑的冠帽分幞头和巾形两种形式。除佩巾的两个俑在外，其中 5 个俑为戴幞头的高官，其余的均为戴幞头、穿短胯袍的下层武人。

　　（2）袍

　　从形态和色彩可分两类。高官品者穿团领襕袍，低官品穿一种长而窄，侧开衩至胯的短胯袍。颜色有红、白两种。关于袍的颜色，新罗法兴王七年（520）制定百官公服之时，确定了紫、绯、青、黄四色。另外，唐武德四年（621）规定三品以上服紫，五品以上服朱，六、七品服绿，八、九品服青。新罗真德王三年（649）采用唐朝四色公服制度，只是服色和唐朝还稍有差异。随着和唐交流的加强，圣德王在位期间（702—736）向唐献纳 40 余次方物，而文武王五年（665），唐赠王紫袍一袭。唐玄宗时期，新罗获得更多的唐朝官服，如玄宗二十三年①（724），新罗王获授锦袍，使臣金端竭丹获赏绯襕袍；二十九年（730）新罗王族金志满获赏紫袍。三十二年（733），

---

　　① 应是新罗圣德王二十三年，下及纪年同上。——译者注

圣德王获授紫罗秀袍；景德王二年（743），王弟入唐获赏绿袍。显然，这是依据唐朝制度，新罗王及王族获授和三品等级相当的紫袍，大臣获授相当于五品以上的绯袍，王族远支获授六七品相当的绿袍。

从新罗兴德王禁制看，男子上衣中的裱衣即为襕袍。其形制又有文、武之别。襕袍就是在袍上加上襕，形成缝掖袍和短骻袍。从军者穿短骻袍，未从军者穿长袍。士人服即在襕袍加裱襆深衣，庶人服和士人服相似，不过开骻衩，也就是所谓的骻缺衫。

龙江洞土俑的袍均为团领袍，呈现两种形式。一种是下端边2厘米以上处加襕的襕袍，另一种为两侧开衩至腰部的短骻袍。可以看出，文官穿襕袍，短骻袍为武官和下层人士所穿。兴德王禁制中的表衣应当就是袍。龙江洞出土土俑身份，依据四色公服制度，穿团领襕袍颜色为绯色者，其官品相当于六头品，这从圣德王三十三年（734）新罗使臣获授唐朝绯襕袍事例中可以得到证明。另外，从土俑所着袍服看，其制作年代应相当于盛唐时期。

（3）裤子

因为属于高级别土俑穿长袍和中长袍的原因，看不到所穿裤子的式样。穿短骻袍者由于开衩至腰间的缘故，可以看到内穿很宽的中广袴和窄细袴。从兴德王禁制看，和男女表衣关联的衣料均华丽纷呈，只是龙江洞土俑没有透露出这方面的信息。

（4）衣带和佩戴装饰

男子束带于腰间，虽然带的作用是防止衣裤下滑，但随着阶级的出现，其装饰功用不可低估。龙江洞土俑所束带不甚清楚，但作为束腰的基本功能还是可以看出的。常见带下垂挂佩饰之情况，龙江洞土俑中的两件高品级土俑带下垂挂砺石和手绢形的佩饰，此均和唐代府兵随身佩饰有关。

没有发现新罗时代佩戴砺石的记载，但高句丽有以佩戴刀砺、金羽区别等位、贵贱，腰系银带左边挂垂磨石，右边挂垂五子刀。虽缺乏史料记载，只是从龙江洞土俑看，新罗确实实行了相关制度。文武官至少四五品以上服绯衣者才佩戴饰品，而佩饰制度实行于唐初，因唐开元以后限制实行，故查找史料较为困难。从西北地区壁画看，回鹘、西夏仍然残留唐朝的旧制①，因而，龙江洞土俑至迟可以上溯至唐开元以前。但是，通过留有络腮胡子西域人模样土俑，探讨佩饰与西域系统人物关联问题无疑也是重要课题之一。

（5）笏

龙江洞土俑执笏者只有一个高品级俑，当然，也有一个不甚分明的执笏高品俑。新罗于真德王四年（650）规定"真骨在位者执牙笏"，即身穿襕袍，手执牙笏。依唐《武德令》规定，五品以上执牙笏，六品以下兼用竹木，象牙笏呈上圆下方，竹木笏则为上挫下方形状②。龙江洞土俑执直板型笏，穿绯衣袍，从服饰看似并非真骨，而是六头品；以此观察，其所执笏当为竹木笏，形状亦应当为上挫下方。

2. 女俑

共出土女俑 13 件。出土于寝床东南墓主头边 3 件，西南边脚旁 3 件，东南通道旁 7 件。高 11.7—17.2 厘米，和男俑相比，女俑较为矮小。女俑相对揖手毕恭毕敬，可能是宫中女官或侍从，而从个子高低、服饰色样等，可将其分为三个阶层：墓主头边 2 件职位高，1 件职位低，脚旁的 3 件为中等职位，通道旁的 7 件为下层侍者。此 7 件侍者女俑和上述 9 件男俑一样，属于随侍的下层补佐职位。从职位特征区别看，高职位的 2 件女俑个子高矮、身体等方面区别很大，一件身高 17.2 厘米，另一件因无头无从知晓，总体来说，俑通体红色格调，风采迷人但却赋予威严气势。衣袖宽大下垂，裙子盖住了鞋，但明显可以看出鞋的突出模样。中等职位 2 件女俑亦是彩俑，高 14.3—15.4 厘米，衣袖稍下垂，鞋被裙子掩盖，形状不明。下层和中等职位女俑形象相似，个子在 11.7—14.7 厘米，相当矮小。女俑的嘴唇略有彩红痕迹，其余均是黑白两色而已。其头发和下身衣裙相同，似乎和身份没有什么关系。

（1）头发

头发在女性妆饰中占有重要位置。史料对新罗女人头发的记载差异很大，特别是其与唐代女人头发装饰不能说无关。据载，新罗妇人"辫发

---

① 沈从文：《中国古代服饰研究》，商务印书馆香港分公司 1981 年版。

② ［日］原田淑人：《唐代的服饰》，东洋文库 1970 年版，第 38—39 页。

绕头，以杂彩及珠为饰"，"不施粉黛，率美发绕头，以珠彩饰之"。圣德王①、景文王②在位期间向唐朝贡献的方物中就有头发。

据李如星研究，发髻是将头发从头后部梳到头前部绕住竖好，且将发稍卡于头前部的中央。《北史》记载的发髻也是如此③。这种发式，可从高句丽的舞俑塚安岳二号坟双楹塚壁画的女人图画中看到。据壁画及出土土俑，按照固有的风俗，是顺着前面的发缝把头发拉开，在头后部中间而结髻的北髻。而唐朝风尚是盘发而成高髻，是和中国固有的发式很好地结合起来了。

唐代贵族妇女的头发，初唐后已由隋代简易的平云式变为向上突出发型，并出现了不同式样。唐武德年间宫中盛行各式各样的头发，甚至一般百姓也纷纷仿效，以至于臣僚奏请太宗发布诏令禁止。开元、天宝年间流行假发髻、假发④。

龙江洞女俑头发全用簪子竖起，在头顶的位置上呈扁平的半球形，周围有角突起，添加上唐代妇女中流行的簪或假发等装饰物，不用兴德王禁制中包含的冠帽、梳钗等。根据发式便可区别其身份，依据禁制，四头品女都应有冠⑤，所以从龙江洞土俑没有冠帽，可知应该是属于五头品以下的阶层。但冠不常用，一般举行仪式时佩戴，所以可能也有例外。由于并不能确定此是否和禁制有关，所以难以断定。但从土俑的色彩和衣服来看，似乎又不像是下层人。

从头发的形态上看，大致相当于隋或唐初的发式，发式很简单，把头发竖起至头顶，且无加饰，龙江洞土俑虽然和此略有不同，但和唐初李寿墓的线刻乐伎的发式很相似。

---

① 《三国史记》卷6《新罗本纪·文武王》，汉城乙酉文化社1997年版；《三国史记》卷8《新罗本纪·圣德王》，汉城乙酉文化社1997年版，其文云："……献果下马一匹，牛黄人参美发。"

② 《三国史记》卷11《新罗本纪·景文王》，汉城乙酉文化社1997年版，其文云："……四尺五寸，头发百五十两，三尺五寸头发三百两。"

③ 李如星：《朝鲜服饰考》，汉城白羊社1947年版，第274页。

④ 沈从文：《中国古代服饰研究》，商务印书馆香港分公司1981年版，第210页。

⑤ 原文为四头品女都有冠，但查阅《三国史记》卷33，获知六头品女以上才有冠，故文中表述有误。——译者注

（2）上衣

衣是相对称作下衣的裳而言，专指上衣。新罗人将襦叫尉解。妇女穿长襦，相当于现在的上衣，但长度要长。依据金东旭研究，尉解是上衣最古老的表音，上衣的原形是由古代尉解的基本形制间接变化而来的①。史料中没有关于新罗女服的记载，但有文武王四年（664年）新罗妇人衣服依从唐朝妇人衣服形制的记录，下面具体探讨二者服制到底有何联系。

隋及唐初妇女的上衣袖子窄且短，裙子长，且裙子的腰高至胸，绑系于前。从盛唐以后衣袖渐渐变宽。隋代敦煌壁画进香妇女中，衣袖窄长，但李静训墓（608）出土的女陶俑的衣袖却十分宽大。西安市出土的初唐末李夹（706）墓中，其女人即穿衣袖较窄的襦和衫，以及高至胸的裙子。懿德太子墓（706）、永泰公主墓（706）中，侍女的半袖背子上围着披帛。西安市高楼村出土盛唐期吴守忠墓（748）中的加彩女俑，虽穿简单的衣和裳，但作为盛唐期的特征，即脸部、体态肥硕，衣袖很长，而且裙子也长且宽。丰满的脸和肥胖身躯着衣宽松且大。特别是吴守忠墓出土的加彩女俑，其衣和裳都很清晰。衣服是到胸的直领对襟，袖子很长，但宽度较窄，与龙江洞土俑最为相似。敦煌莫高窟130窟的乐廷环夫人（713—765）供养图，即反映了盛唐时期的女服样式。晚唐时期文宗开成四年（839），衣袖的幅度变宽，以至于颁布禁令，以此可了解盛唐后妇女衣袖变宽的情况②。龙江洞土俑所展现的形态，虽然反映了整个隋及盛唐时期出现的样式，但衣是切在高至胸的裳里面。而衣服式样上最难把握者是领子，前后的样子相似，是肩带以对襟形式形成的上衣领子，还是一种肩带，现在还不甚清楚。从龙江洞土俑身上，除了能看到对襟形的前后部分外，看不到其他的东西。

（3）裳

裳是与衣对应的下面穿的衣服，即裙子。中国资料记载为裙子，兴德王禁制里分为表裳和内裳。

对于裙和裳，李如星认为裳是裙的原形，且裙与裳相比裙幅更大。杉

---

① 金东旭：《新罗的服饰》，新罗文化宣扬会1979年版，第36页。
② 《中华五千年文物集刊》服饰篇上，1986年，第186页。

本正年以为唐代女人的下衣即为裙[1]，关于裙和裳差异，《释名》解释为："裙下裳也，裙，群也。"取其连接裙幅之意，可看出裙与裳的区别。原田淑人认为裙和裳指同一东西[2]。柳喜卿在说明兴德王禁制里的裳的同时，指出裳在三国时代已经有了，女子在袴之上也会穿裳。高句丽古坟里所看到的当时女子的裳，一般不仅长而且裙幅也宽，以至达到拖于地面的程度。并从腰部到裙端有一种装饰缘，即贴襈，三国时代的裳即为这种形状[3]。

再看中国的情况。东汉以后裙在妇女服饰中开始流行，并日渐普及[4]；隋和唐初窄而长的裙子，逐渐上提，以至系到胸及腋下的位置。带子纤细宽松，约每百年就会出现变化，但却维持着它的基本形状[5]。唐初以后，裙幅变宽，出现了6幅到8幅的裙子[6]。元和年间（807—820）裙进一步变宽变大，奢侈更甚，文宗开成四年（839）把宽度限制在5幅以下，长度限制在3寸以内，现存古画中也有这方面的资料。唐代妇女大多丰满肥胖，服饰也从隋代后半期开始，至唐初开元（713—741）为止变宽变大了。裳上提至前胸的高度，裙腰稍有下降。盛唐期敦煌130窟乐廷环夫人供养图除外，如《虢国夫人出行图》《纨扇仕女图》中人物的裙子宽且长，样式、色彩也多样化。裙子的颜色以红、紫、绿居多，但其中红色最为流行[7]。

龙江洞土俑的裙子不仅长而且宽松有余，人物体态丰盈，腰处有裙腰，两边肩带和前面两条松松的带子系在一起。衣在里，裙在外，上至前胸。隋代张盛（595）墓出土的灰陶彩绘女俑，身材苗条穿长裙，只是在裙上套衣与上述形态酷似。亦与西安高楼村及庞留村出土的丰硕肥胖加彩女俑所穿衣裳有共同点，反映了唐天宝年间的时尚风俗。与隋代相比，其特点就是垂带的式样更明显地表现了出来。

---

[1] ［日］杉本正年：《东洋服饰史论考》（中世篇），1984年，第183页。

[2] ［日］原田淑人：《唐代的服饰》，东洋文库1970年版，第98页。

[3] 柳喜卿：《新罗服饰史研究》，汉城梨花女子大学校出版部1974年版，第111页。

[4] 周迅、高春明：《中国历代妇女装饰》，学林出版社1988年版，第242页。

[5] 《中国历代服饰大观》，台北百龄出版社1984年版，第88页。

[6] 周迅、高春明：《中国历代妇女装饰》，学林出版社1988年版。

[7] 周锡保：《中国古代服饰史》，台北，1986年，第194页。

（4）垂带　肩带　裙腰

龙江洞土俑有肩带和裙腰及向下的垂带。其与裙子作为一个整体，组成裙子的附件。

对与此有相同式样的裙子，杉本正年认为唐代裙子虽系带，但一般情况下，两端十分狭窄，这条窄窄的带子往前系成合欢结或同心结下垂[①]，此与龙江洞土俑相同。

在兴德王禁制条目中，有腰带和裱襈，腰带虽是男女都用，但裱襈只有女性才有。腰带的材料，男子用金属制品，女子为纤维。对于六头品和五头品的女人，腰带的材料禁用金银丝、孔雀毛、翡翠毛为组，四头品的女人可以用绵䌷，平民女可以用绫绢。以此类推，可以看出凡是女性都束腰带，无论是男性还女性，腰带的装饰意义都大于它的实际意义，并可知根据等级的不同而有所限制。组（即前文用金银丝、孔雀毛、翡翠毛为组）是由丝编织在一起的，是十分贵重的东西，禁止六头品和五头品的女人佩戴。裙腰围好以后，组用作下垂带子的装饰物。

唐代史料没有记载裱襈，而龙江洞土俑及兴德王的禁制里却出现了裱襈。对五头品女禁用罽繡锦罗，四头品女和平民女分别允许使用越罗和绫。对四头品女来说，可以区别其裱和襈的布料，裱和裳使用相同的材料，襈使用越罗。平民女的襈可用绫以下的布料。由此可推知，裱和襈各有所用。

金东旭探讨兴德王禁制时谈到带及裱襈，认为与男性束带相对应者，女性即为裱襈。带、裱和襈都有，但还不能详细了解其构成，只是字典里解释裱为衿，襈也为衿。女性的带、裱襈在禁制里都可看到，其关联信息仍然难能知晓。带也是，如果把它看作是系着的缨，那就可以等同于表衣外起装饰作用的宽带了[②]。

衣之上穿裳，其在中国陶俑、绘画里大量出现。看肩带和向下垂的垂带的话，可看作是兴德王禁制里出现的作装饰用的"组"。这种装饰"组"在出土的盛唐后作品中常可看到，但龙江洞土俑却没有。关于裙腰和带，体现在隋代敦煌 390 窟的壁画里的女人身上。除此之外，张盛墓和

---

① ［日］杉本正年：《东洋服饰史论考》（中世篇），1984 年，第 186 页。

② 金东旭：《新罗的服饰》，韩国庆州新罗文化宣扬会 1979 年版，第 40 页。

李静训墓的陶俑，敦煌390窟和李寿墓的壁画中也出现了，且与安徽亳县出土的陶俑最为相像。唐代垂带的形状有同心结和平躺下垂的合欢结，没有带而用"组"来代替的情况也有。

（5）裱

裱是以领布的形式，从肩膀到胸前垂悬的装饰用的肩搭。关于裱，虽在新罗兴德王的禁制里出现，此可看作改从唐制以后出现的唐朝风尚。

唐代所见披帛早在秦时已经出现，其材料为缣帛，汉代用罗。晋永嘉（307—313）年间，被定为绛晕帔。开元年间，便成了王妃以下的通服，并下令上下都可以使用。按唐制，士庶女子在家时穿披帛，出嫁以后穿帔子，以表示是已婚的女子①。

中国披帛的形态，隋及唐初的幅面较窄，而且短，披在肩膀上，系住并垂在胸前。开元以后，从盛唐初期开始，披帛在变宽变长的同时，其色彩和花纹也华丽非凡，帔的式样也从前面绕到后面，十分多样化。

龙江洞土俑从大小和色彩这两点看似属于上流阶层。按照兴德王禁制，四头品及其以上妇女可以使用披帛，那么剩余未披披帛的土俑就应属平民女了。尽管少，其应是侍从者，即担当官职或者宫人。因此，新罗虽是依从中国制度，但多少也有一定的变通。

（6）履

由于鞋并未露出，所以不能仔细地探究。

从兴德王禁制靴为男性专用，履为男女共用，可明确了解履的存在。因龙江洞土俑披长裱穿长裙，虽不能确定是否穿履，但裙底有向前突出的部分，这与唐代着裙者鞋前面有高高突出之形态相似。

中国的鞋，汉代为双歧履或歧头履、双屐，六朝时作高齿履，到南朝梁变成了笏头履、高齿履、高履。起初男女的履并不一样，男子履前面呈四方形，而女子履前面为圆形，到后来由于混用，差异也就消失了。盛唐期宫廷女人穿的高墙履再次发展为重台履，重台履在永泰公主墓、章怀太子墓壁画，及敦煌乐廷环夫人行香图等壁画中多次出现。

3. 时期

关于龙江洞土俑的时间，主要通过出土的遗物及墓穴的构造来推测，

---

① 沈从文：《中国古代服饰研究》，商务印书馆香港分公司1981年版，第198—199页。

专家学者的主张并不相同。

对于隍城洞和龙江洞出土土俑的时期，柳喜卿根据古坟式样，判断隍城洞为7世纪初，同时，与隍城洞古坟出土人物窄袖、细身的轮廓不同，龙江洞人物俑的色彩更倾向于唐式，而且后者与前者相比，在时间上应该更晚①。金东旭认为龙江洞土俑时期为8世纪中叶的后半期②。

韩柄三依据墓穴的筑造，推测其为7世纪末8世纪初；金元龙据出土土器推测其为8世纪后半期；金基雄据墓制、土器、服饰等要素，推定其为8世纪统一新罗时期；申滢植推论其为8世纪盛唐期；文明大从新罗化的土俑人物判断，推测为8世纪后半期③。

崔秉铉认为，如果新罗土器和石室坟的分期是在7世纪前半期的话，那么就可能有被叫作横穴石室坟的追加葬的墓制，每次追加葬时都有遗物埋葬④。赵由典、申昌秀认为新罗十二干支的产生和人物俑的出现，分明是在服饰形态已经形成的统一期，即7世纪末8世纪初⑤。

综合上述学者的观点，龙江洞土俑断代应在7世纪到8世纪后半期之间，约横跨两个世纪，目前看来结论还不是很明确。

笔者从服饰史的角度，得出其大约在盛唐8世纪初中期的结论。

从制定公服制开始到涉及妇人服饰，再到吸收唐的服饰并普及化，应根据国内外状况再斟酌其时间的界定。法兴王十年（523）制定新罗百官的公服制度，真德王三年（649）采用中国服制，文武王四年（664）妇人服饰依从唐制，之后便无详细记录了。新罗统一后，圣德王代（702—736）恰逢唐玄宗在位，赐予新罗很多官服，并在新罗王廷实行唐制。同时，从女俑的服饰及形象，可以看出其几乎和盛唐期女人不差毫厘：无论是脸部表情，抑或是丰满肥胖的体态风采，以及宽松有余的衣服，都酷似盛唐期的妇女。只是龙江洞女俑发式却为隋或唐初那种较简单的发式。男

① 柳喜卿、金文子：《韩国服饰文化史》（修订版），1998年，第84页。

② 金东旭：《庆州龙江洞古坟出土陶俑在服饰史上意义》，1987年5月韩国服饰学会第9次春季学术发表要旨。

③ 见韩国《东亚日报》《中央日报》《朝鲜日报》，1986年7月26—30日的报道．

④ 崔秉铉：《新罗石室古坟研究》，《崇实史学》第5辑，1988年。

⑤ 赵由典、申昌秀：《龙江洞古坟发掘调查报告》，《文化财》第19辑，1986年，第38—39页。

俑的佩饰在唐朝天宝年间出现，直到唐中期都在使用，唐西部边境地区则一直使用到唐末五代，此与龙江洞土俑的形态有所不同。

结束语

龙江洞出土土俑，是统一新罗以后新罗臣服于唐的典型写照，其时代可推定为盛唐期的 8 世纪初、中期[①]。通过土俑各自的大小、姿势及服饰，可以看出他们的身份。在墓里座次的安置，也遵循现实中的脉络。下面通过服饰形态来推定时代及墓主的身份。

男俑的服饰，整体上都是唐代的官服，体现在幞头和笏、圆领襕袍、缺骻袍佩饰上。女俑丰满肥胖的体态做出拱手的严肃姿势，头发竖起呈半球形的髻，衣之外穿裳，在裳上垂有裙带和肩带，肩上披裱。

他们的身份依据服饰的形状大小，可分为不同的阶层。据新罗的服饰制度，穿绯色袍、拿笏的男俑为六头品级。剩下的俑虽为平民阶层但也应该有下级官员和侍从者。土俑中，有从外貌上看起来很陌生的面孔，他们应该是外来人士。女俑在身份上最关键的标志是是否披裱。据兴德王禁制，裱只允许四头品以上的女人使用。但在龙江洞出土土俑中，由于资料的区分十分困难，所以很难确定。

墓主人身份在男俑中是属于穿绯衣者，故至少也应是真骨以上者。由龙江洞土俑服饰，不能不使人联想到其他事情。这就是为什么当时要抛弃新罗国制，而依从唐制，或许因为新罗毕竟是借助唐的力量完成统一，改从唐制是一种报答行为，还是当时的大势所趋？抑或是为了强化王权，憧憬和模仿唐文化的趋势所致。伴随着政治制度的变革，法兴王七年（520），在公服制度确立的同时，新罗的国制仍然保有自己固有的东西。真德王三年（650）"始服中朝衣冠"。文武王四年（664），女性服饰也从唐制，以致在服饰方面处于完全服属的境地。当然这只是对部分官员服饰的界定。当时与其说是完全吸收唐制，倒不如说是把新罗国制和唐制混用而形成二重构造体制更为准确。如果说此为唐朝绝对优势文化呈现出的对新罗的轻视，也是不无道理的。就这样，统一新罗连服饰制度都依从唐

---

① 高福男：《东亚日报》1986 年 7 月 30 日。

制，导致了直到 1900 年朝鲜王朝末（官服依从西洋制度为止）的 1300 年间，服饰都是效仿中国制度的。

金东旭认为这与王权伸张及权位也有关系。为了使贵族和平民在服饰上有所区别，引进中国制，以象征王权。到那时为止，抛弃了象征权位的巫俗式的衣裳，而从唐制①。

龙江洞土俑是统一新罗服饰史研究单元中的重要一笔。无论如何，它解决了兴德王禁制中的难题。但以后还要对女俑衣和裳的形态及穿着方法进行研究，而对外貌上很像西域人的土俑仍然存在疑问。确定土俑的制作时间，是从什么时候开始到什么时候结束，是摆在我们面前的新课题。

[韩] 东亚大学博物馆《考古历史学志》2000 年

译者　拜根兴　王霞

---

① 金东旭：《庆州龙江洞古坟出土陶俑在服饰史上意义》，1987 年 5 月韩国服饰学会第 9 次春季学术发表要旨。

统一新罗的繁荣与西海

[韩] 梨花女子大学　申滢植[*]

序　言

　　所谓西海，是指北起渤海湾、西至朝鲜湾，南至中国东海北部，连接韩半岛和中国大陆东部的内海。而在韩国古代史上具有重要意义的西海，主要是指除渤海湾之外，经过辽东半岛和山东半岛联系上海以南的杭州湾的宁波（明州）和韩半岛的海域。到统一新罗的后半期为止，韩中两国的交流主要是利用西海的北半部。中国的先进文物及西域的文化等通过黄海传入的同时，也开始了三国的势力通过西海向海外扩张的时代。不可否认，西海是韩国古代国家成长过程中不可忽视的文化空间。

　　西海从大陆的韩民族的移动开始就与韩半岛有密切的关系[①]。后来，通过西海与韩半岛的直接交流在汉武帝的入侵之后正式开始，隋唐与高句丽的冲突也是在西海岸激烈展开的，但目前真正意义上的以西海为中心的研究却还未出现。不过，通过金庠基的开拓性研究[②]和赖肖尔（Reischau-

---

　　* 申滢植，1939 年生，现为梨花女子大学名誉教授，前首尔特别市市史编纂委员会委员长。代表作有《韩国古代史的新研究》，一潮阁 1984 年版；《统一新罗史研究》，三知院 1990 年版；《统一新罗史》，周留城 2004 年版。

　　① 金庠基：《韩·濊·貊移动考》，《史海》第 1 辑，（1948 年）以及《关于东夷和淮夷、徐戎》，《东方学志》第 1 辑，第 2 辑（1954 年，1955 年）；《东方史论丛》（1974 年）。
　　② 金庠基：《关于古代的贸易形态和罗末丽初的海上发展》《丽宋贸易小考》，收入《东方文化交流史论考》，汉城乙酉文化社 1954 年版。

er）的对圆仁的《入唐求法巡礼行记》的分析考察①以及金文经的关于在唐新罗人的一系列研究②，开始了对黄海的重要性的塑造。通过李永泽的具体化的航运研究③，孙兑铉和金在瑾的海运与船舶研究④，积累了对西海多角度的研究成果。

可是这些研究不论是在对西海重要性的认识上，还是对其历史意义的认定上，都不过是附带的或仅涉及一部分内容而已⑤，因此对以西海为中心的历史所具有的政治、文化的意义的解释还不充分。这正是本文写作的理由。

笔者以先学们的研究成果为基础，将三国时代初期开始到统一新罗后半期的 9 世纪上半叶张保皋登场为止作为对象，考察围绕西海的交涉问题。特别是聚焦于把握西海在韩国古代史的展开过程中的意义问题，多角度地分析三国的成长与西海的关系。尤其是在追查统一新罗对唐交涉关系⑥的过程中确认当时的航路，通过求法僧⑦和使节的具体名单着眼于探明西海的历史性格，因此可将本文看作拉开西海岸时代序幕的第一页。

一 西海对于韩国古代国家的政治意义

韩国古代的西海在我国的政治、军事、文化上具有重要的意义。因为韩半岛与中国大陆相接的辽东、辽西地方诸民族的互动，汉族与塞外民族

① Edwin O. Reischauer, *Ennin's Travels in T'ang China*, The Ronald Press Company, New York，1955.

② 金文经：《在唐新罗人的集落及其构造》，《李弘植博士回甲纪念韩国史学论丛》（1969 年）和《赤山法华院的佛教仪式》，《史学志》第 1 辑，1967 年。

③ 孙兑铉、李永泽：《遣使航运时代相关研究》，《韩国海洋大学论文集》人文篇 16，1981 年。

④ 孙兑铉：《韩国海运史》，韩国海员船舶问题研究所 1982 年版。金在瑾：《韩国船舶史研究》，首尔大学出版部 1984 年版。

⑤ 以西海为中心展开的韩中关系史论文，可参见全海宗《韩中朝贡关系考》，《东洋史研究》第 1 辑，1966 年。申滢植：《关于罗唐间的朝贡》，《历史教育》第 10 辑，1966 年。崔根默：《百济的对中关系小考》，《百济研究》第 2 辑，1971 年。徐荣洙：《三国与南北朝交涉的性格》，《东洋学》第 11 辑，1981 年，等等。

⑥ 申滢植：《统一新罗的对唐关系》，《韩国古代史新研究》，一潮阁 1984 年版。

⑦ 权惠永：《三国时代新罗求法僧的活动和役割》，《清溪史学》第 4 辑，韩国精神文化研究院 1987 年版。

间持续不断的争战，韩中两民族的文化交流主要通过西海来完成。特别是使臣、留学生、求法僧等通过西海频繁的往来，中国的先进文化和西域的文化也通过此地传入。因此西海作为两国间文物交流的通路，充分发挥了促进我们的文化发达起来的桥梁作用。

西海的文化意义与其政治、军事上的重要意义都很大。中国势力向北方内陆的深入被阻止时，黄海便成为其侵略通路并进而威胁韩半岛。汉武帝的侵略和隋唐的讨伐高句丽等都是这样。同时和百济的进出辽西、张保皋的海上活动等一起，使西海率先成为我们国家进出海外时代前进的路径。因此西海是我国安危与发展的关键，左右了我们民族的兴亡盛衰。

特别是西海的政治重要意义还在于它是延续国家起源和建国神话的组成部分。准王的南迁，沸流的弥邹忽定着，王建祖先的活动都是在西海岸完成的事实具有特别重要的意义。有关西海岸的最早记载是准王的南迁。

> 侯准既僭号称王，为燕亡人卫满所攻夺。将其左右宫人走入海，居韩地，自号韩王。①

古朝鲜的流民南下开启了三韩新的历史，② 西海在与中国有关系以前在韩半岛内部人员、文化的交流上占有很大比重。因此西海成为我们民族血统的纽带和确保文化同质性的媒介。然而西海真正的政治意义要从中国大陆与韩半岛的关系开始寻找：

> 天子募罪人击朝鲜。其秋，遣楼船将军杨仆从齐浮渤海，兵五万人，左将军荀彘出辽东，讨右渠。③

---

① 《三国志》卷30《韩传》。

② 关于准王的南迁地，《帝王韵记》《应制诗注》视之为金马（益山），金贞培也支持这一认识（《准王与辰国和三韩正统论诸问题》，《韩国史研究》第13辑，1976年，第15页）。不过，李丙焘则将其比定为广州的京安（《"韩"名称的起源与辰韩的性格》，《韩国古代史研究》，1976年，第251—253页）；千宽宇比定为稷山（《三韩的国家形成》下，《韩国学报》第3辑，1976年，第127—128页）。

③ 《史记》卷115《朝鲜列传》。

元封二年（前109），汉武帝为进攻古朝鲜派遣杨仆从齐（山东半岛）出发渡过西海（渤海）攻击右渠王。这一渡海事件是韩中之间通过西海最早的冲突（交涉）。这一事件的结果是灭亡了古朝鲜，同时它也反映出西海的重要性。

三国时代西海的政治意义在于与陆地相接的高句丽相比，百济、新罗绝对只能通过海路。

1. 武帝太康元年、二年，其主频遣使入贡方物。（马韩）

2. 武帝太康元年，其王遣使献方物。二年复来朝贡，七年又来。（辰韩）①

这种事实与材料所表明的早就开始的通过西海三韩与中国的通交，以及在《三国志》中弁、辰用铁与韩、濊、倭等进行交易的记载都是利用西海完成的。而其民族（韩半岛）利用西海力图达到吸收中国文化和与中国政治共存。

景初中，明帝密遣带方太守刘昕、乐浪太守鲜于嗣越海定二郡，诸韩国臣智加赐邑君印绶，其次与邑长。②

这一事件的结果导致西海成为中国侵入的通道。尽管如此，因为西海在韩半岛地缘政治上的地位，三国克服波涛的险阻为吸收先进的文化和确立东亚秩序源源不断地向中国派出了使臣。

而且对于与中国大陆接壤的高句丽来说，与其利用复杂的陆路，不如像424年高句丽长寿王越过辽东一样③，渡海到宋朝贡：

---

① 《晋书》卷97《四夷传》。

② 《三国志》卷30，东夷30（韩传）。

③ 这里的"逾辽越海"容易理解为"渡过辽河和渤海"（《中国正史朝鲜传（译注1）》，1987年，第394页）。然而，表示渡江时并没有用"逾"字的用例，当时的形势下长寿王也不可能渡过辽河从契丹、柔然盘踞的渤海湾一带前往宋朝。因此，"逾辽"是从辽东或其南端的卑沙城直接南下使用了既有的航路。

少帝景平二年，琏遣长史马娄等诣阙献方物，遣使慰劳之。曰：
"皇帝问使持节、散骑常侍、都督营平二州诸军事、征东大将军、高
句骊王、乐浪公，纂戎东服，庸绩继轨，厥惠既彰，款诚亦著，逾辽
越海，纳贡本朝。"①

这是东川王时代为牵制北魏而与吴的第一次通交的延续，是为牵制北
朝（北魏）而联系南朝（宋）。与之类似，西海在韩中政治对立时期当然
也发挥了调停作用。西海与三国政治上的成长有千丝万缕的联系。而且，
统治西海的国家也会获得繁荣。百济的经略辽西、高句丽击退隋唐水军以
及张保皋设置清海镇都是这种反映。这三件事是韩国古代史上三国各自最
具代表性的海上活动。这些事件分别是三国压倒中国势力、获得西海制海
权并具有显示国力的意义的事件。

因为掌握了西海航路是各国政治军事生存的关键，所以三国为此冲突
不断。

延兴二年，其王余庆始遣使上表曰："臣建国东极，豺狼隔路，
虽世承灵化，莫由奉藩，（中略）后闻乃是王人来降臣国。长蛇隔
路，以沉于海，虽未委当，深怀愤恚。"②

义慈王三年冬十一月，王与高句丽和亲，谋欲取新罗党项城，以
塞入朝之路，遂发兵攻之。罗王德曼遣使，请救于唐，王闻之
罢兵。③

上引材料说明百济的余庆（盖卤王）因入朝路被高句丽阻隔而将后
者比喻成豺狼、长蛇，新罗因航路遭到高句丽、百济的切断而向唐朝求
救。西海的对唐通路成了国家兴旺的关键。以下事件就是这一事实的
证明。

---

① 《宋书》卷97《东夷·高句丽》。
② 《魏书》卷100《百济国》。
③ 《三国史记》卷28《百济本纪》，义慈王三年。

> 真德王二年冬，遣伊飡金春秋及其子文王朝唐。（中略）诏授春秋为特进，文王为左武卫将军。还国诏合三品已上燕饯之，优礼甚备。春秋还至海上，遇高句丽逻兵。春秋从者温君解，高冠大衣，坐于船上，逻兵见以为春秋，捉杀之。春秋乘小船至国。（《三国史记》卷五）

金春秋在真德王二年（648）入唐并留下其子文王为宿卫，[①] 在获得唐朝对征伐百济时的协助之后的归国途中为高句丽海上巡逻兵所阻。先是，金春秋在善德王十一年（642）进入高句丽请求援兵时还要求高句丽返还给新罗竹岭西北之地，他与渊盖苏文对答机智并成功从高句丽逃脱。这次高句丽水军意欲击杀金春秋就是源于此。然而根本的是切断新罗的对唐航路即金春秋的归唐之路、阻止罗唐间的联系，同时还抢掠关于唐朝援助新罗的外交（出师）文书。

因此在北方占据辽东的国家，如果又在南方统治西海，就将左右东亚的势力版图。因此高句丽东川王以后努力控制西安平的结果就是为了确保辽东，同时还出台了确保进出西海的关口卑沙城的政策。[②] 高句丽与隋唐的对决到最后要坚守由玄菟城、盖牟城、辽东城和安市城连接的辽河东岸，采取了死守其南端的安市城，固守大陆与海洋间的据点卑沙城的战略。卑沙城和韩半岛上的党项城的意义一样，都掌握着进出西海岸的通路，其重要性不言而喻。结果真兴王以后继续出现的高句丽对新罗对中航路的阻碍，是力图在国际上孤立新罗的政策的一部分。

再者，从新罗的航路是通过高句丽沿岸的既有路线来看，新罗需要开辟一条从党项城出发经过德物岛再向西的新航路，而 6 世纪末以后新罗从百济手中夺取了已开辟的西海直通航路后在某种程度上也确保了这一路线，因为这条不必经过高句丽沿岸的直通路，真德王二年的海上事件就是高句丽方面仍计划对新罗新航路予以阻挠的事件。

---

① 申滢植：《新罗对唐交涉中的宿卫》，《历史教育》第 9 辑，1966 年；申滢植，前揭书，第 354—364 页。

② 新、旧《唐书》将卑沙城称作沙卑城（《旧唐书》卷 199《东夷·高丽》；《新唐书》卷 220《东夷·高丽》），《资治通鉴》（贞观十九年）称为卑沙城，《三国史记》既有卑沙城（宝藏王四年），也有卑奢城（婴阳王二十五年）。

6 世纪末以后，新罗独自的对隋航路的开辟与确保使得其后引领日本的遣隋唐使和学问僧归国等成为可能。特别是真平王五年（583）设置掌握舟楫之事的船府署反映了积极的海上进出。

> 五年，春正月，始置船府署，大监、弟监各一员。（《三国史记》卷四）

日本的前期遣唐使所主要利用的所谓新罗道（北路）的"南阳湾—长山串—大同江口—鸭绿江口—旅顺—庙岛群岛—蓬莱"之路①在汉代以后也是被广泛利用的路线，高句丽对其持续不断的扰阻使新罗承受很大的负担。而且从南阳湾一直向西横跨西海的路线还具有航海危险，因此最低限度地利用从南阳湾出发过德物岛走高句丽沿岸，而从黄海道西端近海出发选择横穿至山东半岛的最短航路的可能性更大。② 这一条比已有航路缩短了一半的航路是在与百济和新罗的竞争中开辟的。6 世纪中叶新罗从百济手中夺取了这条西海岸航路以后使之得到了利用。这条航路是武烈王七年（660）为征伐百济的苏定方的出征路，与从莱州"随流东下"③ 的记载一致。7 世纪以后在张保皋时代其被广泛利用的程度达到了顶点。从当时能够利用季风的新罗人的航海技术④和很高的造船水平推知，根据天气从新罗海岸直接横渡西海的情况是存在的。《增补文献备考》说明丰川—赤山路是最短的航线，大概这条航路 6 世纪下半叶以后已经开辟。⑤ 同时，因为由新罗控制了航路，百济只能多次与高句丽联合对此进行阻挠。新罗却因与百济、高句丽对抗而掌握了跨越西海的航路，从而能够在外交和政治上超过百济、高句丽，并使带领日本学问僧、遣唐使成为可能。⑥

---

① ［日］山尾幸久：《遣唐使》，《日本古代史讲座》第 6 辑，学生社 1980 年版。
② 孙兑铉、李永泽：《遣使航运时代相关研究》，《韩国海洋大学论文集》人文篇 16，1981 年，第 27 页。
③ 《三国史记》卷 5 《新罗本纪》，太宗武烈王七年五月条。
④ Edwin O. Reischauer，前揭书，第 295—299 页。
⑤ 《增补文献备考》卷 177，交聘考 7，辛酉以后航海路程。
⑥ 田村圆澄：《新罗使考》，《朝鲜学报》第 90 辑，1977 年，第 70—72 页。

1. （舒明）四年秋八月，大唐遣高表仁送三田耜，共泊于对马。是时，学问僧灵云、僧旻及胜鸟养、新罗送使等从之。（舒明十一年）秋九月，大唐学问僧惠隐、惠云，从新罗送使入京。①

2. 是月（齐明四年七月），沙门智通、智达奉敕，乘新罗船往大唐国，受无性众生义于玄奘法师所。②

上引《日本书纪》中也可以看到日本的遣唐使、学问僧完全依靠新罗船只渡过西海的记录。

中国大陆与韩半岛、日本间的频繁交流自然而然开辟并固定了一条航路。首先元封二年杨仆攻击路线是"从齐浮渤海"，《宋书》的"逾辽越海"是从辽东半岛南端（卑沙城）南下直线通向山东半岛的所谓"老铁山水道航路"③。

登州东北海行，过大谢岛、龟歆岛、末岛、乌湖岛三百里。北渡乌湖海，至马石山东之都里镇二百里。东傍海壖，过青泥浦、桃花浦、杏花浦、石人汪、橐驼湾、乌骨江八百里。乃南傍海壖，过乌牧岛、浿江口、椒岛，得新罗西北之长口镇。又过秦王石桥、麻田岛、古寺岛、德物岛，千里至鸭绿江唐恩浦口。乃东南陆行，七百里至新罗王城。④

上述记载中韩之间很早就开辟的航路，就是从登州出发过乌胡岛通向辽东半岛南端的卑沙城的水路。尤其是其中的乌胡岛作为唐朝征伐高句丽时的军粮储藏地，也可见当时航路的重要性。⑤ 理解这条航路可参看以下材料：

---

① 《日本书纪》卷 23，舒明天皇四年秋八月条，舒明天皇十一年九月条。

② 《日本书纪》卷 26，齐明天皇四年秋七月条。

③ 孙兑铉，前揭书，1982 年，第 29—30 页。

④ 《新唐书》卷 43 下《地理·岭南道》。

⑤ 《旧唐书》卷 199 上《东夷·高丽》载："'贞观二十二年'莱州刺史李道裕运粮及器械，贮于乌胡岛，将欲大举以伐高丽。未行而帝崩。"《三国史记》卷 22《高句丽本纪》，宝藏王七年）与此记载略同。

> 唐置羁縻诸州，而四夷之与中国通者甚众，其入四夷之路与关戍
> 走集最要者七：一曰营州入安东道，二曰登州海行入高丽渤海道，三
> 曰夏州塞外通大同云中道……①

即，从辽东半岛到登州的航路在当时称作高丽渤海道。有鉴于此，
《宋书》"逾辽越海"中的"逾辽"或可看做渡过辽河，② 而从杨仆的
"浮渤海"的登陆地在凌河河口来看，卫满朝鲜应在河北省至辽宁省一
带。③ 然而登州航路的顺序是大榭岛—龟歆岛—末岛—乌胡岛—卑沙
（奢）城，④ 此时的渤海指的并非现在的山东半岛和辽东半岛沿岸之辽东
湾与莱州湾构成的渤海湾，不能忘记事实上它还包括连接辽东半岛—庙岛
群岛—山东半岛的所谓渤海海峡。因此，史籍记载中的"浮渤海"一定
不是渡过凌河、辽河河口之意。笔者认为这条航路既称为高丽渤海航路，
应是丽隋、丽唐战争时期隋唐水军进击路线的水路，也是开元二十一年
（733）渤海、靺鞨进攻唐朝登州的路线。

> 贞观二十二年，万彻又为青丘道行军大总管，率甲士三万自莱州
> 泛海伐高丽，入鸭绿水百余里，至泊汋城，高丽震惧，多弃城
> 而遁。⑤

以上是贞观二十二年（648）薛万彻率领水军进攻高句丽的内容。这
条航路经莱州—卑沙城—泊汋城一直到浿江口。不过唐军所计划的第四
次、第五次征丽航路是从登州横渡到椒岛，⑥ 从当时的航海技术水平来看
可能性很大，但好像没有利用得很充分。出于隋唐王朝建立后频繁派遣使
节和摆脱高句丽阻碍的需要，百济、新罗两国当然要有新的航路。

---

① 《新唐书》卷43下《地理·岭南道》。

② 《中国正史朝鲜传（译注1）》，第394页。

③ 同上书，第84页。

④ 《资治通鉴》贞观二十二年四月甲子条。

⑤ 《旧唐书》卷69《薛万彻传》。

⑥ 那波利贞：《朝鲜支那间の航路及その推移に就て》，《内藤博士颂寿纪念论丛》，1930年，
第302页。

可是新罗获得汉江流域后并不急需积极地对唐接近，开辟独立的航路也是不切合实际的。对新的航路的欲望首先在百济产生了。"后闻乃是王人来降臣国。长蛇隔路，以沉于海，虽未委当，深怀愤恚。"① 可见来自高句丽海岸的阻碍是百济更大的问题。

> 谨遣私署冠军将军、驸马都尉弗斯侯，长史余礼，龙骧将军、带方太守、司马张茂等投舫波阻，搜径玄津，托命自然之运，遣进万一之诚。冀神祇垂感，皇灵洪复，克达天庭，宣畅臣志，虽旦闻夕没，永无余恨。②

在茫茫大海上将命运交给上天，如果到达中国朝廷的话，还可能幸运地免于一死。从下面的材料中可以看见百济开辟新航路的考验。

> （1）五年，使安等从东莱浮海，赐余庆玺书，褒其诚节。安等至海滨，遇风飘荡，竟不达而还。③
> （2）百济王既闻平陈，远令奉表，往复至难，若逢风浪，便致伤损。百济王心迹淳至，朕已委知。相去虽远，事同言面，何必数遣使来相体悉。自今以后，不须年别入贡，朕亦不遣使往，王宜知之。④

（1）是迁都熊津之后横穿西海航路计划的失败，（2）是迁都泗沘以后百济欲开辟新航路遇到的困难。

> 贞观十六年，义慈兴兵伐新罗四十余城，又发兵以守之，与高丽和亲通好，谋欲取党项城以绝新罗入朝之路。⑤

---

① 《三国史记》卷25，盖卤王十八年条。
② 《魏书》卷100《百济》。
③ 《北史》卷94《百济》。
④ 《隋书》卷81《百济》。
⑤ 《旧唐书》卷199上《东夷·百济》。

考虑到贞观十六年（642，义慈王二年）与高句丽一起欲掌握通过党项城的航路的事实，① 这时主要考虑利用的道路应是党项城—椒岛—赤山一线。百济某种程度上要开辟横渡西海的事实和遣隋唐使的频繁派出，②同时在隋的使臣裴清利用百济的南路（相对于高丽渤海航路）到达倭的记载中也可以看到。

> 隋文林郎裴清奉使倭国，经我国（百济）南路。（《三国史记》卷二七，武王九年三月）

这条横越西海的航线在圆仁的《入唐求法巡礼行记》中也有清楚的表述。他在838年入唐时渡过了济州岛以南的东海，847年的归路则正是利用了赤山航路。③ 因此，新罗在真兴王以后一面确保了党项城，一面垄断由百济开拓的航路，并将其作为与中国之间的通道使用。这条赤山航路是200公里左右的丰川（椒岛）—赤山浦的直航路，它是新罗人的官方入唐路线④。实际上，《入唐求法巡礼行记》中有圆仁九月二日正午从登州出发，四日早晨抵达熊州海岸的记载。⑤ 这条西海航线在之后的高丽初期与北宋的文物交流中被广泛利用。⑥

这样固定下来的赤山航路就是笔者所说的新罗航路，它成为之后统一新罗时期频繁的朝贡使及渡唐留学生的入唐路，也是武烈王七年（660）苏定方率领征伐百济的军队绕过山东半岛沿岸的莱州—登州—赤山，进入黄海而没有直接去伎伐浦的航路，

> 六月十八日，定方发自莱州，船舰千里，随流东下。二十一日，王遣太子法敏，领兵船一百只，迎定方于德物岛。（《三国史记》卷

① 参见《三国史记》卷5《新罗本纪》，善德王十一年（642），《三国史记》卷28《百济本纪》，义慈王三年（643）的记载。
② 从624年三国接受唐朝册封开始至660年为止，三国对唐外交以百济与新罗最为激烈。这在某种程度上是通过入唐路确认的。
③ Edwin O. Reischauer，前揭书，（地图部分）。
④ 金文经：《在唐新罗人的集落及其构造》，《古代韩中关系史研究》，三知院1987年版。
⑤ 《入唐求法巡礼行记》卷4。
⑥ 孙兑铉，前揭书，1982年，第85页。

五，太宗武烈王七年条）

可知当时的航路经过了德物岛。而且，到当时为止中国政治、文化是偏重于以渭水盆地为中心的中北部，所以中国并没有开辟南方航路的很大必要。上述新罗航路利用的是征伐高句丽的请兵使刘仁轨携来唐朝皇帝敕旨的地方和宿卫金三光①到达的地方，而且也就是在这里出现了党项津。②

西海发挥了韩国古代史上在国家繁荣和文物交流方面的桥梁作用，对其航海路线的掌握是国力强盛的象征。因此统治黄海的国家就能统治东亚世界。

二 三国的发展与西海

（一）高句丽的成长和西海

高句丽北方与中国大陆相连，因此与百济、新罗相比西海对其重要性略小。可是高句丽为了进出南方，利用中国三国以及南北朝势力间的矛盾冲突，很早就对西海岸予以关心。这在广开土王碑文"永乐六年丙申，王躬率水军，讨伐残国。攻取壹八城、臼模卢城、各模卢城、干氐利城、□□城、关弥城、牟卢城、弥沙城、古舍茑城、阿旦城、古利城……"③中有所体现。结果有高句丽统治西海国家的好胜的意味。

后者在为牵制魏而与吴通交上，为牵制北魏企图与宋、梁、陈等交涉的事实中有明显表现。可是高句丽围绕辽东地方与内陆的中国势力持续冲突，西海的政治意义比起济、罗来不是那么绝对。

高句丽自身的地理上的困难也很大，向北方扶余、向西方辽西的进出引发的与中国的对决，还有向南方乐浪的扩张是更紧迫的问题。然而最重

① 申滢植，前揭书，第361页。
② 《三国史记》卷6《新罗本纪》，文武王八年六月条。
③ 关于关弥城的位置，李丙焘比定为朝鲜时代水军节度使兼三道统御使本营所在的乔桐岛（《国译三国史记》，乙酉文化社1977年版，第283页及381页），朴性凤将其看作江华岛（《广开土好太王期高句丽南进的性格》，《韩国史研究》第27辑，1979年，第9页）。近来，金仑禹则将其比定为坡州郡炭岘面城东里鳌头山城（《关于广开土王的南下征服地一考》，《龙岩车文燮教授花甲纪念史学论丛》，新书苑1989年版，第102页）。其确切位置是汉江、礼成江、临津江河口的江华湾周边的江华岛、乔桐岛、席毛岛或金浦半岛一带的某座城。

要的是西进和南进的中间据点的进出。因为这一地区不仅是滋养中国势力的要冲,而且还是向西海扩张的前进基地。同时,因为从中国渡西海进入韩半岛的时代必须经过登州—卑沙城—西安平,不可忽视鸭绿江河口一带的政治、军事的重要性。

高句丽对进出西安平的关注可见的最早记载始于太祖王九十四年(146)。

> 秋八月,王遣将袭取汉辽东西安平县,杀带方令,掠得乐浪太守妻子。(《三国史记》卷一五,太祖王九十四年)。

太祖王袭取了连接南满洲和韩半岛的要冲西安平以确保进出辽东的前进基地,并开始牵制韩半岛内的中国郡县(乐浪、带方)。高句丽对西安平的争夺持续到"东川王十六年,王遣将袭破辽东西安平"(《三国史记》卷一七)。于是受到了刺激的魏,为应对韩半岛内的本国郡县的危机,以毌丘俭、王颀的出兵侵人作为报复。① 所以趁西晋末的政治混乱高句丽袭取西安平非但没有阻碍从韩半岛驱逐中国郡县势力,而且还促进了高句丽向西、北的扩张政策。② 随后,美川王十二年(311)对西安平获得支配权,十四年攻灭乐浪,十六年攻破玄菟城一直到二十一年(320)使辽东得以确保。

高句丽进出辽东和大同江下游一带的结果确保了夺取西安平和浿江口两个西海进出口,从而为新的扩张提供了可能。后来广开土王从国内城向鸭绿江西进以后,从西安平沿西海南下沿着既有的"高丽渤海航路"经由椒岛—关弥城—弥邹忽一线越过汉江下游而能够进攻汉城。特别是永乐六年攻取的关弥城、古利城、句牟城、弥邹忽等58城大部分在黄海道南部京畿道北部的平原地带及忠清道西海岸一带,事实上高句丽在统治西海岸的单纯意义之外还掌握了田作中心的谷仓地带,这一贡献使高句丽获得

---

① 箭内亘:《三国时代的满洲》,《满洲历史地理》1,1913 年,第 221—223 页。
② 李龙范:《高句丽的膨胀主义及与中国的关系》,《古代韩中关系史研究》,三知院 1987 年版,第 180 页。

了划时代的发展。① 而且对既有西海航路的控制阻止了百济的对中外交，因此百济不得不与之围绕关弥城展开激烈的争夺。《三国史记》卷一八对广开土王元年（392）占领该地的意义进行了说明："其城四面峭绝、海水环绕。"《百济本纪》中也将关弥城看作其进出西海的门户，因而有辰斯王在其周边设置关防等设施上倾注了心血以及辰斯王八年被高句丽攻陷的记载。② 因而广开土王能轻易地通过西海进攻汉城，使百济为克服这种困难而试图走与倭国通好、与新罗结盟之路。③

与之相同，高句丽通过韩半岛的西安平南进，因掌控了西海岸一带而使这条航路的安全和百济南迁成为可能。可是在与南朝的交往中却难以利用山东半岛沿岸的北魏海岸线。

> 孝文时，光州于海中得琏遣诣齐使余奴等，送阙。孝文诏责曰："道成亲杀其君，窃号江左，朕方欲兴灭国于旧邦，继绝世于刘氏。而卿越境外乡，交通篡贼，岂是藩臣守节之义？今不以一过掩旧款，即送还藩。其感恕思愆，祗承明宪，辑宁所部，动静以闻。"④ ……正光初，光州又于海中执得梁所授安宁东将军衣冠剑珮，及使人江法盛等，送京师。⑤

高句丽的全盛期长寿王（413—491）时代通过与北魏为首的燕、宋、南齐、晋等南北朝的等距离外交，担当了东亚秩序的一极。5 世纪中叶统一了长江以北的北魏、塞北的柔然、中国的南朝、东北亚的高句丽这四

---

① 朴性凤：《广开土好太王期高句丽南进的性格》，《韩国史研究》第 27 辑，1979 年，第 19 页。

② 《三国史记》卷 25 阿莘王六年夏五月"王与倭国结好，以太子腆支为质"以后，十二年春二月"倭国使者至，王迎劳之特厚"，腆支王五年、十四年，毗有王二年"倭国使至"等出现了与倭国频繁的通交记事。

③ 《三国史记》卷 25 毗有王七年（433）秋七月"遣使入新罗请和"，新罗本纪卷 3 讷祗王十七年（433）秋七月"百济遣使请和，从之"以及十八年"百济王送马二匹，秋九月又送白鹰，冬十月王以黄金明珠报聘百济"。

④ 《北史》卷 94《高句丽传》，其内容与《三国史记》（卷 18 长寿王六十八年条）"魏光州人于海中得余奴等送阙，魏高祖诏责王曰'道成亲弑其君，窃位江左……'"记载相同。

⑤ 《北史》卷 94《高句丽传》。

强，形成了一种势力均衡。① 针对这一形势，长寿王进行了两面外交。长寿王一方面对魏外交共 45 次，另一方面与宋南齐等南朝保持着紧密的关系，从而维护了高句丽在东亚的国际地位。② 一直到 6 世纪中叶突厥击破柔然打破势力均衡的时代为止，高句丽一直进行两面外交。高句丽频繁地对魏外交在国际上获得了其对辽东统治权的认可。从而排除了妨碍其进出西海的因素。高句丽在长寿王以后与梁、陈的外交得以延续，而至少到新罗占领党项城为止一直统治着西海。

589 年隋朝的统一威胁了统治着满洲一带的高句丽，并引起了导致东亚势力的大变动。加之此前真兴王夺取汉江流域及其独立的外交政策，促使百济高句丽提前阻止新罗的对中接近。高句丽和隋朝之间与突厥、契丹等形成新的势力关系，特别是为限制高句丽，隋朝的当务之急是收复辽东。辽东地方不仅包括高句丽的新城、玄菟城、盖牟城、安市城、辽东城、白崖城等主要城池，还因为西海岸的出口卑沙城是高句丽的西北要塞，那么两国围绕辽东问题的对立就不可避免了。即，如材料所示：

（1）荣留王二十四年，帝（唐太宗）曰："高句丽本四郡地耳。吾发卒数万，攻辽东，彼必倾国救之。别遣舟师出东莱，自海道趋平壤，水陆合势，取之不难。但山东州县，凋瘵未复，吾不欲劳之耳。"（《三国史记》卷二〇）

（2）宝藏王四年三月，帝（唐太宗）至定州，谓侍臣曰："辽东本中国之地，隋氏四出师，而不能得。朕今东征，欲为中国报子弟之仇，高句丽雪君父之耻耳。"（《三国史记》卷二一）

（1）说的是唐太宗如果进攻辽东，高句丽将殊死坚守，唐军另遣水军直取平壤。结果辽东作为决定高句丽命运的关键要地，其南端将受到来自西海的攻击。（2）说的是隋唐征伐高句丽的目标是恢复中国的领土辽东。然而事实上因为高句丽坚守着连接辽河东岸的玄菟城、盖牟城、辽东城、白岩城、安市城的边界线，并且辽东半岛南端的卑沙城也在高句丽的

① 卢泰敦：《高句丽汉水流域丧失的原因》，《韩国史研究》第 13 辑，1976 年，第 54 页。
② 申滢植：《三国史记研究》，一潮阁 1981 年版，第 104 页。

掌控之下，所以隋唐的当务之急是占据水军通道卑沙城。加之平原王在陈亡之后"理兵积谷，为拒守策"，①荣留王十四年（603）修筑从扶余城到渤海（即卑沙城）的千里长城以守备辽东，因此隋唐选择了通过西海的最后一战。因此，隋炀帝在612年（婴阳王二十三年）征伐高句丽，让陆军渡过辽河，让来护儿通过海路直攻平壤。婴阳王九年（598）周罗睺所率水军从山东莱州出发"泛海趋平壤城，亦遭风船多漂没"②，在横渡西海过程中已经有了失败的意味。因此婴阳王二十五年（614）"来护儿至卑奢城，我兵逆战，护儿击克之，将趋平壤"（《三国史记》卷二〇），通过既有的高丽渤海航路先过卑沙城可直接抵达平壤。其后，唐太宗贞观十九年征高句丽时，"命刑部尚书张亮为平壤道行军大总管，领将军常何等率江、淮、岭、硖劲卒四万，战船五百艘，自莱州汎海趋平壤。五月，张亮副将程名振攻沙卑城，拔之"③。张亮、程名振率领的水军经过莱州—卑沙城北进，攻陷卑沙城的同时唐朝陆军从侧面东进予以支援。唐军的战略是为满足隋朝以来征伐辽东的夙愿：

1. 高丽本四郡地耳，吾发卒数万攻辽东，彼必倾国救之，别遣舟师出东莱，自海道趋平壤，水陆合势，取之不难。④

2. 太宗又命江南造大船，遣陕州刺史孙伏伽召募勇敢之士，莱州刺史李道裕运粮及器械，贮于乌胡岛，将欲大举以伐高丽。⑤

结果唐朝最终征服高句丽在很大程度上是依靠了水军对西海的利用。即，

张亮帅舟师，自东莱渡海，袭卑沙城。城四面悬绝，惟西门可上。程名振引兵夜至，副摠管王大度先登。五月，城陷，男女八千口

---

① 《三国史记》卷19《高句丽本纪》，平原王三十二年条。
② 《三国史记》卷20《高句丽本纪》，婴阳王九年夏六月条。
③ 《旧唐书》卷199上《东夷·高丽》。
④ 《新唐书》卷220《东夷·高丽》。
⑤ 《旧唐书》卷199上《东夷·高丽》。

没焉。（《三国史记》卷二一，宝藏王四年条）

边界要塞卑沙城是高句丽西边最大最重要的城池。而八千余名城民和宝藏王四年（645）五月卑沙城的陷落给了高句丽以致命的打击。接下来，高句丽没有延续辽东城的陷落，最后坚守住了安市城，这是因为守住了第二卑沙城——鸭绿江入口的泊汋城。

> 万彻又为青丘道行军大总管，率甲士三万自莱州泛海伐高丽，入鸭绿水百余里，至泊汋城，高丽震惧，多弃城而遁。追奔百余里，于阵斩所夫孙，进兵围泊汋城。其城因山设险，阻鸭绿水以为固，攻之未拔。[①]

材料所说是贞观二十二年的事实，而泊汋城作为与"四面峭绝"的卑沙城一样"固山设险"的战略要冲，最终阻止了唐朝水军的企图。经登州到卑沙城、泊汋城的这条航路是始于丽隋战争时的来护儿、周法尚，以及丽唐战争中张亮、程名振、王大度、薛万彻、牛进达、李海岸、常何、左难当、冉仁德、刘英行、张文干、庞孝泰等所走的水上通路。唐代的名将们试图通过西海对高句丽进行的征讨都失败了。由此推知，高句丽的势力在东亚扩张的5—7世纪，西海确实是属于高句丽的水域。

（二）百济的发展与西海

百济面临西海，北方先后有带方、乐浪和高句丽，其国家成长中西海占有重要地位。温祚王时代的记载中，乐浪、靺鞨的入侵已经到了使它不得安宁的程度。

> 王谓臣下曰："国家东有乐浪，北有靺鞨。侵轶疆境，少有宁日。今妖祥屡见，国母弃养，势不自安，必将迁国。"（《三国史记》卷二三，温祚王十三年条）

---

① 《旧唐书·薛万彻传》。

1—3 世纪间的《三国史记》本纪的记录中关于新罗、百济历代王的记事充满了两国冲突的事实，意味着百济初期的成长过程困难很多。① 百济的地理条件是耸立着车岭、芦岭、小白山脉等大山，分布着贯通东西国土的汉江、锦江、荣山江等大河，实际上构成了陆路交通的很多障碍。② 然而，百济的海外扩张的背景，与其说是在这种地理的环境中，不如说是在作为古代东夷文化圈的传统之根本上的一种文化基础中。③ 渤海和黄海沿岸的中国东部地方，不仅能与百济人的开拓，而且能与统一新罗人的进出和王建先代的活动联系起来。④

因此，百济不得不冒着万难险阻向西海进发。

1. 近仇首王五年，春三月，遣使朝晋，其使海上遇恶风，不达而还。⑤

2. 今任臣使，冒涉波险，寻其至效，宜在进爵，谨依先例，各假行职。⑥

3. 延兴二年，其王余庆始遣使上表曰："臣建国东极，豺狼隔路，虽世承灵化，莫由奉藩，瞻望云阙，驰情罔极。（中略）投舫波阻，搜径玄津，托命自然之运，遣进万一之诚。冀神只垂感，皇灵洪覆，克达天庭，宣畅臣志，虽旦闻夕没，永无余恨。"⑦

4. 百济王既闻平陈，远令奉表，往复至难，若逢风浪，便致伤损。百济王心迹淳至，朕已委知。相去虽远，事同言面，何必数遣使来相体悉。自今以后，不须年别入贡，朕亦不遣使往，王宜知之。⑧

上述史料说明，百济西海航路的困难实际上到了承担着"自然之运"

---

① 申滢植，《三国史记研究》，一潮阁 1981 年版，第 193 页。
② 李明揆：《百济对外关系相关一试论》，《史学研究》第 37 辑，1983 年，第 77 页。
③ 金庠基，前引论文（1974 年）。
④ 参见朴汉㟳《关于王建世系的贸易活动》，《史丛》第 10 辑，1965 年。
⑤ 《三国史记》卷 24。
⑥ 《南齐书》卷 58《蛮东南夷东夷·百济》。
⑦ 《魏书》卷 100《百济》。
⑧ 《隋书》卷 81《东夷·百济》。

的程度。而且，下面的史料还可以看到，百济南迁以后，没有独立的海上航路，因为使用了既存的"高丽渤海航路"而遭遇高句丽的阻遏。因此，百济甚至将高句丽称为长蛇、豺狼。百济急于开辟自己的独立航路。

1. 文周王二年，三月，遣使朝宋，高句丽塞路，不达而还。（《三国史记》卷二六）

2. 东城王六年，秋七月，遣内法佐平沙若思，如南齐朝贡，若思至西海中，遇高句丽兵，不进。（《三国史记》卷二六）

原本百济从建国初期开始就与西海岸有很深的关系。首先"初以百家济海因号百济"（《隋书》卷八一，列传四六）说明百济从最初就与海上势力有关。特别是与建国传说的沸流国和弥邹忽（仁川）有关，[①] 优台、沸流系的古尔王不仅是仁川的目支国的支配势力，而且还应注意到其势力圈包括京畿道、忠清南道海岸的海上势力。[②]《三国史记》（卷二四，古尔王三年）的"王猎西海大岛"或"袭取乐浪边民"等意味着利用西海的军事活动，责稽王与汾西王的被杀结局也不会与海上势力无关。百济的海上进出是其国家发展的一部分，因此为了确保航路而展开了北进政策。

秋，宫遂率马韩、濊貊数千骑围玄菟。夫余王遣子尉仇台将二万余人，与（幽）州（玄菟）郡并力讨破之，斩首五百余级。[③]

以上史料说的是太祖王率马韩、濊貊军队攻击了玄菟郡。对于此时的马韩，金富轼认为是复兴的马韩。[④] 李丙焘则将记载看作误传。[⑤] 然而郑

---

① 卢重国：《百济王室的南迁与支配势力的变迁》，《韩国史论》第 4 辑，1978 年，第 24 页。

② 千宽宇：《目支国考》，《韩国史研究》第 24 辑，1979 年，第 28—29 页。

③ 《后汉书》卷 85《东夷列传·高句丽》。

④ 《三国史记》卷 15，太祖王七十年条。

⑤ 李丙焘：《"韩"名称的起源与辰韩的性格》，《韩国古代史研究》，1976 年，第 43 页。

寅普和卢重国都将其认定为百济，① 从而能将其作为百济的海外经略来掌握。不久，太祖王七十年王率领马韩（百济）和濊貊进攻了辽东。

> 1. 十二月，王率马韩、濊貊一万余骑，进围玄菟城。扶余王遣子尉仇台，领兵二万，与汉兵并力拒战，我军大败。
>
> 2. 七十年，王与马韩、濊貊侵辽东，扶余王遣兵救破之。（《三国史记》卷一五）

对此，郑寅普《百济己娄王的辽海出兵》一文说，百济己娄王为了与高句丽的太祖王以及新罗的和平而克服内部的忧患②，渡海向辽东扩张：

> 不能避开马韩而遗恨的百济，随后怀着向辽海故土直进的决心。（中略）独自汲汲于罗济的国交联合。③

此后百济的海上扩张在古尔王时代获得很大进展。古尔王自己作为平定目支国的辰王统治着京畿道、忠清道、海岸地区，④ 从而有可能再次进出西海。东城王十三年（246，古尔王二十年），以毌丘俭对高句丽的入侵为契机，古尔王进攻了乐浪海岸：

> 魏幽州刺史毌丘俭，与乐浪太守刘茂、带方太守王遵，伐高句丽，王乘虚，遣左将真忠，袭取乐浪边民，茂闻之怒，王恐见侵讨，还其民口。（《三国史记》卷二四，古尔王十三年条）

---

① 郑寅普：《朝鲜史研究》，1947，第61页、卢重国前引论文第41页都将马韩看作百济。

② 《三国史记》（新罗、百济本纪）1—3世纪的记录充斥着以蛙山城为中心对新罗和百济的冲突。对此千宽宇以南下的辰国系"对伯济战"作为解释［《三韩的国家形成》（上），《韩国学报》第2辑，第4页］，本人以蛙山城为中心的冲突新罗的西进作为解释（前引论文，1984年，第193页）。

③ 郑寅普：《朝鲜史研究》（下），1947，第62—63页。

④ 千宽宇：《三韩的国家形成》（上），《韩国学报》第2辑，第28页。

对此,郑寅普以"半岛内汉族势力的一扫"为题论述了通过海道对辽海附近的潜取之后,高句丽"逐退魏寇"的重大影响。[①]

下面的史料显示百济的西海进出在古尔王之后变得更为正式,

> 1. 古尔王三年,冬十月,王猎西海大岛,手射四十鹿。
> 2. 责稽王……高句丽怨。王虑其侵寇,修阿旦城、蛇城,备之。
> 3. 汾西王七年,春二月,潜师袭取乐浪西县。
> 4. 阿莘王六年秋七月,大阅于汉水之南。七年九月,集都人,习射于西台。(《三国史记》卷二四)

通过狩猎来进行彻底的军事训练和统治的确认,[②] 以此增加战斗力并阻止高句丽的南进。由此带方在高句丽入侵时曾向百济求助(责稽王元年),到汾西王七年进攻乐浪西边的时候也就会出现所谓"辽西争霸之始"。[③] 然而,因为当时与百济的西海进出有所不同的困难以及来自大陆的高句丽、靺鞨的持续南侵的威胁,辰斯王二年(386)从开城附近的青木岭到海洋之间的关防没能设置完成。

这一关防的要塞关弥城在辰斯王三年(387)靺鞨人的入侵以后受到了威胁,并在辰斯王八年(392)陷落。因此,关弥城的失陷成为百济国家的危机,史料提及阿莘王在此后倾注心血予以恢复但以失败告终。

> 秋八月,王谓武曰:"关弥城者,我北鄙之襟要也。今为高句丽所有。此寡人之所痛惜,而卿之所宜用心而雪耻也。"遂谋将兵一万,伐高句丽南鄙。武身先士卒,以冒矢石,意复石岘等五城,先围关弥城,丽人婴城固守。武以粮道不继,引而归。(《三国史记》卷二五,百济本纪三,阿莘王二年)

---

① 郑寅普,《朝鲜史研究》,1947,第167页。
② 金瑛河:《新罗时代巡守的性格》,《民族文化研究》4,1979年,第212—236页。
③ 郑寅普,《朝鲜史研究》(下),1947,第199页。

百济的西海进出的代表事例是辽西的进出。不过，与此有关的国内文献唯一的证据是崔致远的记录（《三国史记》卷四六列传六《崔致远传》）：

高丽、百济，全盛之时，强兵百万，南侵吴、越，北挠幽、燕、齐、鲁，为中国巨蠹。

这并非百济直接占领中国大陆东北地方的记录，因为"南侵吴、越"明确指的是中国本土。与此有关的记录在中国文献中的实例列举如下：

1. 百济国，本与高骊俱在辽东之东千余里，其后高骊略有辽东，百济略有辽西。百济所治，谓之晋平郡晋平县。①

2. 是岁，魏虏又发骑数十万攻百济，入其界，牟大遣将沙法名、赞首流、解礼昆、木干那率众袭击虏军，大破之。②

3. 其国本与句骊在辽东之东，晋世句骊既略有辽东，百济亦据有辽西、晋平二郡地吴，自置百济郡。③

4. 其国本与句丽俱在辽东之东千余里，晋世句丽既略有辽东，百济亦据有辽西、晋平二郡地矣，自置百济郡。④

5. 二年春正月丁巳，诏兼散骑常侍刘环俊使于陈。戊寅，以百济王余昌为使持节、都督、东青州刺史。⑤

6. 初以百家济海，因号百济。晋时句丽既略有辽东，百济亦据有辽西、晋平二郡。⑥

7. 晋时句丽既略有辽东，百济亦据有辽西、晋平。⑦

8. 孝宗永和二年正月，初，夫馀居于鹿山，为百济所侵，部落

---

① 《宋书》卷97《蛮夷东夷·百济国》。
② 《南齐书》卷58《东南夷东夷·百济国》。
③ 《梁书》卷54《诸夷东夷·百济》。
④ 《南史》卷79《夷貊下，东夷·百济》。
⑤ 《北齐书》卷8《后主、幼主纪》。
⑥ 《通典》卷185，边防1，东夷上（百济）。
⑦ 《文献通考》卷326，四裔考3（百济）。

衰散，西徙近燕，而不设备。①

从以上记载可见，百济实际上确实是在 4 世纪进出了中国的山东、辽
西地方。这种辽西进出并不是通过既存的高句丽航路进出中国，如果没有
开辟了独立的西海直通航路这是不可能完成的。因此笔者认为这一航路是
在 4 世纪末 5 世纪初开辟的。

对于辽西进出，韩镇书等持否定论，② 但是在丹斋申采浩以后我国学
界大部分都予以承认。申采浩认为百济占领的并非中国的山东、辽西一
带，而是叙述了对扶余的占领。③

郑寅普也在《辽西晋平的开置》中提出了他的主张，继承了申采浩
的观点。

> 百济最终领有柳城、北平之间地，设郡名为晋平而治之。（中
> 略）今锦州、北镇、宁远、朝阳、昌黎等全境……④

安在鸿也认为进出的时间在近仇首王、辰斯王时期特别是在近仇首王
时期。⑤ 金庠基继承了先学的这种先驱性的业绩，百济为了牵制高句丽向
辽东的扩张，在近肖古王末年（东晋末）进行了辽西经略。⑥ 方善柱也主
张百济从 360—370 年间进出辽西、华北地方之后到 577 年北齐灭亡为止
一直统治该地。⑦ 反对这一观点的李明揆一方面将百济的大陆进出说成是商
业和军事等方面与大陆并行的活动，另一方面又将此看作在五胡十六国的混
乱期百济对在大陆的贸易或居留民地域的成立和维持的保护。⑧

关弥城的陷落（392）以后国力枯萎的百济，在汉城被攻陷（475）之后

---

① 《资治通鉴》卷 97，晋纪孝宗永和二年。
② 参见《海东绎史》续篇卷 8，地理考 8，百济。
③ 申采浩：《朝鲜上古史》，《丹斋申采浩全集》上（萤雪出版社 1972 年版），第 194—195 页。
④ 郑寅普：《朝鲜史研究》，首尔新闻社 1946—1947 年版，第 206—209 页。
⑤ 安在鸿：《百济史总考》，第 255—256 页。
⑥ 金庠基：《关于百济的辽西经略》，《白山学报》3，1967 年，第 137 页。
⑦ 方善柱：《百济军的华北进出及其背景》，《白山学报》11，1971 年，第 22—24 页。
⑧ 李明揆：《百济对外关系相关一试论》，《史学研究》第 37 辑，1983 年，第 98—99 页。

急剧没落，此后东城王、武宁王、圣王时代的中兴都试图恢复以往的国力。可是真兴王十四年（553）新罗在汉江流域下游设置新州，将党项城收入囊中，两国间发生冲突，百济的对中通路在高句丽掌握之下，因为当时利用了沿着黄海道沿岸的海岸线北上，然后在椒岛附近西进的航路。百济在熊津迁都（475）以后实际上已丧失了对中航路，新罗受到内陆连续不断的挑战以及高句丽对海路的封锁都是来自大国的挑战。文周王二年（476）和东城王六年（484）分别向南朝宋和齐派遣的使臣都遭到了高句丽的阻碍。① 因此，文周王以后历代国王对故土的恢复以及西海通路的确保都不能不倾注心血。东城王、武宁王、圣王时代百济与高句丽、靺鞨冲突的记事整理如表1。

表1 东城王、武宁王、圣王时代的对北方关系

王	年代	内　　容	结　　果
东城王	四年九月	汉山城被侵（靺鞨）	劫走3000余户
	五年春	汉山城狩猎·军民	
	十六年七月	高句丽·新罗冲突	百济对新罗的军事支援
	十七年八月	高句丽军包围雉壤城	新罗对百济的军事支援
武宁王	一年十一月	袭击高句丽水谷城	
	二年十一月	袭击高句丽边境	
	三年九月	高木城被侵（靺鞨）	百济军击退
	六年七月	高木城被侵（靺鞨）	杀伤600余名
	七年十月	横岳被侵（高句丽·靺鞨）	百济军击退
	十二年九月	加弗城被侵	百济军击退
圣王	一年八月	浿水被侵（高句丽）	
	七年十月	鄙穴城被侵（高句丽）	百济军击退
	十八年九月	攻击高句丽牛山城	2000余名被害
	二十六年一月	独山城被侵（高句丽、秽）	战败
	二十八年一月	攻击高句丽道萨城	新罗军支援
	二十八年年三月	金岘城被侵（高句丽）	

① 《三国史记》卷6，文周王二年三月条载："遣使朝宋，高句丽塞路，不达而还。"东城王六年七月条载："遣内法佐平沙若思，如南齐朝贡，若思至西海中，遇高句丽兵，不进。"

由表 1 可见，这一时期百济既进行了对高句丽的主动进攻，也对入侵予以反击，从而牵制了高句丽。而且这一时期与南朝齐、梁的通交较为频繁，① 虽然西海横断航路是安全的，但有必要开辟新的航路。因此武王九年（608）隋朝使臣裴清对倭出使利用的是南路②而非以往的新罗航路具有深意。特别是自文周王二年（476）和东城王六年（484）高句丽的西海妨害事件以后，直到武王二十七年（626）隋航路拆断为止的五十余年间并没有受到高句丽阻碍航路的记载。由此推测百济与南朝之间有可能开辟了新的航路。不仅如此，威德王三十六年（589）中国的一艘战船漂流到耽牟罗国（耽罗），③ 意味着存在近海的航路。④ 而且，从真平王九年（587）大世、仇柒的海外亡命事件来看，经南海岸的黑山岛横渡中国东海，经由舟山列岛从明州登陆的航路已经开辟了。⑤ 并且，这条航路没有航海上的危险，统一新罗以后特别是张保皋对其进行了充分的利用。⑥

> 吾将乘桴泛海，以至吴、越，侵寻追师，访道于名山。（中略）[大世、仇柒] 遂相与为友，自南海乘舟而去，后不知其所往。（《三国史记》卷四，真平王九年）

然而，6 世纪末隋朝的登场使百济的对中关系遇到新的难关。这一难关就是为了与在北方新兴起的隋朝通交，却不能使用既有的新罗航路。由此百济不得不再次遭到高句丽、新罗的阻碍。结果对百济与在黄河流域繁荣昌盛的隋唐之间的交流不利，进而加速了南迁后百济国力的衰退。不过，百济在这种困难的条件下与隋唐展开的外交中竟然达到了与高句丽、新罗相近的遣使次数，由此可见当时外交竞争的意味。

---

① 申滢植，前揭书（1981 年），第 137 页。
② 《三国史记》卷 27（武王九年三月条）载："遣使入隋朝贡。隋文林郎裴清奉使倭国，经我国南路。"
③ 《北史》卷 94《百济》。
④ 孙兑铉、李永泽，前引论文，第 7 页。
⑤ 山尾幸久，前引论文，第 209—210 页。
⑥ 孙兑铉、李永泽，前引论文，第 21 页。

据表 2 可见，三国对隋朝的外交中，在地理上居于不利位置的百济反而最先遣使;① 从在与唐朝的外交中（660 年以前）绝不落在后面的遣使次数能够看出三国间激烈的外交使者的竞争。尤其是三国向中国靠拢的政策在唐朝的建立后更加得到促进。600 年（武王四十一年，婴阳王二十三年，善德王九年）三国同时要求到唐朝的国学入学，而且唐朝在同一年（624）册封了三国国王，② 可见当时的国际形势。然而随着 7 世纪以后新罗国家的成长，百济的西海活动日益衰落。这意味着其国力的衰退以及王权的弱化。

表 2   **三国对隋唐外交的比较**

三国	中 国					
	隋			唐		
百济	威德王 武王	4（1） 5	9（1）	武王 义慈王	15（1） 7（2）	22（3）
高句丽	婴阳王 宝藏王	8（1） 6（2）	14（3）	婴阳王 宝藏王	12（3） 9（2）	21（5）
新罗	真平王	6	6	真平王 善德王 真德王 武烈王	7（1） 8（1） 9（2） 5（1）	29（7）

（三） 新罗的大发展和西海

位于韩半岛东南端的新罗自然和西海没有关系，赫居世八年的"倭人行兵欲犯境"以后，除百济灭亡之后的白村江战役外，新罗的海洋交涉大部分与东海岸的倭国有关。

新罗通过西海最早的对中交流是西晋武帝太康元年（280）的入贡。③

---

① 百济是最早向隋朝遣使入朝的国家。即，百济在隋朝建立（威德王二十八年，581）后就派出了使臣。高句丽是在 590 年（平原王三十二年），新罗是在 594 年（真平王十六年）才分别得到隋朝的册封。

② 申滢植，前揭书，1984 年，第 314 页。

③ 千宽宇将《三国志》卷 30 的辰韩的辰王看作新罗的沾解王。随之将太康元年（280）解为味邹王十九年。

然而新罗国家成长过程中遇到了与倭和百济的冲突问题①,通过西海岸与中国的交往是在百济使臣的带领帮助下才勉强完成的②。

> 法兴王八年,遣使于梁贡方物。(《三国史记》卷四)

这条短短的记录说明了新罗渡过西海到达中国(梁)的事实。以此可窥见当时新罗国家的成长,在那一时期的航海技术水平下没有百济的帮助与中国的交往有多困难。根据是法兴王八年(521)对梁朝贡以来到真兴二十五年(564)为止四十余年间完全没有与中国来往。因此,真兴王二十六年的入陈具有特别的意义。真兴王十四年(553)占领了百济的东北边境(汉江下游地区)并设置新州后,给高句丽和新罗都带来了相当大的变化。

> 1. 阳原王七年秋九月,突厥来围新城,不克,移攻白岩城。王遣将军高纥,领兵一万,拒克之,杀获一千余级。新罗来攻,取十城。(《三国史记》卷一九)
> 2. 惠亮问曰:"沙弥从何来?"对曰:"某新罗人也。"(中略)惠亮法师对曰:"今,我国政乱,灭亡无日,愿致之贵域。"(《三国史记》卷四四,居柒夫)

首先,高句丽方面外有突厥持续不断的进犯,内有安原王时代的外戚抗争③和阳原王时代频繁的政乱④以及随之而来的国难,结果导致汉水流域丧失。⑤ 其次,在新罗国力急剧增强和王权空前提高

---

① 申滢植,前揭书,1984 年,第 285 页。

② 《三国史记》(新罗百济本纪)中没有新罗使臣随百济使臣入朝(梁)的记载,不过《梁书》(卷 54,列传 48 东夷新罗)、《文献通考》(卷 326,四夷考 3,新罗)中载有"随百济献方物"。

③ 李弘植:《日本书纪所载高句丽关系记事考》,《韩国古代史的研究》,新丘文化社 1971 年版,第 158 页。

④ 《日本书纪》卷 19 钦明纪六年条载:"是岁高丽大乱,凡斗死者二千余人。"

⑤ 卢泰敦,前引论文,第 35 页。

的前提下，① 通过党项城确保了新罗航路。因此，真兴王二十六年
至三十二年之间对陈的连年朝贡成为可能，夺取高句丽水上航路姑
且不论，真平王五年（583）设置船府署也可看作其寻求的对策。

因此，新罗在真兴王二十五年（564）后展开了活跃的对中外交，表
3 可见真平王时代（579—632）的智明以下九名求法僧从海路往来于中
国，从开始对唐交往的真平王四十三年（621）到百济灭亡为止，新罗派
出遣唐使比百济、高句丽更频繁，这是掌握西海航路带来的结果。

> 贞观十六年，义慈兴兵伐新罗四十余城，又发兵以守之，与高丽
> 和亲通好，谋欲取党项城以绝新罗入朝之路。新罗遣使告急请救。②

在这样的困难下，善德女王（632—647）和真德女王（647—661）
分别（与唐朝）互派了 11 次使臣，可见 7 世纪以后所谓新罗航路是在新
罗的统治之下的。

表 3 **新罗的求法僧**

求法僧	出国年度	归国年度	求法国
觉德		真兴王十年（549）	梁
明观		真兴王二十六年（565）	陈
智明	真平王七年（585）	真平王二十四年（602）	陈
圆光	真平王十一年（589）	真平王二十二年（600）	陈
昙育	真平王十八年（596）	真平王二十七年（605）	隋
安含	真平王二十二年（600）	真平王二十七年（605）	隋
安弘		真平王四十二年（620）	隋
圆测	真平王四十九年（627）	善德王十四年（645）	唐
圆胜	贞观初（627—649）		唐

---

① 真兴王（540—576）在位三十七年间曾三次改元。这代表着国家意识和王权的
威严，十二年的开国表示亲政，二十九年的大昌是对外夸示国力，三十三年的鸿济是强
大王权的象征（申滢植：《新罗史》，梨花女子大学出版部 1985 年版，第 110 页）。

② 《旧唐书》卷 199 上《东夷·百济》。

续表

求法僧	出国年度	归国年度	求法国
明朗	善德王元年（632）	善德王四年（635）	唐
慈藏	善德王五年（636）	善德王十二年（643）	唐
义湘	文武王元年（661）	义武王十年（670）	唐
惠通		文武王五年（665）	唐
胜诠		孝昭王元年（692）	唐

表4　　　　　　　　　　三国的对唐交易品

	进贡品	回赐品
高句丽	封域图（荣留王十一年） 白金（宝藏王三年）	天尊像·道德经（荣留王七年） 道德经（宝藏王二年）
百济	果下马（武王二十二年） 明光铠甲（武王二十七年） 铁甲·雕斧（武王三十八年） 金甲·雕斧（武王四十年）	锦袍丝·彩帛（武王三十八年）
新罗	太平颂（真德王四年） 金总布（真德王七年）	画屏风·锦丝（真德王四十三年） 温汤·晋祠碑·晋书·金帛（真德王二年）

三国的对唐外交在新罗的主导和控制下，三国展开活跃的外交交涉，彼此间在从朝贡使的挑选到方物的内容上展开各种各样的竞争。特别是始于在广义的外交中以册封为前提达成协议的朝贡，派遣了告哀使、进贺使、谢恩使、请兵使、谢罪使等各种形态的入朝使臣。[1] 加之由新罗展开的宿卫外交既是统一三国的肇因，也为吸收盛唐文化作出了巨大贡献。[2] 因此，三国将遣唐使的资格提高到王子一类的高层人士，凸显了对唐外交的重视。即高句丽荣留王二十三年（640）二月世子桓权，宝藏王六年（647）王子、莫离支任武，以及宝藏王二十五年（666）的太子福男分别

---

① 申滢植，前揭书，1984年，第315—321页。
② 申滢植，前揭书，第352—390页。

被作为使臣派遣。①

百济也在武王二十八年（627）八月向唐选派了国王的侄子福信，新罗在真德王二年（648）、四年、五年也分别派遣出了金春秋和金仁问、金文王父子，可见对唐外交的重视。对此唐朝将刑部尚书沈叔安和职方郎中陈大德、散骑常侍朱子奢、司农丞相里玄奖等分别派往高句丽和百济，表示对他们外交上的关心。在这种外交的竞争下，朝贡伴随着进贡与回赐的多样化与内容的丰富，反映了当时社会的需求。

然而，新罗很快计划用对唐外交来克服本国危机之路，在真平王以后摸索出新的对唐接近政策。真平王时期掌握大权的金龙春和金舒玄具有密切联系，他们和金春秋、金庾信家族结成姻亲关系后，新贵族得到极速成长。② 这两大家族推举善德王（632—647）对内方面主张对济、丽强攻政策，对外方面积极促进亲唐的政策。特别是以大耶城的悲剧（641）为契机，两大家族紧密地团结在一起，金春秋在开始三角外交的同时，整顿毗昙之乱（647）后拥立善德女王（647—654）而排挤了旧势力。接下来真德女王在位的八年间是武烈王系的政策试验期，③ 也是金春秋、金庾信等新贵族展开积极的对唐外交的时期。那就是金春秋及其两个儿子（金文王、金仁问）所进行的宿卫外交。

可是这一时期包括宿卫外交在内的对唐交涉为摸索向三国统一的过渡，可以看到采纳唐正朔年号和唐朝服制等屈辱的表现④，但那不过是新罗策略手段的表象而已。新罗通过这种交涉手段可以从唐朝获得援兵和支持。由表5可见，真德女王当时的实权者金春秋亲往对唐交涉的第一线，而获得了征伐百济的计划和"援兵确约"，文王作为宿卫被留下。特别是到他的儿子法敏当时被选拔为遣唐使，他们都成为统一的主角，由此可估计出当时入朝使的身份与地位。唐朝派往新罗的太常丞张文收（真德王八年）和含资道总管刘德敏（文武王元年）等人也受到了礼遇。

---

① 《三国史记》卷20及卷22。

② 申滢植，前揭书，1984年，第115页。

③ 真德女王时代实施的代表性政策有：（1）设置执事部（废除禀主）；（2）启用新贺正礼；（3）新设左理方府；（4）宿卫外交的促进等。这可以说是武烈王登场的"整体作业"。

④ 真德王二年请奉正朔、中华衣冠制度，四年进献太平颂，使用永徽年号等。

表5   新罗的遣唐使（统一以前）

入朝使	官等	出国年代	归国年代	活动
绀帐许		真德王二年（648）		请求正朔
金春秋	伊飡	真德王二年（648）	真德王二年（648）	文王同行（宿卫·请兵）
金法敏	（波珍飡）	真德王四年（650）	真德王四年（650）	献锦太平颂
金仁问	波珍飡	真德王五年（651）	武烈王三年（656）	宿卫·武烈王五年、七年，文武王二年入唐
金文王	（伊飡）	武烈王三年（656）	武烈王五年（658）	宿卫
天福	第监	武烈王七年（660）		汇报征伐百济
金三光	奈麻	文武王六年（666）	文武王八年（668）	汉林同行（宿卫·请兵）
汁恒世	大奈麻	文武王七年（667）		朝贡
元器·渊净土		文武王八年（668）	文武王八年（668）	仅元器归国

可是统一前，罗唐关系结果因征伐高句丽、百济成为中心而使旨在推动两国的军事合作及实施作战计划的使节往来得以实现。《三国史记》中有唐朝水军在征伐百济前后往来于西海的几个事例[1]：武烈王七年（660）六月十八日从山东莱州出发的苏定方的军队仅用了三天就横渡西海到达德物岛，由此似乎可以看出所利用的赤山航路是出于战术考虑的。德物岛作为这条航路中间的转折点，接下来这条航路顺着韩半岛沿岸北上从白翎岛和椒岛近海向西[2]。因此文武王十年剑牟岑主导的高句丽复兴并向南进军的航路显然是从浿江口—椒岛—白翎岛—史冶岛（德积岛）[3] 一直抵达赤山航路的南端。

百济灭亡后，扶余丰和福信等人发起复兴运动在加林城崛起的时候，"仁轨乃别率杜爽、扶余隆率水军及粮船，自熊津江往白江，会陆军同趣周留城。仁轨遇倭兵于白江之口，四战捷，焚其舟四百艘，烟焰涨天，海

① 参见《三国史记》卷5、卷6，武烈王七年，文武王三年、八年；《旧唐书》卷83，苏定方传载："显庆五年，从幸太原，制授熊津道大总管，率师讨百济。定方自城山济海，至熊津江口。"（原书正文失注，今据文意标入，并有微调。——译者注）

② 《新增东国舆地胜览》（卷43，丰川都护府）中的琵琶串是"禁商船之通上国者"的地方来看，可知丰川海岸的椒岛是寄港地。

③ 李丙焘，前揭书，第103页。

水皆赤，贼众大溃"①。可见白江战役的惨状。之后，西海上的军事行动到文武王十六年（676）的伎伐浦海战为止暂时处于冷却期。

征服百济的罗唐联合军很快计划征伐高句丽。这时郭待封率领的水军②从山东半岛东端的城山出发东进越过椒岛向浿江口发动进攻。这时水军不仅从侧面协助陆军，为攻陷平壤，在军粮和物资的支援上也给予了很大的帮助③。

结果新罗在 6 世纪中叶确保了汉江下游地区，同时在某种程度上还掌控着通过党项城的对中航路并持续受到高句丽一侧的破坏。然而高句丽北方频繁的叛乱和突厥等的威胁使其国家遭受巨大磨难，新罗因而在 6 世纪末统治了大部分赤山航路。因此，求法僧、使节频繁地往来，三国最密切的对隋唐的接近成为可能。而且，不顾百济、高句丽对入朝之路的阻碍，新罗积极的对唐外交的成功打开了通向统一的外交之门。当然，这种变化是能够确保西海航路安全的政治、军事的成长的基础。

三　统一新罗的繁荣与西海

西海在征伐丽济时作为支援唐军的通道，使唐罗之间的合作得以完成。百济灭亡之后应唐朝方面的要求，新罗为频繁地输送军粮蒙受了巨大的损失。④

> 此时，倭国船兵来助百济，倭船千艘，停在白沙，百济精骑，岸上守船。新罗骁骑为汉前锋，先破岸阵。（《三国史记》卷七，答薛仁贵书）

由材料可见，似乎到白江之战为止，两国间的合作在某种程度上已经完成。然而高句丽灭亡后，唐朝的领土野心也逐渐暴露：

---

① 《旧唐书》卷 84《刘仁轨传》。
② 《新唐书》卷 220《东夷·高丽》。
③ 《三国史记》卷 22《高句丽本纪》，宝藏王二十七年。
④ 《三国史记》卷 7《新罗本纪》，文武王十一年，答薛仁贵书。

> 文武王十年六月,高句丽水临城人牟岑大兄,收合残民,自穷牟城,至浿江南,杀害官人及僧法安等。向新罗,行至西海史冶岛,见高句丽大臣渊净土之子安胜,迎致汉城中,奉以为君。王处之国西金马渚。(《三国史记》卷六)

新罗政府沉迷于接受剑牟岑的归化,在金马渚封安胜为"少高句丽王"等反唐政策中。由于新罗这种支援与协助,文武王十一年的《答薛仁贵书》中凸显了两国间的不和谐关系。即,新罗政府查明唐朝借口征伐倭国修理兵船而实际上蓄谋进攻新罗,却对此懒于理睬。文武王八年为履行与唐朝间的约定,新罗水军北进并提前到达水谷城,得知唐军首先回撤后新罗军队也撤退了。这时文武王"遣大监金宝嘉入海,取英公进止"(《三国史记》卷七,答薛仁贵书)之后,金宝嘉从海路抵达位于辽东的李勣阵营观察其动静,可见合作的体制其实已经破裂。不过,金宝嘉北上之路也是剑牟岑经浿江口—史冶岛南下的、一直以来被当成新罗航路的路线。

与之相同,由于新罗不仅积极吸纳、融合百济高句丽遗民,而且为从唐占领区逃出的很多遗民提供避难地以弱化唐朝的进攻力量①,罗唐间的对立变得更加尖锐了。正如材料所表现的那样:

> 仪凤二年九月,洮河道行军大总管中书令李敬玄、左卫大将军刘审礼等与吐蕃战于青海之上,王师败绩,审礼被俘。上以蕃寇为患,问计于侍臣中书舍人郭正一等,咸以备边不深讨为上策。②

当时唐朝因吐蕃叛乱等问题而使对韩半岛的军事行动也不尽如人意,③ 而驻屯平壤的唐朝陆军将领刘仁轨、高侃、李谨行等率领契丹、靺鞨军队进攻了积城、七重城和买肖城一带,而水军在薛仁贵的指挥下则包围了伎伐浦一带。

---

① John C. Jamieson,《罗唐同盟的瓦解》,《历史学报》第44辑,1969年,第2页。

② 《旧唐书》卷3《高宗纪》,仪凤二年。

③ 申滢植:《三国统一的历史性格》,《韩国史研究》第61、62辑,1988年,第69页。

1. 冬十月六日，击唐漕船七十余艘，捉郎将钳耳大侯，士卒百余人，其沦没死者不可胜数。级飡当千功第一，授位沙飡。（《三国史记》卷七）

2. 十二年九月，遣级飡原川、奈麻边山及所留兵船郎将钳耳大侯、莱州司马、本烈州长史王益、熊州都督府司马祢军、曾山司马法聪，军士一百七十人，上表祈罪。（《三国史记》卷七）

3. 十六年冬十一月，沙飡施得领兵船，与薛仁贵战于伎伐浦，败绩。又进，大小十二战，克之，斩首四千余级。（《三国史记》卷七）

以上记录是两国在文武王十一年到十六年间在西海上发生的冲突事件。材料1是唐朝的输送军粮米的船只阻挡了陷入孤立境地的高侃军队的前进道路。高侃在文武王十一年九月和蕃兵一起从平壤进犯带方并通过礼成江口进出于西海之上，同时唐朝水军通过该地的钱浦、碧兰渡①为唐军补给军粮。文武王十一年十月新罗破坏了其补给线打击了唐军士气，十二年七月在西门大破高侃和李谨行军。材料2是为打击唐军激昂的士气，采取了怀柔、招降使郎将钳耳大侯、莱州司马法聪的措施。材料3是文武王十三年的买肖城胜利使唐水军覆没，这是由于唐军在陆战海战中的决策失误导致的。②伎伐浦胜利则是新罗水军掌握了制海权而使唐军丧失斗志的事件。

事实上，文武王十一年听到所谓唐兵支援百济军的传闻后，新罗大阿飡真功守备甕浦，十三年九月大阿飡彻川出动一百余艘兵船镇守西海，此外新罗军队与唐军在临津江边界展开一系列大会战，③为确保礼成江口的江华湾直接展开战斗。最终，新罗出于守护麻田岛和江华岛的考虑切断了伎伐浦的海路。因此唐朝将入唐宿卫的金仁问请出来，以刘仁轨、李弼、

---

① 《新增东国舆地胜览》卷4，开城府，上。

② 李钟学：《新罗三国统一的军事学的考察》，《军史》第8辑，1984年，第196—197页。

③ 文武王十一年十月六日捕获唐朝的运送船七十余艘，劫获郎将钳耳大侯等一百余人以后，包括十二年七月高侃、李谨行麾下的数千人，十三年九月九次激战的两千余人，十五年九月的一千四百余人（获四十余艘船），新罗军在大小十八战中共斩杀唐军六千余人。

李谨行等人展开的反击报复的计划反而失败了。新罗王为炫耀伐伐浦的胜利，三个月后在讲武殿南门观览了弓射，不久又将船府从兵部中分离出来，开始强调船楫之事。[①]

从文武王八年（668）派遣了金钦纯、良图为谢罪使到孝昭王八年（699）入唐朝贡为止，两国实际上处于断交状态。文武王十一年（671）两国爆发正面冲突，因百济、高句丽遗民的处理和领土的纷争，战争一直持续到文武王十六年。战后，经过神文王、孝昭王激烈的感情对立期，[②]两国在玄宗时代（712—755）和圣德王（702—737）时代建立了正常的关系。经过孝昭王时代的过渡期，两国在圣德王二年（703）确立了亲善的关系，两国进入文物交流为主的时期。这时的西海因为不存在第三国，其作为两国间的交通路发挥了文化发展的桥梁作用。

统一新罗通过西海的对唐交涉促进了韩国历史上最活跃的文化交流和人员往来。圣德王在位的三十六年间出现了 46 次外交关系记事，而且还出现了朝贡、贺正、谢恩、宿卫、宿卫学生等外交使节的多种类型。如此频繁的派遣外交使臣如同长寿王对北魏的外交一样是国力增强和王权强化的表现。真平王四十三年到新罗末为止的三百余年间新罗派出的使臣横渡西海达 150 多次，由此可见对唐外交的重视和重要。因而，新罗对遣唐使的选拔也是慎之又慎，其代表性人物见于表 6。

表 6   **统一新罗的遣唐使**

入朝使	官等·官职	出国年代（归国年代）	使行目的·活动
金钦纯	角干	文武王九年（669）［670］	谢罪使
金良图	波珍湌	文武王九年（669）	谢罪使
祇珍山	级湌	文武王九年（669）	献磁石
金福汉	大奈麻	文武王九年（669）	献木
原川	级湌	文武王十二年（672）	谢罪（带领奈麻 边山）

---

① 《三国史记》卷 7《新罗本纪》，文武王十一年。

② 神文王时期唐朝皇帝的册封使先来，对此并未派遣谢恩使，十二年唐使来到新罗要求更改太宗庙号，仅在六年有一次入朝使。孝昭王时期，唐朝首先派遣了册封使，新罗也派遣了一次遣唐使（申滢植，前揭书，1984 年，第 327—328 页）。

续表

入朝使	官等·官职	出国年代（归国年代）	使行目的·活动
金思让	阿飡	圣德王三年（704）［705］	求取佛经
金贞宗		圣德王十二年［713］	传达敕诏
金风厚		圣德王十四年（715）［716］	
金钦质	王弟	圣德王二十五年（726）	
金荣	副使	圣德王三十四年（735）	
金相	大阿飡（王弟）	圣德王三十五年（736）	
金隐居	伊飡	惠恭王三年（767）	请求册命
金俊邕	大阿飡	元圣王五年（789）	侍中·即位（昭圣王）
金彦升	大阿飡	元圣王六年（790）	上大等·即位（宪德王）
金力奇		哀庄王九年（808）	请求册命
金陆珍	大阿飡	哀庄王十年（809）	谢恩
金昌南	伊飡	宪德王元年（809）	告哀
金宪章	王子	宪德王二年（810）	献金银佛像
金张廉	王子	宪德王九年（817）	
金柱弼		宪德王十四年（822）	
金能儒		兴德王六年（831）	溺死
金大廉		兴德王四年（829）	传入茶种子
元弘	阿飡	文圣王十三年（851）	传入佛经·佛版
金富良	阿飡	景文王二年（862）	溺死
金胤	王子（苏判）	景文王九年（869）	谢恩
金处诲	兵部侍郎	真圣女王七年（893）	溺死
金荣	仓部侍郎	景明王七年（923）	带领金幼郎
金岳	仓部侍郎	景明王八年（924）	
张芬	兵部侍郎	景哀王四年（927）	带领朴术卿（后唐）
金日出	执事侍郎	敬顺王六年（935）	带领李儒（后唐）

表6可见，统一新罗实行积极的外交政策，遣唐使选拔王族远亲级飡以上的人，① 并选定比新罗末期官等更早一些的官职为主的人物。特别是由于入唐使的往来使交易的物品比三国时代更加多样化了。即，新罗的进贡物到7世纪为止以金、银、铜、牛黄、布木、人参为主，8世纪时以果下马、牛黄、美发、海豹皮和朝霞绸、鱼牙绸为主。而由9世纪输出的金银制佛像、佛经等也可发现新罗手工业工艺的发展。而回赐品如历法、最胜王经、文宣王、十哲七十二弟子图、紫袍和锦绸带、道德经、佛经、茶种子等也多种多样。②

统一新罗活跃的对唐外交在借助发达的航海技术与先进船舶的同时也进一步促进了开辟新航路。

（1）王闻玄宗在蜀，遣使入唐，溯江至成都朝贡。③

（2）帝在蜀，遣使溯江至成都朝正月。④

（3）十一年十一月，其入朝王子金士信等遇恶风，飘至楚州盐城县界，淮南节度使李鄘以闻。⑤

以上材料暗示了8世纪中叶以后新罗探索经韩半岛南端渡中国东海而行的新航线的内容。（1）说的是景德王十五年（756）新罗使臣听说唐朝皇帝（玄宗）在蜀的消息渡过沂江，⑥（2）实际上是《新唐书》的记载，（3）是新罗使臣金士信⑦遭遇台风后漂到楚州盐城，《增补文献备考》卷一七一"交聘"还提到宪德王九年（817）的入朝使金张廉遇到暴风后漂至明州附近。在这些记载中，他们的航路不是既有的北方航路而很有可能是从黑山岛出发一直向西行的航路。这条路线由黑山岛渐向西南渡过中国东海经舟山群岛由明州—杭州上岸，到张保皋时代这条路线得到很大发

---

① 文武王九年入唐的祗珍山很可能是与磁石有关的技术人员。
② 申滢植，前揭书，1984年，第336—338页。
③ 《三国史记》卷9《新罗本纪》，景德王十五年。
④ 《新唐书》卷220《东夷·新罗》。
⑤ 《旧唐书》卷199上《东夷·新罗》。
⑥ 沂江在今淮河以北、山东半岛南部，由此可知新罗使臣从韩半岛出发向西直行抵达淮河下游的事实。
⑦ 关于金士信，《三国史记》卷10宪德王元年（809）作为持节使归国，并无遇难的记载。

展。可是统一新罗后期以前仍然主要利用新罗航路。日本的情况也和新罗一样，横跨中国东海时伴有很大危险。

> 7世纪出使中国的大使们总是沿着韩国海岸去中国，那是可以看得见陆地的航线。但是到敌对的新罗王国统一韩国的时候，日本不得不躲开韩国海岸而试图冒着更多风险直接从北九州西行去中国。①

统一新罗对唐交流活跃的根本的原因是航海和造船技术的先进性。据圆仁《入唐求法巡礼行记》记载，他在836年八月十七日第一次试图出航的时候，当时日本的船勉强算是"沙船"的水准，所以是在九州沿岸很难抵达唐朝的一种原始程度。② 对当时日本的航海技术，赖肖尔（Reis-chauer）这样写道：

> 在那些海上，指南针还没有被使用，沙船的时代是只能在风中航行。最糟糕的是日本人好像没有在他们那个世界航海所必需的最基本的气象学知识。③

日本的沙船被记载为一种平底的帆船。中国和新罗沙船一样，④ 而中国的沙船是以平底、多桅、方头方艄、⑤ 有出艄而无船头为特征，⑥ 可见新罗的船舶也应带有这样的特征。当时日本的航海者们大部分得到了新罗人的保护和引导，⑦ 并且圆仁的归国也是在新罗船员的带领下完成的，⑧

---

① Edwin O. Reischauer, *Ennin's Travels in Tang China*, p. 60.
② Ibid., p. 61.
③ Ibid., p. 60.
④ 金在瑾，前揭书，第57页。
⑤ 周世德：《中国的沙船考略》，《科学史集刊》5，第48页。
⑥ J. Needam, *Science and Civilization in China*, Vol. 4, p. 391.
⑦ 金文经：前引论文，第275页。
⑧ 《入唐求法巡礼行记》卷1，开成四年三月十七日条："十七日，运随身物载第二船，与长判官同船。其九只船，分配官人，各令船头押领，押领本国水手之外；更雇新罗人谙海路者六十余人，每船或七或六或五人。亦令新罗译语正南商可留之方便，未定得否。"日本的朝贡使选拔中金正南、朴正辰等新罗译语。

能够看到当时的航海技术之高。① 特别是在圆仁的《入唐求法巡礼行记》中可见，日本的航海技术连季风和海洋的特征都不了解，只停留在依靠佛陀和神道的水准上。②

高超的航海与造船技术为 8 世纪以后的对唐交往带来了全新的转折期。与在国王和中国皇帝大部分的更迭之后派遣的朝贡使不同，圣德王时代开始出现的贺正使具有更多的吸纳唐文化的目的。实际上贺正使在圣德王十三年（714）至惠恭王十年（774）的六十年间是以祝贺新年的使节存在的。表 7 中可以看出圣德王为纪念与唐朝友好关系的建立，一般在朝贡使之外还派出携有贺礼的使节。③ 派出了告哀使、谢恩使、进贺使、谢罪使、陈慰使等，特别是宿卫外交促进了统一新罗与唐朝外交上的"白头偕老"。

表 7　　　　　　　　　统一新罗的贺正使

使臣名	官等	派遣年代	在唐官职
朴佑	级湌	圣德王十三年 2 月	朝散大夫员外奉御
金凤厚		圣德王十四年 3 月	
金仁壹	大奈麻	圣德王二十一年 10 月	
金武勋		圣德王二十三年 2 月	
金忠臣		圣德王二十五年 4 月	
金志良		圣德王三十年 1 月	大仆少卿员外郎
金端竭丹	大臣	圣德王三十三年 4 月	尉卫少卿
金义忠		圣德王三十四年 1 月	
金抱质	沙湌	圣德王三十六年 2 月	
金元玄		孝成王二年 3 月	
金标石	伊湌	惠恭王十年 10 月	
失名		惠恭王十年 10 月	员外尉卫卿

---

① 关于新罗当时领先的高超航海技术可参见 Edwin O. Reischauer, *Ennin's Travels in Tang China*, p. 97.

② Edwin O. Reischauer, *Ennin's Travels in Tang China*, p. 69.

③ 申滢植，前揭书（1984 年），第 339—340 页。

统一前的宿卫在金春秋的主导下派出了金文王、金仁问、金三光三人，他们后来成为统一三国的主角。到景德王时代派出的金因为止共派遣了16人。①

表8 统一新罗的宿卫

	宿卫	官等	派遣年代	任期	最后官等	在唐官职	政治活动
统一前	金文王	（波珍飡）	真德王二年（648）	5年	伊飡	武卫将军	侍中
	金仁问	波珍飡	真德王五年（651）	22年	伊伐飡		军主 征伐济·丽
	金三光	大阿飡	文武王六年（666）	3年	（大阿飡）	左武卫翊府中郎将	征伐济·丽
中代	金德福	大奈麻	文武王十四年（674）	1年			传入历书
	金守忠	（阿飡）	圣德王十三年（714）	3年			传入文圣王图
	金嗣宗		圣德王二十七年（728）	2年	果毅		请求宿卫学生入学
	金志满		圣德王二十九年（730）	1年	太仆卿		文物交流
	金思兰		圣德王三十二年（733）	1年	太仆员外卿		讨伐渤海
	金忠信		圣德王三十二年（733）	1年	左领军卫员外将军		讨伐靺鞨
	金志廉		圣德王七十二年（783）	1年	鸿胪少卿		谢恩

① 申滢植，前揭书（1984年）；卞麟锡：《唐宿卫制度所见对唐关系》，《史丛》第11辑，1966年。

续表

宿卫	官等	派遣年代	任期	最后官等	在唐官职	政治活动
金献忠		哀庄王七年(806)	1年		秘书监	
金士信		宪德王一年(809)	1年			册封副使
金昕		宪德王十七年(825)	1年	伊飡	太常卿	国相·请求宿卫学生入学
金义琮		兴德王十一年(836)	1年	伊飡		侍中·谢恩
金忠信		僖康王二年(837)	11年			文物交流
金因	沙飡	景文王十年(870)	1年			

（下代）

　　由表 8 可见，其原始出处的"夫四夷称臣纳子为质"（《册府元龟》卷九六六）是从质子的角度说的，[1] 而实际上其作为罗唐两国间的外交沟通者在政治、经济、军事、文化等方面都发挥了巨大作用。[2]

　　这里关注的不仅是新罗的遣唐使、贺正使、宿卫等在唐活动，还有他们归国后显著的成绩。[3] 作为入唐使人物大部分活动的表现整理在表 9 中。

---

　　① Lien-Shen Yang,"Hostage in Chinese History", *Studies in Chinese Institutional History*, 1960, pp. 43 – 57. 梁起锡：《关于三国时代人质的特征》，《史学志》第 15 辑，檀国大学 1981 年版。

　　② 参见申滢植，前揭书（1984 年）。

　　③ 圣德王三十二年作为宿卫入唐的金忠信写作了金信忠（末松保和《新罗的郡县制，特にその完成期の二·三问题》，《学习院大学文学部研究年报》第 21 辑，1979 年，第 67 页）。确然如此，则他分别在孝成王时期担任侍中、景德王时期担任上大等，而且是景德王时期政治改革的主力（李基白：《景德王时期断谷寺·怨歌》，《新罗政治社会史》，一潮阁 1974 年版，第 219 页）。

表9 　　　　　　　　　　　　**统一新罗入唐使的活动**

入唐使	类别	最后官等	归国后活动	在唐活动
金春秋	朝贡使	伊飡	武烈王（654—661）百济征伐（660）	请兵使（648）
金文王	宿卫	伊飡	侍中（658—662）	请兵
金法敏	朝贡使	波珍飡	兵部令（654）文武王（661—681）	献太平颂（650）
金仁问	宿卫	大角干	军主（656）高句丽征伐（668）	请兵使（658）
金三光	宿卫	伊飡	执政（文武王时期）	征伐高句丽（668）
金忠信	宿卫	伊飡	侍中（739—744）上大等（757—763）	
金义忠	贺正使	伊飡	侍中（737—739）	授赐浿江以南地域（735）
金隐居	朝贡使	伊飡	侍中（768—770）叛乱（775）	请求册命（767）
金俊邕	朝贡使	波珍飡	侍中（789）兵部令（790）昭圣王（799—800）	
金彦昇	朝贡使	伊飡	兵部令（796）宪德王（809—826）	
金昕	宿卫	伊飡	国相、讨伐张保皋失败（839）	请求宿卫学生入学（825）
金义琮	宿卫	伊飡	侍中（840—843）	谢恩使（836）

　　由表9可见新罗的入唐使人物中出现的国王有金春秋、金法敏、金俊邕、金彦昇四人。另外，出现的金文王等九人成为宰相，可见入唐使节是晋升最高官职之路。他们通过在唐生活增长见识，拓展实践，以其在唐朝广泛的外交活动为吸收唐朝的政治、制度、文物，从而为开发新罗文化发挥了巨大作用。深险的西海的波涛赋予了他们伟大的雄心，而艰难的航程磨炼了他们不屈的意志。

　　统一新罗的对唐外交中不可忽视渡唐留学生的作用。[①] 新罗人将唐朝视作历练学问、转变身份和出人头地的地方。因此，

　　　1. 新罗用人论骨品，苟非其族，虽有鸿才杰功，不能逾越。我
　　愿西游中华国，奋不世之略，立非常之功。（《三国史记》卷四七，
　　列传七，薛罽头）

---

　　① 申滢植，前揭书（1984年）；李基东：《新罗下代宾贡及第者的出现和罗唐文人的交往》，《全海宗博士花甲纪念论丛》，1980年；金世润：《关于新罗下代渡唐留学生》，《韩国史研究》第37辑，1982年。

2. 崔致远年十二，将随海舶入唐求学。其父谓曰："十年不第，即非吾子也。行矣，勉之。"（《三国史记》卷四六，列传六）

3. 元圣王九月，以子玉为杨根县小守。执事史毛肖驳曰："子玉不以文籍出身，不可委分忧之职。"侍中议云："虽不以文籍出身，曾入大唐为学生，不亦可用耶。"王从之。（《三国史记》卷十）

史料 1 为转变身份，2 为赢得学问而渡过西海，3 则出现了入唐求学成为官员提拔的标准这一点。因此，被严格的身份社会所束缚的新罗人为扬名而不顾航海的危险性。

当时新罗船舶的容纳量和航海技术的优越性被广泛认定，而关于其具体的载重能力则没有具体的资料。不过，从"登州人马合吉乘高丽小船，海岸管押将卢昕以下七十人交易"的记载，[1] 可见后唐清泰元年（高丽太祖十七年，934）高丽船舶的输送能力达到七十人，这一时期七十多人虽然不能确定就是一只船的承载量，而新罗时代的数量则可以计算出来。特别是模仿隋唐楼船、兵船和沙船的新罗对它们从根本上进行了新的开发的可能性很大。宪康王十一年（866）宿卫学生崔慎之（彦㧾）入唐时，包括八名留学生、大首领祈绰等八人，小首领薛恩等两人在内共十八人乘坐一艘船出发。[2] 如果是这样的话，包括船长和数名船员应该达到了可容纳二十人的能力。

文武王十二年遣原川等拜表谢罪，进贡银三万三千五百分，铜三万三千分，针四百枚，牛黄百二十分，金百二十分，四十升布六匹，三十升布六十匹。（《三国史记》卷七）

从中可以计算出新罗船舶的容载量，特别是景文王九年七月金胤作为谢恩使入唐时，除同行有三名留学生之外还携带有马匹、金、银、鸳鸯等三十三种方物。[3] 笔者认为三十余种方物都放在一艘船上，能容纳如此大

---

① 《册府元龟》卷 999《外臣部，瓦市》
② 《东文选》卷 47《状遣宿卫学生首领等入朝》。
③ 《三国史记》卷 7《新罗本纪》，景文王九年条。

体积的载物说明其运输能力是很超群的。金云卿以来的宿卫学生①被确定为五十二人的名单。② 他们被记录在《东文选》卷四七的《奏请宿卫学生还藩状》中，从中可见，因为要选聘使节出国归国，所以他们必然是通过西海往来的人。③

与之相同，与新罗的政治家、外交官和知识分子们通过西海往还唐朝一样，唐朝的相应人物也是通过西海来往的。除文武王九年（669）法安请求磁石、文武王十一年琳润传达薛仁贵的抗议书之外，渡西海而来的具有代表性的唐朝使节如表 10 所示。

表 10 **唐朝持节使**

唐朝使节	官 职	派遣年代	任 务
刘仁轨	辽东道行军副大总管	文武王八年（668）	传达皇帝敕书
邢璹	左赞善大夫	孝成王二年（738）	册封孝成王
卢元敏		圣德王十一年（712）	要求改定王名
魏曜	赞善大夫	景德王二年（743）	册封景德王
归崇敬	仓部郎中	惠恭王四年（768）	册封惠恭王
盖埙	户部郎中	宣德王六年（785）	册封宣德王
韦丹	司封郎中	元圣王十四年（798）	册封昭圣王
元季方	兵部郎中	哀莊王六年（805）	册封哀庄王
崔廷	职方员外郎	宪德王一年（809）	册封宪德王
源寂	太子左谕德	兴德王二年（827）	册封兴德王
胡归厚	太子右谕德	景文王五年（865）	册封景文王

表 10 所示，唐朝的持节使（册封使）无一例外地是具有御史中丞

---

① 所谓宿卫学生，最初的记录是文武王十五年九月的"薛仁贵以宿卫学生风训之父真珠伏诛于本国，引风训为乡导来攻泉城"（《三国史记》卷7）中的金风训。此后"允中庶孙岩，性聪敏，好习方术，少壮为伊湌，入唐宿卫，问就师，学阴阳家法"（《三国史记》卷43，金庾信下）提及金岩担任宿卫，实际上也是宿卫学生（申滢植《宿卫学生考》，《历史教育》第 11、12 辑，1969 年）。但是，到长庆元年（宪德王十三年，821）金云卿考取宾贡科的时候才开始正式称为宿卫学生。

② 李基东，前引论文，第 634 页；金世润，前引论文，第 161 页。

③ 《东文选》卷 47《奏请宿卫学生还藩状》。

（正四品）级别的人物，[1] 特别是这些人物中还有唐代的大文豪和硕学之士。[2] 归崇敬是留下 20 卷文集的学者，而韦丹、元季方、源寂等人都是《唐书》为之立传的巨儒。[3]

事实上，唐朝这种姿态至少是有将新罗看作"君子之国、仁义之乡"的认识。从真德王二年（648）金春秋入唐紧急请求援兵时并请求"请诣国学，观释尊及讲论"以来真德王四年的献进太平颂、神文王二年的设置国学以及圣德王十六年为表示忠义而传入文宣王图等来看，新罗只是接受唐给予的"文化之国"的称呼而已。因此，唐朝在接待新罗使臣时特别对入唐使授予了相应的官职。[4] 而且，分别在朝廷和内殿宴请圣德王十三年二月和十月入唐的新罗使臣金守忠等。[5] 惠恭王九年和十年派遣的使节在唐朝廷的延英殿被接见也表现了对新罗很高的礼遇。[6] 唐玄宗在 731 年（景德王三十年）给景德王的诏书中表达了唐朝对新罗的立场：

> 所进牛黄及金银等物，省表具之。卿二明庆祚，三韩善邻，时称仁义之乡，世著勋闲之业。文章礼乐，阐君子之风。纳款输忠，效勤王之节，固藩维之镇卫，谅忠义之仪表。岂殊方憬俗可同年而语耶？（《三国史记》卷八）

因安禄山叛乱和玄宗在成都蒙尘时（景德王十五年，756）新罗使臣不辞辛劳前去朝贡，玄宗赐以"使去传风教，人来习典谟，衣冠知奉礼，忠信识尊儒，诚意天其鉴"的五言诗就很好地展现了唐朝这一立场。[7] 因此，皇帝给前去册封孝成王的邢璹的敕书中，也有新罗的学问、知识水准和中国一样的认识，这当然使唐朝在选拔遣新罗使时做到了慎重。

---

① 唐朝的持节使归崇敬是仓部郎中兼御史中丞，此外韦丹、元季方、崔廷、源寂、胡归厚等全都是兼御史中丞（正四品）。御史中丞是掌管刑法、典章、纠正之事（《新唐书》卷48，百官3，御史台）的官职，选拔时很慎重。

② 李基东，前引论文，第 635 页。

③ 归崇敬、韦丹、元季方的传记参见《新唐书》卷164、卷197（循吏）、卷201。

④ 申滢植，前揭书（1984 年），第 332—339 页。

⑤ 《三国史记》卷 8《新罗本纪》，圣德王十三年。

⑥ 《三国史记》卷 9《新罗本纪》，惠恭王九年、十三年。

⑦ 《三国史记》卷 9《新罗本纪》，景德王十五年。

帝谓璹曰："新罗号为君子之国，颇知书记，有类中国。以卿惇儒，故持节往，宜演经义，使知大国儒教之盛。"（《三国史记》卷九，孝成王二年）

然而，当时西海航路上的困难使罗唐两国具有完全相同的遭遇。与宪德王九年（817）的金张廉在航海途中遭遇暴风漂流到明州海岸等事件①相同，也有遣唐使在归路中溺水而亡的事件：

> 1. 兴德王六年七月，入唐进奉使能儒等一行人回次溺海。（《三国史记》卷十）
> 2. 景文王二年八月，入唐使阿飡富良等一行人溺没。（《三国史记》卷十一）
> 3. 真圣王七年，遣兵部侍郎金处诲如唐纳旌节，没于海。（《三国史记》卷十）

在大历初作为吊祭、册封使而横渡西海的归崇敬也遇到了这种海难事件，"海道风涛，舟几坏，众惊，谋以单舸载而免，答曰：'今共舟数十百人，我何忍独济哉？'少选，风息"②。揭示了遭受海难的困境中被忽略的事实。然而，在罗唐之间西海航路上的万般磨难下，两国的交流仍在继续。

结　语

西海在韩国古代史展开过程中的政治、军事、文化发达等方面起了绝对的作用。特别是因为西海是中国大陆或韩半岛势力向海外扩张时期的必经之路，对它的统治就成为掌控东亚各势力的关键。然而西海的历史地位在这种政治特征之外作为汉文化与西域文化向韩半岛和日本列岛传播以及

---

① 《新增文献备考》卷171，交聘考一。
② 《新唐书》卷164《归崇敬传》。

三国文化向中国传播的桥梁所具有的意义也不可忽视。因此，西海作为中国大陆与韩半岛间的缓冲地带，对其统治权体现着两民族的扩张政策和力量。因而维持对西海的制海权的高句丽能阻止隋唐的侵入，统一新罗能排挤唐朝在韩半岛的势力，而且为了他们的共存，利用西海促进了东亚的繁荣。

本文的要点整理如下：

第一，西海航路到6世纪初期为止主要利用连接唐恩浦（党项城）—德物岛—椒岛—浿江口—鸭绿江口—卑沙城—登州的高丽渤海航路（所谓老铁山水道航路）。这条航路在汉武帝入侵以后，成为隋唐军队征伐高句丽，渤海对登州的攻掠以及剑牟岑南下的航路，百济和日本使者也通过这条路线和中国交往。可是百济的立场是不通过高句丽沿岸，因而有开拓横越西海的航路的需要。那是一条由唐恩浦—椒岛（也做白翎岛）—赤山连接的水路，6世纪中叶为止一定程度上为百济所利用。然而这条航路6世纪中叶以后在新罗的统治下作为所谓的新罗航路使，其与隋唐间的活跃的交流成为可能。

第二，虽然西海对于高句丽国家发展的意义并不大，但通过这条北方航路能够利用南北朝的对立，并能够阻止隋唐军队的入侵。那是因为其中的卑沙城是和泊汋城一样的守备海岸的要冲。与之相比，西海对于百济具有在国家发展上绝对重要的意义。而且，为克服高句丽新罗的挑战，百济也有进出西海的必要。从这里使得百济的辽西经略成为可能，因而也促进了其独立自主地开拓横渡西海的航路。然而6世纪中叶以后汉江流域的丧失以后，百济因西海主导权转移到新罗手中而使国家的中兴遭受挫折。再加上新罗趁高句丽政局混乱之际掌握了西海的制海权，通过促进与隋唐之间的积极外交，能够统一并自然地谋求政治、文化的发展。

第三，统一新罗因击破唐朝水军而掌握西海制海权之后确保了航路，借助于先进的造船与航海技术利用西海维持了与唐朝的亲善和共存关系，从而建设了未曾有过的文化发展和东亚和平。在这一过程中，求法僧（学问僧）、留学生（宿卫学生）、商人们利用西海往来，其中金春秋、金法敏、金俊邕等四位入唐使后来成为国王。另外，金文王、金义琮等九人成为宰相，唐朝持节使归崇敬、韦丹、元季方等也是当时的大文豪。

在韩国古代史的发展过程中，西海从文化空间上发挥了很大作用。因而韩中两国为了西海支配权不断冲突，因为那是成为东亚霸主的捷径。然而，8世纪初期至9世纪初期近一个世纪的罗唐两国利用西海取得了政治与文化的共存，也促进了文物的交流与国际的繁荣。特别是围绕西海的对立与紧张，带来了东亚的不安定与战争，由此我们得到的历史教训是努力创造合作与共存关系的时代才能带来东亚的和平与繁荣。

原刊［韩］申滢植《统一新罗史研究》，首尔三知院1990年版

译者　冯立君

附录　译文刊发杂志

《东亚世界史与东部欧亚世界史》，《中国与域外》第 2 辑，韩国学术信息出版社 2017 年版。

《日本历史学界东亚世界论的再探讨》，《唐史论丛》第 21 辑，三秦出版社 2015 年版。

《历史上的东亚国际秩序与中国》，《中国与域外》第 2 辑，韩国学术信息出版社 2017 年版。

《韩国史撰述方法论的反省和展望》，《社会科学评论》2004 年第 2 期。

《新罗史研究 50 年的成果和展望》，《陕西师范大学继续教育学报》2007 年第 4 期。

《当代韩国"中国学"与中国"韩国学"之比较》，《当代韩国》2012 年第 1 期。

《高句丽灭亡后遗民的叛乱及唐与新罗关系》，《中国边疆民族研究》第 9 辑，中央民族大学出版社 2015 年版。

《百济遗民入唐经纬及其活动》，《碑林集刊》第 21 辑，2015 年。

《日本与新罗渤海名分关系研究》，《唐史论丛》第 26 辑，三秦出版社 2018 年版。

《韩国古代石刻文化与崔致远》，《陕西师范大学继续教育学报》2004 年第 2 期。

《新罗文武王陵碑的再检讨》，《陕西历史博物馆馆刊》第 23 辑，三秦出版社 2017 年版。

《统一新罗时代王陵前石人研究》，《考古与文物》2017 年第 4 期。

《韩国庆州龙江洞出土土俑服饰考》,《考古与文物》2010 年第 5 期。

《统一新罗的繁荣与西海》,《中国边疆民族研究》第 10 辑,中央民族大学出版社 2016 年版。

索　引

后　记

作为陕西师范大学东亚历史研究所"海东译丛"第一辑，以《古代东亚交流史译文集》命名的本书终于编辑完成，和撰作其他论著一样，有必要也多说几句，以表达我们此时此刻的所思所想。具体来说，首先阐明本译文集翻译初衷及其实施过程，其次感恩一直以来领导师友同人的关心支持，最后对未来编译计划的顺利实施提出希望。

本人1998—2002年留学韩国，对于韩国学界的研究风貌和研究资源生态有较为清晰的认识，这些在已出版的博士论文《七世纪中叶唐与新罗关系研究》（中国社会科学出版社2003年初版，2008年重印），以及随后的《唐朝与新罗关系史论》（中国社会科学出版社2009年初版）、《唐代高丽百济移民研究：以西安洛阳出土墓志为中心》（中国社会科学出版社2012年初版）、《石刻墓志与唐代东亚交流研究》（科学出版社2015年初版）中有所反映，在此不赘！2002年末回到陕西师范大学历史文化学院，因研究领域涉及古代中韩、中日交流史，当时的学院院长萧正洪教授提议成立东亚历史研究所，并希望通过这一平台，为学院教学及学术研究打造一个新的增长点，回忆当时颇为温馨的画面，深感学院领导的大格局与拓宽学术领域的急迫。为不辜负领导的期望和眷顾，十余年来本人不敢有半点放松，这才有了此后几部书稿的出版和科研项目的申请，以及耕耘这一领域近百篇论文的发表。

与此同时，因要巩固来之不易的韩国语，以及保持和韩国学界联系，推介古代中韩交流学术研究动态的缘故，当时曾计划每年翻译并发表一篇有代表性的韩语论文，这样就有了韩国史学史、韩国古代石刻、新罗史研究动态、韩国考古发掘等方面译文的刊出（分别见于《陕西师范大学继续教育学报》《社会科学评论》《考古与文物》《碑林集刊》《陕西历史博物馆馆刊》等杂志），这些均可纳入古代东亚交流史之中。2006 年以后开始招收博士研究生，给硕、博士讲授"东亚国家关系史研究""中外关系史研究""东亚国家关系史料学"等课程，这样了解日本、韩国学界的研究动态，特别是有关日本学界东亚世界论的后续研究情况刻不容缓，但日语翻译却是我难能涉足的领域，好在我招收的博士生中有从事日语教学的专职老师，而鼓励他们做相关的翻译工作亦获得响应，几年间就有四五篇论文译出，我介绍其中两篇发表于中国唐史学会与陕西师范大学历史文化学院联合编辑出版的《唐史论丛》杂志，如此就累计接有近十篇有关东亚历史等方面的译文。

今年 7 月初，延边大学硕士毕业，后又兼职中国社会科学院社科文献出版社编辑，在中央民族大学荣获博士学位的冯立君博士，加入陕西师范大学东亚历史研究行列，我在大西北西安近二十年的从事东亚国家关系史单打独斗局面宣告结束。在闲谈过程中，冯君通晓韩语、日语、英语、突厥语等，令人钦佩，"后生可畏"的古训名言在此得到体现！与此同时，了解到冯立君此前亦有数篇翻译韩、日学者长篇论文刊出，其主题竟然和我已有的翻译意旨不谋而合，这样就有了编一部译文集的想法。感谢冯立君博士，也希望他在已有的轨道上继续开拓发展，取得更多的成果。

其实此事真正做起来并没有那么容易。冯立君博士发来他的三篇稿件，而我自己最早发表的译文已是十余年前的事情，在电脑中疯狂寻找，最终才将其一一找到。对于此前发表的译文，又重新看过，各篇译文体例又不尽相同，统一体例虽然只是技术性操作，但却颇费时日。其间也有发现译文与原文的歧义之处，感到诚惶诚恐；收到学生的译文又要一一校读，唯恐出现什么问题。

另外，因为是译稿，一般学术杂志并不欢迎，其能够陆续刊出，不能不提及学界老师、朋友的支持襄助！在此我要感谢陕西考古研究院著名考古学家张建林研究员，发表于《考古与文物》杂志的两篇译文，其中图像的描绘均出自张老师之手，而他的鼎力推荐，保证了文章的最后刊出。感谢著名唐五代史专家杜文玉教授，我推荐学生的两篇译稿能够在《唐史论丛》上刊出，全赖杜文玉老师支持。感谢陕西历史博物馆张维慎研究员，有的译稿也在他供职的《陕西历史博物馆馆刊》中刊出。感谢我的师弟介永强教授,他极力促成最早的两篇译文发表于《陕西师范大学继续教育学报》。而我的学生王霞、宋丽两位,参与其中篇章或独立论文的翻译工作,特别是宋丽,虽已参加工作,但仍勇于接受任务,保质保量完成翻译。我的博士生王坤、张鸿分别任职于西安电子科技大学、西安外国语大学,担当日语教职,他们翻译的四篇日本学界著名学者的论文,反映了此一领域的前沿研究,为本译文集增光添彩。当然,还要特别感谢这些译文的原作者们,除了个别已经去世之外,其余或为著宿名流,或为少壮英才,有我的老师、朋友,也有未曾谋面的专家学者。正是由于他们的辛勤耕耘,发表真知灼见的论作,展现他们的聪明才智,我们的翻译工作才得以展开;没有他们的贡献,一切将无从谈及。

感谢历史文化学院的何志龙院长,李秉忠、曹伟两位副院长,以及学校规划办领导,当我提出出版译丛动议之时,他们不仅肯定赞赏我多年来所做的工作,而且表示全力支持本译丛的出版。无疑,这是陕西师范大学东亚历史研究所出版的第一部译文集,我们还将按照新的计划,即以"海东译丛"作为丛书总题,陆续找寻韩、日学界有代表性的论文,每年翻译相应的篇章,争取在时机及篇目成熟之后,再结集出版,为从事古代东亚史学习与研究者提供一定的方便。前面的路还很长,可能发掘的东西仍很多,我们没有理由懈怠;追求学术研究的飞跃永无止境,我们当锲而不舍,努力进取!

感谢中国社会科学出版社历史与考古出版中心副主任宋燕鹏先生付出的辛劳,正因为他的细心努力,使书稿减少了诸多缺憾,也得以如期出版。著名书法家,西安碑林博物馆王其祎研究员,此前已给我出版的两本书题写过书名,这次仍接受题签请求,为本书增辉不少,诚挚地感谢王先生。

拜根兴 谨识

2017 年 11 月 15 日